AKTUELLE FRAGEN DES LAUTERKEITSRECHTS

Aktuelle Fragen des Lauterkeitsrechts

Herausgegeben vom

Schutzverband gegen unlauteren Wettbewerb

Wien 2004
Manzsche Verlags- und Universitätsbuchhandlung

Zitiervorschlag: *Autor* in *Schutzverband gegen unlauteren Wettbewerb* (Hrsg), Aktuelle Fragen des Lauterkeitsrechts (2004) [Seite]

Printed in Austria

ISBN 3-214-13479-5

Telefon: (01) 531 61-0
eMail: verlag@MANZ.at
World Wide Web: www.MANZ.at
Datenkonvertierung, Satzherstellung und Druck:
MANZ CROSSMEDIA, 1051 Wien

Vorwort

50 Jahre Schutzverband

Der Schutzverband gegen unlauteren Wettbewerb wurde 1954 in einer Zeit beinahe schrankenlosen Wettbewerbs gegründet, in der ein Bedarf an einer Überwachung insbesondere der auftretenden Rabattwerbung gesehen wurde. Seither hat sich der Schutzverband durch seine Tätigkeit Anerkennung verschaffen können und ist zu einer Institution geworden. Und obwohl sich die Rechtsgrundlagen seit damals weiterentwickelt haben, sind gerade in Zeiten des verschärften Wettbewerbs seine Aktivitäten als Hüter des fairen Wettbewerbs mehr als je zuvor gefordert. Dies zeigt auch die Tatsache, dass er seinen bisherigen Mitgliederhöchststand vorzuweisen hat.

Neben dieser Interventionstätigkeit ist dem Schutzverband aber immer eine umfassende Information über das Lauterkeitsrecht wichtig gewesen. So ist von Anfang an die Mitgliederzeitschrift „Recht und Wettbewerb" herausgegeben worden, welche als Sonderausgabe anlässlich 50 Jahre Schutzverband mittlerweile als Nummer 163 erschienen ist. Auch die immer umfangreichere Publikation „Wettbewerbsfibel" ist 2003 mit nunmehr 200 Seiten schon in ihrer zehnten Auflage herausgegeben worden.

Schließlich stellt die Website www.schutzverband.at, welche seit Anfang 2001 online ist, die umfassendste Sammlung im Internet zu lauterkeitsrechtlichen Themen in Österreich dar. So hat dieser Internetauftritt auch 2003 den Justitia-Award als beste juristische Website in der Kategorie allgemeine Wirtschaft erhalten.

Bei all diesen Aktivitäten ist immer die Sache im Vordergrund gestanden. Aus diesem Grund soll auch zum 50-jährigen Bestehen des Schutzverbandes das Wettbewerbsrecht als die Grundlage seiner Tätigkeit behandelt werden. In diesem Sinne haben wir daher Beiträge von 20 anerkannten Experten dieses Rechtsgebietes zusammengetragen, welche „Aktuelle Fragen des Lauterkeitsrechts" behandeln.

Dabei möchten wir uns sehr herzlich für diese unentgeltliche Mitarbeit bedanken und auch darauf hinweisen, dass wir auf die inhaltliche Gestaltung selbstverständlich keinen Einfluss genommen haben und diese daher die Meinung des jeweiligen Autors darstellt. Redaktionsschluss war im Februar 2004, wobei nach Möglichkeit noch Änderungen bis Juni 2004 berücksichtigt wurden.

Präsentiert wurde diese Festschrift im Rahmen der Podiumsdiskussion „Quo vadis Lauterkeitsrecht" in der Wirtschaftskammer Österreich am 19. 10. 2004, bei der Referatsleiterin *Dr. Frauke Henning-Bodewig* vom Max-Planck-Institut München, *Hon.-Prof. Hofrätin Dr. Irmgard Griß* vom OGH,

RA *Dr. Marcella Prunbauer-Glaser M.C.J.*, *Univ.-Prof. Dr. Wolfgang Schuhmacher* von der Universität Salzburg und RA *Mag. Dr. Lothar Wiltschek* am Podium vertreten waren. Hier dürfen wir uns für die unentgeltliche Mitwirkung vielmals bedanken.

Der Schutzverband möchte auch in den nächsten Jahren nicht nur im Sinne seiner Mitglieder und der gesamten Unternehmerschaft, sondern auch im allgemeinen Interesse weiterhin sachgerecht, mit Augenmaß aber konsequent für einen fairen Wettbewerb sorgen und über das Lauterkeitsrecht umfassend informieren.

KommR Kurt Weidner
Obmann

Mag. Hannes Seidelberger
Geschäftsführer

Inhaltsverzeichnis

Autorenverzeichnis

Mag. Ulla Achleitner, Rechtsanwaltsanwärterin in Wien

DDr. Meinhard Ciresa, Rechtsanwalt in Wien

MMag. Dr. Günther Feuchtinger, Abteilung für Rechts-, Gewerbe- und Umweltpolitik der Wirtschaftskammer Wien

Dr. Friedrich Filzmoser, Leiter des Rechtsservice der Wirtschaftskammer Oberösterreich

Hon.-Prof. Dr. Helmut Gamerith, Vizepräsident des OGH iR und Mitglied der Redaktion der Österreichischen Blätter für gewerblichen Rechtsschutz und Urheberrecht (ÖBl)

Mag. Ulrike Ginner, Abteilung für Wirtschaftspolitik der Arbeiterkammer Wien

Mag. Christian Handig, Abteilung für Rechts-, Gewerbe- und Umweltpolitik der Wirtschaftskammer Wien

Univ.-Doz. Dr. Hanspeter Hanreich, Leiter der Abteilung Rechtspolitik der Wirtschaftskammer Österreich

RA Jan Kaestner, Mitglied der Geschäftsführung der Zentrale zur Bekämpfung unlauteren Wettbewerbs e. V. (D)

Dr. Peter Kolba, Leiter der Rechtsabteilung des Vereines für Konsumenteninformation (VKI)

Hon.-Prof. Dr. Gottfried Korn, Rechtsanwalt in Wien und einer der Herausgeber der Zeitschrift Medien und Recht (MR)

Hon.-Prof. Dr. Guido Kucsko, Rechtsanwalt in Wien und Mitglied des wissenschaftlichen Beirates der Österreichischen Blätter für gewerblichen Rechtsschutz und Urheberrecht (ÖBl)

Dr. Gerhard Laga, Abteilung Rechtspolitik und Bundessparte Information und Consulting der Wirtschaftskammer Österreich

Dr. Christoph Nauer, Abteilung Rechtspolitik der Wirtschaftskammer Österreich

Dr. Peter Pöch, Rechtsanwalt in Wien und Mitglied des wissenschaftlichen Beirates der Österreichischen Blätter für gewerblichen Rechtsschutz und Urheberrecht (ÖBl)

Dr. Christof Pöchhacker M. C. L., Rechtsanwalt, Freshfields Bruckhaus Deringer, Wien

Dr. Marcella Prunbauer-Glaser M. C. J., Rechtsanwältin in Wien

Dr. Martin Prunbauer, Rechtsanwalt in Wien

Mag. Hannes Seidelberger, Geschäftsführer des Schutzverbandes gegen unlauteren Wettbewerb

MMag. Erika Ummenberger-Zierler, Leiterin der Abteilung Wettbewerbspolitik und -recht des Bundesministeriums für Wirtschaft und Arbeit

Mag. Ferdinand Wallner, Abteilung für Rechts-, Gewerbe- und Umweltpolitik der Wirtschaftskammer Wien

Mag. Dr. Lothar Wiltschek, Rechtsanwalt in Wien und Schriftleiter der Österreichischen Blätter für gewerblichen Rechtsschutz und Urheberrecht (ÖBl)

Der wettbewerbliche Leistungsschutz – Nutzen und Grenzen

Meinhard Ciresa

Inhaltsübersicht:

I. Einleitung

Aus der Anerkennung besonderer ausschließlicher Rechte im Rahmen unserer Rechtsordnung für technische Schöpfungen (zB nach dem PatG oder GebrMG) und nicht-technische geistige Schöpfungen (wie zB nach dem GMG, dem UrhG, dem MSchG oder § 9 Abs 1 bzw Abs 3 UWG) folgt nach der Judikatur,[1]) dass die wirtschaftliche Betätigung des Einzelnen außerhalb der geschützten Sonderbereiche frei sein soll. Daher muss jeder die Ergebnisse seiner Arbeit, mag er sie mit noch so viel Mühen und Kosten erreicht haben, der Allgemeinheit im Interesse des Fortschritts zur Verfügung stellen, soweit eben kein Sonderrechtsschutz besteht.

Sein Vorteil im Wettbewerb liegt – ganz im Sinne der Thesen von *Schumpeter* bezüglich Innovation und Imitation im Wettbewerb – im natürlichen Vorsprung, den er vor seinen Mitbewerbern dadurch gewinnt, dass sie ihn erst durch eine nachahmende Leistung ausgleichen müssen. Die Grenze des der Allgemeinheit Zur-Verfügung-Stellens besteht darin, dass Mitbewerber als Teil der Allgemeinheit dennoch nicht berechtigt sind, das fremde Arbeitsergebnis ohne eigenen Schaffensvorgang zur Gänze oder in wesentlichen Teilen einfach zu übernehmen.

Das Nachahmen eines fremden Produkts, das keinen Sonderrechtsschutz genießt, ist nach stRsp[2]) an sich nicht wettbewerbswidrig und daher grundsätzlich zulässig. Ein Verstoß gegen § 1 UWG ist (nur) dann anzunehmen, wenn im Einzelfall besondere Umstände hinzutreten, aus denen sich die Sittenwidrigkeit der Handlung ergibt.[3]) Dies leitet sich aus dem Norm-

1) ÖBl 1997, 34; ÖBl 1998, 182; ÖBl 1998, 225; ÖBl 2001, 22.
2) ÖBl 1997, 34; ÖBl 1998, 182; ÖBl 1998, 225; ÖBl 2001, 22; ÖBl 2004, 18.
3) ÖBl 1997, 34; ÖBl 1998, 182; ÖBl 1998, 225; ÖBl 2001, 22.

zweck des § 1 UWG ab, welcher (nur) Schutz vor unlauteren Wettbewerbshandlungen gewähren, nicht aber die in einem fremden Arbeitsergebnis zum Ausdruck kommende Leistung schützen soll.

Die wettbewerbsrechtliche Beurteilung knüpft daher an die Art und Weise an, wie eine fremde Arbeitsleistung von einem Mitbewerber ausgenutzt wurde. Die Judikatur[4]) stellt damit im Zusammenhang sowohl auf objektive als auch auf subjektive Unlauterkeitsmerkmale ab, die das Verhalten des Verletzers insgesamt als wettbewerbswidrig erscheinen lassen. Das bloße Benützen fremder Ideen als Anregung für eigenes originelles Schaffen verstößt jedenfalls nicht gegen die guten Sitten.[5])

II. Anwendungsbereich des wettbewerblichen Leistungsschutzes

A. Fallgruppen

Aus der Fülle an Sachverhalten, in denen der sog wettbewerbliche Leistungsschutz gegenüber Nachahmungen zum Tragen kommen kann, hat die Judikatur[6]) vier Fallgruppen entwickelt:

- Das Erschleichen eines fremden Arbeitsergebnisses bzw sein Erlangen durch Vertrauensbruch.
- Das systematische Nachahmen im Wege der unmittelbaren Leistungsübernahme, um den Mitbewerber zu behindern.
- Die vermeidbare Herkunftstäuschung.
- Das Ausbeuten des guten Rufs eines fremden Erzeugnisses.

Diese vier Fallgruppen werden in der Praxis häufig mit dem Sonderfall der „sklavischen Nachahmung" gleich gesetzt, welcher – dogmatisch gesehen – in aller Regel ein Unterfall der unmittelbaren Leistungsübernahme ist. Zu beachten ist allerdings, dass nach der Judikatur[7]) nicht jede sklavische Nachahmung per se unzulässig ist – liefe dies doch auf den mit § 1 UWG nicht vereinbaren Schutz von Arbeitsergebnissen als solchen hinaus – noch bedarf es sklavischer Nachahmung (in allen Einzelheiten des fremden Erzeugnisses), um einen Verstoß gegen § 1 UWG zu bejahen. Sittenwidrigkeit setzt nämlich nicht in jedem Fall eine bis an die Grenze der unmittelbaren Leistungsübernahme reichende Nachahmung in allen Einzelheiten voraus.

Gemeinsames Tatbestandselement aller vier Fallgruppen ist, dass es sich um die Nachahmung fremder Arbeitsergebnisse durch den Verletzer handeln muss. „Fremd" ist ein Arbeitsergebnis für den Nachahmenden nicht nur dann, wenn er in keiner vertraglichen Beziehung zum Hersteller des Vorbilds steht, sondern auch dann, wenn der Nachahmende das Arbeitsergebnis auf Grund eines Auftrags- oder sonstigen Vertragsverhältnisses (zB Dienstverhältnis) geschaffen und vereinbarungsgemäß abgegolten erhalten

4) ÖBl 2002, 87.
5) ÖBl 1999, 194.
6) ÖBl 1994, 68.
7) ÖBl 1988, 10; ÖBl 1991, 213; ÖBl 1993, 212.

hat.[8]) Die auf Grund eines Arbeits- oder Auftragsverhältnisses erzielten Arbeitsergebnisse sind dem Arbeitgeber bzw Auftraggeber zuzurechnen.[9]) Für den Arbeitnehmer bzw Auftragnehmer sind sie demnach „fremde" Arbeitsergebnisse.

Die Abgrenzung zwischen „eigenen" und „fremden" Arbeitsergebnissen kann mitunter schwierig sein, weil beispielsweise die gemeinschaftliche Erbringung von Leistungen zu einem gemeinsamen Zweck gesellschaftsvertragliche Elemente aufweist, womit es für die Beteiligten keine „fremden" Arbeitsergebnisse mehr sind und die sie demnach auch nachahmen dürfen.[10])

Für die Anwendbarkeit des § 1 UWG erforderlich ist ferner, dass zwischen Nachahmer und dem Hersteller des von ihm nachgeahmten Vorbilds ein Wettbewerbsverhältnis besteht. Soweit es sich bei den Kontrahenten um Unternehmen aus verschiedenen Branchen besteht, die aufs erste miteinander nicht in Wettbewerb stehen, behilft sich die Judikatur[11]) damit, dass durch die Nachahmung ein Ad-hoc-Wettbewerbsverhältnis begründet wird.

B. Das Erschleichen fremder Arbeitsergebnisse

Unlauter handelt, wer sich die zur Nachahmung eines fremden Erzeugnisses nötigen Muster bzw Kenntnisse auf unredliche Weise wie durch Werksspionage oder unreelles Erlangen der Vorbilder verschafft.[12]) Die Wettbewerbswidrigkeit liegt hier in der Kombination aus Nachahmung und Erschleichen des fremden Arbeitsergebnisses, um die Nachahmung herstellen zu können.

C. Unmittelbare Leistungsübernahme

Wer ohne jede eigene Leistung und ohne einen eigenen ins Gewicht fallenden Schaffensvorgang das ungeschützte (= sonderrechtlich nicht geschützte) Arbeitsergebnis eines anderen ganz oder in erheblichen Teilen glatt übernimmt, um so dem Geschädigten mit dessen eigener mühevoller und kostspieliger Leistung Konkurrenz zu machen, handelt nach stRsp[13]) wegen schmarotzerischer Ausbeutung sittenwidrig iSd § 1 UWG. Der Schutz gegen unmittelbare Leistungsübernahme kommt am ehesten noch einem Schutz von Arbeitsergebnissen nahe.

„Glatt" übernommen wird ein fremdes Erzeugnis, wenn Vervielfältigungsmethoden eingesetzt werden oder die Leistung des Geschädigten durch Abschreiben übernommen wird.[14])

8) ÖBl 1994, 68.
9) ÖBl 1994, 223.
10) ÖBl 1994, 68.
11) ÖBl 1991, 13; ÖBl 1997, 83; ÖBl 1997, 225; ÖBl 1998, 182.
12) ÖBl 1994, 68; ÖBl 1999, 12.
13) ÖBl 1999, 176; ÖBl 2001, 22.
14) ÖBl 1998, 182; MR 2003, 166.

Verkehrsbekanntheit des fremden Erzeugnisses ist nicht erforderlich;[15]) ebenso wenig kommt es darauf an, dass durch die unmittelbare Leistungsübernahme eine Irreführung der angesprochenen Verkehrskreise[16]) oder Verwechslungsgefahr zum Original hervorgerufen wird.[17])

D. *Die vermeidbare Herkunftstäuschung*

Um die vermeidbare Herkunftstäuschung als sittenwidrigen Verstoß gegen § 1 UWG zu qualifizieren, müssen drei Voraussetzungen kumulativ vorliegen:

- bewusste Nachahmung des fremden Arbeitsergebnisses,
- durch welche Verwechslungsgefahr zum Original hervorgerufen wird, wobei
- dem Nachahmenden eine andersartige Gestaltung zumutbar gewesen wäre.

1. Bewusste Nachahmung

Eine bewusste Nachahmung des fremden Arbeitsergebnisses setzt voraus, dass der Nachahmer die Umstände kannte, die sein Verhalten objektiv wettbewerbswidrig erscheinen lassen,[18]) oder dass er sich dieser Kenntnis bewusst verschließt, indem er sich etwa bewusst der Prüfung entzieht, ob die Ausgestaltung seiner Erzeugnisse Verwechslungsgefahr begründet.[19])

Diese Grundsätze gelten nicht nur für den Hersteller nachgeahmter Erzeugnisse, sondern auch für den Händler derselben, sobald er über die Nachahmung aufgeklärt wurde.[20]) Die ursprüngliche Gutgläubigkeit beim Erwerb der nachgeahmten Erzeugnisse erlaubt deren Vertrieb nach Wegfall derselben nicht.

Eine Handlung wie der Vertrieb nachgeahmter Erzeugnisse, die zunächst mangels Kenntnis der wesentlichen Umstände nicht sittenwidrig ist, wird nämlich nach der jüngeren Judikatur[21]) von dem Augenblick an unlauter, in dem der Verletzter nachträglich Kenntnis von den betreffenden Tatumständen erhält. Ein Händler haftet demnach für den Vertrieb sittenwidrig nachgeahmter Erzeugnisse, wenn er über die Nachahmung aufgeklärt wurde und wenn diese Information eine Aufklärung über die Sittenwidrigkeit enthält.[22])

Ein Händler, der die von einem anderen in sittenwidriger Nachahmung hergestellten Erzeugnisse trotz Kenntnis der gesetzwidrigen Handlungsweise weiter bezieht, verstößt durch deren Weiterverkauf gegen § 1 UWG.[23])

---

15) ÖBl 1996, 292.
16) MR 1993, 30.
17) ÖBl 1991, 217.
18) ÖBl 1981, 98; ÖBl 1985, 24.
19) ÖBl 1984, 95; ÖBl 1986, 97.
20) ÖBl-LS 2001/116.
21) ÖBl 1997, 167; ÖBl 2001, 124; ÖBl 2002, 20.
22) ÖBl-LS 2001/116.
23) ÖBl 1997, 167; ÖBl 2001, 124; ÖBl 2002, 20.

2. Verwechslungsgefahr

Die vermeidbare Herkunftstäuschung erfordert zusätzlich zur bewussten Nachahmung, dass durch das nachgeahmte Erzeugnis Verwechslungsgefahr mit dem Original hervorgerufen wird.

Verwechslungsgefahr setzt voraus, dass

- das Vorbild eine gewisse wettbewerbliche Eigenart aufweist und
- dem Vorbild eine gewisse Verkehrsbekanntheit zukommt.[24])

Wettbewerbliche Eigenart besitzt ein Erzeugnis dann, wenn es geeignet ist, beim Publikum eine Vorstellung über die betriebliche Herkunft des Erzeugnisses hervorzurufen.[25]) Hierzu bedarf es bestimmter Merkmale oder Gestaltungsformen, die dem Publikum eine Unterscheidung von gleichartigen Erzeugnissen anderer Hersteller ermöglichen. Wettbewerbliche Eigenart können auch technische Geräte aufweisen, sofern sie keine typischen Massenwaren mit einfacher Formgebung sind, sondern sich bei gleichem Verwendungszweck in vielfältiger Weise voneinander unterscheiden können.

Verkehrsbekanntheit erfordert keine Verkehrsgeltung des nachgeahmten Erzeugnisses, wie sie etwa für den Ausstattungsschutz nach § 9 Abs 3 UWG notwendig ist.[26]) Hat die äußere Form eines Erzeugnisses als Unternehmenskennzeichen Verkehrsgeltung erlangt, so genießt sie Ausstattungsschutz nach § 9 Abs 3 UWG und es bedarf keines Rückgriffs auf § 1 UWG.[27])

Bei der Beurteilung der Verwechslungsgefahr kommt es nach stRsp auf den Gesamteindruck an, den der Durchschnittskäufer erhält. Hierbei ist zu berücksichtigen, dass der Durchschnittskäufer das Vorbild und die Nachahmung fast nie gleichzeitig sieht, sondern in aller Regel ein Wahrnehmungsbild mit seinem Erinnerungsbild vergleicht.[28]) Bei Waren, die für das breite Publikum bestimmt sind, stellt die Judikatur nur geringe Anforderungen an die Aufmerksamkeit und die Urteilsfähigkeit der angesprochenen Verkehrskreise.[29])

3. Andersartige Gestaltung

Der Nachahmer muss im Rahmen des Möglichen – vor allem dann, wenn ihm eine große Anzahl anderer Gestaltungsmöglichkeiten zur Verfügung steht – von dem nachgemachten Erzeugnis Abstand halten.[30]) Die Nachahmung ist daher insbesondere dann unzulässig, wenn die gleiche technische Zielsetzung und der gleiche Gebrauchswert auch mit einer anderen Formgestaltung herbeigeführt werden können.[31])

24) ÖBl 1983, 134; ÖBl 1987, 156; ÖBl 1992, 19; ÖBl 1996, 292; ÖBl 1997, 167; ÖBl 2001, 116.
25) ÖBl 2001, 116; ÖBl 2004, 18.
26) ÖBl 1983, 70.
27) ÖBl 1981, 154; ÖBl 1983, 70.
28) ÖBl 1998, 17.
29) ÖBl 1981, 98; ÖBl 1981, 154.
30) ÖBl 1996, 292; ÖBl 1998, 17.
31) ÖBl 1980, 68.

Dass eine bestimmte Gestaltung technisch bestimmt ist, schließt die Sittenwidrigkeit der Nachahmung nicht aus; dazu muss für den Nachbau ein zwingender technischer Grund vorliegen. Technisch bedingte Gestaltungsformen, die lediglich zweckmäßig sind und ohne Beeinträchtigung der technischen Brauchbarkeit und ohne sonstigen wesentlichen Nachteil anders gestaltet werden können, dürfen nicht nachgeahmt werden.[32])

Im nicht-technischen Bereich ist dem Nachahmer ein umso größerer Abstand zuzumuten, je größer die wettbewerbliche Eigenart und die Verkehrsbekanntheit des Vorbildes sind.[33])

E. Rufausbeutung

Die Rufausbeutung ist nach stRsp[34]) sittenwidrig, wenn sich der Verletzer an den Ruf und das Aussehen einer fremden Ware anhängt, um diese für den Absatz seiner (ungleichartigen) Waren auszunutzen. Diese ist aber nicht nur auf fremde Waren beschränkt; auch die Popularität einer Musikgruppe kann einen Anwendungsfall der Rufausbeutung darstellen.[35])

Sittenwidrig handelt, wer den guten Ruf eines bekannten und attraktiven Kennzeichens, dessen Popularität vom Rechtsinhaber mit erheblichen Kosten und Mühen geschaffen worden ist, dadurch schmarotzerisch ausbeutet, dass er es unter Unlauterkeit begründenden besonderen Umständen für eigene geschäftliche Zwecke ausnutzt.[36]) Die wirtschaftliche Verwertbarkeit des Rufs eines Zeichens oder einer Ausstattung hängt in erster Linie – aber nicht nur – von seinem Bekanntheitsgrad ab, sondern auch von der Art, der Qualität und dem Ansehen sowie dem damit verbundenen Prestigewert eines Erzeugnisses ab.[37])

Der Anwendungsbereich der Rufausbeutung hat sich seit der MSchG-Nov 1999 tendenziell verringert, weil seit dem In-Kraft-Treten des § 10 Abs 2 MSchG markenrechtlicher Schutz unter der Voraussetzung der Verkehrsbekanntheit der Marke auch außerhalb der Warengleichartigkeit besteht und damit ein Rückgriff auf § 1 UWG zwar nicht grundsätzlich ausgeschlossen,[38]) aber in aller Regel nicht mehr erforderlich ist.

III. Zusammenfassung und Ausblick

Der wettbewerbliche Leistungsschutz erfüllt in der Tat nur eine Hilfsfunktion und ist in den meisten Fällen nicht geeignet, einen nicht bestehenden Sonderrechtsschutz zu ersetzen. Nur im Fall der unmittelbaren Leistungsübernahme kommt der wettbewerbliche Leistungsschutz dem Schutz von Arbeitsergebnissen am ehesten nahe.

---

32) MR 1987, 221.
33) ÖBl 1983, 70.
34) ÖBl 1997, 225; ÖBl 1999, 191.
35) ÖBl 1997, 72.
36) ÖBl 2003, 28.
37) ÖBl 1997, 225; ecolex 1999, 480.
38) Ecolex 1999, 480.

Bei der Nachahmung von technischen Geräten und Maschinen bzw deren Komponenten, die weder nach dem PatG noch nach dem GebrMG geschützt sind, versagt der wettbewerbliche Leistungsschutz immer dann, wenn die Nachahmung zwingend technisch notwendig ist. Letzteres ist eine von einem Sachverständigen zu beurteilende Frage, welche sich mit den Mitteln des Provisorialverfahrens nur bedingt zur Entscheidung eignet.

Rechtsprechung zum § 28 a UWG

Günther Feuchtinger

Inhaltsübersicht:

I. Die Problemstellung

Einige Herausgeber von Unternehmerverzeichnissen, welche sowohl in Buchform, als auch im Internet veröffentlicht werden, legen Vorgangsweisen zur Erlangung des Vertragsabschlusses an den Tag, welche als unredlich – juristisch gesehen als wettbewerbswidrig – zu beurteilen sind. In den letzten Jahren ergingen zu einer seit dem 1. 4. 2000 geltenden Spezialbestimmung des Wettbewerbsrechtes (§ 28 a UWG) etliche OGH-Entscheidungen zu dem Thema. Der vorliegende Beitrag stellt diese Judikatur dar, wobei auch die langjährige praktische Erfahrung des Verfassers zu dieser Thematik eingeflossen ist.

Die Ausgangslage in der Praxis

Eine Verpflichtung zur Entrichtung einer Veröffentlichungsgebühr für Unternehmensgründungen besteht nur für juristische Personen – nicht jedoch für Einzelunternehmer, Personenhandels- und Erwerbsgesellschaften. Die Veröffentlichung erfolgt im „Amtsblatt der Wiener Zeitung". Die Gebühr wird direkt von der „Wiener Zeitung" vorgeschrieben und beträgt in Abhängigkeit von der Textlänge ca € 40 bis € 100 jeweils zuzüglich USt. Eine Gebühr für die Veröffentlichung in das Gewerberegister selbst ist nicht vorgesehen – von den sonstigen Gebühren für die Gewerbeanmeldung kann ein Jungunternehmer nach dem Neugründungsförderungsgesetz[1]) befreit werden.

Unternehmern sind diese Tatsachen oft nicht bekannt. Wenn ein Schreiben verbunden mit einer Zahlungsaufforderung für einen Branchenbuch-

1) BGBl I 1999/106 idF 2002/132.

eintrag mit einem quasi amtlichen Charakter (zB mit dem Vermerk „Ihre Eintragung laut Firmenbuch" oder „Gewerberegister") an sie gerichtet wird, kann daher der irrtümliche Eindruck einer gesetzlichen Zahlungspflicht hervorgerufen werden.

Dazu kommt noch der Umstand, dass gerade bei größeren Unternehmern die Rechnungsprüfung im Regelfall nicht „Chefsache" ist, sondern auf Sachbearbeiterebene durchgeführt wird. Diese arbeitsteilige Organisation erhöht das Risiko einer irrtümlichen Einzahlung.

Letzterer Umstand wird oft dahingehend ausgenutzt, dass bei Anbahnung eines Vertragsverhältnisses der Eindruck erweckt wird, dass es sich bei der Zusendung um eine Rechnung für ein bereits bestehendes Vertragsverhältnis handelt. Tatsächlich liegt nur ein Angebot für eine Branchenbucheintragung, welches durch Bezahlung des beiliegenden Erlagscheines angenommen wird, vor.

Eine weitere zur Irreführung geeignete Vorgangsweise ist die, dass „kostenlose Änderungen" angeboten werden – und der Vermerk angebracht ist, dass „die Daten auf jeden Fall korrigiert unterschrieben zurückgesandt werden, auch wenn kein Auftrag erteilt wird" –, tatsächlich findet sich dann im Kleingedruckten oder sonst versteckt der Hinweis, dass es sich um einen kostenpflichtigen Eintrag in ein Branchenverzeichnis handelt.

Meist ist der tatsächliche Werbeeffekt der auf derartige fragwürdige Weise zu Stande gekommenen Veröffentlichung für den Unternehmer auch von sehr geringem Nutzen, da diese Branchenbücher oft nur in geringer Auflage und von minderer Qualität hergestellt werden bzw als unstrukturierte Verzeichnisse im Internet abrufbar sind. Dagegen ist der für das Branchenverzeichnisunternehmen zu erzielende Ertrag im Vergleich zu den geringen Kosten für die Herstellung der Bücher bzw der Veröffentlichung im Internet recht erklecklich – die zu zahlenden Eintragungskosten belaufen sich im Durchschnitt auf einige Hundert Euro pro Eintragungsperiode im Vergleich zu dem relativ geringen Input, sodass schon bei einer prozentuell geringen Anzahl von Einzahlungen der „break-even-point" aus Sicht des Branchenverzeichnisunternehmens für diese Tätigkeiten bald erreicht sein kann.

Würden gar keine Verzeichnisse aufgelegt, so wäre auch der strafrechtliche Tatbestand des Betruges erfüllt.

Somit treten in der Praxis im Zusammenhang mit Branchenbuchwerbungen im Wesentlichen folgende drei wettbewerbsrechtlich bedenkliche Fallkonstellationen auf:

- Es wird der Eindruck erweckt, es handelt sich um eine verpflichtende Eintragung für das Firmenbuch oder für das Gewerberegister. Besonders als „Opfer" geeignet sind dabei Jungunternehmer, welche oft noch vor Zustellung des Eintragungsbeschlusses des Firmenbuchgerichtes mit derartigen dubiosen Werbemethoden konfrontiert werden.
- Die Aussendung gibt sich den Anschein, dass es sich um die Rechnung für eine bereits bestehende Vertragsbeziehung handelt.

- Es entsteht beim Empfänger durch die Art der Aussendung die irrtümliche Annahme, es handle sich um eine bloße „kostenlose Korrektur" der Unternehmensdaten für ein Verzeichnis.

II. Die wettbewerbsrechtliche Beurteilung

A. Die Rechtslage vor Einführung des § 28a UWG

Alle oben angeführten Verhaltensweisen können einen Verstoß gegen das UWG darstellen. Bereits vor Einführung des neuen § 28a UWG wurde durch den OGH ausgesprochen, dass die Zusendung von Rechnungen, die den Eindruck erwecken, solche für ein bereits bestehendes Vertragsverhältnis zu sein, als wettbewerbswidrig zu beurteilen ist.[2]) In einer dieser Entscheidungen zur alten Rechtslage sprach das Höchstgericht aus,[3]) dass im Allgemeinen zwar jedermann wisse, welche Verbindlichkeiten er eingegangen habe. Bei „Voraus-Rechungen" könne jedoch beim Adressaten leicht der Eindruck entstehen, dass er bereits etwas bestellt hätte. Diese Gefahr eines Irrtums sei insbesondere bei größeren Unternehmen gegeben. Denn dort werde die Prüfung und Überweisung an Beauftragte delegiert, und daher herrsche bei der Überweisung von geringeren Beträgen eine gewisse Großzügigkeit und Flüchtigkeit.

Juristisch wurde dieses Verhalten unter die Generalklausel des § 1 UWG („Sittenwidrigkeit") und nicht unter die Generalklausel des § 2 UWG („Irreführung") subsumiert, da der Angesprochene bereits darüber getäuscht wurde, dass er überhaupt Adressat einer Werbebotschaft ist. Es liegt dabei eine sittenwidrige Verletzung des Offenkundigkeitsgrundsatzes vor.

B. Die geltende Rechtslage

Mit Wirksamkeit vom 1. 4. 2000 wurde als Reaktion auf das immer stärker um sich greifende Unwesen derartiger fragwürdiger Werbeaussendungen auf Initiative der Wirtschaftskammer durch BGBl I 1999/185 („Fernabsatz-Gesetz") eine Spezialbestimmung im UWG eingeführt – der § 28a UWG. Nachfolgend dessen Wortlaut: „Es ist verboten, im geschäftlichen Verkehr zu Zwecken des Wettbewerbes für Eintragungen in Verzeichnisse, wie etwa Branchen-, Telefon- oder ähnliche Register, mit Zahlscheinen, Erlagscheinen, Rechnungen, Korrekturangaben oder ähnlichem zu werben oder diese Eintragungen auf solche Art unmittelbar anzubieten, ohne entsprechend unmissverständlich und auch grafisch deutlich darauf hinzuweisen, dass es sich lediglich um ein Vertragsangebot handelt."

Es ist damit also eine lex specialis zu § 1 UWG geschaffen worden, die gerade auf die oben beschriebenen verpönten Werbeaussendungen abzielt.

---

2) ZB OGH 11. 10. 1988, 4 Ob 81/88 in RdW 1989, 64 und OGH 21. 11. 1995, 4 Ob 83/95 in ÖBl 1996, 120.

3) OGH 11. 10. 1988, 4 Ob 81/88.

C. *Die Judikatur des OGH zum § 28 a UWG*

1. Die ersten höchstgerichtlichen Entscheidungen

Die erste Entscheidung „Online-Verlag" des OGH[4]) zu § 28 a UWG erging zu folgendem Anlassfall:[5]) Ein Verlag warb in ganz Österreich für die Aufnahme in ein Internet-Verzeichnis. In Großschrift befand sich ein Hinweis „Offerte" und außerdem „Eintragungs- und Korrekturabzug". Weiters gab es vier Möglichkeiten zum Ankreuzen, wobei an erster Stelle ein „Grundeintrag" ohne Preisangabe angegeben wurde. Bei den anderen Optionen war jeweils der Aufpreis angegeben. Die Kostenpflicht für den „Grundeintrag" ergab sich erst aus dem Kleingedruckten oberhalb der Leerzeilen für Unterschrift und Datum.

In diesem Kleingedruckten war auch ein Hinweis auf die umseitigen Allgemeinen Geschäftsbedingungen, worin vor allem die Klausel zu finden war, dass der Auftrag für die Dauer von zwei Jahren geschlossen wurde. Bei der Variante „Grundeintrag" ergab sich dadurch eine Zahlungspflicht von € 1690. Der Schutzverband gegen unlauteren Wettbewerb brachte eine Klage (gestützt auf die §§ 1, 24 und 28 a UWG) mit dem Urteilsbegehren auf Unterlassung und dem Verbot der Durchsetzung der Zahlungsansprüche gegenüber jenen Personen, die die Aussendung irrtümlich unterschrieben hatten, ein. Die beiden Unterinstanzen wiesen das Klagebegehren ab, der OGH jedoch gab dem Begehren des Schutzverbandes statt.

In der Urteilsbegründung führte das Höchstgericht aus, dass der Anbotscharakter des Schreibens nicht deutlich hervorgegangen sei. Insbesondere wurde der vom Gesetz verpönte Ausdruck „Korrekturabzug" – wenn auch in der Wortverbindung „Eintragungsantrag" – verwendet. Außerdem fanden sich die für den Grundeintrag wesentlichen Informationen über Preis und Vertragsbedingungen nur im Kleingedruckten. Eine irrtümliche Unterfertigung sei daher erklärbar. Die Argumentation der beklagten Partei, dass es sich bei den Personen, die irrtümlich unterzeichnet hatten, nur um zu vernachlässigende Einzelfälle gehandelt hätte, während der überwiegende Teil der Beworbenen den Angebotscharakter erkannt hätte, wurde vom OGH mit nachfolgender Begründung abgewiesen: Trotz Verwendung der gut lesbaren Worte „Online-Verlag-Offerte" und „Angebotsnummer" sowie „Eintragungsantrag-Korrekturabzug" seien die wesentlichen Informationen über das Angebot an unüblicher Stelle verborgen gewesen und müssen mit besonderer Aufmerksamkeit „entdeckt" werden. Die Gefahr einer irrtümlichen Unterzeichnung sei insbesondere bei größeren Unternehmen, die erfahrungsgemäß arbeitsteilig arbeiten, „geradezu vervielfacht".

Dem Antrag auf Verbot der „Fruchtziehung" gab der OGH statt, weil er in dem Verhalten der Beklagten den Versuch einer systematischen und planmäßigen Durchsetzung von auf einer wettbewerbswidrigen Vorgangs-

4) OGH 13. 3. 2002, 4 Ob 1 / 02 d.

5) Vgl auch *Feuchtinger,* Erfreuliches Urteil des OGH zur unlauteren Branchenverzeichniswerbung, SWK 2002 W 41.

weise basierenden „Vertragsabschlüssen" als gegeben sah. Allerdings sei Rechtsgrundlage dieses Antrages § 1 und nicht § 28a UWG.

Dieser als Grenzfall zu beurteilende Sachverhalt war insofern richtungweisend, als der OGH eine strenge Linie bei der Anwendbarkeit des § 28a UWG vorgab.

Auch die zweite Entscheidung des OGH[6]) zum neuen § 28a UWG folgte diesem strengen Beurteilungsmaßstab: Ein Branchenbuchunternehmen versandte an Unternehmer Briefe mit einer Offerte zur Einschaltung in ein Internet-Branchenverzeichnis mit angeschlossenem Zahlschein. Das Erst- und das Rekursgericht wiesen die Sicherungsanträge der klagenden Partei ab. Der OGH gab dem Rekurs der klagenden Partei mit folgender Begründung statt: § 28a UWG erfordere den unmissverständlichen und grafisch deutlichen Hinweis, dass es sich nur um ein Vertragsangebot handelt.

Zwar verwendete die beklagte Partei den Begriff „Offert", allerdings wurde dies weder als Überschrift des Schreibens noch im Kontext grafisch hervorgehoben, sondern stand im oberen Drittel des Schreibens in der in gleicher Schriftgröße und Blockbuchstaben gehaltenen Wortfolge „EINSCHALTOFFERT BRANCHENVERZEICHNIS INTERNET". Auch die Angabe einer konkreten Kundennummer wie der im Kleingedruckten enthaltene Hinweis „Mit der Bezahlung erfolgt die Annahme des Offertes" (mit dem Zusatz einer automatischen Vertragsverlängerung bei nicht rechtzeitiger Kündigung) trage nicht ausreichend zur Klarstellung als Angebot bei. Außerdem war dem Schreiben ein perforierter Zahlschein beigelegt, was insbesondere bei arbeitsteilig organisierten Unternehmen das Risiko einer irrtümlichen Einzahlung vergrößere.

Der nächste vom Höchstgericht zu beurteilende Fall „ÖHG"[7]) stellte sich wie folgt dar: Ein Unternehmen warb für die Aufnahme in das „ÖHG Öffentliches Handels- und Gewerberegister", wobei die Adressaten in keiner Geschäftsbeziehung zu dem Branchenverzeichnisunternehmen standen und insbesondere Jungunternehmer kontaktiert wurden. Die Überschrift lautete „Ihre Firmenbuch – Eintragung" und „Einschaltoffert – Veröffentlichung der Eintragung Ihrer Firmenbuch-Eintragung". Das Unternehmen wurde vom Schutzverband gegen unlauteren Wettbewerb auf Unterlassung und Verbot der „Fruchtziehung" – also der Durchsetzung der Ansprüche gegenüber jene Personen, die irrtümlich einbezahlt hatten – geklagt. Der OGH gab diesem Begehren statt.

Als irreführend wurde insbesondere die Eignung der Täuschung darüber, dass es sich bei dieser Aussendung um ein rein privates Anbot und nicht etwa um die verpflichtende Eintragung in ein öffentliches Verzeichnis – wie etwa dem Firmenbuch (vormals Handelsregister) bzw dem Gewerberegister – handelt, angesehen. Hinsichtlich des Verbotes der Fruchtziehung wandte der Beklagte ein, dass die Betroffenen ja den Vertrag rechtzeitig kündigen könnten (es war in der Aussendung eine automatische Verlän-

6) OGH 24. 9. 2002, 4 Ob 175/02t.
7) OGH 5. 11. 2002, 4 Ob 198/02z.

gerung vorgesehen, wenn nicht binnen 3 Monaten vor Ablauf des Eintragungszeitraumes gekündigt wurde). Diesen Einwand wies der OGH jedoch mit der Begründung ab, dass auch nach erster Einzahlung der „Kunde" nach wie vor der irrigen Auffassung sein könne, er sei zu dieser Zahlung verpflichtet. Außerdem war der Beklagte nicht bereit, den vom Kunden irrtümlich bezahlten Betrag zurückzuzahlen.

2. Zwei abweisende Entscheidungen als Trendumkehr zur strengen Linie?

Scheinbar eine Trendumkehr der strengen Judikatur erfolgte mit dem Erkenntnis „Fireg":[8]) Das Unternehmen versandte ein Werbeschreiben mit der Überschrift „FIREG – Firmenregister Firmendateneintragung". Rechts unterhalb wurde in etwas kleinerem Druck offen gelegt, dass es sich um ein „Eintragungsoffert zur Registrierung Ihrer Firmenbucheintragung" handle. Der OGH gab der Klage auf Unterlassung dieser Werbeaussendung mit folgender Begründung nicht statt: Wer den Hinweis auf das „Eintragungsoffert" überlesen habe und daher annehme, es handle sich um eine verpflichtende Eintragung für das Firmenbuch, müsse sich dann aber jedenfalls durch die sowohl in der Fußzeile als auch auf dem Zahlschein oberhalb der Rubrik angegebene Postanschrift des werbenden Unternehmens bewusst werden, dass es sich um ein privates Angebot handle.

Auch die Entscheidung „Made in Austria"[9]) schien zunächst scheinbar auf eine „Aufweichung" der bisher strengen Linie der Judikatur hinzuweisen: Geklagt wurde ein in der Schweiz ansässiges Branchenverzeichnisunternehmen, welches folgende Vorgangsweise an den Tag legte: Betrieben wurde eine Datenbank unter der Bezeichnung „Made in Austria". Die Beklagte richtete zwei bis dreimal im Jahr mit persönlicher Adressierung ein doppelbögiges Formular samt Rückkuvert an diverse Unternehmen. Es gab bei diesem in der Art eines Fragebogens gestalteten Formular eine als „Stammdaten" bezeichnete Rubrik „A", deren Eintrag kostenlos war, während die weiteren Eintragungen in die Rubriken „B bis E" kostenpflichtig waren. Erst auf der letzten Seite wurde darauf hingewiesen, dass der Eintrag in diese Rubriken kostenpflichtig war.

Der klagende Mitbewerber argumentierte, dass dadurch und weiters durch den Umstand, dass auf der ersten Seite grafisch besonders das Wort „Termin" hervorgehoben wurde, wodurch die Adressaten unter besonderen Zeitdruck gesetzt werden sollten, ein wettbewerbswidriges Verhalten vorliege. Die Beklagte wandte dagegen ein, dass schon auf der ersten Seite mehrfach darauf hingewiesen wurde, welche Einträge kostenpflichtig und welche kostenfrei wären. Außerdem sei die Aussendung an Kaufleute gerichtet, die verstünden, was ein Auftrag bedeute.

Die Entscheidungen der Vorinstanzen gaben dem Antrag auf Unterlassung dieser Aussendung statt, während der OGH dem Revisionsrekurs der

8) OGH 21. 2. 2003, 4 Ob 267/02x in ÖBl 2003, 48.
9) OGH 25. 3. 2003, 4 Ob 303/02s.

Beklagten mit folgender Begründung folgte: Der Tatbestand des § 28 a UWG sei nicht erfüllt, weil dem Schreiben weder ein Zahlschein, noch eine Rechnung oder ein Korrekturangebot angeschlossen sei. Deshalb seien die tatbestandsmäßigen Irreführungsmöglichkeiten von vornherein ausgeschlossen. Weiters seien die Hinweise auf den Auftragscharakter und die Vertragsbedingungen keineswegs an versteckter Stelle enthalten und somit für einen durchschnittlichen aufmerksamen Leser erkennbar. Daran ändere auch die am Beginn des Schreibens aufscheinende Aufmachung „Made in Austria", die in den Farben rot-weiß-rot gehaltenen Quadrate und der Textteil „Bezugsquellen-Datenbank des Handels, der Gewerbe und der Industrie" nichts. Denn es handle sich dabei nicht um Insignien der Wirtschaftskammer oder des österreichischen Firmenbuches. Ein offizieller Charakter dieses Schreibens sei daher ausgeschlossen.

3. Die jüngste Entscheidung – eine erfreuliche Rückkehr zur ursprünglichen strengen Sichtweise

Mit dem bis zur Drucklegung dieses Beitrages jüngsten zu dem Thema ergangenen höchstgerichtlichen Erkenntnis „Firmendateninformation"[10]) wurde jedoch hinsichtlich der Interpretation des § 28 a UWG wieder eine strengerer Beurteilungsmaßstab angelegt: Der Sachverhalt war beinahe ident wie in der oben beschriebenen Rechtssache „Fireg": Die Beklagte bewarb österreichweit die Eintragung von Firmendaten in ein „Firmenregister" im Internet in zeitlichem Zusammenhang mit einer Firmenbucheintragung. Sowohl links oben als auch links unten und auf dem angeschlossenen Zahlschein war die Firma der Beklagten abgedruckt. Die beiden Unterinstanzen wiesen die Klage des Schutzverbandes gegen unlauteren Wettbewerb mit Hinweis auf die Entscheidung „Fireg" ab – die grafische Gestaltung der Aussendung lasse bei einer Gesamtschau keine Nahebeziehung zu einer Firmenbucheintragung vermuten.

Der OGH entschied jedoch mit ausdrücklichem Hinweis auf die Entscheidung „Fireg", dass das dort vorgegebene liberalere Beurteilungsmaß nicht mehr aufrecht erhalten werden konnte, mit folgendem Leitsatz: „Ein Werbeschreiben zur Anbahnung einer Geschäftsbeziehung unter Verwendung von Zahlscheinen oder ähnlichen Drucksorten fällt nur dann nicht unter § 28 a UWG, wenn in einer *ohne jeden Zweifel* ausschließenden Weise darauf hingewiesen wird, dass es sich lediglich um ein privates Vertragsangebot handelt." Dagegen sah die nunmehr quasi „overrulte" Entscheidung „Fireg" eine Irreführungseignung bereits dann als nicht gegeben an, wenn der private Anbotscharakter „bei näherer Betrachtung" bewusst sein müsse.

Der Antrag des Klägers auf Erlass eines Verbotes der Unterlassung der „Fruchtziehung" wurde jedoch abgewiesen. Begründet wurde dies damit, dass nicht bescheinigt wurde, dass die Beklagte versuche, die Ansprüche

10) OGH 21. 10. 2003, 4 Ob 173/03 z.

aus den irrtümlichen Vertragsabschlüssen durchzusetzen, indem etwa Rückzahlungsansprüche abgelehnt wurden.

D. *Zusammenfassung und Würdigung der Judikatur zum § 28 a UWG*

Der Tenor der aktuellen Rechtsprechung ist wie folgt zusammenzufassen:

- Ein Verstoß gegen § 28 a UWG liegt bereits dann vor, wenn die Werbeaussendung so gestaltet ist, dass nicht ohne Zweifel der private Charakter des Angebotes erkennbar ist.
- Für ein gerichtliches Verbot der „Fruchtziehung" (basierend auf der Rechtsgrundlage des § 1 UWG) ist es nicht alleine ausreichend, dass die Vertragsabschlüsse durch Irrtum herbeigeführt werden, sondern es muss zumindest auch bescheinigt werden, dass versucht wurde, die irrtümlichen Vertragsabschlüsse durchzusetzen.

Für die Praxis bedeutet der oben unter Punkt 1 genannte Leitspruch eine erfreuliche Festigung der restriktiven Linie der ersten Urteilssprüche zum § 28 a UWG. Flankierende Maßnahmen wie insbesondere eine rechtzeitige Aufklärung durch Warnschreiben sind allerdings weiterhin notwendig und werden auch von der Wirtschaftskammer intensiv betrieben. Denn leider zeigt die Praxis, dass mit Klagen zwar einiges, aber nicht alles gewonnen ist, anhand folgenden Falles aus der Praxis: Ein Branchenbuchunternehmen wurde geklagt und auch rechtskräftig dazu verurteilt, derartige Aussendungen zu unterlassen. In der Folge jedoch gestaltete ein „anderes" Unternehmen dieselbe wettbewerbswidrige Aussendung in derart ähnlicher Weise, dass der Verdacht nur zu nahe auf der Hand lag, dass hier dieselbe Person(en) unter dem Deckmantel eines anderen Rechtsträgers das selbe offensichtlich einträgliche Geschäft ohne Rücksicht auf etwaige Gerichtskosten inklusive von allfälligen Beugestrafen weiterhin betrieb(en).

III. Die zivilrechtliche Seite

Unter den oben angeführten Voraussetzungen kann im Zuge des Wettbewerbsverfahrens auch ein gerichtliches Verbot der „Fruchtziehung" beantragt und erlassen werden. Mit dem Einwand einer irrtümlichen Einzahlung bzw Unterfertigung des Vertrages könnte der Betroffene dann direkt gestützt auf diese gerichtliche Anordnung die Zahlung verweigern.

Wenn jedoch keine derartige ausdrückliche gerichtliche Anweisung ergangen ist, ist in weiterer Folge die Anwendung der zivilrechtlichen Rechtsbehelfe zu überprüfen: Eine Anfechtung wegen Irrtums nach § 871 Abs 1 ABGB kann erfolgen, wenn „der Irrtum von anderen Vertragspartner veranlasst wurde." Dieser Tatbestand kann etwa dann verwirklicht sein, wenn der Eindruck erweckt wird, es handle sich um eine verpflichtende Einzahlung und/oder die Verlängerung einer bereits bestehenden Vertragsbeziehung. Die weitere tatbestandsmäßige Voraussetzung der Wesentlichkeit des

Irrtums für den Vertragsabschluss wird im Regelfall gegeben sein, da bei Kenntnis des wahren Umstandes der Betroffene die Einzahlung nicht getätigt bzw die Unterfertigung nicht veranlasst hätte.

Bereits quasi eine Stufe vorher könnte dann angesetzt werden, wenn der Angebotscharakter bestritten wird: Auf diesen Rechtsanspruch könnte sich der Betroffene unter Umständen dann berufen, wenn – wie etwa im Fall „Online"[11]) – in der Werbeaussendung widersprüchliche Aussagen getätigt werden: An einer Stelle ist von einem „kostenlosen Eintrag" die Rede, während an anderer – klein gedruckter – Stelle die Kostenpflicht angegeben wird. Als Rechtsgrundlage könnte dabei die Unklarheitenregelung des § 915 ABGB weiterhelfen: Sofern der wahre Wille der Vertragsparteien nicht erforscht werden kann, werden undeutliche Äußerungen im Zweifel zu Lasten desjenigen ausgelegt, der sich derselben bedient hat.

Weiters werden nach § 864 a ABGB Bestimmungen ungewöhnlichen Inhaltes in Vertragsformblättern und Allgemeinen Geschäftsbedingungen nicht Vertragsinhalt, wenn sie für den anderen nachteilig sind und er insbesondere nach dem äußeren Erscheinungsbild der Urkunde (zB „Kleingedrucktes") mit ihnen nicht zu rechnen brauchte.

IV. Das Problem der Rechtsdurchsetzung gegen ein im Ausland ansässiges Branchenverzeichnisunternehmen

A. Wettbewerbsrecht und Auslandsbezug

Hinsichtlich des anwendbaren Rechtes bestimmt dazu § 48 Abs 2 IPRG, dass Ansprüche aus unlauterem Wettbewerb nach dem Recht des Staates zu beurteilen sind, auf dessen Markt sich der Wettbewerb auswirkt. Bei Werbungen im Internet soll es auf den Markt jener Staaten ankommen, auf den die Werbung nach ihrer Gestaltung erkennbar abzielt.[12])

Von der Frage des anwendbaren Rechtes zu trennen ist die Beurteilung der inländischen Gerichtsbarkeit und der Möglichkeit der Vollstreckbarkeit dieses Urteiles in anderen Staaten. Die drei europäischen Übereinkommen Brüssel I VO,[13]) EuGVÜ[14]) und LGVÜ[15]) sehen sinngemäß vor, dass bei unerlaubten Handlungen Klage auch vor dem Gericht des Handlungsortes und des Erfolgsortes eingebracht werden kann.

Wenn von einem Mitgliedstaat der im letzten Satz angeführten Übereinkommen wettbewerbswidrige Branchenbuchwerbung mittels Postsendung bzw Telefax an österreichische Unternehmer verschickt wird, wird österreichisches Recht mit Klagemöglichkeit in Österreich zur Anwendung kommen. Diese Urteile wären auch im ausländischen Staat auf Grund der oben angeführten Europa-Übereinkommen vollstreckbar.

---

11) OGH 13. 3. 2002, 4 Ob 1/02 d.
12) *Schwimann*, Internationales Privatrecht (2001) 80.
13) Gilt für die EU mit Ausnahme von Dänemark.
14) Gilt nur für Dänemark.
15) Gilt für Island, Norwegen und Schweiz.

Wenn die Werbeaussendung nicht physisch versendet wird, sondern als im Internet abrufbare Website bereitgestellt wird, soll bei Abruf des rechtswidrigen Inhaltes in Österreich im Anwendungsbereich der Europa-Übereinkommen ebenso Klagemöglichkeit im Inland bestehen.[16])

Schwieriger gestaltet sich die Rechtsdurchsetzung außerhalb des Geltungsbereiches der Europa-Übereinkommen: Nach der – teilweise in der Lehre angezweifelten[17]) – Judikatur des OGH zum § 83c JN sollen Rechtsstreitigkeiten über einen Wettbewerbsverstoß, der sich im Inland auswirkt, zwar in jedem Fall vor einem österreichischen Gericht eingeklagt werden können. Einstweilige Verfügungen können auch beantragt werden, wenn die Rechtsdurchsetzung im Ausland nicht gewährt ist, weil kein Vollstreckbarkeitsübereinkommen besteht.[18])

Da jedoch Österreich außerhalb der Europa-Übereinkommen mit nur wenigen Staaten der Welt[19]) zivilrechtliche Vollstreckbarkeitsübereinkommen geschlossen hat, wird die Rechtsdurchsetzung im Ausland trotz vollstreckbaren inländischen Urteils im Regelfall nicht möglich sein.

B. Sonstiges Zivilrecht und Auslandsbezug

Ähnlich stellt sich die Problematik bei der Frage der Durchsetzbarkeit von zivilrechtlichen Ansprüchen – etwa die Rückforderung von irrtümlich bezahlten Beiträgen – dar: Im Anwendungsbereich der Europa-Übereinkommen könnte zwar am „Erfüllungsort"[20]) geklagt werden – allerdings unter Umständen nach einem ausländischen Recht, da nach dem IPRG mangels anderer Rechtswahl regelmäßig das Vertragstatut nach der vertragscharakteristischen Leistung zu beurteilen ist – und diese ist nicht die Kaufpreis-, bzw Werklohnzahlung, sondern die Erbringung der Warenlieferung bzw Dienstleistung.

Überwiegt allerdings nicht der Dienstleistungscharakter (wie etwa bei reinen Internet-Branchenverzeichnissen), sondern der Kaufcharakter (bei physischen Branchenbüchern), wird bei grenzüberschreitenden Warenlieferungen von Vertragsstaaten des UN-Kaufrechtes[21]) aus dieses mate-

---

16) *Thiele,* Der Gerichtsstand bei Wettbewerbsverstößen im Internet, ÖJZ 1999, 754.

17) *Friedrich Prunbauer,* Inländische Gerichtsbarkeit für Wettbewerbsverstöße aus dem Ausland? RdW 1988, 285 und *Thiele,* Der Gerichtsstand bei Wettbewerbsverstößen im Internet, ÖJZ 1999, 754.

18) OGH 11. 10. 1988, 4 Ob 86/88, ÖBl 1989, 74.

19) Derzeit existieren bilaterale zivilrechtliche Vollstreckungsübereinkommen mit Britisch Columbien, Liechtenstein, Türkei und Tunesien.

20) Zur neuen Definition des Erfüllungsortes durch Brüssel I siehe etwa *Handig,* Wesentliche Änderungen durch das In-Kraft-Treten der Brüssel I-VO im Vergleich zum EuGVÜ, ecolex 2002, 141 und *Magnus,* Das UN-Kaufrecht und die Erfüllungsortzuständigkeit in der neuen EuGVO, IHR 2002, 45.

21) Von den EU-Staaten haben von den 15 „Alt-Ländern" nur Portugal und Großbritannien das Übereinkommen nicht ratifiziert, von den seit 1. 5. 2004 neuen EU-Ländern sind Estland, Lettland, Polen, Slowakei, Slowenien, Tschechien und Ungarn Mitgliedstaaten des UN-Kaufrechtes. Weltweit sind derzeit ca 70 Staaten Mitglieder des Abkommens. Näheres siehe im Internet unter www.uncitral.org

rielle Recht zur Anwendung kommen, sofern nichts anderes vereinbart war.

Wenn das Branchenverzeichnisunternehmen seinen Sitz außerhalb eines Vertragsstaates der Europa-Übereinkommen hat, wird im Regelfall nicht nur das Vorliegen einer inländischen Gerichtsbarkeit und die Anwendung des österreichischen Rechtes fraglich, sondern auch selbst bei Vorliegen eines inländischen Urteiles die Durchsetzbarkeit im Ausland mangels Vollstreckbarkeitsübereinkommen[22]) nicht möglich sein. Oft setzen derartige Branchenverzeichnisse in ihren allgemeinen Vertragsbedingungen auch die Anwendung des Rechtes und des Gerichtsstandes ihres Heimatstaates fest.

Wenn der Verdacht nahe liegt, dass tatsächlich strafrechtlich relevante Tatbestände gesetzt werden – etwa bei Vorliegen eines Betrugsverdachtes – könnte die Interpol eingeschaltet werden. Hilfestellung bei grenzüberschreitenden Betrugsfällen bietet auch die Internationale Handelskammer[23]) an.

22) Derzeit existieren bilaterale zivilrechtliche Vollstreckungsübereinkommen mit Britisch Columbien, Liechtenstein, Türkei und Tunesien.

23) Siehe www.icc-austria.org

Die Abgrenzung des Gewerbes von den rechtsberatenden freien Berufen und Ärzten im Wettbewerbsrecht

Friedrich Filzmoser

Inhaltsübersicht:

I. Einleitung und Problemstellung

Abgrenzungsstreitigkeiten betreffend den Berechtigungsumfang zwischen Gewerbetreibenden einerseits und Berufsangehörigen der medizinischen und rechtsberatenden Berufe andererseits haben eine lange Tradition[1]) und sind vor allem in wirtschaftlich „schlechteren Zeiten" ein häufig auftretendes Phänomen.

Gerade in jüngster Zeit und nicht zuletzt durch die Schaffung neuer Gewerbe (selbstständiger Buchhalter, Ernährungsberater) bzw der ausdrücklichen Festschreibung von Vertretungsrechten bestimmter Gewerbetreibender im Rahmen ihrer Berechtigungen vor Behörden mehren sich solche Streitigkeiten zusehends.

Auch die historische Entwicklung sowie die traditionell unterschiedliche Ressortaufteilung in den Ministerien die Zuständigkeit für die jeweiligen Berufsgruppen betreffend (Justizministerium, Gesundheitsministerium, Wirtschaftsministerium) haben die Unklarheiten und damit möglichen Streitfälle zusätzlich vermehrt. Schließlich ist das Lobbying, insbesondere der jeweiligen Interessenvertretungen, also der Kammern und Verbände „in ihrem Ministerium" immer wieder erfolgreich gewesen und der jeweilige Minister entsprechend unter Zugzwang geraten. Dass aber innerhalb der Regierung und de facto dann im Nationalrat diese unterschiedlichen Interessen nicht wirklich harmonisiert und einer klaren Abgrenzung zugeführt werden konnten, verwundert schon angesichts der Komplexität

1) Etwa *Praunegger,* Das österreichische Gewerberecht 1. Teil, 1. Band (Graz 1924) 25 ff bzw 56 ff listet eine ganze Reihe solcher Streitfragen auf.

und Vielfalt möglicher Streitpunkte sowie der realpolitischen Umstände wenig.

Historisch bemerkenswert ist, dass schon die GewO 1859 im entsprechenden Kundmachungspatent vom 20. Dezember 1859 (RGBl Nr 227) im Art V lit f „die Geschäfte der Advokaten, Notare und Handelsmakler (Wechsler, Waren- und Schiffssensalen, Börseagenten), Ingenieure und anderer Personen, welche von der Behörde für gewisse Geschäfte besonders bestellt und in Pflicht genommen sind . . ." sowie in lit g „die Ausübung der Heilkunde (Ärzte, Wundärzte, Zahnärzte, Augenärzte, Geburtshelfer und Hebammen usw), die Unternehmungen von Heilanstalten jeder Art mit Inbegriff der Gebär- und der Irrenbewahr-, Bade- und Trinkkuranstalten, das Apothekerwesen, das Veterinärwesen mit Einschluss des Viehschnittes" von der Gewerbeordnung ausgenommen hat.

Daran hat sich auf den ersten Blick bis heute nicht viel geändert (siehe die korrespondierenden Bestimmungen in der geltenden GewO § 2 Abs 1 Z 10 bzw 11), bei genauerem Hinsehen fallen aber einige für die Praxis wichtige Veränderungen auf.

So war beispielsweise die Tätigkeit der Steuerberater und Buchprüfer ursprünglich ein (sogar freies) Gewerbe und wurde erst durch den so genannten „Anschluss" an das Deutsche Reich und die dort damals bestehende Rechtslage zu einem eigenen von der GewO ausgenommenen „freien Beruf", der dann nach Ende des 2. Weltkrieges auch in Österreich als solcher bestehen blieb[2]) und schließlich in der Wirtschaftstreuhänder-Berufsordnung (WTBO) detaillierten Regelungen unterworfen wurde. Freilich wurden nicht alle einschlägigen „Beraterberufe", insbesondere nicht die Unternehmensberater, von der WTBO erfasst, sondern blieben weiterhin dem Regime der GewO unterworfen, ohne dass freilich jemals wirklich klargestellt wurde, was genau unter Unternehmensberatung, im Gegensatz zur Steuerberatung, zu verstehen sei. Schließlich können beide Beratungsberufe ohne (steuer-)rechtliche Grundlagen nicht ausgeübt werden und wurde den Unternehmensberatern ausdrücklich sogar das Recht „im Rahmen ihrer Berechtigung", auch vor Behörden – wozu richtigerweise auch Gerichte zählen[3]) – ihre Kunden zu vertreten (§ 136 Abs 3 GewO), eingeräumt.

Ähnliche Abgrenzungsprobleme entstanden durch die Änderung der Rechtslage betreffend die ursprünglich in der GewO angesiedelte „Ausgleichsvermittlung",[4]) die natürlich in untrennbarem Zusammenhang mit der von Unternehmensberatern traditionell ausgeübten „Sanierungsberatung" steht.

2) Siehe dazu meine Ausführungen, Buchhaltung und Gewerberecht, RdW 1997, 258 mwN.

3) OGH 4 Ob 44/02b vom 13. 3. 2002.

4) Ursprünglich konzessioniertes Gewerbe gem § 130 iVm 271 ff GewO 1973, seit 1. 7. 1993 den Rechtsanwälten vorbehalten (siehe § 8 Abs 3 letzter Halbsatz RAO), vorher bestehende Gewerbeberechtigungen dürfen weiter ausgeübt werden (siehe § 376 Z 34c GewO).

Völlig ungeklärt ist weiters die für die Praxis überaus relevante Frage, wieweit entgeltliche Rechtsberatung als solche den Anwälten vorbehalten ist, bzw wieweit die traditionell im Zusammenhang mit der Gewerbeausübung vor allem bei den reglementierten Beratungsgewerben (Unternehmensberater, Technische Büros, Lebens- und Sozialberater, Versicherungsberater- und makler, Vermögensberater), aber auch bei einschlägigen reglementierten Dienstleistungsgewerben (Immobilientreuhänder, Baumeister, Zimmermeister, Rauchfangkehrer, Buchhalter, Spediteure, Arbeitskräfteüberlasser, Arbeitsvermittler) geradezu notwendige und vom Kunden als selbstverständlich vorausgesetzte Rechtsberatung im Einzelfall zulässig ist.[5])

Ganz ähnlich gelagert sind Abgrenzungsprobleme zwischen den Heilberufen im Sinne der Ausnahmebestimmungen des § 2 Abs 1 Z 11 GewO und Gewerbetreibenden, zieht man vor allem die historische Entwicklung in Betracht.

So besteht zwar grundsätzlich Einigkeit darüber, dass schulmedizinische, also auf wissenschaftlichen Erkenntnissen beruhende Tätigkeiten, wozu im Übrigen seit jeher auch die medizinische Diagnose zählt,[6]) sowie die eigentliche – unter Aufsicht von Ärzten vorgenommene – Krankenpflege, soweit sie überhaupt selbstständig ausgeübt werden kann, nicht in den Anwendungsbereich der GewO fällt.[7]) Im Detail und bei genauerem Hinsehen verschwimmen freilich die Grenzen zwischen Gewerbeausübung und Heilberufen gerade in letzter Zeit zunehmend.

Zum einen sind es völlig neue Heilmethoden, deren Wirksamkeit häufig umstritten ist und die regelmäßig nicht der „Schulmedizin" zugeordnet werden können,[8]) zum anderen sind es Gesetzesänderungen, die die Abgrenzung erschweren. Ein typisches Beispiel aus jüngster Zeit ist die Einführung der so genannten „Ernährungsberatung",[9]) die im Rahmen einer Berechtigung für das Lebens- und Sozialberatergewerbe ausgeübt werden kann (siehe § 119 Abs 1 GewO) und eine ganz spezielle, auch schulmedizinisch relevante Ausbildung erfordert.[10])

Interessant ist weiters, dass psychologische Beratung bis zur GewO-Nov 1988 als freies Gewerbe ausgeübt werden konnte[11]) und ungeachtet der Ein-

5) Dazu ausführlich *Filzmoser*, Gewerbliches Berufsrecht nach der GewO-Nov 2002 (2003) 73 ff.

6) Siehe bereits die Nachweise bei *Praunegger* I. 1., 56.

7) So schon das Reichssanitätsgesetz RGBl 1870/68, das die berufliche Ausübung solcher Tätigkeiten regelte.

8) Dazu siehe den Erlass des BMWA 3. 05. 99/38 – III/1/96, der eine ganze Reihe solcher Behandlungsmethoden auflistet und als „freie Gewerbe" einstuft.

9) Zu diesem Gewerbe zählen meines Erachtens auch Schlankheitsinstitute, soweit sie mit einschlägigen Diäten etc arbeiten.

10) Demnach ist – freilich in dieser Form EURL-widrig – eine Diätassistentenausbildung oder die Absolvierung der Studienrichtung Ernährungswissenschaften an einer inländischen Universität notwendig.

11) Personen, die bis 31. 12. 1988 ein solches Gewerbe angemeldet hatten, konnten gem § 376 Z 37 GewO relativ einfach eine Konzession für das Lebens- und Sozialberatergewerbe erlangen.

führung eines Psychologengesetzes[12]) im Rahmen der Lebens- und Sozialberatung natürlich weiter ausgeübt werden kann (siehe § 119 Abs 1 GewO).

Ebenso unklar bzw fließend ist die Abgrenzung der Lebens- und Sozialberatung von der Psychotherapie.[13]) Hier kommt es wohl eher auf die Art der Bewerbung als auf die eigentliche Tätigkeit an.

Darüber hinaus ist festzustellen, dass der Berechtigungsumfang zahlreicher reglementierter Gewerbe unmittelbar in medizinische, insbesondere auch schulmedizinisch relevante Betätigungen eingreift und schon auf Grund der historischen Entwicklung seit jeher diese Gewerbetreibenden auch solche Tätigkeiten befugt ausüben. Zu diesen Gewerben zählen etwa die Masseure, deren Berechtigungsumfang auch nach der Einführung des Heilmasseurgesetzes[14]) nicht geändert wurde, wobei weniger die Tätigkeit selbst, als viel mehr die Art und Weise ihrer Bewerbung für die Abgrenzung zu den von der GewO ausgenommenen Heilmasseuren entscheidend sein dürfte. Weiters gehören die Fußpfleger,[15]) die Kosmetiker, die auch zum Tätowieren und Piercen befugt sind, die Zahntechniker, die Bandagisten, die Optiker und Kontaktlinsenoptiker, sowie die Hörgeräteakustiker zu den Berufen, die direkt oder indirekt (etwa durch diagnoseähnliche Anwendungen am menschlichen Körper) medizinisch relevante Tätigkeiten ausüben.

Nicht unerwähnt sollen auch die Drogisten bleiben, die meines Erachtens im Rahmen ihrer Gewerbeberechtigung etwa auch zur Ernährungsberatung[16]) berechtigt sind.

Auch im Bereich der Veterinärmedizin gab und gibt es in Teilbereichen ein nebeneinander von Gewerbe und tierärztlicher Tätigkeit. So waren ursprünglich die so genannten Viehschneider bis zur GewO-Nov 1992 Gewerbetreibende.[17]) Mittlerweile ist die Tätigkeit den Tierärzten vorbehalten. Weiterhin werden jedoch bestimmte tierärztliche Tätigkeiten befugter Weise im Rahmen des Teilgewerbes „Huf- und Klauenbeschlag" ausgeübt.

II. Die Judikatur des OGH

A. Judikatur zur Abgrenzung des Gewerbes zu den rechtsberatenden freien Berufen – Darstellung mit kritischen Anmerkungen

1. Vorbemerkung

Während es lange Zeit nur vereinzelt höchstgerichtliche Entscheidungen zur Abgrenzung des Gewerbes von den rechtsberatenden freien Berufen gab, mehren sich in jüngster Zeit einschlägige Streitfälle, auf die im Folgenden näher einzugehen ist.

---

12) BGBl 1990, 360.
13) Gewerbliches Berufsrecht 80.
14) BGBl I 2002/169.
15) Diese sind auch zum „Hühneraugenausschneiden" unter anderem befugt.
16) Gewerbliches Berufsrecht, 80 f unter Hinweis auf § 29 GewO.
17) Siehe dazu die Übergangsbestimmungen § 376 Z 16 GewO.

Dabei werden aus Gründen der Übersichtlichkeit zuerst allgemeine Rechtssätze des OGH zu dieser Abgrenzung dargestellt und dann auf einzelne Berufsgruppen näher eingegangen.

2. Allgemeine Rechtssätze

Zur Frage der Vertretungsbefugnis bei Gericht hat sich der OGH wie folgt geäußert: „Aus § 8 Abs 3 Rechtsanwaltsordnung (RAO)[18]) ergibt sich deutlich, dass es kein umfassendes Monopol der Rechtsanwälte zur berufsmäßigen Parteienvertretung gibt und dass sich die Berechtigung zu einer sachlich begrenzten Parteienvertretung auf gewerberechtliche Vorschriften gründen kann."[19])

Zum Umfang der Gewerbeberechtigung meinte der OGH, dass für die Beurteilung des Umfanges der Gewerbeberechtigung gem § 29 GewO 1994 im Zweifelsfall auch die in den beteiligten gewerblichen Kreisen bestehenden Anschauungen und Vereinbarungen heranzuziehen sind.[20]) Durch den Hinweis auf § 29 GewO ist somit aber auch klargestellt, dass nicht nur Standesregeln, die häufig in ebenso relevanten Berufsbildern oder Richtlinien festgeschrieben sind, sondern auch die historische Entwicklung[21]) des jeweiligen Gewerbes für den Berechtigungsumfang und dessen Auslegung von Relevanz sind (siehe § 29, 2. Satz GewO). Keinesfalls – so auch der OGH – sind also nur Rechtsvorschriften im engeren Sinn, also Gesetze und Verordnungen, allein maßgeblich.[22])

Zur Frage der vertretbaren Rechtsansicht in diesem Zusammenhang judiziert der OGH in ständiger Judikatur wie folgt: „Bei der Prüfung der Frage, ob eine Verletzung gewerberechtlicher Vorschriften – insbesondere derjenigen über den Umfang einer bestimmten Gewerbeberechtigung – gegen § 1 UWG verstößt, kommt es vor allem darauf an, ob die Auffassung des Beklagten über den Umfang seiner Befugnisse durch das Gesetz soweit gedeckt ist, dass sie mit gutem Grund vertreten werden kann".[23])

Im Zusammenhang mit einem möglichen Verstoß gegen das Verbot der „Winkelschreiberei" (Artikel VIII Abs 1 lit d Einführungsgesetz zu den Verwaltungsverfahrensgesetzen [EGVG], mittlerweile Artikel IX Abs 1 Z 4 EGVG) entschied der OGH, als es um die Frage ging, was unter „einschlägigen Auskünften" zu verstehen sei, wie folgt: „Die Beratung oder Auskunftserteilung darf nicht (praktisch) die beratende Tätigkeit einer zur berufsmä-

18) Diese Aussage bezog sich auf die durch das Rechtsanwaltsprüfungsgesetz 1985 erfolgte Änderung des § 8 RAO, die eine Ausdehnung des Vertretungsrechtes der Anwälte beinhaltete (siehe oben FN 4 Ausgleichsvermittler).

19) OGH 4 Ob 145/01 d = RdW 2002, 22.

20) So schon OGH 4 Ob 137/94 vom 6. 12. 1994.

21) Siehe auch ÖBl 1976, 67 (71) und zuletzt OGH 4 Ob 44/02 b vom 13. 3. 2002.

22) Siehe *Filzmoser*, Standesregeln und Wettbewerbsrecht, RdW 1995, 254; *ders*, Zum Verordnungscharakter der von Wirtschaftskammern beschlossenen Verhaltensregeln, Bankarchiv 1996, 119 mwN.

23) ZB OGH 4 Ob 351/75 vom 16. 12. 1975 sowie jüngst etwa 4 Ob 289/02 g vom 18. 2. 2003.

ßigen Parteienvertretung . . . befugten Person ersetzen und nicht so weit gehen und so geartet sein, dass dann mit dem Ergebnis eine Aufgabe berufsmäßiger Parteienvertreter erledigt wird.[24]) Wesentlich sei vielmehr, dass nicht schon bei der Beratung die Vorgangsweise und der Weg aufgezeigt werden, wie eine bestimmte vor einer Behörde auszutragende Angelegenheit zu führen sei . . ." Weiters meinte der OGH[25]) „eine Rechtfertigung wettbewerbswidrigen Verhaltens lässt sich nicht mit Erfolg aus einer angeblichen Branchenübung ableiten, Missbräuche können nicht als Maßstab des Zulässigen dienen."

Im Anschluss an eine wörtliche Wiedergabe des § 29 GewO führte der OGH unter anderem[26]) dezidiert aus: „Demnach können die Angaben etwa eines Berufslexikons, die Ausbildungsvorschriften, aber auch Fachstatute von Fachgruppen oder der Kammer der gewerblichen Wirtschaft, als Beurteilungsgrundlage verwendet werden."[27])

Zur Definition des in der GewO im Zusammenhang mit der Vertretungsbefugnis Gewerbetreibender[28]) mehrmals verwendeten Begriffs „Behörde" meinte der OGH im Einklang mit der Staatsrechtslehre völlig zutreffend, der Begriff Behörde sei im Rahmen eines funktionalen Behördenbegriffs als gemeinsamer Oberbegriff für Gerichte und Verwaltungsbehörden zu verstehen, sodass eine Vertretungsbefugnis vor Behörden auch eine solche vor Gericht mit einschließe.[29])

Zur Vertretungsbefugnis ganz allgemein meinte der OGH,[30]) dass dieses ein Einschreiten als Bevollmächtigter im Sinne eines aktiven Auftretens für eine Partei voraussetze; bloße Erhebungen, insbesondere auch Einsichtnahme in Behördenakte, könnten diesem Begriff nicht unterstellt werden.

Zur Relevanz von Standesregeln wiederum relativierte der OGH den Grundsatz, wonach solche Regeln nur die Angehörigen der jeweiligen Berufsgruppe binden würden, indem er aussprach, dass das Verbot der „quota litis" auch solche Personen treffe, die bestimmten Berufsgruppen vorbehaltene Leistungen – meines Erachtens unabhängig davon, ob befugt oder unbefugt – erbringen.[31]) Im konkreten Fall wurde die Leistung zwar unbefugt erbracht, die Formulierung des § 879 Abs 2 Z 2 ABGB, die generell vom „Rechtsfreund" – also nicht nur Anwälten – spricht, lässt meines Erachtens auch nur die Auslegung zu, dass bei jeglicher Vertretung vor Behörden solche Vereinbarungen nichtig sind. Wie auch *Krejci*[32]) zutreffend ausführt,

24) ÖBl 1975, 67 (73) mwN.
25) OGH 4 Ob 145/01 d sowie 4 Ob 135/98 a – Ausgleichsvermittlung.
26) OGH 4 Ob 44/02 b vom 13. 3. 2002.
27) Siehe auch ÖBl 1992, 120 – Plakatkampagne mwN.
28) Siehe § 99 Abs 1 Z 6 GewO – Baumeister, § 134 GewO – Technische Büros, § 136 Abs 3 GewO – Unternehmensberater, § 149 Abs 6 GewO – Zimmermeister, § 117 Abs 5 GewO – Immobilientreuhänder.
29) OGH 4 Ob 44/02 b vom 13. 3. 2002.
30) ÖBl 1985, 71.
31) OGH 4 Ob 81/99 m vom 13. 4. 1999 = ecolex 1999, 536.
32) *Rummel*, ABGB[3] § 879 Rz 207.

kann es nicht auf den Beruf, sondern nur auf die Art der Entgeltvereinbarung ankommen. Tatsächlich handelt es sich bei diesem Verbot aber auch um keine Standesregel im eigentlichen Sinn, sondern um eine allgemein gültige Wertung des Gesetzgebers. Ähnliches müsste meines Erachtens auch für Verschwiegenheitspflichten, die im Gewerberecht nur vereinzelt erwähnt werden[33]) und teilweise nur in Standesregeln der Berufsgruppen aufscheinen, gelten. Auch an diese sind mE alle einschlägig Tätigen gebunden.

Natürlich kann auch ein Dritter wettbewerbswidrig handeln, wenn er in Kenntnis entgegenstehender Standesvorschriften oder eindeutiger Standesauffassung sittenwidrig vorgeht oder für einen an Standesregeln gebundenen Berufsangehörigen standeswidrig wirbt.[34])

Ein Werbeverbot vergleichbar jenem, das bei den meisten freien Berufen normiert ist, kennt die GewO – nachdem der VfGH ein solches bei Kontaktlinsenoptikern für verfassungswidrig erklärt hat[35]) – nicht bzw würde ein solches gegen die Grundrechte der Erwerbs- und Meinungsfreiheit, welche auch die Werbefreiheit beinhalten, verstoßen.

3. Branchenspezifische Entscheidungen

a) Unternehmensberater (§ 136 GewO)

Unternehmensberater einschließlich der Unternehmensorganisatoren sind gem § 136 Abs 4 GewO im Rahmen ihrer Gewerbeberechtigung insb auch zur Vertretung des Auftraggebers vor Behörden und Körperschaften öffentlichen Rechts berechtigt. Der Umfang ihrer Beratungsleistungen ist allerdings im Gesetz nicht näher geregelt.

Laut OGH[36]) bestehe die Beratungsleistung der Unternehmensberater ihrem Wesen nach in einem Tätigwerden im Innenverhältnis. Der Berater erhalte weder Entscheidungsbefugnisse noch lasse er sich ermächtigen, die beschlossene Problemlösung (als Vertreter) nach außen durchzusetzen.

Wörtlich meinte der OGH weiters: „Beschränkt sich jedoch der Unternehmensberater nicht allein darauf, den Sachverhalt aufzuklären und ihn seinem Klienten (samt Lösungsvorschlag) aufzuzeigen, sondern versucht er gegenüber Dritten namens seines Klienten dessen Interessen zur Beseitigung der angeblichen Fehler durchzusetzen, verlässt er den ihm von der Rechtsordnung eingeräumten Tätigkeitsbereich."

Im Anlassfall ging es um eine (angebliche) Fehlbuchung einer Bank. Der Unternehmensberater forderte im Zuge einer Sanierungsberatung – wie der OGH meinte, unbefugt und damit sittenwidrig im Sinne des § 1 UWG – die Bank auf, die Buchung rückgängig zu machen.

---

33) Dazu *Filzmoser,* Gewerbliches Berufsrecht 83 f.

34) Jüngst etwa OGH 4 Ob 115/03 w vom 24. 6. 2003 mit Hinweis auf OGH, ÖBl 1986, 154.

35) VfSlg 10.718.

36) OGH 4 Ob 145/01 d vom 10. 7. 2001 = RdW 2002, 22. Jüngst bestätigend auch OGH 4 Ob 26/03 g vom 24. 6. 2003.

Entscheidend war offenbar, dass der Unternehmensberater als Bevollmächtigter seines (insolventen) Klienten diesen nicht nur entsprechend beraten hat, sondern die Verhandlungen selbst geführt und gegebenenfalls auch Vergleiche abgeschlossen hätte.

Für die Praxis würde dies bedeuten, dass etwa Vergleichsabschlüsse meines Erachtens zwar im Zuge einer Sanierungsberatung vom Unternehmensberater vorbereitet werden dürfen, die Verhandlungen und die Vertragsabschlüsse aber der Beratene – freilich mit Unterstützung des Beraters – selbst vorzunehmen hätte. Ausdrücklich erlaubt wäre es aber – und hier ist dem OGH uneingeschränkt zu folgen – den Unternehmensberatern, die notwendigen Informationen zur Klärung des Sachverhaltes von den betroffenen Gläubigern einzuholen, um eine konkrete Beratung überhaupt vornehmen zu können.

Soweit die Ausführungen des OGH allerdings über den eigentlichen Anlassfall, nämlich einer versuchten Ausgleichsvermittlung, hinausgehen, steht diese Entscheidung in Widerspruch zur Entscheidung vom 13. 3. 2002,[37]) in der auf die Maßgeblichkeit des Berufsbildes der Unternehmensberater hingewiesen wird, welches auch die Verwaltung von Unternehmen und die (auch historisch begründete) Übernahme von Treuhandschaften beinhaltet, also klassisch außenwirksame Vertretungshandlungen.[38]) Die wiederholte Aussage des OGH, die unternehmensberatende Tätigkeit beinhalte schon ihrem Wesen nach ein Tätigwerden bloß im Innenverhältnis, ist daher in dieser Allgemeinheit unzutreffend und geht auch aus dem Berufsbild der Unternehmensberater entgegen der OGH-Judikatur nicht hervor.

Im Übrigen wäre nicht einzusehen, warum etwa Versicherungsmakler und -berater derartige Vertretungen bzw Verhandlungen vornehmen dürfen,[39]) Unternehmensberater hingegen nicht. Bedenkt man weiters, dass bis zum 2. Weltkrieg auch die Tätigkeit der Wirtschaftstreuhänder und Steuerberater einen Teil des Unternehmensberatergewerbes darstellte und daher Vertretung auch nach außen hin seit jeher dieser Berufsgruppe erlaubt war, wird dieses Erkenntnis erst recht angreifbar, zumal unbestrittenermaßen gem § 29 GewO neben dem Berufsbild auch die historische Entwicklung des Gewerbes für die Auslegung des Berechtigungsumfanges relevant ist. Dem OGH ist freilich insoweit Recht zu geben,[40]) als zum Umfang der Gewerbeberechtigung jedenfalls nicht die gerichtliche Vertretung in Insolvenzverfahren (zB auch von Privaten) schlechthin gehört.

Zum Berufsbild des Unternehmensberaters judiziert der OGH,[41]) als es um die Festlegung des Berechtigungsumfanges im Sinne des § 29 GewO ging, wörtlich: „Eine derartige Erkenntnisquelle ist hier auch das vom zu-

---

37) OGH 4 Ob 44/02 d; in diesem Sinne auch jüngst 4 Ob 26/03 g vom 24. 6. 2003.

38) Das Berufsbild mit Stand 6. 6. 2003 ist abrufbar unter www.ubit.at

39) So OGH 4 Ob 289/02 g vom 18. 2. 2003 und ÖBl 1976, 67.

40) OGH 4 Ob 26/03 g vom 24. 6. 2003; hier wurde im Rahmen eines „Privatkonkurses" eine Vertretung durch einen Unternehmensberater vorgenommen.

41) OGH 4 Ob 44/02 b vom 13. 3. 2002.

ständigen Fachverband Unternehmensberatung und Datenverarbeitung genehmigte ... ‚Berufsbild', ..., ist doch innerhalb der Bundeswirtschaftskammer der zuständige Fachverband als juristische Person des öffentlichen Rechts und Selbstverwaltungskörper anerkanntermaßen berufen, die allgemeinen Anschauungen über den Umfang der Gewerbeberechtigung seiner Mitglieder zu begutachten und festzulegen.[42])

Dieses Berufsbild stellt – nach seiner Präambel – demonstrativ die Kernkompetenzen und Beratungsbereiche des Berufsstandes dar und nennt als seine Aufgaben Informationsbeschaffung, Problemerkennung, Diagnoseprozess, Empfehlung konkreter Maßnahmen, Implementierungshilfe, Wirtschaftstraining und Schulung, Bewusstseinsbildung beim Klienten, Konsenserarbeitung, Förderung der Lernfähigkeit des Klienten, organisatorische Effizienz und Nutzen für den Klienten. Zu den Beratungsfeldern zählt es Unternehmensführung, Personalmanagement, Marketing, Organisation, Technologie, Logistikberatung, Finanz- und Rechnungswesen, Raumwirtschaft, Umweltmanagement und Beratungen in außenwirtschaftlichen Belangen."

Die Ausführungen bezogen sich noch auf das Berufsbild, Ausgabe 1996, dieses wurde mittlerweile (Ausgabe vom 6. 6. 2003) neu gefasst und etwas ergänzt.[43])

Zur Frage, ob auch insolvente Unternehmen beraten und vor Gericht vom Unternehmensberater im Rahmen ihrer Gewerbeberechtigung (siehe § 136 Abs 3 GewO) vertreten werden dürfen, meinte der OGH: „Ein Antrag auf Konkurseröffnung führt demnach – ebenso wenig wie die Sanierung oder Umstrukturierung eines Unternehmens oder dessen Krisenmanagement, in welchen Phasen die Handlungskompetenz von Unternehmensberatern unbestritten ist – noch nicht zwingend zu einer Betriebseinstellung."

Die Auffassung des beklagten Unternehmensberaters, er dürfe auch in Konkursverfahren vertreten, war nach Ansicht des OGH soweit gedeckt, dass sie mit gutem Grund vertreten werden konnte.[44]) Personen jedoch, die kein Unternehmen (mehr) betreiben, dürfen nicht vertreten werden.

b) Versicherungsberater und -makler (§ 138 GewO)

Da es sich bei diesen beiden gewerblichen Tätigkeiten um ein so genanntes „verbundenes Gewerbe" handelt, also ein Versicherungsmakler auch uneingeschränkt befugt ist, Tätigkeiten des Versicherungsberaters auszuüben bzw umgekehrt, wenn die Befähigung für ein Gewerbe im vollen Umfang erbracht wurde (§ 30 Abs 1 GewO), die jeweilige Funktion dem Klienten gegenüber offen gelegt wird und nicht in der selben Sache beide Funk-

42) *Andreewitch,* Haftpflichtversicherung für Unternehmensberater, ecolex 1992, 617 ff, FN 7; in diesem Sinne auch *Filzmoser,* Buchhaltung und Gewerberecht, RdW 1997, 258 ff, bei der Abgrenzung zwischen Unternehmensberatern und Wirtschaftstreuhändern.

43) Siehe www.ubit.at

44) Einschränkend jedoch OGH 4 Ob 26/03g vom 24. 6. 2003 – es handelte sich allerdings um eine Vertretung in einem Privatkonkursverfahren.

tionen ausgeübt werden (§ 138 Abs 4 GewO), empfiehlt es sich, beide Berufe einer gemeinsamen Beurteilung zu unterziehen.

Schon 1984 hat der OGH in Wettbewerbssachen[45]) ausgesprochen, dass die Werbung eines Versicherungsberaters und Inhabers einer Gewerbeberechtigung mit dem Wortlaut „Beratung in Schadensfällen (freies Gewerbe)[46]) – Fachmann in allen Schadenersatzangelegenheiten" zulässig sei.

Noch früher, nämlich 1975,[47]) hat der OGH im Zusammenhang mit Versicherungsberatern zum Ausdruck gebracht, dass wiederum die Auffassung des beklagten Versicherungsberaters, auch für Geschädigte Ansprüche gegen den Kfz-Haftpflichtversicherer des Schädigers geltend zu machen, diese zu beraten und die Geschädigten den Versicherern gegenüber vertreten zu dürfen, jedenfalls so weit gedeckt sei, dass kein Verstoß gegen § 1 UWG angenommen werden könne.

Erst jüngst hat der OGH[48]) diese durchaus als liberal anzusehende Meinung bekräftigt und zusätzlich die Ansicht geäußert, dass ein Versicherungsberater bzw -makler Versicherungsverträge nicht nur prüfen, sondern auch Schadenersatzansprüche gegen einen früheren Versicherungsmakler wegen (angeblich) unzulänglicher Beratung seines nunmehrigen Klienten geltend machen dürfe, also für seinen Klienten Schadenersatzansprüche wegen mangelnder Beratung (§ 1299 ABGB) als Vertreter fordern dürfe. Zumindest sei diese Ansicht mit gutem Grund vertretbar.

c) Immobilientreuhänder

Als Immobilientreuhänder im Sinne der GewO gelten Immobilienmakler, Immobilienverwalter und Bauträger (§ 94 Z 35 GewO). Diese sind zwar unter einer Ziffer im § 94 GewO als reglementiertes Gewerbe aufgelistet, der Zugang zu diesen Gewerben ist aber ebenso wie deren Berechtigungsumfang bzw deren Ausübungsrechte durchaus unterschiedlich geregelt (siehe § 117 Abs 2 GewO Makler, § 117 Abs 3 GewO Verwalter, § 117 Abs 4 GewO Bauträger).

Allen Immobilientreuhändern ist es gem § 117 Abs 5 GewO, soweit kein Anwaltszwang besteht, im Rahmen ihrer Berechtigung gestattet, ihre Auftraggeber vor „Verwaltungsbehörden, Fonds, Förderungsstellen und Körperschaften öffentlichen Rechts sowie bei Gericht zu vertreten". Weiters sind Immobilientreuhänder gem § 117 Abs 6 GewO befugt, Verträge zu errichten, wenn dies im Ausfüllen formularmäßig gestalteter Verträge erfolgt.

Immobilienverwalter dürfen im Rahmen eines Verwaltungsvertrages Haus- und Wohnungseigentümer sogar in einschlägigen Steuerangelegenheiten beraten sowie entsprechende Schriftstücke und Eingaben verfassen (§ 117 Abs 3 Z 1 GewO). Da Steuerangelegenheiten gesondert nur bei den Immobilienverwaltern erwähnt werden, liegt natürlich die Vermutung

45) ÖBl 1985, 71 – Innviertler Schadenshilfe.
46) Ob dieser Gewerbewortlaut überhaupt zulässig wäre, wurde nie geprüft.
47) ÖBl 1976, 67 (73).
48) OGH 4 Ob 289/02g vom 18. 2. 2003.

nahe, dass im Umkehrschluss Makler und Bauträger keine einschlägigen Steuerberatungsleistungen anbieten dürfen. Einschlägige Erkenntnisse dazu gibt es soweit ersichtlich (noch) nicht. Meines Erachtens besteht aber kein Zweifel, dass Immobilienmakler und Bauträger im Zusammenhang mit Gebühren- bzw Verkehrssteuern, insbesondere etwa zur Grunderwerbssteuer, Auskünfte und allgemeine Beratungen anbieten dürfen, zumal sie ja sogar einschlägige Verträge formularmäßig erstellen dürfen, zumindest soweit derartige Auskünfte unmittelbar mit der Vertragserstellung verbunden sind. Dasselbe muss auch für eine allfällige Pflicht zur Entrichtung der Umsatzsteuer oder von Anliegerleistungen gelten.

Wettbewerbsrechtliche Judikatur zu den Nebenrechten der Immobilientreuhänder ist freilich Mangelware. Grund für die Einführung des Vertretungs- und Beratungsrechts in rechtlichen Angelegenheiten durch die GewO-Nov 1997 war allerdings eine OGH-Entscheidung aus dem Jahre 1994,[49]) die schon damals einschlägige Rechte zugestanden hat.

Besonders erwähnenswert ist das erste Erkenntnis des OGH[50]) zur Frage, was unter einem formularmaßigen Vertrag zu verstehen sei. Der OGH legte die Formulierung durchaus liberal aus, indem er meinte, dass elektronisch gespeicherte Texte – auch wenn dann technisch bedingt ein einheitliches Schriftbild und kein zu ergänzendes Formular mehr vorliege – den Formularcharakter keineswegs ausschließen. Einschränkend meinte der OGH lediglich, „dass einem formulargemäß gestalteten Vertrag inhaltliche und formale Grenzen gesteckt sind". Von einem formulargemäß gestalteten Vertrag könne jedenfalls dann keine Rede mehr sein, wenn der (der Form nach schablonenmäßige) Vertragstext seinem Inhalt nach über eine Vorformulierung für eine Vielzahl von Verträgen hinaus geht und deshalb nicht für eine Serienverwendung in Frage kommen kann, und/oder wenn sein äußeres Erscheinungsbild (etwa wegen seines besonderen Umfangs oder einer von der üblichen Vertragsgestaltung abweichenden Gliederung) nicht einem Vertragsformular entspricht, bei dem eine Vertragsschablone zwecks individueller Adaptierung durch einige wenige Daten an passender (im Formular zur Einfügung freigelassener) Stelle ergänzt wird.

B. *Die Judikatur des OGH in Wettbewerbssachen zur Abgrenzung des Gewerbes zum Vorbehaltsbereich der Ärzte*

1. Vorbemerkungen

Noch häufiger als Abgrenzungsfragen zu den rechtsberatenden Berufen beschäftigen Abgrenzungsfragen zu den medizinischen Berufen den OGH in jüngster Zeit, wobei teilweise auch Entscheidungen über Streitigkeiten zwischen Apothekern und Ärzten für das Gewerbe von unmittelbarer Relevanz sind.

49) OGH 4 Ob 137/94 vom 6. 12. 1994.
50) OGH 4 Ob 213/02f vom 15. 10. 2002.

Da die Äußerungen des OGH zu diesen Streitfragen fast durchwegs als allgemeine und grundsätzliche Aussagen zu werten sind, kann eine Differenzierung der Rechtssätze nach Branchen entfallen.

2. Rechtssätze

Die zentrale immer wiederkehrende Aussage des OGH[51]) zu dieser Abgrenzungsfrage unter Bezugnahme auf das Ärztegesetz lautet wie folgt: „Gem § 2 Abs 2 Ärztegesetz umfasst die Ausübung des ärztlichen Berufs jede auf medizinisch-wissenschaftlichen Erkenntnissen begründete Tätigkeit, die unmittelbar am Menschen oder mittelbar für den Menschen ausgeführt wird, insbesondere die Untersuchung auf das Vorliegen oder Nichtvorliegen von körperlichen und psychischen Krankheiten oder Störungen, von Behinderungen oder Missbildungen und Anomalien, die krankhafter Natur sind (Z 1), die Behandlung solcher Zustände und die Verordnung von Heilmitteln und dgl und die Beurteilung von in Z 1 angeführten Zuständen unter Verwendung medizinisch-diagnostischer Hilfsmittel (Z 2)." Unter Hinweis auf *Mazal*[52]) vertritt der OGH die Ansicht, dass weiters eine Tätigkeit, obwohl sie dem Medizinischen zuzuordnen ist, erst dann Ärzten vorbehalten ist, wenn sie darüber hinaus umfassende medizinisch-wissenschaftliche Kenntnisse in der Breite erfordert, wie sie der Fächerkanon der medizinischen Ausbildung umschreibt und dessen erkenntnistheoretische Grundlagen zumindest methodische Rationalität aufweisen, wie es den Anforderungen der Wissenschaft genügt. Nicht den Ärzten vorbehalten sei daher die Erste Hilfe, Fiebermessung sowie einfache Therapien und Diagnoseerstellung im Familien- und Freundeskreis.

Wiederholt hat der OGH weiters ausgesprochen[53]), dass die Erstellung einer Diagnose eine den Ärzten vorbehaltene Tätigkeit sei. Noch keine Diagnose sei – betroffen war ein Kontaktlinsenoptiker – laut OGH[54]) das bloße Betrachten des Auges eines Kunden, wie dies notwendigerweise mit der Arbeit eines Kontaktlinsenoptikers verbunden sei. Ähnliche Überlegungen müssen daher auch bei den Zahntechnikern und Hörgeräteakustikern sowie den Optikern gelten.

Keine Diagnose und auch keine auf wissenschaftlich medizinischen Erkenntnissen beruhende Tätigkeit[55]) sei die so genannte Bachblütenberatung,[56]) oder beispielsweise Bestrahlungen mit Mineralienlampen oder das Auflegen von Blütenessenzen ohne vorherige Diagnose[57]). Diese Tätigkeiten können also im Rahmen „freier Gewerbe" ausgeübt werden.[58])

---

51) ZB OGH 5. 11. 2002, 4 Ob 170/02g.
52) Krankheitsbegriff und Risikoabgrenzung 246 ff.
53) ZB OGH 4 Ob 256/02d vom 25. 3. 2003.
54) Siehe ÖBl 1997, 86.
55) OGH 4 Ob 14/00p = ÖBl-LS 2000/33 („Auspendeln" als Diagnose) sowie jüngst OGH 23. 11. 2003, 4 Ob 166/03w (Einhandrute).
56) OGH 4 Ob 50/01h = ÖBl-LS 2001/109.
57) OGH 4 Ob 170/02g vom 20. 8. 2002 unter Bezugnahme auf ein Gutachten des obersten Sanitätsrates.
58) Siehe auch den Erlass des BMWA, Zahl 30599/38-III.

Die Homöopathie und die Akupunktur sind laut OGH[59]) aber den Ärzten vorbehalten. Laut EuGH[60]) sei es im Übrigen keinem EU-Mitgliedsstaat verwehrt, Tätigkeiten, die in anderen EU-Staaten (zB in Deutschland) so genannten Heilpraktikern erlaubt sind, den Ärzten vorzubehalten.

Die bloße Aussage, ein gemessener Wert (Testergebnis) sei „gut" oder „schlecht" sei wiederum noch keine Diagnose,[61]) da es sich insoweit noch nicht um eine Beurteilung von Krankheiten und/oder krankhafter Zustände bei Verwendung diagnostischer Hilfsmittel handle. Mit gutem Grund vertretbar und somit nicht sittenwidrig im Sinne des § 1 UWG sei es daher, „Venenmessungen" in der Form vorzunehmen, „dass Körperwerte über die Hautoberfläche mittels Elektroden unter Zuhilfenahme eines vollautomatischen Gerätes, dessen Bedienung einfach ist und keinerlei medizinisches Fachwissen voraussetzt, gemessen werden."

Ähnliches gelte etwa auch für die Benutzung eines Fieberthermometers oder – wie der OGH bereits im Einklang mit einem Gutachten des obersten Sanitätsrats feststellte[62]) – für elektronische Blutdruckmessgeräte und die Messung von Blutwerten (Blutwertbestimmung), auch wenn zur Gewinnung eines Bluttropfens ein Stich in die Fingerkuppe mit einem Kugelschreiber ähnlichen Gerät nach Anweisungen des Pharmaunternehmens, das die Messmethode entwickelt hat, notwendig sei. Im letzten Fall sei es gleichgültig, ob der „Patient" oder – wie im konkreten Fall – das Apothekenpersonal diesen Stich vornehme. Von einem operativen Eingriff im Sinne des § 2 Z 4 Ärztegesetz idgF kann auch meines Erachtens insoweit noch keine Rede sein. Offen blieb freilich, wie weit dann konkrete Empfehlungen, insbesondere im Zusammenhang mit einer Umstellung der Ernährung, erlaubt seien. Gerade in solchen Fällen wären aber Ernährungsberater schon auf Grund der GewO befugt, Ratschläge bzw Ernährungspläne zu erstellen.

Zum Strafrecht (§ 184 StGB) meinte der OGH in Wettbewerbssachen,[63]) dass dort zwar auch nicht auf wissenschaftlich-medizinischen Erkenntnissen beruhende Tätigkeiten tatbildlich sein können (sog „Kurpfuscher"), wesentlich sei aber, dass ein Nichtarzt durch sein Verhalten den Eindruck erwecke, der Ratsuchende könne alles erlangen, was ansonsten ein Arztbesuch biete, was zur Folge habe, dass ein Arztbesuch unterbleibe und so die Gesundheit des Ratsuchenden gefährdet werde. Wettbewerbswidrig sei es daher, wenn solch ein Eindruck erweckt werde, was jedoch – wie auch im zitierten Fall – durch entsprechend klare Hinweise vermieden werden kann.

59) OGH 4 Ob 70/02a vom 20. 8. 2002; jüngst auch 4 Ob 19/04d vom 10. 2. 2004 (Homöopathie).
60) Rs C-294/00 vom 11. 7. 2002, siehe auch Rs C-61/89 vom 3. 10. 1990 und Rs C-108/96 vom 1. 2. 2001 – Restriktionen aus Gründen des Gesundheitsschutzes zulässig auch im Hinblick auf die Niederlassungs- und Dienstleistungsfreiheit.
61) OGH 5. 11. 2002, 4 Ob 170/02g berichtigtes Urteil vom 20. 8. 2002 selbe Zahl.
62) OGH 4 Ob 256/02d vom 25. 3. 2003.
63) OGH 23. 9. 2003, 4 Ob 166/03w (Einhandrute) = ÖBl 2004, 14 mit Anm von *Burgstaller.*

Es wurde nämlich eine Art „religiöse Handlung", die einen Arztbesuch nicht ersetzen könne, angeboten.[64])

Aus gewerberechtlicher Sicht wäre noch auf Folgendes hinzuweisen: Auch wenn der VwGH[65]) judizierte, dass nicht nur auf medizinisch-wissenschaftlichen Erkenntnissen beruhende Tätigkeiten gem § 2 Abs 1 Z 11 GewO von dieser ausgenommen seien, sondern sämtliche „Heiltätigkeiten" – es ging um eine Heilpraktikertätigkeit – ändert dies nichts daran, dass für diese Tätigkeiten meines Erachtens zumindest seit der GewO-Nov 1996 uneingeschränkt die GewO zur Anwendung kommt. Dies deswegen, weil der VwGH noch einen Sachverhalt zu beurteilen hatte, der sich vor der GewO-Nov 1996[66]) ereignete und erst diese Nov klarstellte, dass alle in die Bundeskompetenz fallenden gewerblichen Tätigkeiten der GewO zu unterstellen sind, soweit eine Ausnahme nicht ausdrücklich normiert wurde (siehe § 2 Abs 1, 1. Satz GewO). Die historischen Argumente des VwGH zum Ärztegesetz 1949 sind daher nicht mehr relevant. Damit wurde auch die bereits lange vorher bestehende Verwaltungspraxis auf eine rechtlich einwandfreie Basis gestellt. Gewerbe wie „Hilfestellung zur Erreichung einer körperlichen bzw energetischen Ausgewogenheit", „Bachblütenberatung" und dergleichen können daher im Rahmen freier Gewerbe ausgeübt werden. Eine erlaubte gewerbsmäßige „Heiltätigkeit" – sofern sie nicht medizinischen Spezialgesetzen unterliegt – fällt daher unter die GewO. Daher sind etwa Heilpraktikertätigkeiten, die nicht den Ärzten oder anderen reglementierten Heilberufen vorbehalten sind, nur im Rahmen von Gewerbeberechtigungen zulässig.

III. Resümee

Die hier keineswegs vollständig aufgelisteten Abgrenzungsprobleme sind im Einzelnen so vielfältig und diffizil, dass für die Auslegung eine erhebliche Unschärfe bzw Bandbreite übrig bleibt, die vom OGH schon bisher mit dem rechten „Augenmaß" beurteilt wurde. Gerade der Judikatur zur „vertretbaren Rechtsansicht", natürlich aber auch den Berufsbildern und Standesregeln bis hin zu sonstigen einschlägigen Kundmachungen[67]) der einzelnen Berufsgruppen kommt insofern enorme praktische Relevanz zu.

Ob eine Beratung oder Vertretung bzw Behandlung im weitesten Sinn gewerberechtlich gedeckt ist, also im Rahmen der Berechtigung ausgeübt werden darf, ist eine Frage, die im Zweifelsfall nur mit Hilfe der Auslegungskriterien des § 29 GewO geklärt werden kann.

---

64) Zur strafrechtlichen Beurteilung siehe auch *Heilegger*, Ärztlicher Vorbehalt und Alternativmedizin: Versuch einer Abgrenzung, RdM 1999, 135 ff.

65) VwGH 1998/04/0026 vom 10. 11. 1999.

66) BGBl I 1997/10.

67) So stellen etwa die vom Fachverband der Unternehmensberatung und Informationstechnologie, Berufsgruppe „Gewerblicher Buchhalter", im Internet unter www.ubit.at veröffentlichten „FAQs" eine Erkenntnisquelle auch iSd § 29 GewO dar, zumal dort „die in den gewerblichen Kreisen bestehenden Anschauungen" zur Abgrenzung des Gewerbes insbesondere den Steuerberatern gegenüber festgehalten wurden.

Renaissance des Nahversorgungsgesetzes? Probleme der Differenzierung von Verkaufskonditionen

Helmut Gamerith

Inhaltsübersicht:

I. Einleitung

Seit der Aufhebung des § 3a NVG[1]) durch den VfGH[2]) sind nur mehr wenige Entscheidungen zu diesem Gesetz ergangen. In einem Verfahren zur Durchsetzung des Kontrahierungszwangs nach § 4 NVG versuchte allerdings ein Letztverkäufer kurze Zeit später, seine Antragslegitimation durchzusetzen. Das KOG teilte seine Bedenken gegen die Verfassungsmäßigkeit der damaligen Beschränkung der Antragsbefugnis auf die Amtsparteien und stellte den Antrag an den VfGH, § 7 Abs 2 NVG als verfassungswidrig aufzuheben, weil § 4 NVG dem Letztverkäufer durch die Möglichkeit, eine Lieferpflicht anzuordnen, ein „civil right" iSd Art 6 MRK gewähre, das Gesetz aber dennoch den erforderlichen Rechtsschutz versage, weil es den Letztverkäufern keine Antragslegitimation gewähre.[3])

Das Verfahren nahm einen ganz anderen Verlauf als vom KOG beabsichtigt. Der VfGH prüfte aus Anlass dieses Antrags die Legitimation des KOG zur Antragstellung nach Art 140 B-VG und kam zum Ergebnis, dass Art 93 Abs 1 Satz 3 KartG verfassungswidrig sei: Als Beamte tätige Organwalter könnten nicht gleichzeitig als Berufsrichter iSd Art 86 ff B-VG tätig werden. Ihre Berufung als Richter in das KOG (§ 93 Abs 1 Satz 2 KartG iVm § 92 Abs 1 Satz 3 KartG) sei verfassungswidrig. Durch diese Aufhe-

1) Ich verwende – wie meist auch der OGH – an Stelle der in den AZR vorgeschlagenen Abkürzung „NahVG" die Abkürzung „NVG".
2) Erk v 15. 6. 1990 = ÖBl 1990, 222 *(Barfuß)* = ÖZW 1990, 125 (*Hanreich*, ÖZW 1990, 97) = wbl 1990, 342 *(Aichlreiter)* = JAP 1990/91, 100 *(Strejcek)* = GRURInt 1991, 156 (*Ehrike*, GRURInt 100).
3) KOG 17. 12. 1990 = RdW 1991, 145 (*Straberger*, ecolex 1991, 144).

bung[4]) wurden das Kartellgericht und das KOG zu Kollegialbehörden nach Art 133 Z 4 B-VG, denen die Antragslegitimation fehlte.[5]) Die Frage der Antragslegitimation der betroffenen Unternehmen, die darauf beschränkt waren, als „bloße Bittsteller" eine der Amtsparteien zu einer Antragstellung zu motivieren,[6]) blieb im Anfechtungsverfahren[7]) mangels einer meritorischen Entscheidung zwangsläufig unerledigt.

Der Gesetzgeber sanierte die Verfassungswidrigkeit mit der KartG-Nov 1993 durch die Eliminierung der ministeriellen Beisitzer aus dem KOG und führte das Antragsrecht aller betroffenen Unternehmer sowohl im KartG als auch im NVG (dort § 7 Abs 2 Z 3 idF BGBl 1993/693) ein. Das führte zu einer spürbaren Erhöhung der Effektivität des österreichischen Kartellrechts, im NVG war aber davon kaum etwas zu bemerken.[8])

Die Behandlung von Fragen des NVG beschränkte sich seither auf marginale Bezugnahmen bzw seine Anwendung über § 1 UWG: Im Fall „Regionalpartnerverträge"[9]) hat das KOG auf § 2 Abs 1 NVG nur argumentativ Bezug genommen. Durch die Statuierung eines allgemeinen Diskriminierungsverbots im NVG habe der Gesetzgeber zu erkennen gegeben, dass er eine Ungleichbehandlung von Vertragspartnern nur aus sachlichen Gründen für gerechtfertigt hält. Zur Vermeidung eines Wertungswiderspruchs könne daher die Vereinbarung einer Meistbegünstigungsklausel – auch außerhalb des von § 2 Abs 1 NVG geregelten Verhaltens – nicht tatbestandsmäßig iSd § 35 KartG beurteilt werden. Eine bloße Bezugnahme auf das NVG findet sich auch im Antrag des OGH, § 9 a Abs 1 Z 2 UWG (Anbieten von Zugaben an einen Unternehmer) als verfassungswidrig aufzuheben[10]). Der OGH verwies auf § 1 Abs 2 NVG und machte geltend, dass diese Bestimmung mit § 9 a Abs 1 Z 2 UWG unvereinbar ist. Der VfGH ist in dem diese Anfechtung ablehnenden Erk,[11]) wonach § 9 a Abs 1 Z 2 UWG weder

---

4) Aufgehoben wurde die Bestimmung, dass den Beisitzern richterliche Stellung zukomme.

5) VfGH 15. 10. 1992, G 159/92 = ÖBl 1992, 199.

6) So die berechtigte Kritik der Lehre: *Hackl*, Vertragsfreiheit und Kontrahierungszwang im deutschen, österreichischen und italienischen Recht 102; *Wolfgang Schuhmacher*, „Quo Vadis", österreichisches Wettbewerbsrecht? ÖJZ 1978, 314 ff; diesen folgend OGH ÖBl 1989, 167 – FAMILIA.

7) Nach der Zurückweisung des Prüfungsantrags durch den VfGH musste das KOG seiner rechtlichen Beurteilung den aufrecht gebliebenen § 7 Abs 2 NVG aF zu Grunde legen, womit der Antragsteller seine Antragslegitimation nicht durchsetzen konnte (KOG 20. 3. 1993 = ÖBl 1993, 130).

8) Die Einführung dieser Antragsbefugnis ermöglichte in der Folge immerhin zwei Anträge nach § 4 NVG, die allerdings erfolglos blieben: OGH als KOG 17. 12. 1997, 16 Ok 20/97 = ÖBl 1998, 261 – Anzeigensperre (der Antrag wurde auch auf § 35 KartG gestützt; die Verweigerung der Annahme der Inseratenaufträge wurde infolge Säumnis des Antragstellers mit der Zahlung fälliger Forderungen als gerechtfertigt erkannt); OGH als KOG 15. 12. 1998, 16 Ok 13/98 = ÖBl 1999, 246 – Umsteige Terminal I (dort wurde ausgesprochen, dass die Neuerrichtung einer Tabakverkaufsstelle nicht nach § 4 Abs 1 NVG erzwungen werden könne).

9) KOG 9. 10. 2000, 16 Ok 8/00 = ÖBl 2001, 234.

10) OGH 12. 7. 1994, 4 Ob 81/94 = ÖBl 1994, 171.

11) VfGH 28. 9. 1995, G 208/94, G 14/95 = ÖBl 1996, 19 (abl *Wiltschek*).

gegen die verfassungsgesetzlich gewährleistete Erwerbsausübungsfreiheit noch gegen den Gleichheitsgrundsatz verstößt, auf dieses Argument nicht eingegangen.

Gelegentlich wurden seit der Aufhebung des § 3 a NVG Fragen des NVG noch über § 1 UWG an den OGH[12]) herangetragen. Wesentlich häufiger ist allerdings die Heranziehung des § 1 UWG bei Verstößen gegen das Kartellgesetz.[13]) Sie beruht auf der stRsp des OGH,[14]) wonach ein Gesetzesverstoß sittenwidrig ist, wenn er schuldhaft und in der Absicht begangen wird, einen Vorsprung vor gesetzestreuen Mitbewerbern zu erlangen. § 9 NVG bestätigt diese Rechtsprechung im Ergebnis dadurch, dass er die Vorschriften gegen den unlauteren Wettbewerb ausdrücklich als unberührt bleibend erklärt.

Infolge dieser geringen praktischen Bedeutung des NVG – insb in seiner unmittelbaren Anwendung über die Kartellinstanzen – ist es nicht verwunderlich, dass im Schrifttum sogar die Meinung vertreten wurde, „dass den Bestimmungen des NVG, das in materieller Hinsicht eher als Ergänzung zum UWG zu verstehen ist, heute kein eigenständiger Anwendungsbereich mehr zukomme" und „jede Verletzung des kaufmännischen Wohlverhaltens daher zugleich auch ein Verstoß gegen § 35 KartG sei".[15]) Der OGH ist dieser Meinung mit guten Gründen nicht gefolgt, weil § 35 KartG eine marktbeherrschende Stellung voraussetzt; die im NVG geregelten Tatbestände des Ausbeutungs- und Diskriminierungsmissbrauchs sind jedenfalls insoweit von selbstständiger Bedeutung, als sie verpöntes Verhalten nicht marktmächtiger Unternehmen näher konkretisieren.[16]) § 2 NVG ist deutlich den Art 81 Abs 1 lit d und Art 82 lit c EGV nachgebildet; die Anwendung des Art 81 EGV setzt zwar ein Kartell, aber Marktmacht der Kartellanten gegenüber dem diskriminierten Marktpartner nicht voraus. Außerdem muss die Diskriminierung nicht auf eine – allenfalls vorhandene – Marktmacht zurückzuführen sein.[17])

II. Der Fall „Großkunden-Rückvergütung"[18])

Der seit 1998 anhängige und noch immer nicht beendete Fall, der die Aufmerksamkeit wieder auf das Nahversorgungsgesetz lenken könnte, betrifft die Ungleichbehandlung von Wiederverkäufern durch ein Gesamtum-

---

12) SZ 69/284 = ecolex 1997, 272 *(Tahedl)* = wbl 1997, 161 = ÖBl 1997, 161 – 20 Jahre dm (sittenwidriges Anzapfen durch einen Abnehmer, der seine Lieferanten auffordert, zum 20-jährigen Jubiläum Sonderleistungen zu erbringen).

13) Dazu *Reidlinger/Zellhofer,* Die private Durchsetzung von Kartellrecht im Wege von § 1 UWG – Königsweg oder Irrweg? ecolex 2004, 114.

14) Ich zitiere statt vieler einzelner Judikate des OGH der Einfachheit halber die E Nr 481–485 bei *Wiltschek,* UWG[7] § 1, Seite 313 ff.

15) *Hayback/Tüchler,* Österreichisches und europäisches Kartellrecht 59.

16) OGH 3. 4. 2001, 4 Ob 34/34/01 = ÖBl 2001, 229 – Großkunden-Rückvergütung I.

17) Dazu ausführlich OGH 17. 11. 2003, 16 Ok 11/03 = ÖBl 2004, 173 – Schnurlostelefon *(Barbist)* mwN.

18) ÖBl 2001, 229 – Großkunden-Rückvergütung I; ÖBl 2003, 188 – Großkunden-Rückvergütung II *(Barbist).*

satzrabattsystem,[19]) also einen Verstoß gegen § 2 Abs 1 NVG im „Austauschverhältnis" zwischen Lieferant und Wiederverkäufer, der aber auch auf § 1 UWG gestützt wurde, weil die Klägerin auch eine Mitbewerberin der beklagten Lieferantin war.

A. Sachverhalt im ersten Rechtsgang

Die Klägerin besitzt in Hohenems zwei Lebensmittel-Einzelhandelsgeschäfte, für die sie von der Beklagten, einer Lebensmittel-Großhändlerin, im Rahmen der gemeinsamen Mitgliedschaft an der S-Organisation Waren bezog. Die Beklagte beliefert einerseits S-Kaufleute in Vorarlberg, andererseits betreibt sie selbst den Lebensmittel-Einzelhandel in den Großformen Euro-S und Inter-S. Als Mitglied der S-Organisation war die Klägerin berechtigt, aber nicht verpflichtet, die Eigenmarken der S-Organisation in ihrem Sortiment zu führen. Die Klägerin bezog die Waren nach den offiziellen Preiskonditionen des sog „Cost-Plus-Systems", bei dem ein Aufschlag von 5,6 % (für Transportkosten) verrechnet wurde, der mit der Erhöhung des Warenbezugs bis auf mehr als 19,220.000 S[20]) in bestimmten linearen Stufen auf 3 % sank. Großabnehmern, die für einen einzigen Standort Waren im Wert von mehr als 27,060.000 S bezogen, gewährte die Beklagte für den darüber hinausgehenden Umsatz einen Rabatt von 1 % des Umsatzes, der sich in weiteren Stufen von ca 9,250.000 S auf bis zu 5 % der getätigten Umsätze[21]) erhöhte (sog „Großkunden-Rückvergütung"; auch „Rohspannenberichtigung").

Die Klägerin erreichte diesen Großhandelsrabatt nicht; bei Zusammenrechnung der Umsätze ihrer beiden Geschäfte hätte sie die Stufe einer 1 %-igen Rückvergütung erreicht. Ende 1998 wechselte die Klägerin zur A-Handels-AG, der sie ihre Geschäfte zu einem umsatzunabhängigen Pachtzins verpachtete. Die Klägerin begehrte die Verurteilung der Beklagten,

a) es in Vorarlberg im geschäftlichen Verkehr zu Zwecken des Wettbewerbs beim Handel mit Lebensmitteln (. . .) zu unterlassen, einzelne Wiederverkäufer gegenüber anderen selbstständigen S-Kaufleuten gesetzwidrig zu bevorzugen, insb durch das Gewähren von sachlich nicht gerechtfertigten Rückvergütungen, zB Großkunden-Rückvergütungen bis zu 5 % und

b) zur Zahlung von 500.000 S Schadenersatz.

Die Klägerin begründete ihren Anspruch damit, dass die Beklagte durch die gesetzwidrige Bevorzugung einzelner Großabnehmer ohne sachliche Rechtfertigung gegen das Diskriminierungsverbot des § 35 Abs 1 Z 3 KartG sowie gegen die §§ 1 und 2 NVG verstoße. Sie verschaffe sich dadurch gegenüber der Klägerin, mit der sie im Wettbewerbsverhältnis stehe, einen massiven Wettbewerbsvorsprung, sodass die Beklagte auch gegen § 1 UWG verstoße, woraus die Klägerin Anspruch auf Unterlassung und Schadener-

19) Dieser Begriff muss allerdings später noch genauer differenziert werden.
20) Es handelte sich um jährlich valorisierte Werte.
21) Gemeint: Der jeweiligen Mehrumsätze; sog „amerikanische Staffel".

satz ableiten könne. Die Klägerin habe von 1988–1997 bei der Beklagten Waren im Wert von rund 243,000.000 S bezogen, sodass ihr die (vorenthaltene) 5%-ige Rückvergütung in den letzten Jahren mehr als 12,000.000 S Kapital zur Verfügung gestellt hätte. Ihr Schaden betrage daher 15,000.000 S; aus prozessökonomischen Gründen begehre sie vorerst nur 500.000 S.[22])

Im ersten Rechtsgang wiesen beide Unterinstanzen das Klagebegehren ab. Das ErstG traf Feststellungen zur Marktstruktur und verneinte eine marktbeherrschende Stellung der Beklagten auf dem relevanten Absatzmittler-Markt. Der OGH hob die Entscheidungen der Vorinstanzen auf und wies die Rechtssache an das ErstG zurück.

B. Aus der rechtlichen Beurteilung des OGH im ersten Rechtsgang

Der OGH setzte sich insb mit der Frage auseinander, unter welchen Voraussetzungen das Gewähren unterschiedlicher Bedingungen an Wiederverkäufer sachlich gerechtfertigt sei. Der OGH bewertete diese Frage, die in der Lehre teilweise kontrovers beantwortet wird, als komplex, kam aber zum Ergebnis, dass kostengedeckte Differenzierungen und Konditionsunterschiede stets sachlich gerechtfertigt seien, weil durch sie eine besondere wirtschaftliche Leistung vergütet werde, die der Abnehmer gegenüber dem Lieferanten erbringe. Unterschiedliche Bezugsmengen rechtfertigten die Einräumung unterschiedlicher Rabatte.

Der OGH beschränkte sich aber nicht auf die Beurteilung der Äquivalenz der Konditionen zwischen Lieferanten und Abnehmern, sondern bezog auch (durch das NVG nicht [unmittelbar] geschützte) Dritte in seine Erwägungen ein. Durch ein produktbezogenes Umsatzrabattsystem, bei dem die Höhe des Rabatts vom Gesamtumsatz des einzelnen Abnehmers abhängig sei, würden zwar alle Abnehmer insofern gleich behandelt, als jeder für einen bestimmten Umsatzbetrag in der Referenzperiode den gleichen Bonusbetrag erhalte. Auch von einem solchen individuellen Umsatzrabattsystem könne aber zu Lasten der Außenseiter eine Sogwirkung ausgehen, deren Stärke vor allem von der Höhe des Marktanteils des Lieferanten, von der Länge der Referenzperiode und von der Höhe und Art der Staffelung der Bonussätze abhänge.[23]) Das könne sich im Einzelfall so erheblich behindernd auf die wettbewerblichen Betätigungsmöglichkeiten der Außenseiter auswirken, dass die Behinderung als unbillig zu beurteilen sei, falls nicht ausnahmsweise besondere Rechtfertigungsgründe vorlägen. Ein Gesamtumsatzrabattsystem[24]) könne somit ähnlich wie eine Koppelungsverpflich-

22) Mit einer späteren Klage, 6 Cg 295/00w LG Feldkirch, über die das Verfahren unterbrochen wurde, machte die Klägerin weitere 14,500.000 S geltend.

23) Der OGH zitiert dazu *Markert* in *Immenga/Mestmäcker,* GWB § 26 Rz 252, aber nicht seine eigene auf § 1 UWG beruhende Vorjudikatur: ÖBl 1977, 93 – Umsatzbonus; ÖBl 1981, 47 = GRURInt 1981, 581 – Brauerei-Rabattsystem; ÖBl 1993, 216 = MR 1993, 232 = ecolex 1994, 109 = wbl 1994, 95 – Jahresbonifikation; wbl 1999, 475 = ÖBl 2000, 82 – Jahresbonus.

24) Der OGH zitiert dazu *Wiedemann* (HdB des Kartellrechts § 22 GWB Rz 78, 89), der aber mit diesem Begriff eine besondere Bindung des Abnehmers meint, die ihn bei sonsti-

tung wirken. Der Lieferant müsse in einem solchen Fall beweisen,[25]) dass der von ihm gewährte Gesamtumsatzrabatt nicht höher sei als die Kostenersparnis und der Wert sonstiger Vorteile, die ihm durch die Konzentration der Aufträge und des Umsatzes erwachsen.

Der OGH gab der Mängelrüge des Klägers, der die Einholung eines betriebswirtschaftlichen SV-Gutachtens zur Frage gefordert hatte, ob der von der Beklagten gewährte Großkundenrabatt über die Einsparungen hinausgehe, die sie auf Grund der größeren Abgabemengen an die begünstigten Großkunden erziele, statt und hob daher die Entscheidungen der Vorinstanzen auf. Gehe das Rabattsystem darüber nicht hinaus, so sei es gerechtfertigt und die Rechtssache iS einer Klageabweisung spruchreif. Das gelte auch für die Beurteilung nach § 35 KartG oder § 1 UWG.[26]) Im gegenteiligen Fall könne erst nach Abwägung der beiderseitigen Interessen der Streitteile[27]) beurteilt werden, ob der Großkundenrabatt gegen § 1 Abs 2 NVG verstoße, bejahendenfalls, ob die Klägerin durch das Verhalten der Beklagten einen Schaden erlitten hat.

C. *Die Entscheidungen der Unterinstanzen im zweiten Rechtsgang*

Die Beklagte brachte zur Rechtfertigung ihres Rabattsystems im zweiten Rechtsgang vor, dass sie die Großkunden verliere, wenn sie ihnen keine besseren Einkaufskonditionen gewähre. Durch die Umsätze dieser Großkunden erhalte auch die Beklagte bessere Einkaufskonditionen, die zur Senkung der Grundpreise aller ihrer Kunden, also auch der kleinen, führe. Die Beklagte leiste erhebliche Zuschüsse zur Aus- und Weiterbildung der Mitarbeiter (der Abnehmer), die sie sich bei den Großkunden teilweise erspare, weil diese die Ausbildung selbst durchführen. Durch die größeren Abnahmemengen ergebe sich auch eine Kostenersparnis für Transport und Logistik.

Die Unterinstanzen wiesen das Klagebegehren auch im zweiten Rechtsgang ab. Das ErstG stellte ergänzend fest, dass „mit dem Cost-Plus-System etwa jene Einsparungen abgegolten" wurden, „die die Beklagte durch die größere Abnahmemenge ihrer Kunden hatte".[28]) Begünstigte des Großkun-

---

gen Verlust des Rabatts für *alle anderen,* weiterhin bei dem beherrschenden Unternehmer bezogenen Waren wirtschaftlich daran hindert, einzelne Produktgruppen von konkurrierenden Lieferanten (günstiger) zu beziehen, also einen typischen Treuerabatt (s die E FN 22). Beim System der Beklagten ist dies nicht der Fall. Die Abnehmer der Beklagten beziehen durchschnittlich nur 54 % ihres Warensortiments bei der Beklagten.

25) Der Hinweis auf diese Beweislastverteilung ist nur eine Wiedergabe (und keine Übernahme) der Ansicht von *Carlhoff* (Frankfurter Komm z Kartellrecht, § 26 Rz 330); an anderer Stelle sagt der OGH ausdrücklich, dass aus der negativen Formulierung des § 1 NVG „sachlich nicht gerechtfertigt" keine Beweislastumkehr folge. Die rechtliche Unzulässigkeit müsse bei ungewöhnlichen Preisnachlässen für jeden Einzelfall vom Kläger behauptet und bewiesen werden.

26) Dies ist die einzige Erwähnung des § 1 UWG in der rechtlichen Beurteilung des OGH. Im zweiten Rechtsgang erwähnt der OGH § 1 UWG nicht mehr.

27) Zu denen der OGH nähere Kriterien angeführt hat.

28) Diese undeutliche Feststellung geht auf Mängel des SV-Gutachtens zurück; dazu unten E.

denrabatts seien österreichweit lediglich die Inter-S-GmbH, eine 100%-ige Tochter der Beklagten und einzelne selbstständige S-Mitglieder und in Vorarlberg nur die Inter-S-Geschäfte und die vom Großabnehmer Ulrich S betriebenen Euro-S-Geschäfte, der nicht Mitglied der Vereinigung österreichischer S-Kaufleute war. Die Beklagte habe in Vorarlberg den höchsten Marktanteil im Lebensmittel-Einzelhandel mit 62–67%. Die nächstgrößere Organisation sei die A.

Die „Rohspannenberichtigung" sei für die Abnehmer ein Anreiz, möglichst viele Waren bei der Beklagten abzunehmen. Dies führe zu einer Erhöhung der Nachfragemacht der Beklagten bei der Industrie, womit sie bessere Einkaufskonditionen und bessere Einkaufspreise erhalte. Diese Situation fördere die Konzentration im Lebensmittelhandel und führe zu einer weiteren Verdrängung „kleinerer Flächen" (= kleinerer Einzelhandelsgeschäfte), doch sei dies nicht allein auf das Rabattsystem der Beklagten zurückzuführen, sondern ein allgemeiner Trend im Lebensmittelhandel. Würde die Beklagte diese Rabattstaffel nicht anbieten, so würde dies in Vorarlberg zu einer wesentlichen Schwächung ihres Marktanteils (10–15%) führen, weil die 15 Euro-S-Geschäfte der S-GmbH voraussichtlich nicht mehr ihre Abnehmer bleiben würden.[29]) Den selbstständigen Einzelhändlern würde der Verzicht der Beklagten auf ihr Rabattsystem keinen Vorteil bringen, weil die Großabnehmer andere gleich günstige Einkaufsquellen fänden.

Auf Grund dieser Feststellungen waren beide Vorinstanzen der Ansicht, dass zwar die von der Beklagten gewährten Rabatte über die Abgeltung der Einsparungen auf Grund der größeren Abgabemenge hinausgingen, der beanstandete Großkundenrabatt aber bei Abwägung der beiderseitigen Interessen dennoch gerechtfertigt sei.

D. Die Entscheidung des OGH im zweiten Rechtsgang

Dieser Ansicht folgte der OGH nicht. Er erkannte die Beklagte mit Teilurteil schuldig, in Vorarlberg im geschäftlichen Verkehr zu Zwecken des Wettbewerbs beim Handel mit Lebensmitteln samt den dazu gehörenden Bereichen anderer Warengruppen eine gesetzwidrige Bevorzugung einzelner Wiederverkäufer gegenüber anderen selbstständigen S-Kaufleuten durch das Gewähren von sachlich nicht gerechtfertigten Rückvergütungen (zB „Großkunden-Rückvergütungen" bis zu 5%) zu unterlassen, wies das Mehrbegehren ab und hob die angefochtene Entscheidung, soweit sie das Schadenersatzbegehren betrifft, auf und verwies die Rechtssache in diesem Umfang zur neuerlichen Entscheidung nach Verfahrensergänzung an das ErstG zurück

Die Vorinstanzen seien bei der Interessenabwägung auf das Interesse der Betroffenen, nicht durch das machtbedingte Verhalten anderer Markt-

---

29) Diese Situation ist kurz nach dem gerichtlichen Verbot der Einkaufskonditionen der Beklagten tatsächlich eingetreten.

teilnehmer in ihren wettbewerblichen Betätigungsmöglichkeiten beeinträchtigt oder benachteiligt zu werden, nicht eingegangen. Das NVG schütze den leistungsgerechten Wettbewerb und wolle einen bestimmten Wettbewerbsbestand erhalten, der durch die Existenz vieler mittlerer und kleinerer Unternehmen gekennzeichnet sei. Daher könne das Interesse der Beklagten, Großabnehmer über die Abgeltung der Kostenersparnis hinaus zu berücksichtigen, nicht schutzwürdig sein. Das Interesse der Beklagten könne nicht schutzwürdiger sein als das Interesse der kleinen Abnehmer, zu gleichen Konditionen[30]) beliefert zu werden wie die Großabnehmer, um dadurch konkurrenzfähig zu bleiben. Ob der Konzentrationsprozess (im Handel) überhaupt aufgehalten werden könne, sei nicht zu berücksichtigen. Die Beklagte könne sich daher nicht darauf berufen, dass ihre Großabnehmer Wege finden würden, um bei anderen Lieferanten die gleichen – ebenso unzulässigen[31]) – Konditionen zu erhalten, sodass sich die Marktposition der Betroffenen bei einem Wegfall des Rabattsystems nicht verbessern würde. Das von den Streitteilen zitierte Urteil des EuGH[32]) führe zu keiner anderen Beurteilung. Danach sei eine hohe Schwelle zur Auslösung des Rabatts Anzeichen einer Diskriminierung.

Das Schadenersatzbegehren der Klägerin sei noch nicht spruchreif. Ihrem Vorbringen könne nicht mit hinreichender Deutlichkeit entnommen werden, wie sie den ihr nach ihren Behauptungen entstandenen Schaden berechnet. Sie zeige insb nicht auf, welche vermögensrechtlichen Auswirkungen ihre durch den Wegfall der Großkunden-Rückvergütung gesteigerte Konkurrenzfähigkeit gehabt hätte. Einer solchen Rechnung sei die gesamte hypothetische Marktsituation bei Nichtauszahlung des Großkundenrabatts zu Grunde zu legen. Durch Rabatte bewirkte Ersparnisse beim Einkauf könnten Gewinnen betriebswirtschaftlich nicht gleichgehalten werden.

E. *Kritische Anmerkungen zum Teilurteil des OGH*

Der OGH ist in der rechtlichen Beurteilung des Rabattsystems im zweiten Rechtsgang deutlich strenger geworden, wenn er ausführt, dass das Interesse der Beklagten, Großabnehmer über die Kostenersparnis hinaus zu begünstigen, in Anbetracht der Zielsetzungen des NVG nicht schutzwürdig sein kann. Im ersten Rechtsgang hat der OGH ein Rabattsystem, das nicht

30) Hier meint der OGH wohl nur relative Gleichheit im Rahmen der kostengedeckten Differenzierungen durch unterschiedliche Einkaufsmengen, da er sich sonst zu seiner eigenen rechtlichen Beurteilung im Aufhebungsbeschluss in Widerspruch setzen würde.

31) Dies ist eine Annahme, die keineswegs immer zutreffen muss, weil der betreffende Lieferant infolge seiner Unternehmensgröße oder Spezialisierung ja noch leistungsfähiger sein kann, sodass er nicht gegen § 1 Abs 2 NVG verstößt; soweit nur ein Verstoß gegen § 2 Abs 1 NVG in Betracht käme, ist es auch denkbar, dass niemand da ist, den er diskriminieren könnte. Dieses Argument zeigt auch, dass das Diskriminierungsverbot gegen große Unternehmen, die nur Filialen haben (reine „Filialisten"), aber nicht an kleine Wiederverkäufer liefern, unwirksam bleibt. Sie unterliegen bei gezielten Preisdifferenzierungen keinen derartigen Beschränkungen.

32) 29. 3. 2001, C-163/99 = Slg 2001 I-2613 – Portugiesische Republik.

über die Abgeltung der Einsparungen hinausgeht, stets als sachlich gerechtfertigt angesehen, darüber hinaus aber eine beiderseitige Gewichtung der Rechtfertigungs- und Interessengesichtspunkte für zulässig angesehen; nach seiner Meinung im zweiten Rechtsgang könne diese Abwägung gegenüber den Zielsetzungen des NVG ohnehin nicht durchschlagen.

Der OGH begnügt sich mit der unklaren Feststellung, dass mit dem Cost-Plus-System etwa jene Einsparungen abgegolten" wurden, „die die Beklagte durch die größere Abnahmemenge ihrer Kunden hatte". Diese Feststellung bezieht sich deutlich auf die Einsparung von Kosten (Transport etc). Zu den Vorteilen, die mit einem Mengenrabatt abgegolten werden dürfen, gehören aber nicht nur die logistischen und sonstigen, bei der Distribution größerer Mengen auftretenden Ersparnisse, sondern auch die Preisvorteile, die die Beklagte durch den Einkauf größerer Mengen – ohne Verstoß gegen § 1 Abs 2 und § 2 Abs 2 NVG – erzielen konnte und auch tatsächlich erzielt hat. Auf das Vorbringen der Beklagten, sie leiste erhebliche Zuschüsse zur Aus- und Weiterbildung der Mitarbeiter (der Abnehmer), die sie sich bei den Großkunden teilweise erspare, die diese Ausbildung selbst vornehmen, ging der OGH nicht ein. Aus dem SV-Gutachten geht im Übrigen deutlich hervor, dass der SV den Schluss, dass die Rabattstaffel für Großkunden anderen Zwecken als der Abgeltung von Einsparungen diene, nicht auf Grund von Berechnungen ermittelt, sondern aus dem Vorbringen (!) der Beklagten abgeleitet hat (Seite 9–11 des Gutachtens). Auf Seite 9 des Gutachtens sagt der SV deutlich: „Bei der Beantwortung der vom Gericht gestellten Fragen muss daher auf eine betriebswirtschaftlich-logistische Betrachtung verzichtet werden, da weder aus dem Cost-Plus-System noch aus der Rohspannenberichtigung (Rabattstaffel) die Einsparungen ermittelt (abgeleitet) bzw den Verkaufsstellen zugerechnet werden können."

Der OGH ist freilich nicht Tatsacheninstanz; im Ergebnis läuft aber die fragwürdige Feststellung des ErstG darauf hinaus, dass Einsparungen, die einen Rabatt rechtfertigen, nur bis zu einem Warenbezug von etwas über 19 Millionen S (Aufschlag statt 5,6 %[33]) nur mehr 3,0 %) eingetreten sind, bei vielfach höheren Warenbezügen aber keine weiteren Einsparungen mehr erzielbar waren, sodass bereits ein Rabatt von mehr als 2,6 % sachlich nicht mehr gerechtfertigt war. Mit der Rechtsprechung des EuGH,[34]) dass es das Wesen von Mengenrabatten sei, dass den bedeutendsten Käufern eines Erzeugnisses die niedrigsten Stückpreise zugute kommen, lässt sich dieses Ergebnis nicht vereinbaren. Der bloße Umstand, dass Mengenrabatte im Ergebnis dazu führen, dass bestimmte Kunden bei bestimmten Mengen ein im Verhältnis zum unterschiedlichen Umfang der jeweiligen Käufe höherer Ermäßigungssatz zugute komme als anderen, ist nach Ansicht des EuGH Teil eines solchen Systems und lasse für sich allein nicht den Schluss zu, dass das System diskriminierend sei.

33) Der SV ging hier von einer falschen Staffel aus (Ermäßigung des Aufschlags von 3,6 % auf 3 % fallend; S 6 GA ONr 64), was die Größenverhältnisse zur Rohspannenberichtigung deutlich verzerrt hat.

34) 29. 3. 2001, C-163/99 = Slg 2001 I-2613 – Portugiesische Republik.

Da der Rabatt aus dem „Cost-Plus-System" bei einem Umsatz von ca 19 Millionen S auf 2,6 % stieg, ist auch die Auslöseschwelle für den weiteren Rabatt von zusätzlich 1 % bei ca 27 Millionen S fast linear und eher moderat, zumal zu berücksichtigen ist, dass die Großkunden ab ca 27 Millionen S diesen Prozentsatz nur vom Mehrumsatz erhielten, ebenso wie bei allen folgenden Auslösestufen von ca 9 Millionen S.[35])

Auf Grund dieser Situation ist es auch unbefriedigend, dass das Unterlassungsgebot keine Klarheit darüber schafft, ob „Großkunden-Rückvergütungen" schon bei geringsten Ausmaßen zwischen 0 und 1 % jedenfalls unzulässig sind.

F. Zum Schadenersatzanspruch

1. Zum Grund des Anspruchs

Das Teilurteil des OGH enthält keine Ausführungen zum Rechtsgrund des Schadenersatzanspruchs. Das NVG gewährt zum Schutz der jeweils betroffenen Unternehmer (hier: Wiederverkäufer nach § 2 Abs 1 NVG) nur einen Unterlassungsanspruch,[36]) aber keinen Schadenersatzanspruch. Das wurde damit begründet, dass das Kartellgericht für derartige, im Zivilprozess zu erledigende Ansprüche nicht geeignet sei.[37]) Zur Durchsetzung des behaupteten Schadenersatzanspruchs der Klägerin steht daher nur § 1

35) Der Rabattsatz war daher – bezogen auf den Gesamtumsatz – innerhalb der Staffel wesentlich niedriger als 5 % (etwa halb so hoch); er konnte sich nur bei Kunden, die die Höchststufe überschritten hatten, tendenziell auf 5 % hin bewegen, diese Grenze aber nie erreichen.

36) So ÖBl 1989, 167 – FAMILIA, wo der OGH ausführt, dass der Gesetzgeber der NVG-Nov 1980 bewusst darauf verzichtet hat, Schadenersatzansprüche in § 3 a NVG aufzunehmen; das gilt auch für die anderen Regelungen des NVG.

37) Das lässt sich eindeutig aus den Materialien ableiten: Siehe dazu den Bericht des Handelsausschusses (15. GP AB 262) zu BGBl 1980 / 121 (Einführung des § 3 a NVG: Allgemeines Verbot des Verkaufs unter dem Einstandspreis) bei *Reich-Rohrwig/Zehetner,* Kartellrecht (2000) I 435 f: „Im Zuge der Verhandlungen brachten die Abgeordneten Dkfm. DDr. König, Dr. Erich Schmidt und Dipl.Vw. Dr. Stix zu Art I Z 1 (§ 3 a Abs 1) und zu Art I Z 2 (§ 6) einen gemeinsamen Abänderungsantrag ein. Dieser Abänderungsantrag sieht insbesondere die Streichung der Wortfolge ‚und, wenn er damit die wirtschaftliche Existenz von Wettbewerbern zu gefährden oder zu vernichten beabsichtigt, auf Schadenersatz' vor. Der Ausschuss hat sich den Bedenken des Bundesministeriums für Justiz gegen diese Wortfolge angeschlossen, dass nach der Rechtsprechung eine derartige Preisgestaltung in besonderen Fällen, wozu auch die Absicht der Vernichtung eines Mitbewerbers gehört, unter § 1 UWG fallen kann und damit dem geschädigten Mitbewerber ohnedies nicht nur ein Unterlassungs-, sondern auch ein Schadenersatzanspruch zustünde. Das Verhältnis eines hier vorgesehenen Schadenersatzanspruchs zu den sich aus dem UWG ergebenden Ansprüchen – die ja im Übrigen durch das NVG nicht berührt werden – wäre unklar, die neue Bestimmung könnte als Einschränkung der aus dem UWG abzuleitenden Ansprüche verstanden werden. Eine solche Regelung wäre auch insofern im NVG ein Fremdkörper, als das hier in den §§ 6 und 7 vorgesehene Verfahren für solche Ansprüche gar nicht geeignet und daher auch nicht dafür vorgesehen wäre." Diese Erwägungen treffen ganz eindeutig auch auf alle damals schon in Kraft gestandenen Bestimmungen zu, bei denen überdies von vornherein kein Schadenersatzanspruch eingeräumt war, da er sonst, wie nach § 3 a NVG ursprünglich geplant, ausdrücklich normiert worden wäre.

UWG zur Verfügung, auf den sie sich auch gestützt hat. Der OGH erwähnt allerdings § 1 UWG in seinem Teilurteil überhaupt nicht. Es sind daher derzeit noch alle Voraussetzungen für die Zuerkennung eines solchen Anspruchs offen (s aber unten G.2.). Für die Durchsetzung des Schadenersatzanspruchs nach § 1 UWG genügt ein (objektiver) Verstoß gegen das NVG nicht. Es muss ein Verhalten des Verletzers vorliegen, das ihm auch subjektiv als sittenwidriges Verhalten vorwerfbar ist.

Dazu hat sich die Beklagte im dritten Rechtsgang auf die stRsp[38]) zum sittenwidrigen Rechtsbruch berufen: Das jedem Vorwurf eines sittenwidrigen Verhaltens begrifflich innewohnende moralische Unwerturteil iSd Behauptung einer den anständigen Gebräuchen in Handel und Gewerbe zuwiderlaufenden, also gegen das Anstandsgefühl des durchschnittlichen Mitbewerbers oder die sittliche Auffassung der angesprochenen Verkehrskreise verstoßenden Wettbewerbshandlung verlange jedenfalls dort eine besondere subjektive Komponente auf der Seite des Beklagten, wo der ihm angelastete Wettbewerbsverstoß aus der Verletzung einer gesetzlichen Vorschrift abgeleitet wird. Als „unlauteres Verhalten" wird hier dem Betroffenen angelastet, dass er sich über eine gesetzliche Norm hinweggesetzt hat, um auf diese Weise einen Wettbewerbsvorsprung vor seinen gesetzestreuen Mitbewerbern zu erlangen. Nur eine dem Beklagten auch subjektiv vorwerfbare Missachtung einer solchen Vorschrift rechtfertigt es aber, über die bloße Verantwortlichkeit nach der übertretenen (Verwaltungs-)Vorschrift hinaus auch eine unlautere, gegen die guten Sitten verstoßende Wettbewerbshandlung iSd § 1 UWG anzunehmen.

Dieser Grundsatz muss vor allem dort gelten, wo es um eine unterschiedliche Auslegung der angeblich verletzten Vorschrift geht. Bei der Verletzung solcher Normen – insb gewerberechtlicher Vorschriften – kommt es vor allem darauf an, ob die Auffassung des Beklagten über den Umfang seiner Befugnisse durch das Gesetz so weit gedeckt war, dass sie mit gutem Grund vertreten werden kann; trifft dies zu, dann kann diese Auslegung der gesetzlichen Vorschrift und die darauf beruhende Tätigkeit der Beklagten nicht mehr als Handlung angesehen werden, die gegen das Anstandsgefühl der betroffenen Verkehrskreise verstößt. Diese Rechtsprechung hat der OGH auch nach dem Übergehen auf einen funktionellen Sittenwidrigkeitsbegriff[39]) aufrecht erhalten.[40])

Diese Grundsätze gelten selbstverständlich auch für den Schadenersatzanspruch wegen Verstoßes gegen das NVG, der nach dem Willen des Gesetzgebers ausdrücklich auf das gleichzeitige Vorliegen der Voraussetzungen nach § 1 UWG beschränkt wurde, wie sich aus dem oben zitierten Bericht des Handelsausschusses ergibt. Auch aus diesem Grund hat der Gesetzgeber in § 9 NVG bestimmt, dass die Vorschriften gegen den unlauteren Wettbewerb

38) Statt vieler E ÖBl 1983, 40 = EvBl 1983/49 = SZ 56/2 – Metro-Post I.

39) ÖBl 1994, 58 – Makramee-Spitzen; ÖBl 1998, 14 – Schwarzhörer willkommen; MR 2002, 402 = wbl 2003, 142 – Trafikantenzeitung; ÖBl 2003, 171 – Igel-Real.

40) ZB ÖBl 2002, 18 – Erstprüfstelle; ÖBl-LS 2002/32 – Chipcard; ÖBl 2002, 270 – Unternehmensberater; ÖBl 2003, 78–K-Hitradio; ÖBl-LS 03/ 43 – Kennzeichenhalter II ua.

unberührt bleiben. § 9 NVG bewirkt damit eine Verzahnung von NVG und UWG, weil damit bestimmte Verhalten gegen beide Vorschriften verstoßen können, schließt aber auch eine Lücke zwischen KartG und UWG.[41])

Bei Verstößen gegen das NVG ist die Rechtsprechung zur Vorwerfbarkeit eines Rechtsbruchs als Voraussetzung der Sittenwidrigkeit eines Verstoßes gegen § 1 UWG mE für den Unterlassungsanspruch nicht anzuwenden.[42]) Diese Rechtsprechung beruht nämlich darauf, dass sich der OGH bei Geltendmachung von Verwaltungsübertretungen als Verstoß gegen § 1 UWG bei schwierigen Auslegungsfragen nicht (immer) darauf einlässt, diese Vorfragen, zu deren selbstständiger Entscheidung im Hauptverfahren eine andere Behörde (meist Verwaltungsbehörde bis hin zum VwGH als gerichtliche Kontrollinstanz der Verwaltung) zuständig wäre, endgültig zu klären, wenn er der Ansicht ist, dass der Beklagte eine bestimmte Auslegung, mag sie auch objektiv nicht rechtmäßig sein, mit guten Gründen vertreten könne. In diesen Fällen bleibt der OGH bei dieser Prüfung stehen und weist den Unterlassungsanspruch ab, weil eine subjektive Komponente der Sittenwidrigkeit fehlt. Entscheidet später die zuständige Behörde über die Vorfrage, die für sie Hauptfrage ist, anders, so muss dies der Beklagte selbstverständlich respektieren, widrigenfalls er von der Wirksamkeit der Entscheidung der Verwaltungsbehörde an rechtswidrig und auch wettbewerbswidrig handeln würde und – obwohl der erste Unterlassungsanspruch abgewiesen wurde – auf Grund des geänderten Sachverhalts neuerlich – diesmal wohl idR erfolgreich – auf Unterlassung in Anspruch genommen werden könnte. Diese – von der Lehre zum Teil heftig bekämpfte, aber praktikable – Judikatur setzt also zwingend voraus, dass es ein Verhalten gibt, das sich zwar bei (endgültiger) „richtiger" Entscheidung als (verwaltungsrechtlich) rechtswidrig herausstellt, aber als mit guten Gründen vertretbar zunächst wettbewerbsrechtlich erlaubt ist bzw wenigstens toleriert wird.

Dieses Entscheidungskonzept ist aber nicht anwendbar (oder zumindest nicht praktikabel), wenn dem OGH auch die abschließende Kompetenz für die Entscheidung der Vorfrage als Hauptfrage zukommt, weil die (auch) über § 1 UWG anzuwendende Norm selbst unmittelbar wettbewerbsrechtlichen Charakter hat und durch einen Unterlassungsanspruch – so wie nach § 1 UWG – sanktioniert ist, über den ebenfalls der OGH im Rahmen der ordentlichen Gerichtsbarkeit, wenn auch als Kartellobergericht (in anderer Besetzung durch einen anderen Senat, derzeit Senat 16) zu entscheiden hat. Zwischen dem wettbewerbsrechtlichen Unterlassungsgebot und dem kartellrechtlichen Untersagungsgebot besteht nämlich kein Unterschied mehr, da Verstöße gegen das NVG, ebenso wie ein Marktmachtmissbrauch nicht erst abgestellt werden müssen, sondern ex lege verboten sind.[43]) Der OGH müsste über das Unterlassungsbegehren „endgültig" die „richtige" Ent-

41) *Farnleitner/Straberger,* Nahversorgungsgesetz 103.

42) Hier spielt das keine Rolle, da über diesen Anspruch ohnehin bereits rechtskräftig entschieden wurde.

43) Vgl § 35 Abs 1 KartG idF des Wettbewerbsgesetzes I 2000/62.

scheidung treffen, auch wenn er dem Beklagten für die Vergangenheit gute Gründe für eine davon abweichende Rechtsansicht zubilligt. Andernfalls würde er dem Kläger den Rechtsschutz verweigern, obwohl sich dieser auch nicht mehr an den OGH als Kartellgericht wenden könnte, weil über das Unterlassungsbegehren bereits abschließend entschieden wäre.

Dass diese Problematik der Anwendung der „Vertretbarkeitsjudikatur" zum Rechtsbruch auf unmittelbar wettbewerbsregelnde Nebengesetze, die von den Gerichten zu vollziehen sind, bisher noch nicht Gegenstand der Rechtsprechung des OGH war,[44]) beruht offenbar darauf, dass aus wettbewerbsrechtlichen Tatbeständen sehr selten Schadenersatzansprüche geltend gemacht werden. Für den Schadenersatzanspruch, der nicht, wie der Unterlassungsanspruch, in die Zukunft gerichtet ist, spielt diese Frage keine Rolle, weil es hier nur darauf ankommen kann, ob die Beklagte bisher mit guten Gründen der Meinung sein konnte, rechtmäßig zu handeln. Für den bisher allenfalls eingetretenen Schaden bleibt die Frage der vertretbaren Rechtsansicht relevant; sie hat – ex ante betrachtet – ihre Vertretbarkeit nicht verloren.[45]) Schadenersatzanspruch und Unterlassungsanspruch fallen daher in dieser besonderen Konstellation in ihren grundsätzlich gemeinsamen Anspruchsvoraussetzungen aus § 1 UWG auseinander.

Zur Vertretbarkeit ihrer Ansicht hat sich die Beklagte darauf berufen, dass sie für deren Richtigkeit nicht weniger als vier Instanzen bzw mit den ihr günstigen Aussagen des OGH im zitierten Aufhebungsbeschluss sogar fünf Instanzen für sich habe und das OLG noch im zweiten Rechtsgang die Interessenabwägung (deren Ergebnis im Vorhinein kaum abzuschätzen war) zu Gunsten der Beklagten gebilligt habe. Zur Auslegung des § 2 Abs 1 NVG habe in Österreich bisher jede Rechtsprechung gefehlt; auszulegen gewesen sei aber nicht nur der höchst unbestimmte Gesetzesbegriff[46]) der „sachlichen Rechtfertigung", sondern auch sein Zusammenhang mit dem Tatbestandsmerkmal des „Vorliegens gleicher Voraussetzungen", das deutlich dafür spreche, dass für Umsätze von 27 Millionen S aufwärts bis über 60 Millionen S jährlich linear gestaffelt ein höherer Rabatt verlangt werden dürfe als für Umsätze bis 19 Millionen S. Eine solche Auffassung habe der OGH im Aufhebungsbeschluss vom 3. 4. 2001, 4 Ob 34/01 f zumindest nahe gelegt, wenn er bei der Behandlung der Beweislast ausführte, dass die rechtliche Unzulässigkeit selbst bei ungewöhnlichen Preisnachlässen in jedem Einzelfall vom Kläger nachgewiesen werden müsse.[47])

---

44) Der OGH hat allerdings 1988 das Tatbestandsmerkmal der subjektiven Vorwerfbarkeit des Gesetzesverstoßes (zum aufgehobenen § 3a NVG) auch für die Anwendbarkeit des NVG über § 1 UWG (unter den damaligen verfahrensrechtlichen Gegebenheiten) anerkannt (SZ 61/192 = MR 1988, 164 = RdW 1988, 424 *[Holeschofsky]* = wbl 1989, 23 = ÖBl 1989, 122 – Bierverkaufsförderung).

45) ÖBl 2004, 68 – cross promotion.

46) Siehe ÖBl 1990, 217 – Pampers aller Sorten.

47) Ebenso *Gugerbauer,* Komm z KartG², Rz 2 zu § 1 NVG; Rz 1 zu § 2 NVG, 419f; *Fitz/Roth,* Verkauf unter dem Einstandspreis, RdW 1989, 241 (252); Der OGH zitierte dazu die E v 10. 7. 1990, 4 Ob 104/90 = ÖBl 1990, 217 – Pampers aller Sorten, die einen Preisnachlass von etwa 20 % zum Gegenstand hatte.

2. Zur Höhe des Anspruchs

Zur Höhe des Schadenersatzanspruchs zeigt der OGH zutreffend auf, dass die Klägerin ihren Schadenersatzanspruch nur auf die hypothetische Marktsituation stützen kann, die bei Nichtgewähren der unzulässigen Großkunden-Rückvergütung bestanden hätte. Die Klägerin kann ja nicht für sich die Rohspannenberichtigung (in der höchsten Rabattstufe!) beanspruchen, deren Gewährung sie an andere Abnehmer erfolgreich als rechtswidrig bekämpft hat. Bei der Zugrundelegung der hypothetischen Marktsituation muss sie sich aber auch zurechnen lassen, dass der Verzicht auf das Rabattsystem für Großkunden der Beklagten den selbstständigen Einzelhändlern keine Vorteile gebracht hätte, weil die Konkurrenzsituation unverändert geblieben wäre. Auch wenn der OGH dieses Argument bei der Interessenabwägung nicht berücksichtigt hat, weil es letztlich zur Nichtanwendung des NVG führen würde, muss es doch der Beurteilung des Schadenersatzanspruchs, der nicht aus dem NVG, sondern nur aus § 1 UWG abgeleitet werden könnte, als reines Faktum zu Grunde gelegt werden.

G. Der bisherige Verlauf des dritten Rechtsgangs

1. Die Entscheidung des Erstgerichts

Das ErstG stellte fest, dass die Beklagte bis zur Zustellung des Teilurteils des OGH der Überzeugung war, dass das Großkundensystem ausgewogen und rechtmäßig ist und Großkunden nicht ungerechtfertigt gegenüber Kleinkunden bevorzuge und dass durch die Großkunden infolge gebündelter Einkaufskräfte auch die Einzelhändler und das gesamte S-System dadurch wirtschaftlich gestärkt werde, dass auch die S-Kaufleute von den insgesamt günstigeren Einkaufspreisen profitieren. Hätte die Beklagte die Rechtswidrigkeit ihres auf Großkunden beschränkten Rabattsystems erkannt, hätte sie nicht die Rabatte auf die selbstständigen S-Kaufleute gleichmäßig verteilt und auch nicht allen Einzelhändlern oder nur der Klägerin über das „Cost-Plus-System" hinaus weitere Rabatte gewährt. Sie hätte vielmehr die Voraussetzungen der Rabatte für Großkunden dahin geändert, dass dem NVG entsprochen wird. Wäre der Großkundenrabatt an die Großkunden nicht ausgezahlt worden, hätte sich an der Ertragsfähigkeit der Klägerin nichts geändert.

Das ErstG billigte daher der Beklagten zu, dass ihre Auslegung der sachlichen Rechtfertigung ihres Rabattsystems nach § 1 Abs 2 NVG soweit gedeckt war, dass sie objektiv zumindest mit guten Gründen vertreten werden konnte, zumal bisher eine gesicherte Rechtsprechung des OGH zum Begriff der „sachlichen Rechtfertigung" iSd § 1 Abs 2 und § 2 Abs 1 NVG gefehlt habe. Die Klägerin habe einen Schaden nach den von ihr behaupteten Schadensberechnungsmodellen nicht bewiesen bzw dazu unschlüssige Behauptungen aufgestellt. Das ErstG wies daher das Schadenersatzbegehren zur Gänze ab.

2. Der Aufhebungsbeschluss des Berufungsgerichts

Das Berufungsgericht entschied nicht meritorisch, sondern hob das Ersturteil als nichtig auf und wies die Rechtssache zur neuerlichen Entscheidung an das ErstG zurück. Es war der Meinung, dass das ErstG mit seinem Urteil gegen die Rechtskraft und Bindungswirkung des Teilurteils des OGH[48]) verstoßen habe. Bedeute der rechtskräftig entschiedene Anspruch eine Vorfrage für den mit der neuen Klage geltend gemachten Anspruch,[49]) verhindere der Sachzusammenhang zwischen dem neuen Begehren und dem Urteilsspruch eine selbstständige Beurteilung der Vorfrage im zweiten Prozess. Werde einem auf Unterlassung wettbewerbswidrigen Handelns gerichteten Klagebegehren rechtskräftig stattgegeben, so schließe dies eine neuerliche Prüfung des Wettbewerbsverstoßes bei der nachfolgenden Entscheidung über den auf das UWG gestützten Schadenersatzanspruch aus. Der OGH habe über das von der Klägerin auf das UWG gestützte Klagebegehren entschieden, auch wenn in den Entscheidungsgründen nicht ausdrücklich auf § 1 UWG, sondern nur auf den Unterlassungsanspruch nach § 2 Abs 1 NVG Bezug genommen worden sei.

Diese Ansicht überzeugt nicht: Einer Entscheidung über eine Vorfrage kommt nur dann bindende Wirkung zu, wenn sie den Hauptgegenstand des Vorprozesses bildete,[50]) also die spruchmäßig entschiedene Hauptfrage betraf. Dagegen reicht es nicht aus, dass eine im Vorprozess (bzw hier für das Teilurteil) relevante Vorfrage auch eine solche des späteren Prozesses (hier: des mit dem Teilurteil nicht erledigten Anspruchs) ist.[51]) Wenn eine bestimmte Tatsache im Vorprozess nicht den Hauptgegenstand des Verfahrens bildete, sondern lediglich eine Vorfrage darstellte (hier nämlich die über die bloße objektive Rechtswidrigkeit des Handelns der Beklagten hinausgehende „Sittenwidrigkeit" ihrer Vorgangsweise), dann kommt der Entscheidung dieser Frage im Vorprozess (bzw im Verfahren über das Teilurteil) keine bindende Wirkung im folgenden Verfahren zu.[52])

Die österreichische Zivilprozessordnung eröffnet nur ausnahmsweise mit dem Zwischenantrag auf Feststellung (§§ 236 und 259 ZPO) die Möglichkeit einer rechtskräftigen Feststellung von Vorfragen.[53]) Die Annahme, dass auch die Feststellungen über eine Vorfrage im Vorprozess selbstständig rechtskräftig werden könnten, würde diesen Zwischenantrag völlig entwerten und überdies dem Wortlaut des § 411 ZPO widersprechen, wonach präjudizielle Rechtsverhältnisse dann rechtskräftig entschieden werden,

48) 21. 1. 2003, 4 Ob 210/02i = ÖBl 2003, 188 – Großkunden-Rückvergütung II *(Barbist).*

49) Dieser Fall liegt nicht vor, doch ist das Verhältnis zwischen den Ansprüchen aus einem Teilurteil und dem anschließenden Endurteil wohl analog zu behandeln.

50) *Stohanzl,* JN-ZPO[15] E Nr 63 bei § 411 ZPO; zuletzt OGH 12. 6. 2003, 8 ObA 36/03g und 2 9.2003, 10 ObS 220/03f unter Berufung auf *Rechberger* in *Rechberger,* Komm zur ZPO[2] Rz 3 zu § 411 ZPO; *Fasching,* Lehrbuch[2] Rz 1501; *Oberhammer,* Objektive Grenzen der materiellen Rechtskraft: Bindung und Präklusion, JBl 2000, 205.

51) RIS-Justiz RS 0041157; OGH 20. 5. 1999, 6 Ob 59/99s; RS 0102102; OGH 27. 11. 2003, 6 Ob 131/03f; 10 ObS 176/02h mwN; OGH 2. 9. 2003, 10 ObS 220/03f.

52) RZ 1989/96; 5 Ob 2152/96y; JBl 1999, 675.

53) *Stohanzl,* JN-ZPO[15] E Nr 64 bei § 411.

wenn sie zum Inhalt eines Zwischenfeststellungsantrags gemacht wurden. Würden Vorfragen ohnehin bindend festgestellt, wäre dieser Halbsatz des § 411 ZPO überflüssig.[54])

Auch das Argument, dass der inhaltliche Zusammenhang zwischen dem Unterlassungsbegehren und dem Schadenersatzbegehren so eng ist, dass die Gebote der Rechtssicherheit und der Entscheidungsharmonie eine unterschiedliche Beurteilung der Sittenwidrigkeit nicht gestatten, vermag eine Bindungswirkung (mit den Folgen der Nichtigkeit) nicht zu begründen. Die Grenzen der materiellen Rechtskraft können aus Gründen der „Entscheidungsharmonie" – mag diese auch noch so erstrebenswert sein – nicht ausgeweitet werden.[55]) Es ist mit dem Gedanken der Rechtssicherheit durchaus vereinbar, wenn eine für unrichtig erkannte Sachverhaltsgrundlage des Vorprozesses der Entscheidung im Folgeprozess nicht mehr zu Grunde gelegt wird.[56]) Der OGH hat diese Rechtsprechung auch auf das Verhältnis zwischen den mit Teilurteil und jenen später mit Endurteil entschiedenen Ansprüchen übertragen.[57])

Der entschiedene Unterlassungsanspruch und der noch nicht entschiedene Schadenersatzanspruch beruhen außerdem nicht (zur Gänze) auf denselben Vorfragen. Der OGH hat sich mit der Frage der Sittenwidrigkeit des Vorgehens der Beklagten bisher überhaupt nicht auseinander gesetzt. Auch unter der Voraussetzung, dass der Entscheidung des OGH über den Unterlassungsanspruch § 1 UWG zu Grunde liegt, war aber, wie oben (F.1.) ausgeführt wurde, die Frage der Vertretbarkeit der Rechtsansicht der Beklagten infolge des besonderen Konstellation nur für den Schadenersatzanspruch, nicht aber für den Unterlassungsanspruch relevant.

Es bleibt abzuwarten, wie der OGH diese interessante Frage im Schnittpunkt materiellen und formellen Rechts beurteilen wird.

III. Ausblick

Das NVG ist, wie der OGH zutreffend ausgesprochen hat, nicht obsolet geworden. Im Gemeinschaftsrecht spielen – auf Art 81 oder 82 EGV gestützte – Verfahren, in denen gegen missbräuchliche Konditionen, die auf der Anwendung unterschiedlicher Bedingungen bei gleichwertigen Leistungen gegenüber Handelspartnern[58]) beruhen, vorgegangen wird, nach

54) JBl 1999, 675 unter Berufung auf JBl 1995, 458 *(Oberhammer)* = SZ 68/2; JBl 1999, 813 = MietSlg 51.685; JBl 2000, 736; weitere E bei *Stohanzl,* JN-ZPO[15] E Nr 64 bei § 411; in diesem Sinn zuletzt OGH 27. 11. 2003, 6 Ob 131/03p; auch OGH 2. 9. 2003, 10 ObS 220/03f; OGH 11. 12. 2003, 6 Ob 248/03v; *Rechberger* in FS Namakura 487; *derselbe,* Komm zur ZPO[2] § 411 Rz 11; *Frauenberger,* JBl 1994, 483f.

55) JBl 2000, 185 *(Apathy);* RIS-Justiz RS 0102102; 2 Ob 99/00y; ausf zuletzt OGH 11. 12. 2003, 6 Ob 248/03v.

56) Ecolex 1996, 600 *(Oberhammer)* = RdW 1996, 475 = SZ 69/54; RZ 1999/52 = MietSlg 51.683 = WoBl 2000/26; JBl 2000, 736.

57) RdW 1999, 80 = ARD 5013/12/99 = JBl 1999, 675.

58) Das setzt nach Meinung des EuGH (16. 12. 1975 – Suiker Unie, Slg 1975, 1663) voraus, dass sie potenzielle oder aktuelle Konkurrenten des Diskriminierenden sind (*Schröter*

wie vor eine gewisse Rolle.[59]) Solche Verfahren könnten auf Grund der neuen Zuständigkeitsverteilung nach Art 5 VO (EG) Nr 1/2003 künftig auch bei nationalen Kartellbehörden anhängig werden und Anstoß dafür sein, dass auch Fälle ohne Auswirkungen auf den Handel zwischen den Mitgliedstaaten vor das nationale Kartellgericht gebracht werden, oder, wenn zwischen den Beteiligten, wie im vorliegenden Fall, (auch) ein Wettbewerbsverhältnis besteht, auf § 1 UWG[60]) iVm Vorschriften des NVG gestützt werden. Der Gesetzgeber sollte daher jedenfalls klarstellen, ob auch das NVG in den neuen organisatorischen Rahmen des Kartellgesetzes einbezogen wird oder ob dort die bisherigen Amtsparteien tätig werden sollen und auch dem Paritätischen Ausschuss noch seine schmale Kompetenz nach § 7 Abs 7 NVG geblieben ist, bzw ob dieses Organ der Rechtspflege als zur Gänze aufgehoben gilt.

in *Von der Groeben/Schwarze*, Komm z Vertrag über die europäische Union, Bd II 660); nach einer anderen Meinung gehören dazu auch die Kunden des betreffenden Unternehmens (*Wolfgang Weiß* in *Calliess/Ruffert*, Komm z EU-Vertrag und EG-Vertrag 1099).

59) EuGH 29. 3. 2001, C-163/99 = Slg 2001 I-2613 – Portugiesische Republik; sehr ausführlich EuGH 30. 9. 2003, T 203/01 – Michelin/Kommission mwN zu Jahresmengen- bzw Treuerabattsystemen Rz 56.

60) So zuletzt wbl 1999, 475 = ÖBl 2000, 82 – Jahresbonus.

O Fortuna – Gewinnspiele als Instrument der Verkaufsförderung und deren Grenzen nach dem Lauterkeitsrecht und Konsumentenschutzgesetz

Ulrike Ginner

Inhaltsübersicht:

I. Gewinnspiele als konsumentenorientierte Verkaufsförderung

Gewinnspiele zählen neben anderen Absatzinstrumenten wie Probepackungen, Sonderangeboten, Zugaben und Treueaktionen zu den konsumentenorientierten Verkaufsförderungsinstrumenten. Vor allem im Versandhandel wird dieses Instrumentarium verwendet, um Kundenbeziehungen zu festigen, Konsumenten zu Spontankäufen anzuregen und vor allem den spaßorientierten Konsumenten mit den Angeboten des Unternehmens verstärkt zu konfrontieren. Der Einsatz von Gewinnspielen birgt aber auch die Gefahr, dass sich der Konsument nicht kritisch mit den Angeboten auseinander setzt, sondern diese aus sachfremden Erwägungsgründen kauft. Die Durchführung von Gewinnspielen als verkaufsfördernde Maßnahme ist grundsätzlich erlaubt, soweit bestimmte Regeln eingehalten werden. Die am UWG zu messende Zulässigkeit von Gewinnspielen hängt in Folge davon ab, ob die Ankündigung irreführend gestaltet ist, ob ein unzulässiger psychischer Kaufzwang ausgeübt wird oder ob ein übertriebenes Anlocken vorliegt.[1]) In jenen Fällen, wo die Teilnahme vom Kauf eines oder mehrerer bestimmter Produkte abhängig ist, müssen jedenfalls die zugabenrechtlichen Bestimmungen des § 9 a Abs 2 Z 8 UWG erfüllt sein. Auch § 28 UWG,

---

1) Siehe auch *Baumbach/Hefermehl*, Wettbewerbsrecht[21] zu § 1 UWG RN 149 ff.

welcher den glücksspielartigen Vertrieb regelt, ist in diesem Zusammenhang relevant, wenn in der Praxis auch nicht sehr bedeutend.

Gewinnspielankündigungen, bei denen klar und deutlich hervorgeht, dass damit nur eine Teilnahmemöglichkeit verbunden ist, also für den Konsumenten klar erkennbar ist, dass durch Einsenden der Gewinnkarte erst eine Chance auf eine Gewinnermittlung vorliegt, sind grundsätzlich zulässig. Auch Gewinnspiele, bei denen mehrere Preise ausgespielt werden und dem Konsumenten mitgeteilt wird, er hätte sicher einen davon gewonnen, können dann zulässig sein, wenn keine Irreführung über die Preisverteilung vorliegt, im Regelfall wird die Mehrzahl der Konsumenten nämlich den geringwertigsten Preis erhalten.

II. Gewinnspiele und deren Irreführungseignung nach § 2 UWG

A. Versandhandel

Es sind vorwiegend Versandhandelsunternehmen, die ihre Werbeaktivitäten mittels Gewinnspielen durchführen. Anders als bei sonstigen Handelsunternehmen, stehen ihnen naturgemäß andere Verkaufsförderungsinstrumente nicht in vollem Ausmaß zur Verfügung. Obwohl nicht alle Versandhäuser sich der besonders irreführenden Gewinnankündigung bedienen, ist es dennoch auffällig, dass gerade in dieser Branche die meisten Konsumentenbeschwerden in Bezug auf Gewinnspiele zu verzeichnen sind. Anfang der 90er-Jahre tauchten die ersten Gewinnzusendungen auf. Haushalte, die bis dato noch nie an einem Preisausschreiben teilgenommen hatten, erhielten nun plötzlich Verständigungen über sehr hohe Preise, die sie bereits sicher gewonnen hätten. Es stellte sich dann aber heraus, dass nicht Fortuna, die Göttin des Glücks, sondern Merkur, Gott der Händler und Diebe an die Tür geklopft hatte.

Der Einfallsreichtum in Bezug auf Gewinnspielvarianten scheint schier unerschöpflich, wobei diese jedenfalls immer darauf ausgelegt sind, Verwirrung bei den Konsumenten zu erzeugen sowie falsche Hoffnungen zu erwecken. Die Modalitäten sind häufig intransparent und unklar. Genaue Bedingungen lassen sich teilweise nur dem Kleingedruckten entnehmen bzw sind auf der Innenseite von Kuverts angebracht oder gar auf vollkommen „unverdächtigen" Beilagen angebracht – wie zB auf der Rückseite eines beigelegten Kochrezeptes.

a) Gewinnspiele, bei denen der Eindruck erweckt wird, dass der Besitzer der richtigen Gewinnnummer bereits einen namhaften Geldbetrag oder einen anderen wertvollen Preis gewonnen habe

„Ausführung einer S 1.000.000 Bargeld-Verlosung und Sonderziehung; Super-Preis: S 250.000; Sie gehören zu den Gewinnern, die einen der fantastischen Preise erhalten, wenn Ihr Name auf der Liste steht." Mit diesen oder ähnlichen Ankündigungen wird Verbrauchern vorgetäuscht, dass sie bereits sicher einen sehr hohen Geldbetrag gewonnen hätten und lediglich die

Anforderung des Gewinnes zu tätigen wäre, um diesen auch zu erhalten. Zur Untermauerung dieser Täuschung werden oftmals Tabellen eingesetzt und Name bzw Gewinnnummer einem bestimmten Betrag gegenübergestellt. In den Teilnahmebedingungen erfährt man jedoch, dass die Zuteilung einer Gewinnnummer lediglich die Teilnahme an einer weiteren Verlosung ermöglicht oder die Gewinnsumme unter allen Teilnehmern aufgeteilt wird, wobei Gewinne unter einer bestimmten Summe nicht ausgezahlt, sondern einem Jackpot zugeführt werden.

Infolge sollen einige maßgebliche Entscheidungen zu dieser Thematik angeführt werden:

- Kurfürst's Telefonkarten-Gewinn:[2]) Bei diesem Gewinnspiel kündigte ein Versandhandelsunternehmen mehrere Geldgewinne bzw als „Expresspreis" einen Opel Astra GSi im Wert von ca S 250.000 oder den diesbezüglichen Barwert an. Auf der Rückseite der Ankündigung war eine Aufstellung von Gewinnnummern und der darauf entfallende Preis vermerkt, wobei der unrichtige Eindruck erweckt wurde, dass alle jene Personen, deren Prospekt eine bestimmte Gewinnnummer aufweist, bereits einen Preis gewonnen hätten. Tatsächlich war mit der Gewinnnummer noch kein sicherer Gewinn, sondern nur die Möglichkeit der Teilnahme an einer Verlosung verbunden. In diesem Verfahren wurde der ordentliche Revisionsrekurs als zulässig erachtet. Oberstgerichtliche Rechtsprechung lag zu der hier entscheidungsrelevanten Frage, ob der durch eine – gemeinsam mit einem Bestellschein versandten – Ankündigung eines Gewinnspiels erweckte unrichtige Eindruck, bereits einen Gewinn erlangt zu haben, zu den „Angaben über geschäftliche Verhältnisse" iSd § 2 UWG gehört, noch nicht vor. Der OGH argumentierte mit Hilfe der Unklarheitenregel,[3]) wonach der Werbende mehrdeutige Aussagen in der für ihn ungünstigsten Interpretation gegen sich gelten lassen müsse. Die Beklagte habe dadurch auch unrichtige Angaben über (eigene) geschäftliche Verhältnisse iSd § 2 UWG gemacht. Unter geschäftlichen Verhältnissen ist vielmehr alles zu verstehen, was mit dem Geschäftsbetrieb in irgendeinem Zusammenhang steht und die gewerbliche Tätigkeit im Wettbewerb fördern kann. Mit dem Erwecken des unrichtigen Anscheins, bereits einen hohen Geldpreis gewonnen zu haben, wurde aber auch ein für den Kaufentschluss relevanter Irrtum erzweckt. Der OGH hat mit dieser Entscheidung nun erstmalig festgestellt, dass bei der Ankündigung dieser Form von Gewinnspielen irreführende Werbung gem § 2 UWG vorliegt.
- Bei einer weiteren Gewinnspielankündigung[4]) wurde erneut vom OGH bestätigt, dass irreführende Gewinnspielankündigungen geschäftliche

---

2) OGH 23. 2. 1993, 4 Ob 90/92 „Kurfürst's Telefonkarten-Gewinn".

3) *Hohenecker/Friedl,* Wettbewerbsrecht[23]; siehe auch ÖBl 1992/163 – Stadtfernsehen, 4 Ob 119/93 ua; vergleiche *Wiltschek,* UWG[6] E 108 ff zu § 2; sowie jüngst 4 Ob 260/00 i und 4 Ob 233/01 w.

4) OGH 28. 3. 1995, 4 Ob 23/95.

Verhältnisse betreffen und daher gegen § 2 UWG verstoßen. Sowohl die Entscheidung „Kurfürst's Telefonkarten-Gewinn" als auch diese sehen den durchschnittlichen Adressaten mit flüchtigem Blick als Maßstabsfigur an.[5])

- Die Frage des maßgeblichen Verbraucherleitbildes anlässlich eines Gewinnspieles mit Auslandsbezug (das Schreiben wurde offensichtlich in Frankreich aufgegeben) hat der OGH folgendermaßen beurteilt:[6]) Bei diesem Gewinnspiel wurde in der üblichen Weise mit Worten wie „unwiderrufliche Wählbarkeitsbescheinigung für den Betrag von S 200.000", die auf den Adressaten namentlich ausgestellt waren, und mit faksimilierten Stempelaufdruck versehenen Ausführungen „verbindliche und definitive Zusendung – garantierte Auszahlung" versucht, die Aufmerksamkeit des Adressaten an sich zu ziehen. Selbst aus den Teilnahmebedingungen konnte der Adressat nur nach genauestem Studium herausfinden, dass erst eine künftige Verlosung stattfindet. Der OGH argumentierte daher, dass „selbst unter Anlegung des für die werbende Beklagte gelinderen (zugleich für die umworbenen Personen strengeren) Maßstabs des europäischen Verbraucherleitbildes sei unter den vorliegenden Umständen die vorinstanzliche Bejahung der Irreführungseignung als Ergebnis einer durch Gesetz und Rechtsprechung gedeckten und die Rechtslage keineswegs verkennenden, sondern vertretbaren rechtlichen Beurteilung anzusehen." Der OGH erblickte gerade auf Grund der außergewöhnlich lang(atmig)en Darstellung bzw in der von einer Bestellung abhängig erscheinenden Gewinnauszahlung eine Irreführungseignung, die auch bei mündigen und verständigen Verbrauchern möglich sei.

Allen diesen Fällen war gemeinsam, dass die aufklärenden Teilnahmebedingungen unleserlich bzw an versteckten Stellen platziert waren.

b) Gewinnspiele bei denen mehrere (wertvolle) Sachpreise dargestellt werden und der Anschein erweckt wird, dass der Konsument sicher einen gewonnen hätte

Eine beliebte Gewinnspielvariante ist es auch, einen oder mehrere besonders hochwertige Sachpreise darzustellen sowie zu beschreiben und durch die weitere Ausgestaltung der Werbeaussendung zu suggerieren, der Adressat hätte die dargestellten Preise bereits sicher gewonnen. In Wahrheit erhält der Gewinnspielteilnehmer allerdings nur eine geringwertige Kleinigkeit oder eine Ausgabe in Miniaturform. So war Gegenstand eines Gerichtsverfahrens[7]) die irreführende Darstellung einer Nikon F 4-Spiegelreflexkamera, währenddessen sich der Gewinn als eine Plastikkamera der

5) StRsp, vgl die bei *Wiltschek,* aaO E 111 zu § 2 UWG zitierten Entscheidungen.
6) OGH 14. 12. 1999, 4 Ob 313/99d.
7) LG Feldkirch 30. 10. 1996, 7 Cg 263/96p, nicht veröffentlicht; siehe auch Veröffentlichung in der Kronen-Zeitung vom 28. Juni 1997 S 55.

Marke „Video Look 35 mm" herausstellte. In einem anderen Verfahren[8]) kündigte ein Versandhandelsunternehmen mit blickfangartigen Hervorhebungen Folgendes an: „Gratis für Sie: ein Stereo-Gerät der Weltmarke Philips". In der Darstellung waren mehrere hochwertige Geräte, wie zB ein Stereo-Audio-Gerät mit CD-Spieler, ein CD-Player, ein Portable-Micro-System, eine CD-Soundmaschine sowie ein Stereo-Casetten-Player abgebildet. Zusammen mit einer Bestellung erhielt der Teilnehmer lediglich einen „Philips Stereo-Leicht-Kopfhörer".

Als aktuelles Beispiel soll noch folgende Entscheidung[9]) angeführt werden. Auch hier ging es um mehrere wertvolle Küchenmaschinen aus dem Hause „Tefal", wie zB eine Fritteuse, ein Edelstahl-Schnellkochtopf, eine Küchenmaschine und ein Raclette-Grill. Tatsächlich erhalten hat der Gewinnspielteilnehmer einen Kochhandschuh samt Kochschürze. Auch bei diesen Fällen waren die aufklärenden Teilnahmebedingungen unleserlich bzw an versteckten Stellen platziert.

B. *Werbeveranstaltungen*

Auch Warenpräsentatoren, die Werbeveranstaltungen in Gasthäusern durchführen, bedienen sich zur Anlockung von Verbrauchern oftmals irreführender Gewinnversprechen. Diese Veranstaltungen haben in der jüngsten Vergangenheit die „Kaffeefahrten" abgelöst. In Einladungsschreiben zu einem Mittags- oder Abendessen im Anschluss an eine rund zwei Stunden dauernde Produktvorführung wird den Konsumenten suggeriert, dass sie als Dankeschön eine Reise überreicht bekämen. Alternativ wird auch dargestellt, dass Preise, welche Abkürzungen wie MTF-Jackpotpreise (als Abkürzung für Mehrtagesfahrten) oder Spo-Preise (als Abkürzungen für Sponsorenpreise) aus dem Bereich Auto & Freizeit ausgespielt werden und der Adressat des Einladungsschreibens auch zu den sicheren Gewinnern zählt.

Diese Gewinne entpuppen sich sodann als Reisegutscheine, wo bei einem eventuellen Reiseantritt Einzelzimmerzuschläge oder eine zweite Person zum Vollpreis mitgenommen werden muss, um einer Belegung in einem Mehrbettzimmer mit mindestens zwei fremden Personen zu entgehen. Auf diese Bedingungen wird in den Einladungsschreiben allerdings nicht hingewiesen. Es sind aber auch Gewinnankündigungen dokumentiert, bei denen lediglich ein Gutschein zum Bezug einer verbilligten Reise ausgegeben wurde. Oberstgerichtliche Rechtsprechung besteht zu diesen aktuellen Marketingmethoden nicht.[10]) Erstinstanzliche Rechtsprechung[11]) beurteilt die entsprechende Einladung als Vorspiegelung falscher Tatsachen, die zur Irreführung geeignet sind, wobei die gratis in Aussicht gestellten Reisegutscheine einen besonders hohen Anreiz bilden, die Produktpräsentation zu besuchen, um in den Genuss des Geschenkes zu kommen, wodurch sich für

8) LG Innsbruck 12. 6. 1997, 17 Cg 105/97, nicht veröffentlicht.
9) OLG Linz 16. 7. 2003, 1 R 103/03b, nicht veröffentlicht.
10) Siehe aber WRP 1963 Nr 7, 26 und WRP 1964, 51.
11) LG für ZRS Graz 20. 12. 2002, 10 Cg 92/02v, nicht veröffentlicht.

den Warenpräsentator zumindest abstrakt die Möglichkeit zu Verkaufsabschlüssen ergibt.

III. Psychischer Kaufzwang

Für den Werbenden haben Gewinnspiele bzw Preisausschreiben letztendlich die Funktion, dass der Kunde zum Kauf der Produkte animiert werden soll. Wenn die Werbemaßnahme allerdings soweit geht, dass der Umworbene den Kauf der Ware nicht aus qualitäts- und preisbezogenen, sondern aus leistungsfremden Überlegungen tätigt, insbesondere, weil es als peinlich oder sogar als unanständig empfunden wird, nicht zu kaufen,[12]) ist sie als unzulässig zu qualifizieren. In eine derartige Zwangslage wird der Kunde etwa dann gebracht, wenn er das Geschäft für die Teilnahme bzw die Abholung eines Gewinnes ein- oder mehrmals aufsuchen muss. Je wertvoller ein Geschenk ist, desto eher wird sich der Empfänger verpflichtet fühlen, Kunde desjenigen zu werden oder zu bleiben, dem er es verdankt.[13])

Bei Gewinnspielen wird zudem gerade an das Dankbarkeitsempfinden des Umworbenen appelliert. Hier reicht es aus, wenn der Erwerb der Hauptware bloß als förderlich angesehen wird oder die angebotenen Alternativen zum Kauf der Ware als Teilnahmevoraussetzungen nicht gleichwertig sind.[14]) Eine Zugabe muss zum Kauf der Hauptware nicht zwingen. Es reicht aus, dass sie dazu „reizt".[15]) Bei Gewinnspielen, die von Versandhandelsunternehmen durchgeführt werden, versuchen die Werbenden in weiterer Folge auch, eine Differenzierung bei Bestellern und Nichtbestellern herzustellen, um beim Kunden zu erreichen, dass diese eine Bestellung deshalb durchführen, weil sie der Ansicht sind, ihre Gewinnchance würde dadurch erhöht werden. Dies wird insbesondere durch vorgedruckte Bestellkuverts für Besteller bzw unterschiedlich lange Bearbeitungszeiten erreicht.[16]) Auch die nur optische Verbindung zwischen Gewinnanforderung und Bestellschein kann psychischen Kaufzwang auslösen. Dieser wird auch durch die Einräumung eines Rückgaberechtes nicht beseitigt.[17])

IV. Übertriebenes Anlocken

Auch wenn weder Irreführungseignung nach § 2 UWG vorliegt, noch psychischer Kaufzwang gegeben ist, können Gewinnspiele unlauter sein, wenn der Konsument durch übertriebenes Anlocken, also dem Einsatz von leistungsfremden Mitteln, in seiner Entscheidungsfreiheit derart beein-

---

12) Vgl auch *Baumbach/Hefermehl*, dUWG[21] RN 157 ff zu § 1 UWG; *Wiltschek*, aaO E 1352 zu § 1 UWG; *Koppensteiner*, Österreichisches und europäisches Wettbewerbsrecht[3] RN 18 ff zu § 33.

13) OGH 9. 5. 1995, 4 Ob 35/95.

14) OGH 20. 10. 1992, 4 Ob 87/92.

15) OGH 15. 6. 2000, 4 Ob 149/00 s.

16) Nicht aber, wenn nur der Eindruck einer Ungleichbehandlung gegeben ist; OGH 23. 11. 1999, 4 Ob 235/99 h.

17) OGH 22. 9. 1964, 4 Ob 338/64 (SZ 37/127).

trächtigt wird, dass die unsachliche Beeinflussung als anstößig erscheint.[18]) Dies ist bei täuschenden, nötigenden und anreißerischen Mitteln grundsätzlich der Fall. Liegt kein psychischer Kaufzwang vor, dann muss der Anreizeffekt so stark sein, dass der Umworbene von einer sachgerechten Prüfung der Konkurrenzangebote auf Qualität und Preiswürdigkeit abgelenkt und „geradezu magnetisch" zum Geschäft oder zur Werbeveranstaltung des Werbenden hingezogen wird, um die angebotene Zuwendung zu erhalten.

Ob übertriebenes Anlocken vorliegt, hängt von der Höhe und der Wertigkeit der ausgespielten Preise ab. Bei Gewinnspielen bzw Preisausschreiben ist aber auch maßgeblich, wie einfach die gestellte Aufgabe zu lösen ist. Es wird davon ausgegangen, je höher die Preise und je leichter die Aufgabe desto größer auch der Anlockeffekt. Sind die Preise wertvoll, die zu lösende Aufgabe aber schwierig und/oder zeitaufwändig, so wird dies den Anlockeffekt dämpfen.[19]) Fehlt es aber an einer Verknüpfung zwischen Gewinnspiel und Warenabsatz, so liegt auch kein sittenwidriges übermäßiges Anlocken vor,[20]) lediglich besonders aufwändige Gewinnspiele fallen noch nicht darunter.

V. Zugabenrelevante Bestimmungen

Wenn das Gewinnspiel in Verbindung mit dem Kauf eines Produktes oder der Inanspruchnahme einer Dienstleistung angeboten wird, sind auch die zugabenrechtlichen Bestimmungen des § 9a UWG zu berücksichtigen. Gegenstand einer Zugabe kann nämlich auch die Teilnahme an einem Gewinnspiel sein. Dies ergibt sich aus der Ausnahmebestimmung des § 9a Abs 2 Z 8 UWG. Gewinnspiele als Zugabe sind dann zulässig, wenn der Gesamtwert der ausgespielten Preise € 21.600 nicht überschreitet. Der Wert der einzelnen Teilnahmekarte im Bezug zum Gesamtwert der ausgespielten Preise darf € 0,36 nicht überschreiten, wobei für die Berechnung des „fiktiven" Lospreises auch dann die Zahl der ausgegebenen Teilnahmekarten im Verhältnis zum Gesamtwert der ausgespielten Preise maßgeblich ist, wenn mehr Teilnahmekarten ausgegeben werden als nach der statistischen Wahrscheinlichkeit mit Geschäftsabschlüssen zu rechnen ist.[21])

Letztendlich führt aber diese oberstgerichtliche Entscheidung zur Aushöhlung bzw Unantastbarkeit des Wertes des „fiktiven Lospreises" und trägt dem Grundgedanken dieser Ausnahmebestimmung, nämlich den Anlockeffekt von attraktiven Gewinnspielen mit hohen Gewinnchancen hintanzuhalten, keine Rechnung mehr. Weiters kann die Teilnahme nur mittels eigener Teilnahmekarte erfolgen. Dies bedeutet, dass die Verbindung von Teilnahmekarte und Bestellung nicht zulässig ist. Der zugabenrechtliche

18) *Koppensteiner,* Österreichisches und europäisches Wettbewerbsrecht[3] RN 22 ff zu § 33; *Baumbach/Hefermehl,* Wettbewerbsrecht[21] zu § 1 UWG RN 166.

19) OGH 29. 4. 2003, 4 Ob 79/03 a.

20) OGH 26. 6. 1984, 4 Ob 342/84 und OGH vom 23. 4. 1985, 4 Ob 325/85.

21) OGH 16. 10. 2001, 4 Ob 221/01 f „Dan-Küchen".

Ausnahmetatbestand findet allerdings nur bei Sachverhalten Anwendung, bei denen eine Teilnahmemöglichkeit an einem erst zukünftig stattfindenden Preissauschreiben bzw Gewinnspiel eingeräumt wird.[22]) Wurde der Gewinn schon im Vorfeld verlost, liegt diesbezüglich keine Ausnahme vom allgemeinen Zugabenverbot vor.

Für Zugaben zu periodischen Druckwerken ist die Ausnahmebestimmung der Z 8 nicht anwendbar. Der Gesetzgeber argumentiert dies mit der Aufrechterhaltung der Medienvielfalt, da nach In-Kraft-Treten des Wettbewerbsderegulierungsgesetzes[23]) eine „Gewinnspiel-Inflation" bei Printmedien stattgefunden hat, welche geradezu ruinös wirkte. Seither hat sich eine umfangreiche Judikatur entwickelt.[24]) Bei grenzüberschreitenden Sachverhalten ist aber im Einzelfall zu prüfen, ob Zeitschriften, die im Rahmen von Gewinnspielen, Rätseln oder Preisausschreiben eine Gewinnchance eröffnen, mit den kleinen Presseunternehmen in Wettbewerb stehen, von denen angenommen wird, dass sie keine vergleichbaren Preise aussetzen können, und dass eine solche Gewinnchance zu einer Verlagerung der Nachfrage führen kann.[25]) Dieses Laura-Erkenntnis legt ferner fest, dass es als ausreichend erachtet wird, wenn das Produkt Lesern des vom Verbot umfassten Mitgliedstaates keine Gewinnchance einräumt. Ein generelles Vertriebsverbot sei daher nicht angemessen.[26])

VI. Glücksspielartiger Vertrieb

Gem § 28 UWG ist es verboten, Waren oder Leistungen in der Form zu vertreiben, dass die Lieferung der Ware oder die Verrichtung der Leistung vom Ergebnis einer Verlosung oder einem anderen Zufall abhängig gemacht ist. Denkbar wäre hier folgende Fallkonstellation: Ein Unternehmen wirbt für Waren zu einem äußerst günstigen Preis, wobei die Anzahl der Waren auf drei Stück beschränkt ist. Sollten mehr als drei Bestellungen eingehen, so entscheidet das Los. Die praktische Bedeutung dieser Vorschrift ist allerdings gering.[27])

---

22) OGH 24. 2. 1998, 4 Ob 25/98z.

23) BGBl 1992/147.

24) OGH 16. 6. 1992, 4 Ob 19/92 (keine Zugabe, wenn weder auf dem Titelblatt noch sonst in der Werbung auf das Gewinnspiel hingewiesen wird; Gewinnspiele Dritter dürfen nicht als Lockmittel zur Absatzförderung der Zeitung eingesetzt werden); OGH 20. 10. 1992, 4 Ob 87/92 (angebotene Alternativen zum Kauf der Hauptware müssen gleichwertig sein); OGH 7. 3. 1995, 4 Ob 15/95; OGH 14. 12. 1999, 4 Ob 290/99x (eine nur sehr geringe Nachfrageverlagerung reicht für einen zugabenrechtlichen Verstoß nicht aus).

25) EuGH 26. 6. 1997 in der Rechtssache C-368/95 Vorabentscheidungsverfahren Vereinigte Familiapress Zeitungsverlags- und -vertriebs GmbH gegen Heinrich Bauer Verlag (Laura).

26) Siehe auch *Hödl* in wbl 1997, 325 – Die Folgen des EuGH-Urteils „Familiapress" für § 9a UWG, *Koppensteiner* in ÖBl 2000, 195 – Zugaben de lege ferenda und *Wiltschek* in WRP 7–8/99, 709 – Wettbewerbs- und Markenrecht in Österreich/Eine Übersicht über die im Jahr 1998 veröffentlichten Entscheidungen.

27) *Koppensteiner*, Österreichisches und europäisches Wettbewerbsrecht³ RN 53 zu § 25.

VII. Zivilrechtliche Einklagbarkeit von Gewinnzusagen

A. *Die Entstehungsgeschichte des § 5j KSchG*

Die Gewinnspielwerbung und vor allem die irreführenden Gewinnspiele im Versandhandelsbereich hatten Ende der 90er-Jahre einen exzessiven Höhepunkt erreicht, unzählige Unternehmen sprangen auf den fahrenden Zug auf und auch die diesbezüglichen Konsumentenbeschwerden erreichten einen traurigen Rekordwert. Versuche die versprochenen Gewinne gerichtlich geltend zu machen, scheiterten an den Bestimmungen der §§ 1271 und 1272 ABGB (Glücksverträge – Spiel und Wette) bzw an der Notariatsaktpflicht nach § 1 Abs 1 lit d Notariatszwangsgesetz (NZwG), wenn das Rechtsgeschäft als Schenkung ohne Übergabe qualifiziert wurde. Die oberstgerichtliche Rechtsprechung, Vertrauensschäden nach dem UWG auch für einzelne Verbraucher zugänglich zu machen,[28]) war zwar erfreulich, hat aber mangels hoher Schadenersatzansprüche im Bereich der culpa in contrahendo nicht die erwartete Abschreckungswirkung erzielt.

Der Ministerialentwurf zum Fernabsatz-Gesetz[29]) sah daher die Aufnahme einer Sonderbestimmung vor, bei der bestimmte Gewinnspiele verboten werden sollten. Ein Verstoß gegen diese Bestimmung sollte eine Verwaltungsübertretung mit einer Höchststrafe von ÖS 40.000 auslösen. In Wahrheit hätte das In-Kraft-Treten dieser Bestimmung keine allzu große abschreckende Wirkung gehabt. Umfasst waren irreführende Gewinnspiele von den Sanktionsmöglichkeiten des UWG schon lange und die von der Beklagten zu ersetzenden Prozesskosten waren oftmals höher als die im Gesetzesentwurf vorgesehenen verwaltungsbehördlichen Strafen.

Die Diskussion lief daher darauf hinaus, eine tatsächlich effektive Lösung des Problems „irreführende Gewinnspiele" zu finden. Der richtige Weg bestand darin, dass eine zivilrechtliche Lösung umgesetzt wurde. § 5j KSchG ermöglicht nun die gerichtliche Einklagbarkeit von Gewinnzusagen, welche an bestimmte Verbraucher gesendet werden und durch die Gestaltung dieser Zusendung der Eindruck erweckt wird, dass der Verbraucher einen bestimmten Preis gewonnen habe. Mit In-Kraft-Treten dieser Bestimmung per 1. 10. 1999 haben die Gewinnspielaktivitäten in Österreich zunächst schlagartig ein Ende gefunden. Lediglich einzelne Unternehmen, die die Einführung dieser Bestimmung verschlafen hatten, versandten noch irreführende Gewinnzusagen. So wurde erstmals ein Musterverfahren gegen ein österreichisches Versandhandelsunternehmen von der Bundesarbeitskammer nach § 5j KSchG am 8. 2. 2000 beim LG Feldkirch anhängig gemacht. Das hierzu ergangene zweitinstanzliche Urteil[30]) ist auch das erste rechtskräftig abgeschlossene Verfahren, bei welchem ein Gewinn ausbezahlt wurde.

---

28) OGH 24. 2. 1998, 4 Ob 53/98t.
29) JMZ 7012 A/139-I 2/1999.
30) OLG Innsbruck 14. 11. 2000, 1 R 228/00i, nicht veröffentlicht.

Einzelne Unternehmen versuchten auch durch eine Sitzverlegung nach Deutschland dem Risiko, dass Gewinne auch ausgezahlt werden müssen, zu entgehen. Diese Umgehungsmöglichkeit währte aber nur kurze Zeit. Zum einen wurde eine gleich lautende Bestimmung per 30. 6. 2000 durch § 661a BGB in Deutschland in Kraft gesetzt, zum anderen entschied der EuGH[31]) in einem vom VKI geführten Musterverfahren, dass Gewinnzusagen ausländischer Unternehmer grundsätzlich im Wohnsitzstaat des Verbrauchers eingeklagt werden können, da es sich bei der Rechtsnatur dieser Verträge um Ansprüche aus einem Verbrauchervertrag im Sinn des Art 13 Abs 1 Nr 3 EuGVÜ handle, sofern der Verbraucher für einen bestimmten Betrag Waren bestellt habe.

Nach anfänglicher Zurückhaltung in der Versendung von irreführenden Gewinnspielen, haben die Aktivitäten einzelner Unternehmen doch zugenommen und es wurde versucht, aus dem Korsett des § 5j KSchG auszubrechen. So fallen zB Gewinnspiele dann nicht unter diese Bestimmung, wenn zB mehrere Gewinne ausgespielt und auch zugesprochen werden, der Teilnehmer dann also tatsächlich einen davon erhält. In diesem Fall werden regelmäßig Teilnahmebeträge in der Höhe bis zu € 50[32]) eingehoben. Als einer der Preise wird häufig eine Reise ausgespielt. Diese Reise ist aber nur zu einem bestimmten, relativ unattraktiven Termin tatsächlich gratis, für Sondertermine werden Zuschläge eingehoben. In Folge werden sukzessive weitere Angebote (zB Ausflugspakete, Verpflegung, Versicherungen, Zubringerleistungen, Einzelunterbringung etc) an den „Gewinner" versandt. Die Intention der Gewinnspielveranstalter liegt also darin, die Verbraucher zu Zuzahlungen zu bewegen, um die Gewinne zu finanzieren. Derartige Gewinnspiele sind aber soweit konkrete Umstände vorliegen als irreführend gem § 2 UWG zu beurteilen, wenn zB eine Verschleierung über die tatsächliche Preisgestaltung bzw Eigenschaften der Reise vorliegen. In der Praxis hat sich auch gezeigt, dass einige dieser Zusendungen zusätzlich gegen die ReisebüroAR bzw ReisebüroSV verstoßen, sodass Rechtsbruch gem § 1 UWG vorliegen könnte.

Bestimmte Unternehmen sahen auch bewusst über § 5j KSchG hinweg bzw riskierten mögliche Musterprozesse dieser jungen Sanktionsnorm und begannen erneut mit der Veranstaltung irreführender Gewinnspiele. In diesen Zeitraum fällt auch die Entwicklung der sog kommerziellen Gewinnspiele, dass heißt Gewinnspiele werden als eigentlicher Geschäftszweck durchgeführt, Versandhandelsaktivitäten treten in den Hintergrund. In diesen Fällen werden zur Finanzierung des Werbeaufwandes Gewinnanforderungen über teure Mehrwerttelefonnummern[33]) abgewickelt oder es werden hohe Teilnahmebeträge eingefordert.

31) EuGH 11. 7. 2002 in der Rechtssache C-96/00 Vorabentscheidungsverfahren Rudolf Gabriel gegen Schlank & Schick GmbH/Deutschland; *Klauser* in ecolex 2002/226.

32) Der OGH ging in seiner Entscheidung 4 Ob 59/03k vom 20. 5. 2003 von einem der Realität nicht entsprechenden Sachverhalt aus, dass Gewinnspielzusendungen nur an vier Konsumenten, nämlich die Gewinner der vier dargestellten Preise, versendet werden, wodurch eine Nachfrageverlagerung nicht verbunden sein könne.

33) Gebühren in Höhe von S 50 bzw € 3,64/min sind hier keine Seltenheit.

B. Rechtsprechung zum § 5j KSchG

Nach nunmehr drei Jahren seit seines In-Kraft-Tretens hat sich zur Auslegung des § 5j KSchG zahlreiche Judikatur entwickelt. Die Pressemeldungen[34]) zeigen, dass unzählige Konsumenten auch bereit sind, das Risiko eines Prozesses in Kauf zu nehmen. In den meisten Verfahren wird den Verbrauchern Recht gegeben, ob es tatsächlich auch in allen Fällen zur Auszahlung der Gewinne kommen wird, ist aber nach wie vor fraglich. Ein verstärktes Vorgehen nach § 5j KSchG könnte auch zur Zahlungsunfähigkeit einzelner Unternehmen führen.[35])

Grundsätzlich ist die Norm für ein Rechtsverhältnis zwischen Unternehmer und Verbraucher anwendbar. In seiner Grundsatzentscheidung argumentierte der OGH[36]) zunächst mit der Unklarheitenregel, nämlich dass im geschäftlichen Wettbewerb derjenige, der mehrdeutige Äußerungen macht, stets die für ihn ungünstigste Auslegung gegen sich gelten lassen muss. Bei dieser Beurteilung kommt es immer auf den Gesamtzusammenhang und den dadurch vermittelten Gesamteindruck der beanstandeten Äußerung an; dabei ist ein objektiver Maßstab anzulegen. Das Verständnis des unbefangenen Durchschnittslesers bzw Empfängers, nicht aber der subjektive Wille des Erklärenden ist maßgebend, zu dessen Nachteil daher solche Wendungen grundsätzlich auszulegen sind. Bei einer solchen Auslegung ist auf einen mündigen und zumindest durchschnittlich kritischen Verbraucher abzustellen.

Durch den Umstand, dass der klagende Konsument in mehreren personenbezogenen Begleittexten als Gewinner namentlich genannt und ihm die Gewinnverständigung nicht in Form einer Massensendung zugegangen ist, habe der „Gewinner" insgesamt „durchaus" der Meinung sein können, den Hauptpreis gewonnen zu haben. Die anders lautenden Teilnahmebedingungen, welche in wesentlich kleinerer Schrift gedruckt und an versteckter Stelle (auf der Innenseite des Kuverts) platziert wurden, waren für den verständigen Durchschnittsverbraucher nicht erkennbar.

In einem weiteren Urteil legt der OGH[37]) die Anforderungen an Gewinnspiele fest, damit sie nicht von § 5j KSchG umfasst sind. Jedenfalls können aber auch solche Gewinne eingeklagt werden, bei denen bei strenger Beurteilung gar keine eigentliche „Zusage" vorliegt. Der Versender hätte es somit in der Hand, sich durch eine besonders verwirrende Gestaltung seiner Zahlungspflicht zu entziehen. Für eine seriöse und klare Darstellung der Gewinnchancen wäre es ausreichend, wenn sich die Information in einer Mitteilung erschöpft. Durch den Umstand, dass die beklagte Partei die Informationen auf mehrere unterschiedliche Stellen in der Zusendung aufgeteilt hat, teils in verwirrender und verwechslungsfähiger Form, teils gänz-

34) ZB VRInfo 2003 H 5, 3; VRInfo 2003 H 6, 4; VR Info 2003 H 10, 8; VRInfo 2003 H 10, 7; Der Standard vom 24. 5. 2003 S 10; Kronen Zeitung vom 29. 1. 2003; Wirtschaftsblatt vom 23. 1. 2003 ua.

35) Profil vom 12. 1. 2004 S 54.

36) OGH 19. 12. 2001, 7 Ob 290/01 z.

37) OGH 28. 2. 2003, 1 Ob 303/02 v.

lich versteckt, wurde bewusst versucht, den Eindruck zu erwecken, der angesprochene Kunde hätte bereits gewonnen. Für den Konsumenten ist es nämlich nicht zumutbar in akribischer und (zeit-)aufwändiger Analyse den für das Unternehmen günstigeren Sinn zu ermitteln.

Eine Verfassungswidrigkeit erblickte der OGH[38]) nicht, da § 5j KSchG alle Unternehmer gleich behandle. Gemessen am Ziel eines lauteren Wettbewerbs erscheint die durch die Norm angeordnete Sanktion nicht unverhältnismäßig. Auch mache es keinen Unterschied, wenn einzelne Teile einer beanstandeten Ankündigung für sich allein unbedenklich sind, es komme immer auf den Gesamteindruck der Ankündigung an.

In einem weiteren Urteil fasste der OGH[39]) die ständige Rechtsprechung nochmals zusammen und sprach der Klägerin ihren Gewinn zu. Für Klagen des Verbrauchers gegen den Unternehmer ist die sachliche Zuständigkeit des Handelsgerichts gem § 51 Abs 1 Z 1 JN gegeben.[40])

In Folge befasste sich der OGH[41]) mit der Erarbeitung weiterer Grundsätze. So kann von der Maßfigur eines verständigen Verbrauchers erwartet werden, dass sie es nicht bei einmaligem Durchlesen der Information bewenden lässt, sondern danach trachtet, sich bei nochmaliger Durchsicht der auf verschiedenen Stellen platzierten Mitteilungen ein Bild darüber zu verschaffen, ob und bejahendenfalls unter welchen Voraussetzungen der Adressat bereits als Gewinner anzusehen ist. Die Unklarheitenregel ist aber auch hier anzuwenden. Auch kommerzielle Gewinnspiele fallen unter § 5j KSchG.

Ein Erfüllungsanspruch setzt eine unmittelbar mit der Anbahnung des Kaufs von Waren verknüpfte Gewinnzusage nicht voraus. Es genügt vielmehr jede auf einer erkennbaren Gewinnabsicht beruhende unseriöse Gewinnzusage, mit der der Unternehmer das Verhalten von Verbrauchern am Markt unsachlich beeinflussen will. Im konkreten Fall wurde der Verbraucher gedrängt, zur Gewinnanforderung eine Mehrwertnummer anzurufen. Demnach reicht schon die Ausübung eines psychologischen Kaufzwangs für die Verwirklichung des Tatbestandes aus. Es ist also nicht nötig, dass die „Gewinnzusage" eine Aufforderung zur Warenbestellung enthält. Die Beweislast, dass der Empfänger der Gewinnzusage kein Verbraucher ist, obliegt dem beklagten Unternehmen. Eine nachträgliche rechtliche Aufklärung beseitigt den Erfüllungsanspruch nicht. Ob allerdings auch ein Erfüllungsanspruch vorliegt, wenn der Verbraucher den wahren Erklärungswert der Gewinnmitteilung sogleich durchschaut hat, wurde mangels Behauptung nicht weiter verfolgt. Es kann also weiterhin von einer objektiven Betrachtungsweise ausgegangen werden.[42])

38) OGH 18. 2. 2003, 4 Ob 27/03d.

39) OGH 5. 8. 2003, 7 Ob 103/03v.

40) OGH 26. 3. 2003, 3 Ob 40/03h.

41) OGH 1. 7. 2003, 1 Ob 118/03i; OGH 1. 7. 2003, 1 Ob 148/03a; OGH 1. 8. 2003, 1 Ob 132/03y.

42) *Faber* in wbl 2003, 553 argumentiert dies mit dem Gesetzeszweck der Unterbindung dieser verpönten Geschäftspraxis.

VIII. Gewinnspiele und neue Technologien

Neue Technologien, die eine relativ einfache und standardisierte Versendung von Werbung ermöglichen, haben dazu beigetragen, dass vor allem kommerzielle Gewinnspielveranstalter durch irreführende sowie unzulässige Anbahnungsmethoden versuchen, kurzfristig durch die Ausnutzung der Spielleidenschaft und Neugierde bei Konsumenten Gewinne zu erzielen. Im Folgenden sollen einige Methoden und – soweit derzeit schon vorhanden – Judikatur dargestellt werden.

A. Gewinnspiele und Teilnahmemöglichkeiten mittels Mehrwertnummern

In einer noch „altmodischen" Kommunikationsform, nämlich in einem postalisch aufgegebenen Werbeschreiben, wurde Konsumenten folgende Botschaft überbracht: „Jackpot ist angesagt! Prall gefüllt mit druckfrischen € 62.500 ... Auf was warten Sie noch? Schnappen Sie nach Ihrem Anteil! Keine Angst! Sie müssen keine Briefe mehr aufgeben. Unsere Adresse kennen Sie ja ... Sie können jetzt einfach unsere neu eingerichtete Servicenummer anrufen, um sich Ihren Jackpot-Anteil zu sichern. Leichter, schneller und bequemer geht es nicht mehr." Für diesen Anruf wurde vom Gewinnspielbetreiber eine Mehrwertnummer eingerichtet, deren Kosten sich auf € 3,64/min beliefen. Bei einem Anruf unter dieser Telefonnummer wird man zunächst von einer netten Tonbandstimme zu seiner äußerst weisen Entscheidung beglückwünscht. Nach einem längeren Einleitungsgespräch kann der Anrufer Name und Adresse auf das Tonband sprechen. Diese Angaben werden nochmals aufwändigst kontrolliert, danach wird der Verbraucher solange hintangehalten, bis das Telefonat schließlich eine Dauer von rd 4 Minuten in Anspruch genommen hat. Aber auch am Ende des Tonbandgespräches wird nicht bekannt gegeben, ob und wie viel der Anrufer gewonnen hat.

Der OGH[43]) bestätigte in einem Provisorialverfahren die Entscheidungen der Vorinstanzen, dass die angesprochenen Verkehrskreise auf Grund der Gestaltung der Ankündigung eher die Telefonvariante in Anspruch nehmen und über die Kosten der Teilnahme durch eine unübliche und unvorhersehbar lange Dauer getäuscht werden.

Unabhängig von der Dauer eines derartigen Telefongespräches kann sich der Einsatz von Gewinnspielen über Mehrwertnummern als Verstoß gegen das Glücksspielgesetz (GSpG) darstellen. Gem § 1 Abs 1 GSpG sind Glücksspiele Spiele, bei denen Gewinn oder Verlust ausschließlich oder überwiegend vom Zufall abhängt, wobei gem § 3 GSpG die Durchführung entgeltlicher Glücksspiele dem Bund vorbehalten ist. Bei einem Verbindungsentgelt, das nach Anwählen einer Mehrwert-Telefonnummer zwecks Teilnahme an einem Gewinnspiel anfällt, und das nur zu einem kleinen Teil zur Deckung der Dienstleistung des in Anspruch genommenen Telekommunikationsunternehmens dient, während es zum größeren Teil dem Ver-

43) OGH 25. März 2003, 4 Ob 54/02z „Jackpot".

anstalter des Gewinnspiels zufließt, handelt es sich um eine vermögenswerte Leistung iSd § 2 Abs 1 GSpG.[44])

B. *Gewinnspielankündigungen durch unerbetene SMS-, E-Mail- oder Telefonwerbung*

Gerade kommerzielle Gewinnspielanbieter bedienen sich in letzter Zeit häufig dieser Methode. Mittels automatisierter Telefonanrufe erhalten Konsumenten Nachrichten wie „Sie haben € 25.000 gewonnen, aber Ihren Gewinn noch nicht angefordert. Bitte rufen Sie 0900/xxx". SMS-Botschaften suggerieren Konsumenten einen aufregenden Gewinn „Gratulation! Im Rahmen einer Promotionaktion wurde ein Hotelgutschein für Sie hinterlegt. Infos Mo-Fr unter der Tel-Nr xxx". Auch nach einem Telefonanruf unter der teuren Mehrwertnummer erhält man den versprochenen Gewinn nicht. Um den Hotelgutschein zu erlangen, so erfährt man bei einem Anruf, muss man zuerst einen Vertrag mit dem Unternehmen abschließen. Aber auch dann ist der Hotelgutschein kein Gewinn, denn die Hotels verlangen verpflichtende Konsumationen.[45]) Ähnliche Ankündigungen landen auch via E-Mail nahezu täglich auf den Bildschirmen.

Die Geschäftsanbahnung mittels der geschilderten Methoden ist ohne vorhergehende Einwilligung gegenüber Konsumenten grundsätzlich unzulässig. Gem § 107 Telekommunikationsgesetz (TKG) neu ist bei Werbung mittels elektronischer Post eine Zustimmung allerdings dann nicht erforderlich, wenn die E-Mail-Adresse beim Verkauf einer Ware oder Dienstleistung erhalten wurde, die Werbung für eigene ähnliche Produkte oder Dienstleistungen erfolgt und der Kunde klar und deutlich auf eine Ablehnungsmöglichkeit hingewiesen wird.

Die Einbringung von Unterlassungsklagen scheitert in vielen Fällen aber daran, dass man zum einen den Absender der Mitteilungen gar nicht ausfindig machen kann oder sich dieser im Ausland befindet und daher nur schwer belangt werden kann. Das Risiko von Unterlassungsklagen wird in diesen Fällen daher kaum eingegangen werden. Umso wichtiger ist es hierbei jedoch, Unterlassungsansprüche gegen etwaige Gehilfen im Inland geltend zu machen. Ähnlich gelagerte Fälle wurden in Deutschland bereits anhängig gemacht. So hat das LG Hamburg[46]) entschieden, dass es Diensteanbietern von Mehrwertnummern keineswegs gestattet werden soll, ihre rechtliche Verantwortung für deren Nutzung auf für die Rechtsverfolgung nicht oder schwer erreichbare Dritte abzuwälzen, denen sie die Rufnummer tatsächlich oder nur zum Schein zur Nutzung überlassen. Das LG Berlin[47])

44) OGH 18. 2. 2003, 4 Ob 5/03 v.

45) OLG Graz 1. 10. 2003, 6 R 155/03 s, nicht veröffentlicht; in diesem Fall liegt bezüglich der unzulässigen SMS-Geschäftsanbahnung Rechtsbruch gem § 1 UWG, bezüglich der Nichtaufklärung über die Bedingungen zum Erhalt des Gutscheins Irreführung gem § 2 UWG vor.

46) 312 O 443/02.

47) LG Berlin 14. 1. 2003, 15 O 420/02, nicht rechtskräftig.

hat bei unerbetener SMS-Werbung insofern entschieden, dass sich der Unterlassungsanspruch nicht nur gegen den Versender solcher SMS richtet, sondern auch gegen denjenigen, für dessen Unternehmen in der SMS geworben wird.

Das OLG Innsbruck[48]) hat dagegen festgestellt, dass zwar die rechtswidrige Weitergabe einer Mehrwertnummer gem § 7 Nummerierungsverordnung (NVO)[49]) iVm lit C 7.4 der Anlage 2 zur NVO einen Verstoß nach § 1 UWG darstellt, eine Haftung zur Unterlassung von wettbewerbswidrigen Handlungen derjenigen Personen, an welche die Mehrwertnummer weitergegeben wurde, allerdings verneint.

C. Verbotene Glücksspiele im Internet

Über diverse Homepages werden seit geraumer Zeit interaktive Glücksspiele bzw das entgeltliche Spiel in virtuellen Casinos angeboten. Glücksspiele im Internet unterliegen jedoch dem Glücksspielmonopol und sind nur mit entsprechender Konzession zulässig. Auch hier sind die Betreiber durchwegs im Ausland beheimatet. Aber ebenfalls bei ausländischen Glücksspielen gilt, dass die Entgegennahme von Einsätzen im Inland und die Zurverfügungstellung oder die Ermöglichung der Zurverfügungstellung von Möglichkeiten zur Teilnahme im Inland gem § 56 GSpG verboten sind. Auch für den Mitspieler ist es unzulässig, an verbotenen Glücksspielen teilzunehmen. In Deutschland hat das OLG Hamburg[50]) entschieden, dass auch der Betreiber eines Domain Name Servers für diese Verstöße haftet. Diese Risken können aber auch für österreichische Internet Service Provider oder Domain Name Server gegeben sein.

48) OLG Innsbruck 11. 9. 2003, 2 R 160 / 03 a, nicht veröffentlicht; ordentlicher Revisionsrekurs beim OGH ist anhängig.
49) BGBl II 429 / 1997.
50) OLG Hamburg 4. 11. 1999, 3 U 274 / 98.

Mangelhafte Anbieterkennzeichnung als lauterkeitsrechtliches Problem

Christian Handig

Inhaltsübersicht:

I. Einleitung

Soweit ersichtlich wurde dem Bereich der lauterkeitsrechtlichen Aspekte der Anbieterkennzeichnung in der Literatur[1]) und Rechtsprechung bisher kein breiter Raum gewidmet, doch bedeutet das nicht, dass diesem Thema auch in der Praxis eine ebenso geringe Bedeutung zukommt. Im Gegenteil: Das Problem wird mit der zunehmenden Bedeutung der Werbung und der Technologisierung der Märkte und der damit einhergehenden Wettbewerbsmethoden immer dringlicher. Dies hat sich zB bei einer Abmahnwelle im Oktober 2003 wegen Mängeln in der Anbieterkennzeichnung iSd allgemeinen Informationspflichten des E-Commerce-G (ECG) gezeigt,[2]) in der auch auf die lauterkeitsrechtliche Komponente hingewiesen wurde. Dieser Hinweis bedarf mE einer genaueren Überprüfung.

Dabei beschränkt sich die Untersuchung der Anbieterkennzeichnung aber nicht bloß auf die virtuelle Welt, tauchen doch diese Problemstellungen in der realen Welt in ähnlicher Form auf, zB bei der Bewerbung einer Tätigkeit, die entgegen § 63 Abs 1 GewO nur mittels einer Telefonnummer erfolgt. Daher wird zunächst dieser Bereich lauterkeitsrechtlich untersucht.

---

1) Es bestehen zwar Aufsätze zB von *Filzmoser,* Gewerberechtliche Namens- und Kennzeichnungsvorschriften im e-commerce, RdW 2000, 194; *ders,* Gewerbe- und berufsrechtliche Aspekte des E-Commerce-Gesetzes, RdW 2002/337. Dieser befasst sich jedoch hauptsächlich mit der gewerberechtlichen Seite der Vorschriften.

2) Siehe zB http://futurezone.orf.at/futurezone.orf?read=detail&id=196192 (Stand 1. 2. 2004).

II. Historische Entwicklung der gewerberechtlichen Bestimmungen über „Namensführung und Bezeichnung der Betriebsstätten" und der Generalklausel des UWG

Anlässlich eines Jubiläums erscheint es zulässig, eingangs ein wenig in die Vergangenheit zu blicken, nicht zuletzt um die gemeinsamen Anknüpfungspunkte der im Folgenden herangezogenen Vorschriften der GewO und des UWG insgesamt kurz darzustellen:

Der Begriff des „unlauteren Wettbewerbs" taucht erstmals als „concurrence déloyale" um 1850 in Frankreich auf. Der Anlass zur Schaffung des Wettbewerbrechts war das Schutzbedürfnis der französischen Gewerbetreibenden und Kaufleute, nachdem das neue Regime der Handels- und Gewerbefreiheit neue Mittel erforderte, um sich gegen unlautere Konkurrenz zu wehren. Geschützt wurden zunächst Marken, Firmen und andere Zeichen.[3]) Auch in Österreich erhob sich in weiterer Folge „aus diesen Kreisen der Ruf und das Verlangen nach Abhilfe".[4])

In Österreich trat nach 25 Jahren lang dauernden Vorbereitungsarbeiten[5]) 1860 die GewO (1859)[6]) in Kraft. Bald danach wurden zahlreiche Änderungswünsche vorgebracht,[7]) die schließlich zu einer umfassenden Novelle[8]) im Jahr 1883[9]) führten. Damit wurden Bestimmungen eingeführt, welche „sonstige Mittel der Bekanntmachung"[10]) und damit auch die Werbung[11]) betreffen. Diese Regelungen[12]) sollten „einerseits das Publikum vor gewissen Übervorteilungen im geschäftlichen Verkehre, anderseits die Gewerbetreibenden gegen die Gefährdung in ihrem Geschäftsbetrieb durch unlautere Konkurrenz"[13]) schützen. Diese Vorschriften der GewO stellten

---

3) So *Schricker,* Unlauterer Wettbewerb und Verbraucherschutz, GRUR Int 1970, 32.

4) So in den ErlRV für ein Gesetz betreffend den Schutz gegen unlauteren Wettbewerb; siehe 2.596 BlgAH 17. Sess 34.

5) So *Kinscher/Sedlak,* GewO[6] (1996) V.

6) „Kaiserliches Patent v 20. 12. 1859, womit eine Gewerbeordnung für den Umfang des Reiches, mit Ausnahme des venetianischen Verwaltungsgebietes und der Militärgrenze erlassen und v 1. 5. 1860 angefangen in Wirksamkeit gesetzt wird", RGBl 1859/227.

7) So von Gewerbetreibenden, aber auch Arbeiterverbänden (bzgl der arbeitsrechtlichen Bestimmungen der GewO); vgl 63 BlgAH 9. Sess, insb 39.

8) Von einer Ersetzung durch eine neue Gewerbeordnung wurde nur abgesehen, um „hiedurch den Zweck zu erreichen, dass voraussichtlich wenigstens diese Teile des Gesetzes in nicht ferner Zeit durchberaten und dadurch Gesetzeskraft gelangen können, während im Falle der Vorlage das als Referentenentwurf bereits vorliegenden vollständigen Gesetzesentwurfes bei dem großen Umfange des an sich schwierigen Stoffes die Wirksamkeit der in der gegenwärtigen Regierungsvorlage behandelten Teile ohne Zweifel wesentlich hinausgeschoben würde"; so 63 BlgAH 9. Sess 40. Die RV enthielt bloß arbeits- und sozialrechtliche Regelungen, in den folgenden Jahren wurden dann doch noch zahlreiche Änderungen hinzugefügt.

9) Gesetz betreffend die Abänderung und Ergänzung der Gewerbeordnung, RGBl 1883/39.

10) Gem § 44 GewO 1859 idF RGBl 1883/39.

11) In der Literatur wird der Ausdruck „Reklame" verwendet, siehe zB *Heller,* Kommentar zur Gewerbeordnung (1912) 657.

12) §§ 44, 46, 47, 48, 49, 50 und 58 GewO 1859 idF RGBl 1883/39.

13) So *Heller,* Kommentar zur Gewerbeordnung (1912) 657.

bereits „Rudimente eines Gesetzes gegen unlauteren Wettbewerb"[14]) dar, indem die Betriebsstätten eine äußere Bezeichnung tragen mussten, während sich die anderen einschlägigen Bestimmungen im Wesentlichen mit Eingriffen in Rechte Dritter (zB „Bezeichnung des Etablissements eines anderen inländischen Gewerbetreibenden"[15])) beschäftigten.

1901 wurde bereits der Entwurf einer Änderung der einschlägigen Bestimmungen in der GewO[16]) und eines „Gesetzes betreffend den Schutz gegen unlauteren Wettbewerb" abgeschlossen. Die spätere große Generalklausel des UWG war darin nach der Anführung der Sondertatbestände (zB „wahrheitswidrige Anpreisung") als abschließender Auffangtatbestand[17]) konzipiert. Ein Dringlichkeitsantrag im Abgeordnetenhaus mit diesen Regierungsvorlagen[18]) wurde aber schließlich 1906 abgelehnt.[19])

Erst 1923 wurden das UWG und die „gewerberechtlichen Bestimmungen, die dem Wettbewerbsgesetz innerlich nahe verwandt sind"[20]) beschlossen,[21]) wobei das UWG dem „Aufbau des deutschen Gesetzes folgt,[22]) dem im Wesen auch der Aufbau des früheren österreichischen Entwurfs entspricht."[23]) Dabei erhielt die Generalklausel des UWG die noch heute geltende Textierung, während § 46 GewO damals normierte, dass sich Gewerbetreibende „bei dem Betrieb ihres Geschäftes nur ihres Familiennamen in Verbindung mit mindestens einem ausgeschriebenen Vornamen (zu) bedienen"[24]) haben.[25])

Diese Vorschrift wurde 1974 anlässlich der Neuordnung des Berufsrechts durch die GewO (1973) in Bezug auf Ankündigungen dahin gehend

14) Wie vorherige FN.
15) § 46 Abs 1 GewO 1859 idF RGBl 1883/39.
16) Erlass des Handelsministeriums 6. 10. 1901, Z 45.334.
17) § 16 Abs 1 des Entw idF der RV: „Als unlauterer Wettbewerb ist nebst den in den bevorstehenden Abschnitten ... ferner auch jede bei dem Betrieb eines geschäftlichen Unternehmens vorgenommene Handlung anzusehen, welche gegen die guten Sitten gröblich verstößt und geeignet ist, den geschäftlichen Absatz oder sonst den Geschäftsbetrieb eines oder mehrer Mitbewerber zu beeinträchtigen." Dem dUWG 1896 fehlte eine der großen Generalklausel entsprechende Norm.
18) Siehe 2.596 BlgAH 17. Sess.
19) Die Textierung der gewerberechtlichen Vorschrift über die Namensführung in § 44 der RV der GewRNov entsprach dem Text des 1923 in Kraft getreten § 46 GewO.
20) So ErlRV zum Entw eines BG, betreffend die Änderung der Bestimmungen der GewO über die äußere Bezeichnung und Namensführung, 1153 BlgNR 1. GP 5; vgl dazu auch die ErlRV des UWG, 464 BlgNR 1. GP 10.
21) In Kraft getreten ist das UWG am 1. 12. 1923 gem § 42 Abs 1 UWG, BGBl 1923/531, bzw die GewRNov am 1. 1. 1924 gem Art III Abs 1 des BG, betreffend die Änderung der Bestimmungen der GewO über die äußere Bezeichnung und Namensführung, BGBl 1923/634.
22) Das dUWG wurde sogar als Anlage der ErlRV des UWG beigefügt, 464 BlgNR 1. GP 23.
23) ErlRV des UWG, siehe 464 BlgNR 1. GP 1.
24) § 44 GewO 1859 idF BGBl 1923/634.
25) An Stelle des § 49 Z 2 GewO idF RGBl 1883/39 sind „die neuen Vorschriften der §§ 2 bis 6 und 31 des Wettbewerbsgesetzes über Anmaßung von Auszeichnungen und Vorrechten getreten"; so ErlRV zum Entw eines BG, betreffend die Änderung der Bestimmungen der GewO über die äußere Bezeichnung und Namensführung, 1153 BlgNR 1. GP 5.

liberalisiert,[26]) „dass auch Abkürzungen des Namens oder andere Bezeichnungen verwendet werden können". Durch die Gewerberechtsnov 1988[27]) erhielt die Bestimmung des § 63 Abs 1 GewO schließlich jene Textierung, die auch heute in der wiederverlautbarten GewO (1994) normiert ist.[28])

Nach geltender Rechtslage dürfen gem § 63 Abs 1 GewO „in Ankündigungen Abkürzungen des Namens oder andere Bezeichnungen[29]) verwendet werden, wenn diese Abkürzungen und Bezeichnungen kennzeichnungskräftig sind und wenn die Verwendung nicht in einer Weise erfolgt, die geeignet ist, Verwechslungen oder Irreführungen herbeizuführen. Die Angabe lediglich eines Postfaches oder einer Telefonnummer ist aber nicht erlaubt."

III. Anbieterkennzeichnung in Ankündigungen

A. Anzugebende Daten

Gem den Erläuterungen der damaligen Regierungsvorlage, die zur GewO (1973) führte, richtet sich der letzte Satz des § 63 Abs 1 GewO dieser Bestimmung „gegen die Anonymität im Geschäftsverkehr".[30]) Die Ankündigungen werden im § 63 Abs 1 GewO beispielhaft für den umfassenden Begriff „im übrigen Geschäftsverkehr" angeführt, daher ist dieser Begriff wohl sehr weit auszulegen und umfasst sicherlich auch Werbemaßnahmen.[31]) Dabei gelten diese Anforderungen zur Anbieterkennzeichnung gem § 63 Abs 1 GewO aber nur für Gewerbetreibende.

Es stellt sich die Frage, ob neben Postfach oder Telefonnummer auch andere Angaben unzureichend sind, wie zB eine e-Mail-Adresse oder ein Domain-Name. Diese Fälle werden aber in der Norm nicht angeführt, und somit auch nicht ausdrücklich einer verwaltungsstrafrechtlichen Sanktion (§ 368 Z 4 GewO) unterstellt. Da im Bereich des Verwaltungsstrafrechts keine Analogie geschlossen werden kann, kommt der Absicht des Gesetzgebers eine besondere Bedeutung zu.[32])

So wird die in den Erl genannte Anonymität, die der Gesetzgeber hintanhalten wollte, aber dann nicht anzunehmen sein, wenn bloß eine E-Mail-Adresse oder ein Domain-Name angegeben wird, welche bzw welcher den

26) Ausführlicher dazu *Filzmoser,* Gewerberechtliche Namens- und Kennzeichnungsvorschriften im e-commerce, RdW 2000, 194.
27) BGBl 1988/399.
28) Der Verwaltungspraxis folgend wurde durch die Novelle klargestellt, dass die verwendeten Abkürzungen und Bezeichnungen kennzeichnungskräftig sein müssen; so ErlRV GewRNov 88, 341 BlgNR 17. GP 37.
29) „Die bloße Angabe eines Postfaches oder einer Telefonnummer kann jedenfalls nicht als eine ‚andere Bezeichnung' iSd § 63 Abs 1 3 Satz GewO angesehen werden"; so VwGH 8. 11. 2000, 2000/04/0147.
30) Vgl ErlRV zur GewO 1972, 395 BlgNR 13. GP 155.
31) So auch *Grabler/Stolzlechner/Wendl,* Kommentar zur GewO² (2003) zu § 63 RN 8.
32) StRsp des VwGH, zB VwGH 24. 3. 2000, 97/21/0748 (VwSlg 15377 A/2000); VwGH 21. 4. 1997, 96/17/0488.

Namen des Unternehmens selbst oder eine kennzeichnungskräftige Abkürzung und Bezeichnung beinhaltet, sofern diese Informationen für den Beworbenen (bzw die Werbung wahrnehmende Aufsichtsbehörde und Mitbewerber ua) klar ersichtlich sind.

B. Sittenwidrigkeit durch Rechtsbruch

Ein Gesetzesverstoß ist dann als sittenwidrig iSd UWG zu werten,[33]) wenn er subjektiv vorwerfbar und geeignet ist, einen sachlich nicht gerechtfertigten Vorsprung vor den gesetzestreuen Mitbewerbern zu verschaffen.[34])

Meines Wissens liegt keine anwendbare lauterkeitsrechtliche Rechtsprechung zu diesen Bestimmungen vor.[35]) Dabei kann jedoch die Prüfung, ob eine übertretene Vorschrift dem Schutz des lauteren Wettbewerbs dient oder ob die Norm wettbewerbsneutral ist, unterbleiben, weil der OGH schon seit etlichen Jahren nicht darauf abstellt.[36]) Die entscheidende Bedeutung kommt somit dem Umstand des sachlich nicht gerechtfertigten Vorsprungs infolge des Rechtsbruchs zu, wobei bereits die Möglichkeit einer Verbesserung der eigenen Wettbewerbsposition genügt.[37])

Somit sind im Einzelfall die möglichen Vorteile eines Rechtsbruchs zu prüfen, wenn zB in einem Zeitungsinserat lediglich die Tätigkeit iVm einer Telefonnummer beworben wird. Diese sind mE:

- Platzersparnis, und damit mögliche Kostenersparnis,
- mögliche Anonymität gegenüber Behörden,
- mögliche Anonymität gegenüber Vertragspartnern,
- mögliche Anonymität gegenüber Mitbewerbern sowie
- mögliche Anonymität gegenüber sonstigen in ihren Rechten geschädigten Dritten.

1. Platzersparnis

Zunächst zur banalen Auswirkung, dass sich der Werbende im Vergleich zu normkonform handelnden Mitbewerbern Platz erspart, der idR

33) In diesem Beitrag wird das gänzliche Unterbleiben von Abkürzungen von Namen oder von anderen kennzeichnungskräftigen Bezeichnungen behandelt. Auf Grund solcher mangelhafter Anbieterkennzeichnung ergibt sich idR kein unmittelbarer Anhaltspunkt für eine Irreführung oder für andere wettbewerbsrechtliche Sondertatbestände, wie den Kennzeichenmissbrauch, wodurch deren ausführlichere Darstellung unterbleiben kann.

34) So *Wiltschek,* UWG[7] (2003) § 1, insb E 483; vgl aber auch E 481 ff mwN.

35) Der OGH hat sich erst einmal mit § 63 GewO befasst, doch lassen sich aus dessen Ausführungen in dieser Rechtssache für uns keine brauchbaren Schlüsse ableiten; vgl OGH 17. 10. 1978, 4 Ob 348/78 – Texhages/Texmoden = ÖBl 1979, 45.

36) *Prunbauer/Seidelberger,* Die Wettbewerbsfibel[5] (2003) 45; *Wiltschek,* UWG[7] (2003) § 1 E 487. Bzgl deutscher Judikatur und deutscher Lehre wird grundsätzlich zwischen wertbezogenen und wertneutralen Normen unterschieden; vgl aber BGH 11. 5. 2000, I ZR 28/98 – Abgasemissionen = GRUR 2000, 1076 = WRP 2000, 1116.

37) So *Piper* in *Köhler/Piper,* UWG[3] (2002) § 1 RN 786 mwN.

zusätzliche Kosten verursacht, bzw dass der Werbende den vorhandenen Platz zB durch eine größere und damit augenfälligere Schrift der Werbebotschaft effektiver nutzen kann. Es hängt natürlich von den konkreten Umständen ab, ob diesem Vorteil Bedeutung beizumessen ist. Dies wird mE nur sehr selten anzunehmen sein, so etwa bei extrem hohen Tarifen für die Inserate.

2. Anonymität gegenüber den Behörden

Bereits in Beachtung des gesetzgeberischen Willens bedeutsamer ist mE jene mögliche Anonymität gegenüber anderen, welche die GewO durch § 63 Abs 1 GewO unterbinden will.

Demnach ist immerhin bereits die Bewerbung mit der Ausübung gleichzusetzen[38]) und somit ist auch hiefür eine Gewerbeberechtigung erforderlich, wenn die Tätigkeit gewerbsmäßig ausgeübt wird.[39]) Ob aber die Gewerbsmäßigkeit und insb die Absicht der Erzielung eines Gewinnes oder sonstigen wirtschaftlichen Erfolgs vorliegen, ist nur nach weiteren Nachforschungen festzustellen. Zu denken ist dabei aber nicht nur an Gewerbeberechtigungen, sondern ganz allgemein an verschiedenartige verwaltungsbehördliche Bewilligungen und an sonstige Vorschriften, wie zB Arbeitnehmerschutzbestimmungen,[40]) welchen Gewerbetreibende unterliegen.

Davon abgesehen wirkt sich die Anonymität insb im Bereich des ungerechtfertigten Vorsprungs im Wettbewerb durch Rechtsbruch auch gegenüber Mitbewerbern aus, indem eben auch ihnen die Möglichkeit zur Überprüfung und damit der Rechtsverfolgung erschwert wird.

3. Anonymität gegenüber Vertragspartnern

Die Konsequenzen der Anonymität können auch den potenziellen Vertragspartner (idR Verbraucher) des Werbenden treffen. Damit wird es dessen Geschäftspartner zumindest erschwert festzustellen, an wen er sich mit Gewährleistungs- und Schadenersatzansprüchen wenden soll.

Wird lediglich eine Tätigkeit beworben, die zu einem persönlichen Kontakt zwischen Beworbenen und Werbenden führt oder dies zumindest intendiert, so wird die Anonymität gegenüber Vertragspartnern in der Folge durchbrochen. Kommt es zB auf Grund des Inserats zu einem Anruf des Verbrauchers, so hat der Gewerbetreibende neuerlich die Möglichkeit und die Verpflichtung, den Verbraucher gem den Vorschriften des FernabsatzG (§ 5c Abs 1 KSchG) umfangreichere Informationen zu erteilen.[41]) Dies be-

38) Siehe § 1 Abs 4 GewO.

39) Dieser Tatbestand ist für sich bereits sittenwidrig, siehe *Wiltschek*, UWG[7] (2003) § 1 E 562 ff.

40) Auch dadurch kann der Tatbestand der Sittenwidrigkeit erfüllt sein; vgl OGH 14. 5. 2001, 4 Ob 112/ 01 a – Bankshop = ÖBl 2003, 15.

41) OGH 23. 9. 2003, 4 Ob 175/03 v. Dies trifft freilich dann nicht zu, wenn der Vertragspartner kein Verbraucher iSd § 1 KSchG ist.

trifft aber nur das Verhältnis zum Vertragspartner, andere Betroffene (wie zB Mitbewerber) müssen erst Nachforschungen anstellen, um weitere Informationen zu erlangen.

4. Anonymität gegenüber Mitbewerbern und sonstigen in ihren Rechten geschädigten Dritten

Im Rahmen der Ankündigung kann es zu Verletzungen von Mitbewerbern (zB durch sittenwidrige Nachahmung oder Kennzeichenmissbrauch) bzw von Rechten Dritter (zB Urheberrechte an verwendeten Texten oder Bildern) kommen. Für solche Fälle können mE die Erk des OGH betreffend das Impressum herangezogen werden.[42]) Die Parallele ergibt sich aus dem Zweck: So soll „das Impressum . . . auch den von einer Berichterstattung Betroffenen in die Lage versetzen, seine Ansprüche gegen die richtige Person zu richten und richtig zu adressieren".[43]) Deshalb kann die bewusste Verletzung einer derartigen medienrechtlichen Ordnungsvorschrift „unter Umständen geeignet sein, gegenüber gesetzestreuen Mitbewerbern einen Vorsprung zu erlangen, insb etwa dann, wenn mit der Verletzung der Impressumsvorschrift die Absicht verbunden wird, die Rechtsverfolgung durch die von einer Berichterstattung betroffenen Personen zu erschweren oder überhaupt unmöglich zu machen".[44])

Der OGH sieht eine Beeinträchtigung des freien Leistungswettbewerbs in den Fällen gegeben, in welchen durch unrichtige Angaben sich der Verantwortliche der Verfolgung entzieht oder diese erschwert.[45]) Dazu ist jedoch anzumerken, dass wohl das Anführen von unrichtigen Angaben in der Rechtsverfolgung schwerer wiegt als die gänzliche Unterlassung, zumal im ersten Fall zunächst die Unrichtigkeit festgestellt werden muss, bevor zielführende Nachforschungen unternommen werden können.

5. Nachforschungen

Wird zB nur eine Telefonnummer in der Ankündigung angegeben, unter welcher bestellt werden kann, oder werden über eine Mehrwertleitung sofortige Beratungen (Erstellung von Horoskopen,[46]) Ernährungsbera-

---

42) OGH 12. 1. 1993, 4 Ob 8/93 – Impressum = AnwBl 1993/4480 *(Graff)* = EvBl 1993, 162 = ÖBl 1993, 66.

43) OGH 13. 7. 1993, 4 Ob 97/93 – Tageszeitungsimpressum = MR 1993, 194 = ÖBl 1993, 226.

44) OGH 12. 1. 1993, 4 Ob 8/93 – Impressum. Auch nach Ansicht des BGH handelt es sich bei der „Impressumspflicht um eine Ordnungsvorschrift des Presserechts". „Ein Verstoß gegen diese Norm ist nur dann wettbewerbswidrig, wenn besondere wettbewerbsrechtliche Umstände hinzutreten, die das gesetzwidrige Verhalten auch aus wettbewerbsrechtlicher Sicht anstößig erscheinen lassen"; so BGH 13. 7. 1989, I ZR 160/87.

45) OGH 13. 7. 1993, 4 Ob 97/93 – Tageszeitungsimpressum.

46) Dies ist Gegenstand eines freien Gewerbes gem BMWA 5. 3. 1996, Gz 30.599/38-III/1/96.

tung[47])) angeboten, so bewirkt die Anonymität, dass dadurch die Überprüfbarkeit der Werbemaßnahmen – wie dargestellt – für dessen Konkurrenten und für die Behörden erheblich erschwert wird.

Die Möglichkeit, den Namen des Werbenden über den Betreiber des Kommunikationsdienstes zu verlangen, besteht nur für Verwaltungsbehörden, und nur dann, wenn der Werbende in Verdacht steht, durch eine über ein öffentliches Telekommunikationsnetz gesetzte Handlung eine Verwaltungsübertretung begangen zu haben. Da jedoch ein solches Verlangen schriftlich und begründet zu erbringen ist,[48]) werden auch die Nachforschungen der Behörde erheblich erschwert.

Solche Nachforschungen können zusätzlich durch ein „Wertkartenhandy" behindert werden, über dessen Inhaber den Telekommunikationsdienstleistern keine Informationen vorliegen. In solchen Fällen hängt die Möglichkeit der Überprüfung gänzlich vom Werbenden ab. Aber selbst wenn der Teilnehmer[49]) zu der Telefonnummer festgestellt werden kann, ist dadurch nicht gesichert, dass dieser mit der Person des Werbenden ident ist, wodurch wiederum weitere Nachforschungen notwendig sind.

Freilich besteht auch die Option, den mit einer Telefonnummer Werbenden direkt anzurufen. Dies bedeutet aber die Kontaktaufnahme mit dem (potenziellen) Prozessgegner, um weitere Informationen von ihm zu erhalten, die für die Rechtsverfolgung gegen ihn notwendig sind. Diese Kontaktaufnahme wird für viele Personen eine psychische Hemmschwelle darstellen, die sie nur ungern überwinden. Manche wird das von der Rechtsverfolgung abhalten. Indem diesen Personen die Rechtsverfolgung in einem erheblichen Ausmaß erschwert wird, entsteht für einen solchen Gewerbetreibenden, der lediglich eine Telefonnummer angibt, infolge der Verletzung der Normen der Anbieterkennzeichnung ein ungerechtfertigter Vorsprung im Wettbewerb.

Dabei sind mE nicht alle Arten von Nachforschungen gleich zu beurteilen. Wird in der Werbung etwa nur ein Domain-Name abgebildet, welcher weder eine klar ersichtliche Abkürzung noch eine kennzeichnungskräftige Bezeichnungen des Gewerbetreibenden trägt (sondern zB eine Gattungsbezeichnung), so besteht die Möglichkeit der Abfrage dieser Website, welche die umfassende Identifizierung des Gewerbetreibenden ermöglicht. In Anbetracht der weiten Verbreitung des Zugangs zum World Wide Web und der Einfachheit der Abfrage wird eine solche Nachforschung keine besondere Anforderung, auch nicht psychischer Natur, an den Nachforschenden darstellen. Derartige Nachforschungen sind mE zumutbar, weil die für die Rechtsverfolgung notwendige ladefähige Adresse in vielen Fällen erforscht werden muss.[50])

47) Gem § 119 Abs 1 GewO 1994 sind dazu Personen, die das reglementierte Gewerbe Lebens- und Sozialberatung ausüben, auch zur Ausübung von Ernährungsberatung berechtigt, wenn sie eine einschlägige Ausbildung nachweisen.

48) Siehe § 90 Abs 6 TKG 2003.

49) ISd § 3 Z 19 TKG 2003 ist der Teilnehmer eine natürliche oder juristische Person, die mit einem Betreiber einen Vertrag über die Bereitstellung dieser Dienste geschlossen hat.

50) Vgl VwGH 8. 11. 2000, 2000/04/0147. Auch nach den in dieser E hinreichenden Angaben sind weiter Nachforschungen für eine Klagseinbringung erforderlich.

Ganz grundsätzlich sollten die zur Anbieteridentifizierung erforderlichen Nachforschungen nicht einheitlich behandelt werden, vielmehr ist auf die konkret notwendige Art der Nachforschungen abzustellen, insb in welchem Ausmaß dafür Kosten und Zeit aufgewendet werden müssen und in wie weit sie eine psychische Belastung darstellen. Dabei sind einfache, rasche und (wahrscheinlich) zielführende Nachforschungen wohl zuzumuten, weil sie die Rechtsverfolgung nicht erheblich erschweren. Zu derartigen Nachforschungen zählen sicherlich solche Anfragen bei einem öffentlichen Register und allgemeinen zugänglichen Verzeichnissen (zB Telefonbuch) und diese sind auch zuzumuten, insb wenn die Anfrage ohne besondere zusätzliche Aufwendungen wie Gebühren möglich ist.

IV. Anbieterkennzeichnung im World Wide Web

Im World Wide Web[51]) ist die Möglichkeit zur Anonymität in einem besonders großen Ausmaß gegeben. Dieser entgegen zu wirken[52]) „um Rechtssicherheit zu erreichen und das Vertrauen der Verbraucher zu gewinnen"[53]) wurden in der ECRL[54]) einige Daten zur Identifizierung der Anbieter von Dienstleistungen der Informationsgesellschaft im World Wide Web normiert. Neben den Vorschriften des § 63 Abs 1 GewO sind daher noch zusätzlich auf solche Diensteanbieter[55]) die Bestimmungen der nationalen Umsetzung der ECRL, nämlich das österreichische E-Commerce-Gesetz (ECG), anzuwenden.[56])

Bei Vertragsabschlüssen mit Verbrauchern im World Wide Web sind auch die Bestimmungen des FernabsatzG, die in § 5a ff KSchG umgesetzt wurden, zu berücksichtigen.

---

51) Abgestellt wird gem ECG auf die Interaktivität, das bedeutet, dass „die Datenübertragung im Weg einer bidirektionalen Punkt-zu-Punkt-Verbindung erfolgt, wodurch der Nutzer die Inanspruchnahme des Dienstes interaktiv nach seinen individuellen Bedürfnissen (zB betreffend Zeit und Ort der Nutzung sowie Art des abgerufenen Inhalts) steuern kann; so OGH 18. 11. 2003, 4 Ob 219/03i – pornotreff.at = MR 2004, 46. Im konkreten Fall hat der OGH dies auch bei einer Live-Cam-Übertragung angenommen, obwohl diese ähnlich dem Rundfunk programmartigen Charakter hat und deshalb wohl die Interaktivität iS einer gestalterischen Mitwirkung (auch nur iS einer Ablauffolge der Inhalte) nicht anzunehmen ist.

52) Freilich gibt es Bereiche, in welchen Anonymität geschätzt wird; dies hat dem „Telefonsex" wie auch den pornografischen Websites einen regen Zuspruch eingebracht.

53) ErwG 7 der RL 2000/31/EG über bestimmte rechtliche Aspekte der Dienste der Informationsgesellschaft, insb des elektronischen Geschäftsverkehrs, im Binnenmarkt („RL über den elektronischen Geschäftsverkehr"), ABl 2000 L 178/1.

54) Diese wird auch als E-CommerceRL bezeichnet, siehe vorherige FN.

55) Diensteanbieter iSd § 3 ECG sind jene Personen, die „Diensten der Informationsgesellschaft" idR gegen Entgelt elektronisch im Fernabsatz und auf individuellen Abruf des Empfängers – wie dies typisch ist für das World Wide Web – bereitstellen.

56) Das ECG regelt die Anbieterkennzeichnung aber nicht abschließend, so sind zB die Bestimmung des § 5c Abs 1 KSchG bei Verbrauchergeschäften im Fernabsatz zu berücksichtigen. Dieses Regelung wurde durch FernabsatzG, BGBl I 1999/185, normiert, welche ua eine Umsetzung der FernabsatzRL, RL 97/7/EG über den Verbraucherschutz bei Vertragsabschlüssen im Fernabsatz, ABl 1997 L 144/19 darstellt.

A. Anzugebende Daten

So muss gem § 5 Abs 1 ECG ein Diensteanbieter „ständig zumindest folgende Informationen leicht und unmittelbar zugänglich zur Verfügung zu stellen:

- seinen Namen oder seine Firma;
- die geografische Anschrift, unter der er niedergelassen ist;
- Angaben, auf Grund deren die Nutzer mit ihm rasch und unmittelbar in Verbindung treten können, einschließlich seiner elektronischen Postadresse;
- sofern vorhanden, die Firmenbuchnummer und das Firmenbuchgericht;
- soweit die Tätigkeit einer behördlichen Aufsicht unterliegt, die für ihn zuständige Aufsichtsbehörde;
- bei einem Diensteanbieter, der gewerbe- oder berufsrechtlichen Vorschriften unterliegt, die Kammer, der Berufsverband oder eine ähnliche Einrichtung, der er angehört, die Berufsbezeichnung und den Mitgliedstaat, in dem diese verliehen worden ist, sowie einen Hinweis auf die anwendbaren gewerbe- oder berufsrechtlichen Vorschriften und den Zugang zu diesen;
- sofern vorhanden, die Umsatzsteuer-Identifikationsnummer".[57])

1. Zuständige Aufsichtsbehörde

Während die meisten Begriffe, die der Gesetzgeber hier gebraucht, keiner Erklärung bedürfen, so ist dennoch der Begriff „zuständige Aufsichtsbehörde" nicht eindeutig. Darunter könnte man jede Art der behördlichen Aufsicht zählen, was jedoch angesichts der Flut an verschiedenen verwaltungsrechtlichen Bestimmungen und diese vollziehenden Behörden eine Unmenge an verschiedenen „Aufsichtsbehörden" ergeben würde. Diese Auffassung würde einerseits dazu führen, dass an die Dienstanbieter hohe Anforderungen hinsichtlich des notwendigen rechtlichen Wissens sowie des zeitmäßigen Aufwands zur Feststellung der jeweiligen Behörden und der nachfolgenden Wartung der Daten gestellt werden würden und daher würden – entsprechend der allgemeinen Lebenserfahrung – solche Listen wohl regelmäßig unvollständig und zumindest teilweise veraltet sein. Andererseits wäre durch die Informationsflut auch den Nutzern kaum gedient.

Dieses Ergebnis ist aber nicht nur unbefriedigend, die zu Grunde liegende Auffassung berücksichtigt auch nicht den Umstand, dass das ECG auf Gemeinschaftsrecht beruht, weshalb es sinnvoll ist, bei der Auslegung auf Art 5 Abs 1 lit e ECRL zurück zu greifen, der besagt: „soweit für die Tä-

57) Diese wird idR vorhanden sein, weil diese Angabe schon in der Rechnung enthalten sein muss, soweit der Unternehmer im Inland Lieferungen oder sonstige Leistungen erbringt, für die das Recht auf Vorsteuerabzug besteht; vgl § 11 Abs 1 Z 6 und Art 28 UStG 1994.

tigkeit eine Zulassung erforderlich ist, (sind) die Angaben zur zuständigen Aufsichtsbehörde" zu nennen. Damit dürfte also nur jene Behörde gemeint sein, welche dem Diensteanbieter die Zulassung erteilte bzw auch wieder entziehen könnte. Dies schafft in jenen Fällen Klarheit, in welchen eine solche Aufsichtstelle existiert wie etwa bei der Rundfunk und Telekom Regulierungs-GmbH (RTR).[58])

Dies könnte zB bei Gewerben die Bezirksverwaltungsbehörden sein, wobei aber fraglich ist, ob auch jene Tätigkeiten, welche bloß angezeigt werden müssen, als Tätigkeiten, für die „eine Zulassung erforderlich ist", zu sehen sind. Dies betrifft immerhin zB alle freien Gewerbe oder – außerhalb der GewO – die Kommunikationsdienstleister, die bloß eine Anzeigepflicht gem § 15 Telekommunikationsgesetz 2003 (TKG)[59]) trifft.

Wenngleich die Nennung einer zuständigen Aufsichtsbehörde mE aber auch in diesen Fällen Sinn macht, weil der Nutzer eine Ansprechstelle erhält, welche ihn ggf auch kompetent weiterleiten kann, so ist doch deren rechtliche Notwendigkeit fraglich.

2. Gewerbe- und berufsrechtlichen Vorschriften

Unter den „gewerbe- und berufsrechtlichen Vorschriften" ist mE nicht ein pauschaler Verweis auf die gesetzlichen Vorschriften zu verstehen, sondern nur die für den Anbieter geltenden spezifischen gesetzlichen Normen wie zB Ausübungsregeln, welche ua für Adress-, Reise-, Technische Büros, Immobilienmakler oder Inkassoinstitute bestehen. Der Maßstab ist hierbei wohl das unmittelbare Interesse des Nutzers, der nicht mit einer Informationsflut überfordert werden, sondern vielmehr wertvolle Hinweise erhalten soll.[60]) Dazu zählen mE insb Tarife wie die Höchstsätze der Inkassoinstituten gebührenden Vergütungen[61]) oder die tarifmäßige Wertgebühren nach dem NotariatstarifG.[62])

Ganz allgemein sei darauf hingewiesen, dass neben diesen angeführten Informationspflichten noch weitere bestehen, wenn zusätzliche Sachverhaltselemente hinzutreten, wie für die Preisauszeichnung,[63]) kommerzielle Kommunikation[64]) oder die Möglichkeit zur Abgabe von Vertragserklärungen.[65])

---

58) Aber auch die Rundfunk und Telekom Regulierungs-GmbH, die Finanzmarkt Aufsicht, die Komm Austria, die Monopolverwaltung GmbH, das BMF und die Glücksspielmonopolverwaltung.

59) In Umsetzung des Art 3 der RL 2002/20/EG über die Genehmigung elektronischer Kommunikationsnetze und -dienste, ABl 2002 L 108/21; dazu 128 BlgNR 22. GP.

60) Vgl ErlRV 817 BlgNR 21. GP insb 22.

61) VO, BGBl 1996/141 idF II 2001/490.

62) Diese Informationsverpflichtung könnte mE auch erfüllt werden, indem die entsprechende Rechtsvorschrift ausgewiesen wird und ein (mit Hyperlink unterlegter) Hinweis auf das Rechtsinformationsservice des BKA gesetzt wird.

63) § 5 Abs 2 ECG.

64) §§ 6 ff ECG; siehe aber auch insb § 107 TKG 2003.

65) §§ 9 ff ECG, siehe aber auch insb §§ 5a ff KSchG.

B. Sittenwidrigkeit durch Rechtsbruch

Vorausgeschickt werden darf, dass bzgl des ECG fast keine veröffentlichte österreichische Rechtsprechung[66]) besteht,[67]) die heran gezogen werden kann.

Hinsichtlich der deutschen Entscheidungen besteht die Problematik, dass die dhL bei Rechtsbrüchen hinsichtlich § 1 dUWG zwischen zwei Arten von Normen differenziert, den sog wertbezogenen bzw den wertneutralen Bestimmungen. Handelt es sich um wertbezogene Normen, ist der Verstoß gegen § 1 dUWG regelmäßig bis zum Beweis des Gegenteils indiziert. Somit besteht eine widerlegliche Vermutung für einen Wettbewerbsverstoß, womit der vermeintliche oder tatsächliche Verletzer darlegen und beweisen muss, dass ein Verstoß nicht vorgelegen hat. Vielfach wird in der deutschen Rechtsprechung die deutsche Umsetzung der Bestimmungen des ECRL in § 6 deutsches Teledienstgesetz (TDG) als wertbezogene Norm gesehen, welche insb dem Verbraucherschutz dient. Diese Norm hat somit einen wettbewerbsregelnden Charakter, wodurch ein Verstoß gegen diese Norm eine Sittenwidrigkeit iSd dUWG darstellt. Nicht wenige Entscheidungen stützen sich auf diese Argumentation[68]) und mangels weiter gehender Überlegungen sind diesen daher für die österreichische Rechtslage wenig abzugewinnen.[69])

1. Ungerechtfertigter Vorsprung im Wettbewerb

Findet ein Online-Verkauf einer Ware oder Dienstleistung statt, insb gegen unmittelbare Bezahlung per Kreditkarte oder Nachname, so kann der Anbieter durch Verschleierung seiner Identität oder seiner Anschrift einen Vorteil erlangen, indem zB die Kunden bei ihren Reklamationen sowie deren Geltendmachung des Rücktrittsrechts iSd § 5e ff KSchG behindert werden.[70]) Bei Vorliegen eines Verbrauchergeschäfts verstößt der Diensteanbieter überdies gegen Informationsverpflichtungen des FernabsatzG (insb § 5c Abs 1 KSchG). Ganz allgemein entsprechen die möglichen Vorteile jenen

66) So ist in der Entscheidung „www.sexhotphones.at" des OGH die lauterkeitsrechtliche Prüfung mangels Rechtsbruch unterblieben; OGH 29. 4. 2003, 4 Ob 80/03y = JurPC Web-Dok 318/2003 = (mit Anm *Knyrim*) JurPC Web-Dok 303/2003. Damit verbleibt nur die E OGh 18. 11. 2003, 4 Ob 219/03i – pornotreff.at = MR 2004, 46.

67) Zum Zeitpunkt der Fertigstellung des Beitrages, Jänner 2004.

68) ZB LG Berlin 17. 9. 2002, 103 O 102/00 = JurPC Web-Dok 118/2003; OLG Frankfurt 17. 4. 2001, 6 W 37/01 = JurPC Web-Dok 135/2001; OLG Hamburg 20. 11. 2002, 5 W 80/02 = CR 2003, 283; LG Düsseldorf 25. 11. 2002, 34 O 188/02 und 7. 11. 2002, 34 O 172/02. Anderseits kommt das LG Düsseldorf kommt in der E 19. 9. 2001, 12 O 311/01, zu § 6 dTDG aF zu dem Ergebnis, dass die Pflicht zur Anbieterkennzeichnung nur wettbewerbsneutral ist. Auch das OLG Hamm vertritt in der E vom 3. 9. 2002, 4 U 90/02 und vom 9. 12. 2002, 4 U 79/02 den Standpunkt, dass ein Verstoß gegen § 6 TDG nur dann wettbewerbswidrig ist, wenn weitere Unlauterbarkeitsmerkmale hinzutreten.

69) AA offenbar *Filzmoser;* dieser zieht aus der deutschen Rechtsprechung den Schluss, dass Verstöße gegen die Anbieterkennzeichnung „regelmäßig auch wettbewerbswidrig iSd § 1 UWG sein werden"; so *ders,* Gewerbe- und berufsrechtliche Aspekte des E-Commerce-Gesetzes, RdW 2002/337.

70) So *Ernst,* Die wettbewerbsrechtliche Relevanz der Online-Informationspflichten des § 6 TDG, GRUR 2003, 759.

der oben ausgeführten mangelhaften Anbieterkennzeichnung bei Ankündigungen,[71]) nämlich durch die Anonymität einer sonst möglichen Rechtsverfolgung zu entgehen.[72])

2. Zugang zu diesen Daten

Anders als zB bei einem Inserat in Druckwerken kann eine Website[73]) nicht auf einen Blick erfasst werden, sondern sie besteht idR aus einer Vielzahl einzelner Webpages. Dadurch kann die Position der angegeben Daten gänzlich unterschiedlich sein und dem entsprechend auch ihre Auffindbarkeit. Der Dienstanbieter hat „ständig diese „Informationen leicht und unmittelbar[74]) zugänglich zur Verfügung zu stellen".[75])

a) „ständig"

Der Ausdruck „ständig" ist so zu verstehen, dass die Daten jederzeit abgefragt werden können. Wenn die Daten also über einen Hyperlink abzufragen sind, muss dieser Hyperlink auch wirklich auf die gewünschte Information auf dieser anderen Webpage weiterleiten. Ein Hyperlink, der zB in Folge einer Umgestaltung der Website nicht mehr funktionsfähig ist, erfüllt diese Voraussetzung nicht. Dieses wird auch dann anzunehmen sein, wenn die Daten auf einen anderen Server abgespeichert sind, welcher sehr häufig seinen Dienst versagt, wodurch der Hyperlink ebenfalls nicht zu den gewünschten Daten führt. Treten die technischen Ausfälle jedoch nur vereinzelt auf, so ist dies mE hinzunehmen, weil eine geringfügige Ausfallsquote der Technik grundsätzlich immanent ist.

b) „leicht . . ."

Unter dem Begriff „leicht" ist wohl die Art der Präsentation der Informationen zu verstehen, die für den Nutzer weder in technischer noch in intellektueller Hinsicht eine Herausforderung darstellt, sondern von einem durchschnittlichen Nutzer einfach gehandhabt werden kann.[76]) Diese Auffassung wird auch durch die Erläuterung der RV zum ECG unterstützt, wo-

---

71) AA *Wüstenberg,* Das Fehlen von in § 6 TDG aufgeführten Informationen auf Homepages und seine Bewertung nach § 1 UWG, WRP 2002, 782. Dieser sieht „keinen konkreten Vorsprung" im Wettbewerb.

72) So auch zutreffend *Schulte/Schulte,* Informationspflichten im elektronischen Geschäftsverkehr – wettbewerbsrechtlich betrachtet, NJW 2003, 2140.

73) Der Begriff „Homepage" bezeichnet lediglich die Einstiegsseite, während das gesamte Angebot eines Diensteanbieters im World Wide Web als „Website" bezeichnet wird.

74) Diese Bestimmung ist damit bzgl Platzierung restriktiver als das Impressum bei einem Medienwerk gem § 24 MedG. Bei diesen ist nur bei periodischen Medienwerken mit einem Inhaltsverzeichnis gem § 2 MedG auch darin anzugeben, an welcher Stelle sich das Impressum befindet.

75) § 5 Abs 1 ECG in Umsetzung der ähnlich textierten Formulierung Art 5 Abs 1 ECRL („leicht, unmittelbar und ständig verfügbar").

76) *Blume/Hammerl* vertreten wohl eine ähnliche Ansicht, stellen jedoch auf jedermann ab: „allgemein verständlich und von jedermann einfach zu handhaben"; so in E-Commerce-Gesetz (2002) 69.

nach es „ausreicht, wenn der Nutzer diese Informationen ohne besonderen Aufwand und ohne besondere Kenntnisse auffinden kann".[77]) Dabei sollte aber auch keine Software erforderlich sein, die bei einem durchschnittlichen Nutzer nicht erwartet werden kann. Ebenso wenig sollten einem Nutzer die Abfrage der Daten durch andere Umstände erschwert werden, wie zB durch eine Art der grafischen Gestaltung, die Text für einen durchschnittlichen Nutzer unleserlich macht.

c) „. . . und unmittelbar zugänglich"

Die Formulierung „unmittelbar zugänglich" meint wohl, dass der Zugang zu den genannten Informationen in unmittelbarer Nähe zu dem angebotenen Dienst stehen soll bzw in diesen integriert ist.[78]) Dies bedeutet, dass entweder die Information sogar auf derselben Webpage zu finden ist oder aber leicht über Hyperlinks abgerufen werden kann. Durch den Aufbau und die Gestaltung könnte das Anklicken mehrer Hyperlinks erforderlich sein. Aber wie viele Hyperlinks sind zulässig, um zu den Informationen zu gelangen, wenn dem gesetzlichen Erfordernis der unmittelbaren Zugänglichkeit zu entsprechen ist?

Zu diesen Anforderungen (bzw zu den ähnlichen der deutschen Umsetzung)[79]) liegen bereits einige deutsche Entscheidungen vor. So wurden etwa „zwei Klicks" als zumutbar angesehen,[80]) während mehrere Klicks auf der vierten Webpage als zu viel angesehen wurden.[81]) Nach einer anderen Auffassung müssten die Informationen bei einer Bildschirmauflösung von 800×600 Pixel[82]) ohne vorheriges Scrollen und (damit sofort) am Schirm sichtbar sein.[83]) ME ist letztere Auffassung völlig überzogen, zwei Klicks sind wohl zumutbar, die Zahl wird auch etwas größer sein können, wenn die einzelnen jeweils nächsten Hyperlinks leicht zu finden sind.

Auch über die Beschriftung der Hyperlinks[84]) zu diesen Informationen liegen Erkenntnisse vor. So wurde der Begriff „Backstage"[85]) als unzureichend angesehen wie auch die Beschriftungen „Kontakt", „Impressum" oder „Web-Impressum".[86]) In der deutschen Literatur wurde sogar geäu-

77) So ErlRV zu ECG 817 BlgNR 21. GP 22.

78) So *Blume/Hammerl*, E-Commerce-Gesetz (2002) 69.

79) § 6 Abs 1 dTDG: „Diensteanbieter haben für geschäftsmäßige Teledienste mindestens folgende Informationen leicht erkennbar, unmittelbar erreichbar und ständig verfügbar zu halten . . .".

80) OLG München 11. 9. 2003, 29 U 2681 / 03 = CR 2003, 868.

81) LG Düsseldorf 29. 1. 2003, 34 O 188 / 02 = CR 2003, 380.

82) Die im Erk angeführten 800×800 Pixel sind wohl im obigen Sinn zu deuten.

83) OLG Hamburg 20. 11. 2002, 2 W 80 / 02= CR 2003, 283 = MMR 2002, 105.

84) In den ErlRV der ECG werden vorgeschlagen zB „Wir über uns", so 817 BlgNR 21. GP 23; siehe auch *Laga/Sehrschön*, E-Commerce-Gesetz Praxiskommentar (2002) 29; *Burgstaller/Minichmayr*, E-Commerce-Gesetz Praxiskommentar (2002) 51; *Brenn*, ECG (2002) 203.

85) Wie vorvorherige FN.

86) OLG Karlruhe 27. 3. 2003, 2 U 200 / 01 – Informationen bei Fernabsatzgeschäften = CR 2003, 682 = GRUR 2002, 730.

ßert, dass auch Bezeichnungen wie „Anbieterkennzeichnung" und „Information nach § 6 TDG" ungeeignet seien, weil dem durchschnittlichen Nutzer diese nicht bekannt seien. Von anderen Bezeichnungen wie „Über uns" oder „Das Unternehmen" wird abgeraten, weil ein durchschnittlicher Nutzer dahinter eher ein E-Mailformular oder die Unternehmensgeschichte vermuten würde, weshalb die „etwas sperrig klingende Kombination: Impressum / Anbieterkennzeichnung gem § 6 Teledienstgesetz"[87]) empfohlen wird.

Zum einem ließe sich wohl gegen die meisten Bezeichnungen mit etwas Fantasie argumentieren, dass sie missverständlich seien, und zum anderen nehmen diese Entscheidungen und Meinungen mE nicht Rücksicht auf den Umstand, dass sich die Nutzer an diese neuen Bezeichnungen gewöhnen. Letzteres ergibt sich daraus, dass die Nutzer durch die Verpflichtung der Diensteanbieter, diese Information zur Verfügung zu stellen, ständig mit solchen neuen Bezeichnungen konfrontiert werden.

Aber noch bedeutsamer ist wohl, dass sich eine Überspannung der Anforderungen an die Bezeichnung wie auch deren Lage schon deshalb verbietet, weil diese Anforderungen auf gemeinschaftsrechtlichen Sekundärnormen (ECRL und FernabsatzRL) beruhen. Deshalb ist auf einen „Nutzer des Dienstes" abzustellen,[88]) welcher eine „durchschnittlich informierte, aufmerksame und verständige Person"[89]) ist, wobei dieser Maßstab durch die Rechtsprechung des EuGH anhand zahlreicher Fälle zum Durchschnittsverbraucher entwickelt worden ist.[90]) Dieser Maßstab ist dabei nicht völlig starr, sondern kann auch an die jeweilige Zielgruppe angepasst werden.[91]) Im Falle des „durchschnittlich informierten, aufmerksamen und verständigen" Nutzers von Diensten der Informationsgesellschaft

- können gewisse technische Grundkenntnisse des World Wide Web sowie
- auch ein gewisses Maß an Vertrautheit mit häufig verwendeten Begriffen und geläufigen Formen der Aufbauweise von Websites vorausgesetzt werden.

3. Identifizierbarkeit des Diensteanbieters

Lauterkeitsrechtlich bedeutsam ist, dass durch die bereitgestellten „leicht und unmittelbar zugänglichen" Informationen „ständig" eine Identi-

87) So *Woitke*, Das „Wie" der Anbieterkennzeichnung gemäß § 6b TDG, NJW 2003, 871.

88) IdS auch *Hoß*, Web-Impressum und Wettbewerbsrecht, CR 2003, 687.

89) Das Verbraucherleitbild wird nicht nur bei Verbrauchern angewendet, sondern auch bei anderen Verkehrskreisen, wobei auf eine „durchschnittlich informierte, aufmerksame und verständige Person" abzustellen ist, zB C-112/99, RN 52.

90) StRsp, dazu zB EuGH 13. 1. 2000, C-220/98, RN 27; EuGH 16. 7. 1998, C-210/96, RN 31. Der OGH nimmt auf die Rechtsprechung des EuGH Bezug, zB wegen Irreführung OGH 24. 10. 2000, 4 Ob 196/00b = ÖBl 2001, 18 – Lego – Klemmbausteine oder wegen der MarkenRL OGH 13. 2. 2001, 4 Ob 325/00y – T-One = GRUR Int 2002, 1031 = ÖBl 2001, 159 *(Brandstätter/Görg)*.

91) ZB wenn die Zielgruppe durch einen Bildungsrückstand gekennzeichnet ist, so EuGH 16. 5. 1989, Rs 382/87, RN 13 = GRUR Int 1990, 459.

fizierung des Anbieters möglich ist. Ist diese Möglichkeit gegeben, so entfällt der ungerechtfertigte Vorsprung im Wettbewerb durch die Anonymität.[92]) Welcher Informationen bedarf es aber, um diese Voraussetzung zu erfüllen?

Grundsätzlich sind dem europarechtlichen Modell des informierten Durchschnittsverbrauchers folgend die gesetzlichen Informationspflichten im ECG insgesamt wesentlich höherer als die des § 63 Abs 1 GewO, weshalb auch höhere Anforderungen an die Dienstleister der Information zu stellen sind.

Aus Sicht der Kommunikationsmöglichkeit müsste auf einer Website keine Kontaktmöglichkeit angeben werden, weil die Aufnahme der Kommunikation direkt über dessen Website möglich ist. Darin liegt ein wesentlicher Unterschied zum Offline-Bereich, in welchem dies jedenfalls erforderlich ist.

Wie bereits erwähnt werden diese Kontaktdaten jedoch vom ECG gefordert und sind auch nach Ansicht des OGH von lauterkeitsrechtlicher Bedeutung. Dabei ist neben der E-Mail-Adresse noch eine weitere Kontaktmöglichkeit anzugeben. In der Begründung wird auf das Argument hingewiesen, dass nicht jeder Nutzer des World Wide Web über eine e-Mail-Adresse verfügt.[93]) Derartige Kontaktdaten haben aber im Zusammenhang mit anderen Informationen auch für die Diensteanbieteridentifizierung einen zusätzlichen Informationswert.

Werden statt der geografischen Anschrift die Firmenbuchnummer und das Firmenbuchgericht angegeben, so kann das Unternehmen auch durch eine Nachforschung beim Firmenbuch identifiziert werden. Der OGH hat in einem Fall des Fernabsatzes festgestellt, dass „im Streitfall die Rechtsverfolgung dadurch erschwert" wird, wenn die Verbraucher die ladefähige Anschrift der Beklagten „erst zeit- und kostenaufwändig (etwa durch Firmenbuchabfrage oder Anruf beim Beklagten) ermitteln müssen."[94]) Er ließ aber leider offen, ob dadurch ein Wettbewerbsvorteil erlangt wird.

Wie oben bereits ausgeführt, sollten die erforderlichen Nachforschungen mE nicht einheitlich behandelt werden, vielmehr ist auf die konkret notwendige Art der Nachforschungen abzustellen, insb in welchem Ausmaß dafür Kosten und Zeit aufgewendet werden müssen und in wie weit sie eine psychische Belastung darstellen.[95])

Die über die zur Identifizierung hinausgehenden öffentlich rechtlichen Verpflichtungen können wohl von den Behörden erfragt oder aus deren

92) Zwar kann der Domaininhaber in der entsprechenden Whois-Datenbank (für Österreich „at" unter www.nic.at) abgefragt werden, dieser muss aber nicht ident sein mit dem Diensteanbieter der Informationsgesellschaft. Die dadurch notwendigen weiteren Nachforschungen sind wohl nicht grundsätzlich als rasch und einfach anzusehen.

93) OGH 18. 11. 2003, 4 Ob 219/03i mwN – pornotreff.at = MR 2004, 46.

94) OGH 23. 9. 2003, 4 Ob 175/03v.

95) Keinen Wettbewerbsverstoß sieht *Ott* bei einem Fehlen des Impressums, auch wenn dadurch die Ermittlung des Verletzers bei einem Verstoß erschwert wird; so *ders*, Informationspflichten im Internet und ihre Erfüllung durch das Setzen von Hyperlinks, WRP 2003, 945.

Websites abgerufen werden. Kommt der Diensteanbieter ihnen nicht nach, so werden zwar Verwaltungsübertretungen begangen, die jedoch nicht geeignet sind, dem Diensteanbieter einen Vorsprung im Wettbewerbsverhältnis zu verschaffen.[96])

V. Schlussfolgerungen

Eine Sittenwidrigkeit ist mE dann anzunehmen, wenn mangels Angaben keine rasche und einfache Identifizierung des Anbieters möglich ist. Sind bei Ankündigungen Abkürzungen und kennzeichnungskräftige Bezeichnungen notwendig und hinreichend, so muss bei Dienstleistern der Informationsgesellschaft zumindest auch die Anschrift leicht feststellbar sein. Dabei ist aber ein gewisses Maß an einfach durchzuführenden Nachforschungen zuzumuten, zu denken ist hierbei zB an öffentliche Register und allgemein zugängliche Verzeichnisse, insb wenn die Anfrage ohne besondere zusätzliche Aufwendungen wie Gebühren möglich ist.

Darüber hinaus gehende Nachforschungen, wie etwa eine unumgängliche Anfrage beim potenziellen Prozessgegner, stellen jedoch eine wesentlich höhere psychische Hemmschwelle dar, wodurch die Rechtsverfolgung erheblich erschwert wird. Die Verletzung der Informationspflichten zieht dann durch die erschwerte Identifizierbarkeit des Gewerbetreibenden (bzw Diensteanbieters) einen sachlich nicht gerechtfertigten Vorsprung nach sich, welcher als ein sittenwidriger Wettbewerbsvorteil zu werten ist.

Sonstige öffentlich rechtlich verankerte Kennzeichnungsverpflichtungen, die nicht zur Identifizierung notwendig sind, stellen zwar Verwaltungsübertretungen dar,[97]) sind jedoch nicht geeignet, dem übertretenden Unternehmer einen relevanten Vorsprung im Wettbewerbsverhältnis zu verschaffen.

---

96) AA zB *Fraiß*, Neues zum E-Commerce-Gesetz, SWK 2004 W 8. Die Wettbewerbswidrigkeit ergebe sich aus der Rechtsprechung des OGH zu § 24 MedG und § 5 c KSchG. Dem ist aber nicht zustimmen, da dies den E, die auf hier angeführt werden, mE nicht zu entnehmen ist. Im Fall der E zum KSchG (OGH 23. 9. 2003, 4 Ob 175/03 v) lässt der OGH die Frage des Vorsprungs im Wettbewerbs durch Rechtsbruch sogar ausdrücklich offen.

97) Eine lauterkeitsrechtliche Bedeutung kommt aber zB den Kontaktdaten gem § 5 Abs 1 lit 3 ECG zu; OGH 18. 11. 2003, 4 Ob 219/03 i mwN – pornotreff.at = MR 2004, 46.

Rabattdifferenzierung in Kfz-Vertriebssystemen

Hanspeter Hanreich / Christoph Nauer

Inhaltsübersicht:

I. Einleitung

Lauterer Wettbewerb ist nicht nur zwischen einzelnen Unternehmen oder zwischen Vertriebssystemen sondern auch innerhalb eines Vertriebssystems wichtig und muss geschützt werden, um die Vorteile einer Marktwirtschaft erzielen zu können. Der leistungsgerechte Wettbewerb kann auch durch Maßnahmen oder Praktiken, die innerhalb eines Vertriebssystems vorgenommen werden, gestört werden. Den Autoren dieses Beitrags erschien es interessant, sich einem wettbewerbsrechtlichen Thema des Kfz-Vertriebs zu widmen; Probleme des Kfz-Vertriebs haben den Älteren der Autoren schon seit längerer Zeit beschäftigt[1]) und auch den Jüngeren bereits zu einer Arbeit veranlasst.[2])

II. Eigenvertrieb durch Kfz-Importeure

A. *Struktur der Kfz-Vertriebssysteme in Österreich*

Der Kfz-Vertrieb in Österreich erfolgt idR in einem dreistufigen Vertriebssystem: Der ausländische Kfz-Hersteller (erste Stufe) liefert an österreichische Generalimporteure[3]) (zweite Stufe; im Folgenden: Lieferanten oder Lieferant), die wiederum die Kraftfahrzeuge weiter an österreichische Ein-

1) Vgl *Hanreich,* Die Vertriebsbindungen im österreichischen Kfz-Handel, ÖZW 1991, 33.
2) *Nauer,* Investitionsersatz, Kfz-Wirtschaft 2003, 41 (siehe auch www.automotive.co.at/ireds3/page.php?P=4650, 22. 3. 2004).
3) Der Generalimporteur ist in der Praxis entweder eine nationale Tochtergesellschaft des Herstellers oder ein unabhängiger Großhändler.

zelhändler (dritte Stufe; im Folgenden: Händler) vertreiben.[4]) Die Händler bedienen die Endverbraucher. Die drei Handelsstufen sind in einem durch jahrzehntelange Erfahrung gewachsenen System von Vertriebsverträgen verbunden. Seit Geltung des EU-Wettbewerbsrechts werden diese Vertriebssysteme vom Europarecht beeinflusst. Ursprünglich wurden sie einzeln,[5]) seit der ersten Kfz-GVO[6]) nach einer generell abstrakten Norm beurteilt.

Die Vertriebsverträge zwischen Lieferanten und Händlern beinhalten idR äußerst detaillierte Regelungen zur Struktur des Vertriebssystems und zu den Modalitäten der Lieferbeziehung zwischen Lieferanten und Händler. Der Händler wird berechtigt, Vertragsprodukte (Kfz einer bestimmten Automarke) zu verkaufen. Er darf die geschützten Immaterialgüterrechte (insbesondere die Marke) des Kfz-Herstellers bzw Lieferanten verwenden. Der Händler verpflichtet sich, den Absatz der Vertragsprodukte zu fördern und die (Qualitäts-)standards des Vertriebssystems einzuhalten. Auf Grund der geltenden Kfz-GVO[7]) sind Vertragsbestimmungen hinsichtlich des Kundenkreises des Händlers enge Grenzen gesetzt.[8]) Grundsätzlich darf der Händler – ausgenommen in einem exklusiven Vertriebssystem – im Verkauf an Endkunden nicht beschränkt werden; lediglich das Verbot des Verkaufs an unabhängige Wiederverkäufer (Nichtmitglieder des Vertriebssystems) ist freigestellt.[9])

Für den Vertrieb an Endkunden setzen die Lieferanten jedoch nicht ausschließlich Händler ein, sondern schließen auch selbst Geschäfte direkt mit Endkunden bzw bestimmten Gruppen von Endkunden ab. Die Lieferanten werden sohin nicht ausschließlich auf der Großhandelsstufe tätig. Zu diesem Zweck behalten sich die Lieferanten in den Vertriebsverträgen das Recht vor, Kfz auch direkt (ohne Zwischenschaltung des Händlers) an Endkunden bzw an bestimmte Gruppen von Endkunden zu verkaufen (Vorbehalt des Eigenvertriebs bzw der Sprunglieferung). Dabei kennt die Vertragspraxis in Österreich im Wesentlichen zwei Varianten:

- Das Recht zum unbeschränkten Eigenvertrieb des Lieferanten an Endkunden.
- Das Recht zum Eigenvertrieb des Lieferanten an bestimmte Gruppen von Endkunden (Vorbehaltskunden), zB Großabnehmer (Flottenkäufer), Behörden, Gebietskörperschaften, internationale Organisationen, Miet-

4) *Ceipek,* KFZ-Vertrieb in der EU (1999) 97.

5) Art 81 Abs 3 EGV; vgl die Entscheidungen der Europäischen Kommission zu „Citroen" vom 30. 6. 1972, RIW/AWD 1972, 419 und zu „BMW" vom 13. 12. 1974, ABl EG 1975 L 29/1.

6) Verordnung (EWG) Nr 123/85 der Kommission vom 12. Dezember 1984 über die Anwendung von Art 85 Abs 3 des Vertrags auf Gruppen von Vertriebs- und Kundendienstvereinbarungen über Kraftfahrzeuge, ABl EG 1985 Nr L 15/16.

7) Verordnung (EG) Nr 1400/2002 der Kommission vom 31. Juli 2002 über die Anwendung von Art 81 Abs 3 des Vertrags auf Gruppen von vertikalen Vereinbarungen und aufeinander abgestimmten Verhaltensweisen im Kraftfahrzeugsektor (im Folgenden: Kfz-GVO).

8) Siehe dazu Punkt V. A.

9) Siehe dazu Punkt V. A.

wagenunternehmen, Fahrschulen, Diplomatische Vertretungen oder Journalisten.[10])

B. Preis- und Rabattstruktur

Nach einem Bericht der Europäischen Kommission[11]) über die Funktionsweise der Kfz-GVO alt[12]) (Vorläufer der derzeit geltenden Kfz-GVO) können hinsichtlich der Preisgestaltung und Rabattpolitik im Kfz-Vertrieb zwischen den Lieferanten und Händlern einerseits sowie zwischen den Lieferanten und Endkunden bzw Gruppen von Endkunden andererseits nachstehende Feststellungen getroffen werden: Der Händlerrabatt beläuft sich bei Neufahrzeugen je nach Hersteller, Modell und Mitgliedstaat auf 5–20% der unverbindlich empfohlenen Endverbraucherpreise.[13]) Dieser Rabatt ist für alle Händler in einem bestimmten Mitgliedstaat, die dem Vertriebsnetz eines Herstellers angehören, unabhängig davon, ob es sich um große oder kleine Unternehmen handelt, gleich.[14]) Vorbehaltskunden (siehe Punkt A.) wird im Gegensatz dazu idR ein Rabatt von etwa 20–40% auf den empfohlenen Endverbraucherpreis gewährt.[15]) Der Organisator eines Kfz-Vertriebssystems differenziert daher in den meisten Fällen durch die Festlegung von möglichen Rabatten stark zwischen (seinen) Vorbehaltskunden und Händlern. Die dargestellte Praxis hat in anderen Mitgliedstaaten der Europäischen Union bereits den Gesetzgeber auf den Plan gerufen: In Großbritannien wurde die differenzierte Behandlung von Vorbehaltskunden und Händlern durch den Lieferanten ausdrücklich untersagt.[16])

C. Wirtschaftliche Folgen des Eigenvertriebs durch Lieferanten

Aus den soeben geschilderten Preisdifferenzierungen, die ausschließlich vom Organisator des jeweiligen Kfz-Vertriebs abhängen, ergeben sich folgende wirtschaftlichen Folgen für den Händler: Der Lieferant steht, wenn er selbst Kfz direkt an (vorbehaltene) Endkunden liefert, mit den Händlern

10) Nach Informationen, die den Autoren zur Verfügung stehen, kommen beide Vertragsvarianten in Österreich ungefähr gleich oft vor. Verträge, in denen sich der Lieferant das Eigenvertriebsrecht nicht vorbehält, sind selten.

11) Bericht der Europäischen Kommission über die Funktionsweise der Verordnung (EG) Nr 1475/95 über die Anwendung von Artikel 85 Absatz 3 des Vertrages auf Gruppen von Vertriebs- und Kundendienstvereinbarungen über Kraftfahrzeuge (im Folgenden: Bericht der Europäischen Kommission).

12) Verordnung (EG) Nr 1475/95 der Kommission vom 28. Juni 1995 über die Anwendung von Art 85 Abs 3 des Vertrages auf Gruppen von Vertriebs- und Kundendienstvereinbarungen über Kfz, ABl 1995 Nr L 145/25.

13) Bericht der Europäischen Kommission Tz 258.

14) Bericht der Europäischen Kommission Tz 257.

15) Bericht der Europäischen Kommission Tz 263.

16) The Supply of New Cars Order 2000, Competition 2000, No 2088, Article 2 „(1) It shall be unlawful for a supplier to discriminate unjustifiably between fleet customers and dealers who purchase new cars outright in respect of discounts given for the supply of the same or similar number of new cars supplied over the same or similar period of time."

(seines Vertriebssystems) im Wettbewerb.[17]) Die Händler bestreiten diesen Wettbewerb jedoch mit deutlich höheren Einstandspreisen als der Lieferant.[18]) Der Einstandspreis der Händler ist sogar höher als der Verkaufspreis seines Lieferanten für dessen Vorbehaltskunden. Diese Differenzierung ist unabhängig von der Anzahl der verkauften Kfz. Selbst wenn der Händler gleichzeitig so viele Kfz ankaufen wollte wie ein privilegierter Kunde des Lieferanten, würde er den teureren Händlerpreis für den Handel (der dritten Stufe) verrechnet erhalten. Dadurch entfällt für die Händler das komplette Marktsegment der Großabnehmer. Der Wettbewerb zwischen dem Lieferanten und den Händlern eines Vertriebssystems (intrabrand Wettbewerb) wird im Marktsegment der direkt belieferten Endkunden völlig ausgeschaltet. Auch die Europäische Kommission folgert aus den Preisnachlässen, die Vorbehaltskunden von den Lieferanten gewährt werden, dass Händler wirtschaftlich nicht in der Lage sind, in diesem Bereich mit ihren Lieferanten zu konkurrieren.[19])

Die Lieferanten unterschiedlicher Marken sind bestrebt, durch hohe Rabatte an direkt belieferte Endkunden bei diesen Kundengruppen wettbewerbsfähig zu sein. Gleichzeitig werden die Händler (durch den Vertriebsvertrag) verpflichtet, in den Vertrieb und in das Image und den Absatz der Marke des Lieferanten zu investieren. Dadurch wälzt der Lieferant die Kosten für das Vertriebssystem und den Imageaufbau seiner Marke zum Teil auf die Händler ab. Da wesentliche Kostenteile des Vertriebssystems und des Imageaufbaus einer Marke auf die Händler überwälzt werden, verbessert der einzelne Lieferant seine Wettbewerbsfähigkeit zu Lasten der Händler seines Vertriebssystems und sichert so auch seine Marktmachtposition gegenüber den Händlern ab. Weiters werden die Händler idR durch den Vertriebsvertrag verpflichtet, 30 % ihrer Gesamtumsätze mit den Produkten eines Vertriebssystems (einer Marke) zu tätigen.[20])

Durch diese Vertriebspraxis schmälert der Lieferant nicht nur die Wettbewerbsfähigkeit, sondern auch die Ertragschancen seiner Händler.[21]) Insgesamt stärkt der Lieferant dadurch auch seine Marktmachtposition gegenüber den Händlern. Der Gegensatz zwischen verpflichtenden Investitionen und mangelnder Konkurrenzfähigkeit bei den direkt belieferten Endkun-

17) Vgl auch die Definition des Wettbewerbers in Art 1 Abs 1 lit a Kfz-GVO, siehe Punkt V. B.

18) Bericht der Europäischen Kommission Tz 258 und 263.

19) Bericht der Europäischen Kommission Tz 263, 265 und 362.

20) Bezugsverpflichtungen bis zu 30 % des jährlichen Einkaufsvolumens der Vertragswaren und ihrer Substitute sind gemäß Art 1 Abs 1 lit b Kfz-GVO zulässig. Nach Informationen, die den Autoren vorliegen, wird praktisch in sämtlichen Vertriebsverträgen diese Bestimmung ausgenützt und der Händler verpflichtet, Vertragsprodukte aus dem Vertriebssystem im Umfang von zumindest 30 % seines jährlichen Einkaufsvolumens zu beziehen.

21) Vgl dazu ua *Ensthaler/Gesmann-Nuissl*, Übernahme des Großkundengeschäfts der Kfz-Händler durch die Hersteller – Zulässigkeit und Rechtsfolgen, BB 2003, 533. *Creutzig*, EG-Gruppenfreistellungsverordnung (GVO) für den Kraftfahrzeugsektor (2003) Rz 823 ff.

den gefährdet den Bestand der Händler und fördert die Konzentration. Der Wettbewerb um die Vorbehaltskunden findet nur mehr zwischen den Lieferanten der verschiedenen Marken statt. In diesem Zusammenhang ist weiters festzuhalten, dass auch ein Interesse der institutionellen Nachfrager bestehen müsste, mehr Anbieter von Kfz zu den für sie interessanten Bedingungen vorzufinden.[22])

Im Widerspruch zu den soeben kurz beschriebenen Interessen der Lieferanten besteht das natürliche Interesse der Händler, ihren Kundenkreis soweit als möglich auszudehnen und unter fairen Bedingungen auch Großkunden beliefern zu können. Dieses Interesse gründet sich nicht nur ganz allgemein darauf, den eigenen Umsatz zu vergrößern, sondern die Gruppe der Großabnehmer ist auch deswegen interessant, weil deren Bedarf stetiger und damit kalkulierbarer ist als der Bedarf von Einzelkunden. Konjunkturschwankungen schlagen sich bei der Gruppe der Einzelkunden bedeutend schneller und stärker durch, als bei vielen institutionellen Großabnehmern. Oft erfolgen Investitionen öffentlicher Großabnehmer antizyklisch und würden damit auch Nachfrageflauten bei Einzelhändlern abfedern können. Weiters sind die Händler durch die Rabattpolitik der Lieferanten praktisch vollständig von der Teilnahme an öffentlichen Ausschreibungen für Kfz ausgeschlossen, da sie wissen, dass wegen ihres Preisnachteils ohnedies die Bewerbung keinen Sinn machen würde.

III. Der leistungsgerechte Wettbewerb des Nahversorgungsgesetzes (NahVersG)

A. Zielsetzungen des NahVersG

Um den starken Konzentrationstendenzen im Handel entgegenzuwirken, wurde 1977 das Gesetz zur Verbesserung der Nahversorgung und der Wettbewerbsbedingungen beschlossen.[23])[24]) In den §§ 1–3 enthält das NahVersG Vorschriften über „kaufmännisches Wohlverhalten".

Der Bericht des Handelsausschusses des Parlaments[25]) führt dazu aus: „Die Bestimmungen über kaufmännisches Wohlverhalten sind materiell eine Ergänzung der Vorschriften des KartG über marktbeherrschende Unternehmen, weil diese bisher die Nachfragemacht nur unzureichend erfassen. Die Notwendigkeit einer derartigen Regelung ergab sich vor allem aus

---

22) Die Beschränkung des Anbietermarktes, die durch die geschilderte Praxis bewirkt wird, wäre auch nach dem KartG zu beurteilen. Eine solche Untersuchung unterbleibt hier aus Gründen mangelnder Zeitressourcen der Autoren, eine solche Beurteilung wäre aber auch ein lohnendes Arbeitsgebiet für die Bundeswettbewerbsbehörde.

23) Bundesgesetz vom 29. Juni 1977 zur Verbesserung der Nahversorgung und Wettbewerbsbedingungen, BGBl 1977/392, idF BGBl I 2001/136 (im Folgenden: NahVersG).

24) Vgl zum entstehungsgeschichtlichen Hintergrund des NahVersG ua: *Schuhmacher,* „Quo vadis", österreichisches Wettbewerbsrecht? ÖJZ 1978, 314; *Barfuß,* Das Bundesgesetz zur Verbesserung der Nahversorgung und der Wettbewerbsbedingungen („NVG"), ÖZW 1978, 10; *Farnleitner/Straberger,* Nahversorgungsgesetz (1978) 16; *M. Zimmerbauer,* Folgenerwägungen im NVG, wbl 1994, 10.

25) Bericht des Handelsausschusses, 565 BlgNR 14. GP.

dem Bestehen neuer Betriebsformen des Einzelhandels, welche zu Verhaltensweisen im Wettbewerb geführt haben, die eine leistungsgerechte Auseinandersetzung auf dem Markt zwischen Unternehmen verschiedener Größenordnungen der gleichen Handelsstufe gestört und verzerrt haben. Lieferanten werden häufig wirtschaftlichem Druck ausgesetzt und räumen nachfragestarken Wiederverkäufern Sonderkonditionen ein, die von ihren regulären Lieferbedingungen zum Teil beträchtlich abweichen und sachlich nicht gerechtfertigt sind. Derartige Wettbewerbspraktiken können für alle Beteiligten im Wirtschaftskreise schädliche Auswirkungen haben. Für den Verbraucher ergibt sich die Gefahr, dass als Folge der Bevorzugung marktstarker Abnehmer andere, an sich leistungsfähige Handelsbetriebe zum Ausscheiden aus dem Wettbewerb gezwungen werden, wodurch empfindliche Lücken im Güterverteilungsnetz entstehen können und es zur Bildung örtlicher Monopolstellungen kommt."

Die Zielsetzungen des NahVersG sind: Der Schutz des leistungsgerechten Wettbewerbs, sowie die Erhaltung eines bestimmten Wettbewerbsbestandes, der durch die Existenz vieler mittlerer und kleinerer Unternehmen gekennzeichnet ist.[26]) Durch das NahVersG sollen nachfragemachtbedingte Wettbewerbsverzerrungen möglichst ausgeschaltet werden. Die Vorschriften der §§ 1 bis 3 NahVersG beziehen sich aber nicht bloß auf die „Nachfragemacht", sondern allgemein auf verpönte Verhaltensweisen von Unternehmen untereinander, also auch auf Verhaltensweisen, die etwa von Erzeugern oder Lieferanten geübt werden.[27]) Durch das NahVersG werden bestimmte Verhaltensweisen auch für nicht marktmächtige Unternehmen verboten.[28]) *Fitz/Roth* weisen aber zutreffend darauf hin, dass das Kriterium einer Funktionsgefährdung des „leistungsgerechten Wettbewerbs" (§ 1 NahVersG) implizit auch auf die Marktstärke des handelnden Unternehmens abstellt, weil die Toleranzschwelle je nach Intensität dieses Merkmals höher oder geringer anzusetzen ist.[29]) Das NahVersG soll vor allem die Chancengleichheit im Wettbewerb zwischen Handelsunternehmen verschiedener Größenordnung schützen oder wiederherstellen.[30]) Das NahVersG soll sohin die dem Leistungswettbewerb eigenen Funktionen erhalten und möglichst fördern.

Da sich aus der soeben erfolgten, ersten Analyse der Zwecke des NahVersG ergibt, dass dieses Gesetz zur Beurteilung der geschilderten Marktsi-

---

26) *Farnleitner/Straberger,* Nahversorgungsgesetz 16; vgl OGH 21. 1. 2003, 4 Ob 210/02i – Spar II – mit Verweis auf *Farnleitner/Straberger,* Nahversorgungsgesetz 16.

27) *Barfuß,* ÖZW 1978, 10.

28) Die Anwendung des NahVersG setzt keine Marktbeherrschung iSd KartG voraus, das NahVersG hat daher neben dem KartG einen eigenständigen Anwendungsbereich: vgl ua OGH 3. 4. 2001, 4 Ob 34/01f – Spar I – wbl 2001, 497 = ÖBl 2001, 229.

29) *Fitz/Roth,* Wettbewerbsrechtliches zu den Liefer- und Verwertungsverträgen der österreichischen Milchwirtschaft, wbl 1990, 317.

30) *Koppensteiner,* Wettbewerbsrecht[3] (1997) § 30 Rz 8 mit Nachweisen in der parlamentarischen Debatte und in der Judikatur; *Fitz/Roth,* Verkauf unter dem Einstandspreis, RdW 1989, 241, führen als Rechtsschutzziele des NahVersG die Erhaltung des mittelständischen Einzelhandels, den Verbraucherschutz und die Funktionsweise des marktwirtschaftlichen Wettbewerbs als solchen an.

tuation im Kfz-Vertrieb besonders relevant ist und der OGH jüngst das NahVersG wieder zur Untersagung von Rabattdifferenzierungen im Rahmen eines großen Vertriebssystems des Lebensmittelhandels herangezogen hat,[31]) erfolgt nun eine ausführlichere Beschäftigung mit den einschlägigen Normen des NahVersG.

B. Generalklausel (§ 1 NahVersG)

§ 1 NahVersG lautet: „§ 1 (1) Verhaltensweisen von Unternehmern im geschäftlichen Verkehr untereinander können untersagt werden, soweit sie geeignet sind, den leistungsgerechten Wettbewerb zu gefährden.

(2) Solche Verhaltensweisen sind insbesondere das Anbieten oder Fordern, Gewähren oder Annehmen von Geld oder sonstiger Leistungen, auch Rabatten oder Sonderkonditionen, zwischen Lieferanten und Wiederverkäufern, die sachlich nicht gerechtfertigt sind, vor allem, wenn zusätzlichen Leistungen keine entsprechenden Gegenleistungen gegenüberstehen."

§ 1 Abs 1 NahVersG, die Generalklausel des NahVersG, bestimmt, dass Verhaltensweisen von Unternehmen im geschäftlichen Verkehr untereinander verboten sind, soweit sie geeignet sind, den leistungsgerechten Wettbewerb zu gefährden. Schutzzweck der Generalklausel des § 1 NahVersG ist somit der leistungsgerechte Wettbewerb. Leistungsgerechter Wettbewerb ist positiver Wettbewerb zwecks Förderung der Absatzfähigkeit des eigenen Unternehmens durch eigene Leistung, Anstrengung und Tüchtigkeit, ohne die im Verhältnis zu anderen Unternehmen größere Marktmacht ins Spiel zu bringen.[32])

In § 1 Abs 2 NahVersG werden demonstrativ Arten des nicht-leistungsgerechten Wettbewerbs aufgezählt. Wichtigstes Beispiel des § 1 Abs 2 NahVersG sind verschiedene Formen der Ungleichbehandlung von Händlern durch deren Lieferanten. Das Diskriminierungsverbot des § 2 NahVersG ist wiederum ein Unterfall des § 1 Abs 2 NahVersG.

Die Auslegung sämtlicher Tatbestände des NahVersG hat sich an den erklärten Zielen des Gesetzes zu orientieren.[33]) Wenn die Generalklausel des § 1 Abs 1 NahVersG ausgelegt werden soll, um den Begriff des leistungsgerechten Wettbewerbs näher zu bestimmen, wird daher zweckmäßigerweise mit einer systematisch-teleologischen Auslegung des § 2 NahVersG begonnen, da das Diskriminierungsverbot des § 2 NahVersG, wie die Beispiele des § 1 Abs 2 NahVersG, auch ein Prinzip des leistungsgerechten Wettbewerbs ist.[34])[35])

31) OGH 3. 4. 2001, 4 Ob 34/01f – Spar I – wbl 2001, 497 = ÖBl 2001, 229; OGH 21. 1. 2003, 4 Ob 210/02i – Spar II – RdW 2003, 309 = ÖBl 2003, 52 *(Barbist)*.

32) *Farnleitner/Straberger*, Nahversorgungsgesetz 16.

33) OGH 20. 9. 1989, Okt 1/89; vgl auch *Gugerbauer*, KartG² (1993) NahVersG § 1 Rz 1.

34) Vgl ua *Koppensteiner*, Wettbewerbsrecht³ § 30 Rz 4 u 8; OGH 26. 9. 1989, 4 Ob 94/89, JBl 1990, 187 = ÖBl 1989, 167 = MR 1989, 225; OGH als KOG 9. 10. 2000, 16 Ok 8/00; OGH Spar I.

35) Zum Verhältnis zwischen der Generalklausel des § 1 UWG und den Sondertatbeständen des UWG vgl ua OGH 8. 4. 1997, 4 Ob 56/97g: „§ 1 UWG umfasst Wettbewerbs-

C. Diskriminierungsverbot (§ 2 NahVersG)

§ 2 NahVersG lautet: „§ 2 (1) Wer als Lieferant gewerberechtlich befugten Wiederverkäufern bei Vorliegen gleicher Voraussetzungen ohne sachliche Rechtfertigung unterschiedliche Bedingungen gewährt oder anbietet, kann auf Unterlassung in Anspruch genommen werden.

(2) In gleicher Weise kann auch ein Wiederverkäufer in Anspruch genommen werden, der von Lieferanten sachlich nicht gerechtfertigte Bedingungen fordert oder annimmt."

§ 2 NahVersG verbietet Lieferanten die Diskriminierung von Wiederverkäufern.[36]) § 2 NahVersG bezweckt vor allem, dass Wiederverkäufer, soweit gleiche Voraussetzungen vorliegen, im Wettbewerb um Endkunden mit den gleichen wirtschaftlichen Bedingungen, insbesondere den gleichen Einkaufskonditionen bei ein und demselben Lieferanten, ins „Wettbewerbsrennen" gehen können. Differenzierungen, zB durch Konditionenunterschiede, nach § 2 Abs 1 NahVersG sind nur dann zulässig, wenn eine Differenzierung sachlich möglich oder sogar geboten ist.[37]) Voraussetzung für eine durch § 2 NahVersG verbotene Diskriminierung sind „gleiche Voraussetzungen" bei den zu vergleichenden gewerblichen Wiederverkäufern und „die Gewährung von unterschiedlichen Bedingungen ohne sachliche Rechtfertigung" durch den Lieferanten.[38])

Sowohl die Beschreibung von Verhaltensweisen, die den leistungsgerechten Wettbewerb verletzen, in § 1 Abs 2 NahVersG als auch in § 2 NahVersG, haben nach ihrem Wortlaut eine Situation vor Augen, bei der eine Handelsstufe (die Lieferanten) Wettbewerber in der nächsten Handelsstufe (zB Detailhändler) ungleich behandelt und damit den leistungsgerechten Wettbewerb zwischen diesen unterschiedlich behandelten Unternehmern behindert. Dem gegenüber ist die in § 1 Abs 1 NahVersG enthaltene Generalklausel allgemeiner formuliert und verbietet Verhaltensweisen von Unternehmen im geschäftlichen Verkehr, die geeignet sind, den leistungsgerechten Wettbewerb zu gefährden.

In letzter Zeit hatte der OGH Gelegenheit, in zwei Entscheidungen, die Fälle von Rabattdifferenzierung im Lebensmittelhandel zum Gegenstand

handlungen, die andere wettbewerbsregelnde Normen zwar nicht formal verletzen, in ihrer Wirkung aber einem solchen Verstoß gleichkommen; im Wettbewerbsrecht soll möglichst jedes einer verbotenen Wettbewerbshandlung ähnliche Verhalten, das inhaltlich zum gleichen verpönten Erfolg führt, als sittenwidrig gewertet werden."

36) Vgl ua OGH 9. 10. 2000, 16 Ok 8/00.

37) Vgl OGH Spar I mit Verweis auf *Koppensteiner*, Wettbewerbsrecht[3] § 31 Rz 10; *Gugerbauer*, KartG[2] § 35 Rz 10 sowie *Farnleitner/Straberger*, Nahversorgungsgesetz, 43.

38) Der vergleichbare Marktmacht-Missbrauchstatbestand – Benachteiligung von Vertragspartnern im Wettbewerb durch Anwendung unterschiedlicher Bedingungen bei gleichwertiger Leistung (§ 35 Abs 1 Z 3 KartG) – ist strenger konzipiert: Unterschiedliche Bedingungen können nur durch unterschiedliche Leistungen gerechtfertigt werden. Die Frage nach der sachlichen Rechtfertigung zählt nicht zum gesetzlichen Tatbestand, weil einzige Rechtfertigung für die Ungleichbehandlung eben die fehlende Gleichwertigkeit der Leistungen wäre, vgl *Tahedl*, Missbrauch der marktbeherrschenden Stellung (1993) 158 mwN; siehe auch Punkt III.D.

hatten, § 2 NahVersG anzuwenden und dabei auszulegen.[39]) Ein Lieferant behandelte zwei Gruppen von Wiederverkäufern durch Gewährung unterschiedlich hoher Rabatte verschieden. Da den beiden Lieferbeziehungen „gleiche Voraussetzungen" im Sinne des § 2 Abs 1 NahVersG zu Grunde lagen, führte der OGH, um festzustellen, ob eine solche Ungleichbehandlung sachlich gerechtfertigt war oder einen Verstoß gegen § 2 NahVersG darstellte, folgende Überlegungen durch:

- Die Sachlichkeit einer Rabattdifferenzierung ist durch eine Abwägung der Interessen der Beteiligten zu ermitteln.
- Beteiligte sind die jeweils in Betracht stehenden Normadressaten. Einerseits die Unternehmen, die zu beanstandende Verhaltensweisen auf dem Markt verwirklichen und andererseits die Unternehmen, die von diesem Verhalten unmittelbar oder mittelbar betroffen sind.
- Interessen, die auf einen gesetzwidrigen Zustand gerichtet sind oder gegen rechtliche Wertungen (zB § 1 UWG) verstoßen, sind von einer Abwägung ausgeschlossen. Das Interesse an der Durchsetzung solcher Verhaltensweisen ist nicht abwägungsfähig.
- Abwägbare Interessen des Unternehmens, das Rabattdifferenzierungen vornimmt, müssen vernünftige kaufmännische oder betriebswirtschaftliche Gründe sein.
- Durch Rabattdifferenzierungen benachteiligte Unternehmen haben ein geschütztes Interesse, nicht durch das machtbedingte Verhalten anderer Marktteilnehmer in ihren wettbewerblichen Betätigungsmöglichkeiten beeinträchtigt zu werden und bei offen stehendem Marktzugang nicht durch Beeinträchtigung der Chancengleichheit in der wettbewerblichen Betätigung im Verhältnis zu anderen Unternehmen benachteiligt zu werden.
- Bei der Abwägung und Gewichtung ist zu prüfen, wie stark sich in einem bestimmten Einzelfall die Frage der Belieferung oder Nichtbelieferung eines bestimmten Abnehmers auf das betriebswirtschaftliche Optimierungsinteresse des Lieferanten einerseits und auf das wettbewerbliche Betätigungsinteresse von Mitbewerbern andererseits auswirkt. Grundsätzlich kann jeder Marktteilnehmer seine geschäftliche Tätigkeit und sein Absatzsystem nach eigenem Ermessen so gestalten, wie er dies für wirtschaftlich sinnvoll und richtig hält, doch wird diese Gestaltungsfreiheit nicht nur durch das UWG und das KartG, sondern auch durch das NahVersG und dessen normative Maßstäbe eingeschränkt.
- Jeder Markteilnehmer muss bei der Durchsetzung betriebswirtschaftlich und kaufmännisch vernünftiger Ziele verhältnismäßig vorgehen. Er hat sich grundsätzlich auf das mildeste, dh die wettbewerblichen Betätigungsmöglichkeiten Dritter am wenigsten beeinträchtigende Mittel, zu beschränken, das zum Erreichen des erstrebten Ziels noch geeignet ist.

39) OGH Spar I und Spar II.

- Rabattdifferenzierungen müssen – unter Rücksichtnahme auf die wettbewerbliche Betätigungsfreiheit der Händler – objektiv sachgemäß und angemessen sein.
- Es ist auch auf die konkrete Marktstärke des beanstandeten Unternehmens und das mit ihr verbundene Ausmaß der Wettbewerbsbeeinträchtigung für die Betroffenen abzustellen; gleichwohl das NahVersG Marktmacht im Sinne des KartG nicht voraussetzt. Je stärker die Marktmacht im Einzelfall ist und je weniger wettbewerbliche Betätigungs- und Ausweichmöglichkeiten in Folge dessen Wettbewerber, Lieferanten oder Abnehmer haben, umso eher wird das belangte Unternehmen zur Rücksichtnahme auf andere Marktteilnehmer verpflichtet sein, um den Ansprüchen des Bewertungsmaßstabs des § 1 NahVersG zu genügen.
- Die Zielsetzungen des NahVersG sind bei der Interessenabwägung mit zu berücksichtigen. Werden Konzentrationstendenzen auf einem Markt verstärkt und die Konkurrenzfähigkeit bestimmter Marktteilnehmer verhindert, so sind diese Interessen im Hinblick auf das NahVersG nicht schutzwürdig.

D. *Diskriminierungsverbote und andere Wettbewerbsgesetze*

Diskriminierungsverbote sind auch in anderen wettbewerbsrechtlichen Vorschriften normiert bzw können vergleichbare Wertungen auch aus anderen wettbewerbsrechtlichen Normen abgeleitet werden:

Das KartG kennt als eine Form des Marktmachtmissbrauchs das Verbot der Benachteiligung von Vertragspartnern im Wettbewerb durch Anwendung unterschiedlicher Bedingungen bei gleichwertigen Leistungen (§ 35 Abs 1 Z 3 KartG). Durch dieses Diskriminierungsverbot[40]) sollen Wettbewerbsverfälschungen auf vor- oder nachgelagerten Wirtschaftsstufen, die sich aus der Ungleichbehandlung von Abnehmern und Lieferanten ergeben können, verhindert werden.[41]) Das Diskriminierungsverbot des § 35 Abs 1 Z 3 KartG setzt eine marktbeherrschende Stellung des diskriminierenden Unternehmens voraus und ist strenger als § 2 Abs 1 NahVersG. Bereits die unterschiedliche Behandlung von Vertragspartnern bei gleichwertigen Leistungen der Vertragspartner ist untersagt; eine zusätzliche Frage nach sachlicher Rechtfertigung für die unterschiedliche Behandlung stellt sich nicht. Einzige Rechtfertigung für eine Ungleichbehandlung kann nur die fehlende Gleichwertigkeit der Leistung sein.[42]) Die Benachteiligung im Wettbewerb ergibt sich im Allgemeinen ohne weiteres aus der unterschiedlichen Behandlung, da diese in der Regel zu einem Wettbewerbsvorteil beim bevorzugten Unternehmen führt.[43])

40) Vgl *Koppensteiner,* Wettbewerbsrecht[3] § 12 Rz 39.
41) Vgl ua *Tahedl,* Missbrauch der marktbeherrschenden Stellung 157; *Gugerbauer,* KartG[2] § 35 Rz 10.
42) Vgl *Tahedl,* Missbrauch der marktbeherrschenden Stellung 158.
43) Vgl *Tahedl,* Missbrauch der marktbeherrschenden Stellung 157 mwN.

Weiters ist das Verbot des Preis- und Konditionenmissbrauchs (§ 35 Abs 1 Z 1 KartG) zu beachten: Ein Unternehmen missbraucht seine marktbeherrschende Stellung, wenn es unmittelbar oder mittelbar unangemessene Einkaufs- oder Verkaufspreise oder sonstige Geschäftsbedingungen erzwingt. Nach *Koppensteiner* besteht die am leichtesten zu beurteilende Variante des Preismissbrauchs in der Preisspaltung, im Preisstrukturmissbrauch.[44]) Denn Preisdifferenzierung ohne sachlich gerechtfertigten Grund – in Betracht kommen in erster Linie unterschiedliche Kosten – erlaubt in der Regel den Schluss, dass der höhere Preis missbräuchlich ist.[45]) Das gilt insbesondere dann, wenn der Lieferant dort, wo er den niedrigeren Preis anbietet (bzw den höheren Preis bezahlt), unter Bedingungen des funktionsfähigen Wettbewerbs operiert.[46])

Aus § 1 UWG lässt sich grundsätzlich kein allgemeines Verbot der unterschiedlichen Behandlung bei Preisen, Rabatten oder Konditionen (Preisdifferenzierung) ableiten,[47]) insbesondere, da der Natur des Wettbewerbs die Differenzierung und nicht die Gleichbehandlung entspricht.[48]) Damit § 1 UWG durch eine unterschiedliche Behandlung verletzt wird, müssen spezielle Unlauterkeitsmerkmale hinzutreten.[49]) In der Judikatur zu § 1 UWG findet sich in diesem Zusammenhang ua die Fallgruppe des „Behinderungswettbewerbs".[50]) Grundsätzlich ist jede Wettbewerbshandlung ihrer Natur nach geeignet, den Mitbewerber in seinem Streben nach Geschäftsabschlüssen und Gewinn zu beeinträchtigen. Daher ist nicht jeder Wettbewerb, der den Mitbewerber schädigt und verdrängt, Behinderungswettbewerb, weil es Sinn und Zweck des wirtschaftlichen Wettbewerbs ist, in den Kundenkreis des Mitbewerbers einzudringen und ihm durch Güte und Preiswürdigkeit der eigenen Leistung Kunden abzunehmen.[51]) Ein sittenwidriger „Behinderungswettbewerb" liegt nach der Judikatur des OGH dann vor, wenn ein Unternehmen durch Behinderung des Konkurrenten zu erreichen sucht, dass dieser Mitbewerber seine Leistung auf dem Markt nicht oder nicht mehr rein zur Geltung bringen kann; in diesem Fall ist die Verdrängung des Mitbewerbers vom Markt nicht eine unvermeidliche, begriffswesentliche Folge des Wettbewerbs, sondern im Gegenteil eine sittenwidrige Ausschaltung des Mitbewerbers vom Leistungswettbewerb. Ein solches Vorgehen beeinträchtigt nicht nur die freie wirtschaftliche Betätigung des Konkurrenten; sie gefährdet zugleich das Bestehen des Wettbewerbs als solchen, welchen § 1 UWG im Interesse der Gesamtheit der Mitbewerber und darüber hinaus der Allgemeinheit schützen will. Daraus folgt, dass jeden-

---

44) *Koppensteiner,* Wettbewerbsrecht[3] § 12 Rz 42 mwN.

45) *Koppensteiner,* Wettbewerbsrecht[3] § 12 Rz 42.

46) *Koppensteiner,* Wettbewerbsrecht[3] § 12 Rz 42.

47) Vgl *Baumbach/Hefermehl,* Wettbewerbsrecht[22] (2000) § 1 UWG Rz 303; *Wiltschek,* UWG[7] (2003) § 1 E 2223.

48) Vgl *Baumbach/Hefermehl,* Wettbewerbsrecht[22] § 1 UWG Rz 301.

49) Vgl *Baumbach/Hefermehl,* Wettbewerbsrecht[22] § 1 UWG Rz 303.

50) Vgl ua *Wiltschek,* UWG[7] § 1 E 2096 ff; *Baumbach/Hefermehl,* Wettbewerbsrecht[22] § 1 UWG Rz 208 ff.

51) Vgl ua OGH 1. 6. 1999, 4 Ob 111/99y.

falls Maßnahmen die ihrer Natur nach allein der Behinderung des Mitbewerbers dienen, regelmäßig wettbewerbswidrig sind; typische Mittel des Leistungswettbewerbs sind dagegen grundsätzlich erlaubt und nur bei hinzutreten besonderer Umstände, die den Leistungs- zum Behinderungswettbewerb machen, unlauter.[52]) Dies ist dann der Fall, wenn eine bestimmte dem Begriff des Leistungswettbewerbs zu unterstellende Handlung durch das Hinzutreten besonderer Umstände zu einer unmittelbar gegen den Konkurrenten gerichteten Behinderungsmaßnahme wird, die es dem Mitbewerber erschwert (wenn nicht überhaupt unmöglich macht), seine Leistung auf dem Markt entsprechend zur Geltung zu bringen und damit für die Zukunft einen echten Leistungsvergleich ausschließt.[53])

Auch die Rechtsprechung des EuGH zum EU-Wettbewerbsrecht kennt vergleichbare Fälle nicht-leistungsgerechten Wettbewerbs. Sowohl die Europäische Kommission als auch der EuGH sind der Auffassung, dass der Wettbewerb zwischen Groß- und Einzelhändlern dann nicht leistungsgerecht ist, wenn der Hersteller sein Absatzsystem in einem System organisiert hat, das deutlich zwischen Groß- und Einzelhandelsfunktion unterscheidet, und der Einzelhandel besondere qualitative Kriterien erfüllen muss.[54])

E. *Der leistungsgerechte Wettbewerb des NahVersG*

Aus den bisherigen Ausführungen lassen sich zusammengefasst folgende Aussagen zum leistungsgerechten Wettbewerb treffen: Leistungsgerechter Wettbewerb ist positiver Wettbewerb zur Förderung der Absatzfähigkeit des eigenen Unternehmens. Er liegt zB dann nicht vor, wenn der Wettbewerb zwischen einzelnen Marktteilnehmern durch Rabattdifferenzierungen oder durch gleich wirkende Vertriebspraktiken behindert wird.

Dh nicht nur im Regelfall des § 2 NahVersG, nämlich dann, wenn ein Lieferant mehrere Wiederverkäufer unterschiedlich behandelt und in ihrem Wettbewerb untereinander behindert, liegt verbotene Diskriminierung vor, sondern der leistungsgerechte Wettbewerb kann auch durch andere, vergleichbare Praktiken beeinträchtigt werden. Derartige Praktiken können auch aus der Analyse von Entscheidungen zu vergleichbaren Wettbewerbsnormen gefunden werden. In Punkt D. wurde auf manche Arten nicht-leistungsgerechten Wettbewerbs hingewiesen. Die geschilderten Fälle von Wettbewerbsbehinderung sind auch im Rahmen des Geltungsbereichs des § 1 NahVersG als Beispiele des nicht-leistungsgerechten Wettbewerbs nach § 1 Abs 1 NahVersG zu werten.

Ob nun in den zu Grunde gelegten Fällen des Kfz-Handels allenfalls eine Verletzung des leistungsgerechten Wettbewerbs iS des § 1 Abs 1 NahVersG vorliegt, wird in der Folge zu untersuchen sein.

---

52) Vgl ua OGH 3. 5. 2000, 4 Ob 112/00z u OGH 1. 6. 1999, 4 Ob 111/99y, jeweils mwN.
53) OGH 22. 6. 1999, 4 Ob 90/99k.
54) *Gleiss/Hirsch,* Kommentar zum EG-Kartellrecht[4] (1993) Art 85 Rz 1252 mit Nachweisen zur Rechtsprechung der Kommission und des EuGH hinsichtlich der wettbewerbsrechtlichen Zulässigkeit von Sprunglieferungsverboten (Art 81 Abs 1 EGV).

IV. Widerspricht die behandelte Vertragspraxis im Kfz-Vertrieb dem leistungsgerechten Wettbewerb?

Wie bereits eingangs geschildert, wird im Kfz-Handel häufig folgende Vertriebsstrategie verfolgt: Der Organisator eines Vertriebssystems verlautbart in seiner Werbung unverbindlich empfohlene Verkaufspreise. Der Einkaufspreis des Wiederverkäufers wird so festgelegt, dass Rabattierungen vom empfohlenen Verkaufspreis von den Wiederverkäufern nur in einem Umfang von wenigen Prozenten betriebswirtschaftlich vertretbar gewährt werden können. Der Lieferant des Einzelhändlers verkauft hingegen systematisch bestimmten Gruppen von Kfz-Käufern[55]) (Flotteneinkäufern, institutionellen Einkäufern, etc), ausdrücklich aber nicht den Händlern der dritten Stufe Kfz zu Preisen, die unter den Einkaufspreisen dieser Händler liegen. Der Handel der zweiten Stufe (die Lieferanten) differenziert also nicht zwischen einzelnen Händlern der dritten Stufe, sondern behandelt diese gleich (schlecht), nimmt aber selbst an deren Wettbewerb zu ganz anderen Bedingungen teil, als er sie den Händlern der dritten Stufe gewährt.

Aus den Ausführungen zu § 2 NahVersG ist eindeutig zu entnehmen, dass die geschilderte Verhaltensweise nicht unmittelbar gegen § 2 NahVersG verstößt. Der Blick auf die vergleichbare Rechtsprechung zu anderen Wettbewerbsgesetzen, die ebenfalls Diskriminierungen im Wettbewerb verhindern wollen, hat gezeigt, dass idente Verhaltensweisen bis jetzt noch nicht judiziert wurden.

Vergleicht man die Ergebnisse der gerade wiederholten Praxis des Kfz-Vertriebs mit den Ergebnissen der unmittelbaren Diskriminierung nach dem Modell des § 2 NahVersG, dann lässt sich feststellen, dass beide Praktiken zum selben Ergebnis führen: Beim Fall der Diskriminierung gemäß § 2 NahVersG werden einzelne Händler der nächsten Stufe gegenüber anderen Händlern derselben Stufe benachteiligt. Im hier geschilderten Fall werden hingegen nicht einzelne Händler der nächsten Stufe diskriminiert, sondern der Händler der übergeordneten Stufe (Lieferant) begibt sich selbst auf die Stufe der Händler der nächsten Stufe, um die Händler auf dieser Ebene zu behindern. Die volkswirtschaftlichen Nachteile einer solchen Behinderung wurden bereits dargelegt.[56]) Sowohl die Normen zum leistungsgerechten Wettbewerb gemäß NahVersG als auch das KartG und die Rechtsprechung zum Behinderungswettbewerb gemäß § 1 UWG haben zum Ziel, diese volkswirtschaftlichen Missstände zu verhindern.

Besonders aus den E des OGH Spar I und II zu § 2 Abs 1 NahVersG lassen sich Grundsätze ableiten, die auch hier angewendet werden können. Unter Berücksichtigung der Zielsetzungen des NahVersG kann das Interesse der Lieferanten, vorbehaltene Endkunden über die Abgeltung ihrer Kostenersparnis hinaus zu begünstigen, nicht schutzwürdig sein, da diese Begünstigung die Marktkonzentration verstärkt, der das NahVersG gerade entgegen wirken will. Ebenso ist es nicht schutzwürdig, die Händler durch

55) Vgl Punkt II.B.
56) Siehe Punkt II.C.

die Rabattdifferenzierung gänzlich von der Belieferung der vorbehaltenen Endkunden auszuschließen. Wesentlich schutzwürdiger sind hingegen die Interessen der Händler, bei gleichen Voraussetzungen auch zu gleichen Konditionen wie direkt belieferte Endkunden einzukaufen, um auch bei den direkt belieferten Endkunden konkurrenzfähig zu sein. Insbesondere da nur die Konkurrenzfähigkeit der „kleinen" Händler deren Bestand und damit – wie vom NahVersG angestrebt – die Existenz vieler mittlerer und kleinerer Unternehmen sichern kann.[57])

Bei der Rabattgestaltung darf der Lieferant im Kfz-Vertrieb nicht zwischen den von ihm belieferten Endkunden und den, ebenfalls von ihm belieferten Händlern, differenzieren, da diese Differenzierung, wie dargelegt, sachlich nicht gerechtfertigt ist. Eine derartige Differenzierung könnte nur dann zulässig sein, wenn Lieferant und Händler zueinander nicht im Wettbewerb um Endkunden stünden. Auf Grund der Kfz-GVO besteht im Kfz-Vertrieb jedoch immer ein Wettbewerbsverhältnis zwischen Händlern und Lieferanten, die auch direkt an Endverbraucher liefern, da in einem selektiven Vertriebssystem der Kundenkreis des Händlers grundsätzlich nicht beschränkt werden darf; aber auch in einem exklusiven Vertriebssystem – mit einem Belieferungsvorbehalt des Lieferanten hinsichtlich einer bestimmten Kundengruppe – bleibt der passive Verkauf an diese Kundengruppe durch den Händler stets zulässig.[58]) Es besteht daher in beiden Arten des Vertriebssystems ein Wettbewerbsverhältnis zwischen direkt an Endkunden liefernden Lieferanten und Händlern.[59]) Die Zulässigkeit einer Differenzierung könnte sich nur aus vernünftigen kaufmännischen und betriebswirtschaftlichen Gründen des Lieferanten ergeben: Neben Differenzierungen auf Grund einer unterschiedlichen Kostenstruktur kommen auch Gründe in Betracht, die auf Seiten des Abnehmers liegen (zB Zahlungsunfähigkeit, Zahlungsmoral, Haftungsverhältnisse ua), da in diesen Fällen nicht von gleichen Voraussetzungen auf Abnehmerseite ausgegangen werden kann.[60])

Die der Untersuchung zu Grunde liegende Fallkonstellation stellt somit nach Ansicht der Autoren einen Fall des nicht-leistungsgerechten Wettbewerbs im Sinne des § 1 Abs 1 NahVersG dar.

Die Frage ob auch ein Marktmachtmissbrauch nach KartG vorliegt, wäre nach § 35 KartG zu überprüfen. Dabei müsste ua auch die Rechtsprechung zu § 34 KartG berücksichtigt werden, die dem Alleinimporteur der Produkte einer bestimmten Automarke gegenüber einem Vertragshändler dieser Automarke eine marktbeherrschende Stellung gemäß § 34 KartG zuspricht.[61]) Aus praktischen Gründen kann die vorliegende Untersuchung

57) Vgl OGH Spar II.

58) Siehe Punkt V. A.

59) Vgl Punkt V. B. zur Definition des Wettbewerbsverhältnis nach der Kfz-GVO.

60) Vgl zur Diskriminierung durch ein marktmächtiges Unternehmen: ua OGH als KOG 22. 11. 1976, Okt 8/76, ÖBl 1977, 17.

61) Begründet wird dies damit, dass der relevante Markt aus der Position des Vertragshändlers auf die Produkte der jeweiligen Marke eingeschränkt ist und der Vertrags-

den Aspekt des Missbrauchs einer marktbeherrschenden Stellung nicht weiter ausführen. Es ist jedoch sehr wahrscheinlich, dass die zu Grunde liegende Fallkonstellation auch einen Missbrauch marktbeherrschender Stellung (§ 35 KartG) darstellt, soweit Marktmacht des Lieferanten gemäß § 34 KartG gegeben ist.[62])

V. Eigenvertrieb durch Lieferanten und Kfz-GVO

A. *Allgemeines*

Durch die Kfz-GVO werden vertikale Vereinbarungen (Vertriebsverträge) für den Vertrieb von Kfz, Kfz-Ersatzteilen oder Wartungs- und Instandsetzungsdienstleistungen vom Kartellverbot des Art 81 Abs 3 EGV freigestellt (Art 2 Abs 2 Kfz-GVO). Die Kfz-GVO unterscheidet zwei Hauptformen von Vertriebssystemen.[63])

- Exklusivvertrieb:[64]) Der Lieferant bestellt jeweils einen Vertragshändler für ein bestimmtes Vertragsgebiet oder eine bestimmte Kundengruppe oder behält sich selbst ein bestimmtes Vertragsgebiet oder eine bestimmte Kundengruppe ausschließlich vor (vgl Art 4 Abs 1 lit b i Kfz-GVO[65])). Hinsichtlich seines Vertragsgebietes bzw seiner Kundengruppe hat dann dieser Vertragshändler bzw der Lieferant das alleinige Recht zum (aktiven) Verkauf der Vertragsprodukte. Besonders hervorzuheben ist, dass in einem exklusiven Kfz-Vertriebssystem der Händler nicht im Weiterverkauf der Vertragsprodukte beschränkt werden darf; insbesondere darf dem Händler nicht untersagt werden, an unabhängige Wiederverkäufer, die nicht Mitglieder des Vertriebssystems sind, zu liefern.[66]) Im Rahmen eines exklusiven Vertriebssystems ist daher ein Verbot des Verkaufs an unabhängige Wiederverkäufer (zB Supermärkte, Leasingunternehmen, etc) nicht freigestellt.
- Selektiver Vertrieb (qualitativ oder qualitativ und quantitativ):[67]) Nach Art 1 Abs 1 lit f Kfz-GVO sind „Selektive Vertriebssysteme" Vertriebs-

---

händler für den Abschluss eines Vertriebsvertrags auf den Alleinimporteur angewiesen ist: vgl ua OGH als KOG 14. 6. 1993, Okt 3/93; OGH als KOG 14. 12. 1993, Okt 7/93; OGH 17. 3. 1998, 4 Ob 62/98s; OGH 12. 4. 2000, 4 Ob 62/00x; OGH 15. 10. 2002, 4 Ob 187/02g.

62) Siehe auch Punkt III.D.

63) Der Lieferant kann sein Vertriebssystem grundsätzlich frei ausgestalten, er muss jedoch seine Marktanteile beachten: Ein rein qualitativ selektives Vertriebssystem ist unabhängig von den Marktanteilen freigestellt. Bei einem exklusiven Vertriebssystem dürfen 30% Marktanteil und bei einem quantitativ selektiven System 40% Marktanteil nicht überschritten werden (Art 3 Abs 1 Kfz-GVO).

64) Vgl zum exklusiven Vertriebssystem: *Creutzig,* GVO für den Kraftfahrzeugsektor Rz 429 ff; *Roniger/Hemetsberger,* Kfz-Vertrieb neu (2003) E 99 ff und Art 4 Rz 14 ff; *Gugerbauer,* Kfz-GVO Kurzkommentar (2002) 54.

65) Eine ausdrückliche Definition des exklusiven Vertriebs enthält die Kfz-GVO nicht.

66) Siehe dazu Art 4 Abs 1 lit b i Kfz-GVO: „. . . sofern dadurch Verkäufe seitens der Kunden des Händlers (. . .) nicht begrenzt werden."

67) Vgl zum selektiven Vertriebssystem: *Creutzig,* GVO für den Kraftfahrzeugsektor Rz 440 ff; *Roniger/Hemetsberger,* Kfz-Vertrieb E 99 ff; *Gugerbauer,* Kfz-GVO 54.

systeme, in denen sich der Lieferant verpflichtet, die Vertragswaren oder Dienstleistungen unmittelbar oder mittelbar nur an Händler zu verkaufen, die auf Grund festgelegter Merkmale ausgewählt werden und in denen sich diese Händler oder Werkstätten verpflichten, die betreffenden Waren oder Dienstleistungen nicht an Händler oder Werkstätten zu verkaufen, die nicht zum Vertrieb zugelassen sind.

Innerhalb der selektiven Vertriebssysteme differenziert die Kfz-GVO noch zwischen rein qualitativen Vertriebssystemen und Vertriebssystemen, die sowohl qualitative als auch quantitative Selektionskriterien beinhalten (Art 1 Abs 1 lit g und h Kfz-GVO). Diese Unterscheidung ist jedoch für die weitere Untersuchung nicht relevant. Es wird daher im Folgenden nur mehr von selektiven bzw qualitativ selektiven Vertriebssystemen gesprochen. Beim selektiven Vertrieb begrenzt ein Hersteller, Lieferant oder Importeur den Absatz seiner Erzeugnisse auf nach bestimmten Qualitätskriterien ausgewählte selbstständige Händler.[68]) Die Erfüllung dieser Qualitätskriterien („Standards") ist wesentlicher Bestandteil des Vertriebsvertrags. Der Lieferant ist gegenüber seinen Vertragspartnern (Händlern) auch verpflichtet, nur dann mit anderen Händlern Vertriebsverträge abzuschließen, wenn diese auch die Qualitätskriterien des Vertriebssystems erfüllen.[69]) Zentrales Merkmal eines selektiven Vertriebssystems ist, dass Verkäufe an Wiederverkäufer nur zulässig sind, wenn es sich dabei um Mitglieder des betreffenden selektiven Vertriebssystems handelt.

Für den weiteren Gang der Untersuchung ist besonders wesentlich, dass im Rahmen eines selektiven Vertriebssystems jedwede Beschränkung des Gebiets oder des Kundenkreises, in das oder an den der Händler Vertragswaren verkaufen darf, nicht freigestellt ist (Art 4 Abs 1 lit b und d Kfz-GVO).

Anders als nach der Kfz-GVO alt,[70]) nach der eine Kombination von exklusivem und selektivem Vertrieb freistellungsfähig war, stellt die neue Kfz-GVO nur mehr „reine" Systeme frei. Der Lieferant muss sich sohin für eine bestimmte Art des Vertriebssystems entscheiden.[71]) In Österreich werden praktisch sämtliche Automarken mit einer qualitativ selektiven Vertriebsstruktur vertrieben.[72])

68) Vgl *F. Schuhmacher,* Zulässigkeit und Durchsetzung selektiver Vertriebssysteme (2001) 4 ff mwN.

69) *Gleiss/Hirsch,* EG-Kartellrecht[4] Art 85 Rz 1656.

70) Verordnung (EG) Nr 1475/95 der Kommission vom 28. Juni 1995 über die Anwendung von Art 85 Abs 3 des Vertrages auf Gruppen von Vertriebs- und Kundendienstvereinbarungen über Kfz, ABl 1995 Nr L 145/25.

71) Aus dem Erwägungsgrund 13 zur Kfz-GVO sowie aus Art 4 Abs 1 lit b iii und lit d Kfz-GVO kann jedoch abgeleitet werden, dass sich der Lieferant auf verschiedenen „Märkten" verschiedener Vertriebsformen bedienen kann. Vgl *Roniger/Hemetsberger,* Kfz-Vertrieb 91; *Creutzig,* GVO für den Kraftfahrzeugsektor Rz 1103.

72) Nach Informationen, die den Autoren vorliegen, sind praktisch alle Vertriebssysteme namhafter Marken qualitativ selektiv strukturiert.

B. Zulässigkeit des Direktvertriebs

Lieferanten, die auch Fahrzeuge an Endverbraucher verkaufen oder Dienstleistungen an Endverbraucher erbringen, sind als Wettbewerber ihres Vertriebs- oder Werkstättennetzes zu betrachten, über die die selben Fahrzeuge verkauft oder die selben Dienstleistungen erbracht werden (Art 1 Abs 1 lit a Kfz-GVO).[73]) Wenn der Vertriebsvertrag dem Lieferanten den Eigenvertrieb an Endkunden bzw bestimmte Gruppen von Endkunden gestattet, kommt es somit zu einer vertikalen Vereinbarung zwischen Wettbewerbern. Derartige Vereinbarungen sind gemäß Art 2 Abs 3 Kfz-GVO nur dann vom Anwendungsbereich der Kfz-GVO umfasst und somit grundsätzlich freistellungsfähig, wenn die Wettbewerber eine nicht wechselseitige vertikale Vereinbarung treffen und

- der jährliche Gesamtumsatz des Käufers 100 Millionen Euro nicht überschreitet (Art 2 Abs 3 lit a Kfz-GVO) oder
- der Lieferant zugleich Hersteller und Händler von Waren, der Käufer dagegen ein Händler ist, der keine mit den Vertragswaren im Wettbewerb stehenden Waren herstellt (Art 2 Abs 3 lit b Kfz-GVO), oder
- der Lieferant ein auf mehreren Wirtschaftsstufen tätiger Dienstleistungserbringer ist und der Käufer auf der Wirtschaftsstufe auf der er die Vertragsdienstleistungen bezieht, keine mit diesen im Wettbewerb stehenden Dienstleistungen erbringt (Art 2 Abs 3 lit c Kfz-GVO).

Für die gegenständlichen Direktlieferungen von Kfz durch Lieferanten an Endverbraucher sind die Art 3 Abs 2 lit a und b Kfz-GVO relevant.[74]) Lieferanten (Generalimporteure), die nationale Tochtergesellschaften von Herstellern sind, fallen unter lit b leg cit, da sie mit dem Hersteller verbundene Unternehmen sind (Art 1 Abs 2 Kfz-GVO). Es liegt daher eine vertikale Vereinbarung zwischen einem Lieferanten, der zugleich Hersteller und Händler von Waren ist, mit einem Händler, der ausschließlich als Händler tätig ist, vor. Derartige Vereinbarungen fallen unter Art 2 Abs 3 lit b Kfz-GVO und sind nach der Kfz-GVO grundsätzlich freistellungsfähig.

Vertriebsverträge zwischen Lieferanten (Generalimporteuren), die vom Hersteller unabhängig sind, und Händlern fallen nur dann unter die Kfz-GVO, wenn der jährliche Gesamtumsatz des Käufers (Händlers) 100 Millionen Euro nicht überschreitet (Art 2 Abs 3 lit a Kfz-GVO).

Direktlieferungen des Lieferanten an Endkunden bzw bestimmte Gruppen von Endkunden sind sohin unter den Voraussetzungen des Art 2

---

73) Leitfaden der Europäischen Kommission – Generaldirektion Wettbewerb, Kraftfahrzeugvertrieb und -kundendienst in der europäischen Union, VO (EG) Nr 1400/2002 der Kommission vom 31. 7. 2002 über die Anwendung von Art 81 Abs 3 des Vertrags auf Gruppen von vertikalen Vereinbarungen und aufeinander abgestimmten Verhaltensweisen im Kraftfahrzeugsektor, verfügbar im Internet unter http://europa.eu.int/comm/competition/car_sector/ (im Folgenden: Leitfaden zur Kfz-GVO), Frage 7 FN 48.

74) Vgl dazu ua *Roniger/Hemetsberger*, Kfz-Vertrieb Art 2 Rz 22 ff; *Creutzig*, GVO für den Kraftfahrzeugsektor Rz 823 ff; *Gugerbauer*, Kfz-GVO 29.

Abs 3 Kfz-GVO grundsätzlich nach der Kfz-GVO freistellungsfähig. Festzuhalten ist aber, dass durch Art 2 Abs 3 Kfz-GVO die Direktlieferungen der Lieferanten nicht automatisch freigestellt werden, sondern lediglich der Anwendungsbereich der Kfz-GVO festgesetzt wird. Dh Direktlieferungen können ohne weiters aus anderen Gründen der Kfz-GVO widersprechen oder sonst wettbewerbsrechtlich unzulässig sein.[75])

C. *Marktaufteilung durch Rabattdifferenzierungen*

1. Allgemeines

In einem selektiven Vertriebssystem darf das Verkaufsgebiet oder der Kundenkreis der Händler, in das oder an den die Händler Vertragsprodukte verkaufen dürfen, nicht beschränkt werden (Art 4 Abs 1 lit b und d Kfz-GVO).[76]) Die Händler dürfen daher in einem selektiven Vertriebssystem vom Lieferanten weder durch den Vertrag noch sonst durch „indirekte" Maßnahmen von der Belieferung bestimmter Kundengruppen ausgeschlossen werden.[77])

Die unter Punkt II.B. dargestellten Rabattdifferenzierungen des Lieferanten zwischen Händlern einerseits und direkt belieferten Endkunden andererseits führen faktisch, wie unter Punkt II.C. ausgeführt, zum Ausschluss der Händler von der Belieferung der direkt belieferten Endkunden. Die Händler können diese Kundengruppe nicht mehr beliefern.

2. Verwirklichung von Kernbeschränkungen durch „indirekte" Maßnahmen

Eine Kernbeschränkung des Art 4 Kfz-GVO kann nicht nur unmittelbar (zB durch eine Vertragsbestimmung), verwirklicht werden, sondern auch „indirekte" Maßnahmen, die gleiche oder ähnliche Wirkung wie vertragliche Vereinbarungen mit sich bringen, können den Tatbestand einer Kernbeschränkung erfüllen.[78]) Nach dem Leitfaden der Kommission zur Kfz-GVO weist die weit gefasste Definition in Art 4 Abs 1 Kfz-GVO darauf hin, dass jede Kernbeschränkung durch ein oder mehrere indirekte Mittel erreicht werden kann und dass dies in der Praxis zu einem ähnlichen wettbewerbsbeschränkenden Ergebnis führen kann, wie die ausdrückliche Aufnahme der fraglichen Bestimmung in einen schriftlichen Vertrag.[79])

Gemäß Art 4 Abs 1 GVO kommt es für den Entfall der Freistellung darauf an, dass die betreffende Vereinbarung (im vorliegenden Fall: Vorbehalt des Eigenvertriebs durch den Lieferanten) in Verbindung mit anderen Umständen (im vorliegenden Fall: Gewährung von unterschiedlichen Rabatten)

---

75) Vgl *Creutzig,* GVO für den Kraftfahrzeugsektor Rz 823.

76) Ausgenommen davon sind Beschränkungen des aktiven Verkaufs in Märkte mit Exklusivvertrieb; der passive Verkauf in Märkte mit Exklusivvertrieb ist jedoch stets zulässig. Vgl dazu *Roniger/Hemetsberger,* Kfz-Vertrieb Art 4 Rz 43.

77) Vgl dazu ua Leitfaden zur Kfz-GVO, Frage 40; *Roniger/Hemetsberger,* Kfz-Vertrieb, Art 4 Rz 14ff.

78) Vgl ua *Roniger/Hemetsberger,* Kfz-Vertrieb Art 4 Rz 5.

79) Leitfaden zur Kfz-GVO, Seite 31, Frage 11.

eine der in Art 4 Kfz-GVO aufgezählten Beschränkungen „bezweckt".[80]) Die Vertragsbestimmung und die tatsächlichen Umstände müssen für die Verwirklichung der Kernbeschränkung kausal sein. Darüber hinaus muss die Wettbewerbsbeschränkung von den Vertragsparteien „beherrscht" werden; ein bloßes Bewirken ist nicht ausreichend. Die tatsächlichen Umstände sind den Vertragsparteien nur dann zuzurechnen, wenn sie im Einflussbereich einer Vertragspartei liegen und nicht nur durch das Verhalten eines anderen Marktteilnehmers herbeigeführt werden.[81])

Gegenständlich verursachen der Vorbehalt von Eigenvertriebsaktivitäten des Lieferanten und die Rabattdifferenzierung des Lieferanten den Ausschluss der Händler von der Belieferung der direkt belieferten Kundengruppen. Die Rabattdifferenzierung liegt eindeutig im Einflussbereich des Lieferanten und wird auch von diesem „beherrscht".

3. Verletzung der Kernbeschränkungen des Art 4 Abs 1 lit b und d Kfz-GVO

Da der Lieferant die von ihm direkt belieferten Kunden ausschließlich an sich zieht, schließt er die Händler von der Belieferung dieser Kunden vollständig aus. Dadurch wird die Kernbeschränkung des Art 4 Abs 1 lit b und d Kfz-GVO verletzt. Nur in einem exklusiven Vertriebssystem wäre eine derartige Aufteilung von Kundengruppen zulässig. Durch die Verletzung einer Kernbeschränkung verlieren sämtlich wettbewerbsbeschränkenden Bestimmungen des Vertriebsvertrages (des Vertriebssystems) die Freistellung vom Kartellverbot des Art 81 Abs 1 EGV.[82])

4. Verletzung der Kernbeschränkung des Art 4 Abs 1 lit b i Kfz-GVO

Durch den Ausschluss der Händler von der Belieferung bestimmter Kundengruppen und der ausschließlichen Belieferung durch den Lieferanten, wird der aktive Verkauf der Händler an Gruppen von Kunden, die sich der Lieferant selbst vorbehalten hat, beschränkt. Derartige Beschränkungen führen jedoch gemäß Art 4 Abs 1 lit b i Kfz-GVO zu einem exklusiven Vertriebssystem (vgl Punkt V.). In einem exklusiven Vertriebssystem sind jedoch Wiederverkaufsbeschränkungen der Händler unzulässig (Art 4 Abs 1 lit b i Kfz-GVO). Der Händler darf nicht im Weiterverkauf der Vertragsprodukte beschränkt werden; insbesondere darf dem Händler nicht untersagt werden, an unabhängige Wiederverkäufer, die nicht Mitglieder des Vertriebssystems sind, zu liefern.[83]) Im Rahmen eines exklusiven Vertriebssystems ist daher ein Verbot des Verkaufs an unabhängige Wiederverkäufer (zB Supermärkte, Leasingunternehmen etc) nicht freigestellt.

Als wichtigstes Merkmal eines selektiven Vertriebssystems (vgl Punkt V.) wird den Händlern in den Vertriebsverträgen eines selektiven

---

80) *Roniger/Hemetsberger,* Kfz-Vertrieb Art 4 Rz 6 mwN.
81) *Roniger/Hemetsberger,* Kfz-Vertrieb Art 4 Rz 6 mwN.
82) Vgl ua *Roniger/Hemetsberger,* Kfz-Vertrieb Art 4 Rz 2 mwN.
83) Art 4 Abs 1 lit b i Kfz-GVO: „... sofern dadurch Verkäufe seitens der Kunden des Händlers (...) nicht begrenzt werden."

Vertriebssystems jedoch untersagt, an unabhängige Wiederverkäufer (Nichtmitglieder des Vertriebssystems) Vertragsprodukte zu verkaufen.[84]) Diese Beschränkungen des Wiederverkaufs verstoßen sohin gegen Art 4 Abs 1 lit b i Kfz-GVO. Wird sohin ein Vertriebsvertrag als exklusiver Vertriebsvertrag eingestuft, verliert dieser wegen Verletzung der Kernbeschränkung des Art 4 Abs 1 lit b i Kfz-GVO für sämtliche wettbewerbsbeschränkenden Vertragsbestimmungen die Freistellung.

D. *Ergebnis*

Wenn der Lieferant Händler von der Belieferung bestimmter Kundengruppen ausschließt, sei es auch nur durch Maßnahmen, die nach dem Vertriebsvertrag zulässig sind und nur wirtschaftlich wirksam werden (das hier geschilderte Modell ist ein Fall des wirtschaftlichen Ausschlusses von der Belieferung bestimmter Kundengruppen), kommt es zur Einrichtung eines exklusiven Vertriebssystems (Art 4 Abs 1 lit b i Kfz-GVO). Ein exklusives Vertriebssystem ist nicht freistellungsfähig, wenn Händler darin beschränkt werden, auch an unabhängige Wiederverkäufer Vertragsprodukte zu liefern. Ein selektives Vertriebssystem ist wiederum nicht freistellungsfähig, wenn Händler im Verkauf an bestimmte Kundengruppen beschränkt werden (Art 4 Abs 1 lit b und d Kfz-GVO). Die Rabattdifferenzierungen verletzen daher entweder nach der einen oder nach der anderen Art die Kfz-GVO und führen zum Verlust der Freistellung vom Kartellverbot des Art 81 EGV.

VI. Zusammenfassung und Ausblick

Wie gezeigt wurde, gefährdet die der Untersuchung zu Grunde liegende Fallkonstellation – bestimmten Kundengruppen werden durch den Lieferanten höhere Rabatte als den Händlern des Kfz-Vertriebssystems eingeräumt – den leistungsgerechten Wettbewerb und verletzt dadurch § 1 Abs 1 NahVersG. Weiters wurde nachgewiesen, dass die Fallkonstellation in einem selektiven Vertriebssystem die Kfz-GVO verletzt und dadurch zum Verlust der Freistellung vom Kartellverbot des Art 81 Abs 1 EGV für das betreffende Vertriebssystem führt.

Auf Grund der wettbewerbsrechtlichen Fragestellung wurde auf die zivilrechtlichen Implikationen der geschilderten Fallkonstellation nicht eingegangen. Diesbezüglich wäre insb die Verletzung vertraglicher Schutz- und Sorgfaltspflichten des Lieferanten gegenüber seinen Händlern zu untersuchen.[85])

---

84) Nach Informationen, die den Autoren vorliegen, ist den Händlern in sämtlichen selektiven Vertriebssystemen die Belieferung von unabhängigen Wiederverkäufern untersagt.

85) Vgl ua BGH 25. 2. 1993, III ZR 47/92 – Daihatsu – mit Nachweisen zur deutschen Rechtsprechung, NJW 1994, 1060; BGH 23. 7. 1997, VIII ZR 130/96 mit Nachweisen zur deutschen Rechtsprechung, NJW 1997, 3304; *Ensthaler/Gesmann-Nuissl,* Übernahme des Großkundengeschäfts der Kfz-Händler durch die Hersteller – Zulässigkeit und Rechtsfolgen, BB 2003, 533 ff.

Das neue deutsche Lauterkeitsrecht: Praktische Auswirkungen der UWG-Reform

Jan Kaestner

Inhaltsübersicht:

I. Das Reformvorhaben

Am 25. 7. 2001 traten die Aufhebung des deutschen Rabattgesetzes und der deutschen Zugabeverordnung in Kraft,[1]) mit welchen der deutsche Gesetzgeber die wettbewerbsrechtlichen Rahmenbedingungen den aktuellen Bedürfnissen der Unternehmer und Verbraucher anpassen und das Rabatt- und Zugabewesen im Hinblick auf die europäische Rechtsentwicklung des elektronischen Handels[2]) liberalisieren wollte.[3]) In den folgenden Monaten zeigten sich aber die Schwierigkeiten, die mit einer Aufhebung ohne Anpassung der Vorschriften des deutschen Gesetzes gegen den unlauteren Wettbewerb[4]) einhergingen.

Insbesondere ergaben sich aus der Beibehaltung des Sonderveranstaltungs- und Räumungsverkaufsrechts (§§ 7 f UWG aF) nicht lösbare Abgrenzungsfragen. Die Unterscheidung von zulässigen Rabattaktionen („Wintermäntel X, Y und Z je 20 % reduziert") und unzulässigen Sonderveranstaltungen („Große Herbstaktion: Alle Wintermäntel 10 % billiger") stellte den eine

1) Gesetz zur Aufhebung des Rabattgesetzes und zur Anpassung anderer Rechtsvorschriften vom 23. Juli 2001, BGBl 2001 I-1663; Gesetz zur Aufhebung der Zugabeverordnung und zur Anpassung weiterer Rechtsvorschriften vom 23. Juli 2001, BGBl 2001 I-1661.

2) Insbesondere die im Juli 2000 angenommene Richtlinie 2000/31/EG des Europäischen Parlaments und des Rates über den elektronischen Geschäftsverkehr, ABl EG 2000 Nr L 178 S 1.

3) Bundestagsdrucksache (BT-Drucks) 14/5441 S 1.

4) RGBl 1909, S 499 (im Folgenden: UWG aF).

Verkaufsaktion planenden Unternehmer vor große Schwierigkeiten. Die uneinheitliche Rechtsprechung, die teilweise aus der Abschaffung von Rabattgesetz und Zugabeverordnung Auswirkungen auf die Auslegung des Sonderveranstaltungstatbestands ableitete,[5]) teilweise aber die Rechtsprechung zur alten Rechtslage fortsetzte,[6]) erschwerte sowohl die Planung von Werbemaßnahmen als auch die Rechtsberatung in diesem Bereich.

Der deutsche Gesetzgeber entschied sich wegen dieser Schwierigkeiten und der seiner Ansicht nach weiterhin unzureichenden Deregulierung[7]) daher, das Lauterkeitsrecht grundlegend zu modernisieren. Bereits im nach der Bundestagswahl 2002 vereinbarten Koalitionsvertrag zwischen SPD und Bündnis 90/Die Grünen wurde festgelegt: „Das Gesetz gegen den unlauteren Wettbewerb werden wir im Hinblick auf Europatauglichkeit und effektiven Verbraucherschutz reformieren."[8]) Den auf Ergebnissen einer vom Bundesjustizministerium eingesetzten Arbeitsgruppe „Unlauterer Wettbewerb"[9]) beruhenden Entwurf einer Neufassung des Gesetzes gegen den unlauteren Wettbewerb legte das Bundeskabinett dann am 7. 5. 2003 vor.[10]) Am 20. 6. 2003 gab der Bundesrat seine Stellungnahme zu dem Regierungsentwurf ab[11]). Zu der Stellungnahme äußerte sich die Bundesregierung,[12]) nahm aber im Wesentlichen nur einige sprachliche Änderungen des Entwurfs vor und hielt ansonsten inhaltlich am Regierungsentwurf fest. In dieser Form wurde der Gesetzentwurf am 1. 4. 2004 vom Bundestag verabschiedet und der Einspruch des Bundesrats vom 16. 6. 2004 vom Bundestag zurückgewiesen.

Grundlage der folgenden Darstellung ist die Fassung, die nunmehr endgültig vom Gesetzgeber verabschiedet wurde.[13]) Das neue deutsche Gesetz

---

5) OLG Oldenburg, OLGReport-Oldenburg 2003, 66, www.aufrecht.de/1023.html (Werbung mit Rabatt in Höhe v 20% auf das gesamte Warensortiment stellt eine Nutzung der nach Wegfall des Rabattgesetzes freien Gestaltungsmöglichkeit dar. Das Angebot von Preisvorteilen durch erlaubte Preisgestaltungsmittel ist danach grundsätzlich dem gewöhnlichen Geschäftsbetrieb zuzuordnen); OLG Hamm, Urteil v 19. 9. 2002, 4 U 94/02, nicht veröffentlicht (Kein Eindruck besonderer Kaufvorteile bei Gewährung von 5% Rabatt auf alles an einem Tag); LG Leipzig, WRP 2003, 291 (Kein Eindruck besonderer Kaufvorteile durch die Gewährung von 20% Nachlass für jeden).

6) OLG Hamburg, Urteil v 26. 11. 2002, 407 O 91/02, nicht veröffentlicht (Unzulässigkeit der Gewährung von 30% Rabatt auf alle Brillenfassungen aus Anlass eines Firmenjubiläums); LG Stuttgart, WRP 2003, 1147 (Unzulässige Gewährung von 25% auf das gesamte Sortiment).

7) *Vogt*, Die Entwicklung des Wettbewerbsrechts in den Jahren 2001 bis 2003, NJW 2003, 3306.

8) Koalitionsvertrag „Erneuerung, Gerechtigkeit, Nachhaltigkeit" vom 16. 10. 2002, S 54, www.spd.de/servlet/PB/show/1023294/Koalitionsvertrag.pdf

9) Der Text des Regierungsentwurfs entspricht im Wesentlichen dem Vorschlag für eine UWG-Reform von *Köhler/Bornkamm/Henning-Bodewig*, WRP 2002, 1317, der die Erörterungen der Arbeitsgruppe aufnimmt (so genannter Professorenentwurf). Die Zentrale zur Bekämpfung unlauteren Wettbewerbs wurde in der Arbeitsgruppe von ihrem Geschäftsführenden Präsidiumsmitglied, *Dr. Reiner Münker*, vertreten.

10) BT-Drucks 15/1487 S 1 (Text des Gesetzesentwurfs im Folgenden: UWG).

11) Ebd, S 29–39 (im Folgenden: Stellungnahme).

12) Ebd, S 40 ff (im Folgenden: Gegenäußerung).

13) Bundesratsdrucksache (BR-Drucks) 288/04, S 3–12.

gegen den unlauteren Wettbewerb ist am 7. 7. 2004 im Bundesgesetzblatt veröffentlicht worden und daher am 8. 7. 2004 in Kraft getreten.

II. Dogmatische Änderungen

§ 1 UWG enthält eine Zweckbestimmung des neuen Lauterkeitsrechts. Danach dient das Gesetz dem Schutz der Mitbewerber, der Verbraucher sowie der sonstigen Marktteilnehmer vor unlauterem Wettbewerb. Zugleich wird reflexartig[14]) das Interesse der Allgemeinheit an einem unverfälschten Wettbewerb geschützt. Diese „Schutzzwecktrias" (Mitbewerber, sonstige Marktteilnehmer inklusive Verbraucher und Allgemeinheit) des Lauterkeitsrechts ist von der deutschen Rechtsprechung seit langem anerkannt.[15]) Darauf weist auch der Gesetzgeber hin, der betont, dass durch die Aufnahme des Verbrauchers als Schutzsubjekt die Rechtsprechung zum alten UWG aufgenommen wird.[16]) Aus praktischer Sicht ist unwahrscheinlich, dass allein die ausdrückliche Aufnahme der Zweckbestimmung Auswirkungen haben wird, auch wenn die Literatur erwartet, dass mit der ausdrücklichen Schutzzweckbestimmung bei der Auslegung wettbewerbsrechtlicher Vorschriften ein verstärktes Abstellen auf Verbraucherinteressen einhergehen wird.[17])

III. Systematische Änderungen

Die UWG-Reform wird mit einer grundlegenden Änderung der Gesetzessystematik einhergehen, auch wenn die bisherige Gesetzestechnik (Generalklausel und spezielle Tatbestände) beibehalten wird.

Bisher zeichnete sich das deutsche UWG durch zwei Generalklauseln, das Verbot sittenwidriger Wettbewerbshandlungen (§ 1 UWG aF) und das Verbot irreführender Angaben (§ 3 UWG aF) aus. Da in das reformierte UWG ein Gesetzeszweck sowie Definitionen aufgenommen werden, findet sich die neue Generalklausel künftig in § 3 UWG. Danach sind unlautere Wettbewerbshandlungen verboten, die geeignet sind, den Wettbewerb zum Nachteil der Mitbewerber, der Verbraucher oder der sonstigen Marktteilneh-

14) *Bruhn,* GRUR 2003, 132 (133) unter Berufung auf *Prof. Dr. Helmut Köhler.*

15) Das öffentliche Interesse bzw Interesse der Allgemeinheit an einem Schutz vor Auswüchsen des Wettbewerbs wird bei der Feststellung der Sittenwidrigkeit seit RGZ 128, 342 herangezogen, vgl BGHZ 19, 392 (397); BGHZ 43, 278 (282). Nachdem im Jahre 1965 die Klagebefugnis der Verbraucherverbände in § 13 Abs 2 Nr 3 UWG aF eingeführt wurde, verweist der BGH auf ein Interesse der Allgemeinheit an einer neutralen, objektiven Aufklärung der Verbraucher, BGHZ 50, 1 (4), und an einem Schutz vor Täuschung der Verbraucher, BGHZ 82, 138 (145). Daraus entwickelte sich schließlich die Formel, dass die Vorschriften des UWG im Interesse der Mitbewerber, der Verbraucher und der Allgemeinheit auf die Bewahrung der Lauterkeit des Wettbewerbs zielen, die mittlerweile ebenfalls vom Bundesgerichtshof verwendet wird, vgl BGH, GRUR 1999, 751 (753).

16) BT-Drucks 15/1487 12f.

17) *Wimmer-Leonhardt,* UWG-Reform und Gewinnabschöpfungsanspruch oder „Die Wiederkehr der Drachen", GRUR 2004, 12f.

mer nicht nur unerheblich zu beeinträchtigen. Alle weiteren speziellen Regelungen, dh die in § 4 aufgenommenen Regelbeispiele, die Regelungen der irreführenden und vergleichenden Werbung (§§ 5f UWG) und die Regelung der unzumutbaren Belästigung (§ 7 UWG), verweisen auf diese Generalklausel, indem sie einzelne unlautere Wettbewerbshandlungen bezeichnen.

Damit geht insofern eine entscheidende praktische Auswirkung einher, als die Feststellung der Unzulässigkeit derartiger Handlungen immer von der wettbewerblichen Erheblichkeit des Verhaltens abhängt (so genannte Bagatellschwelle).[18]) Unmittelbar Verletzte müssen daher im Gegensatz zur früheren Rechtslage[19]) die Geeignetheit, den Wettbewerb nicht nur unerheblich zu beeinträchtigen, ebenso nachweisen wie die nach § 8 Abs 3 UWG anspruchsberechtigten abstrakten Mitbewerber, klagebefugten Verbände, qualifizierten Verbraucherschutzeinrichtungen, Industrie- und Handelskammern und Handwerkskammern.[20]) Gleichzeitig entfallen die früheren Einschränkungen der Verfolgung von Rechtsverstößen, insbesondere der Nachweis einer wesentlichen Wettbewerbsbeeinträchtigung (§ 13 Abs 2 Nr 1 und 2 UWG aF) oder einer Berührung wesentlicher Verbraucherbelange (§ 13 Abs 2 Nr 3 UWG aF).[21])

IV. Materiell-rechtliche Änderungen

Das neue UWG enthält mehrere materiell-rechtliche Änderungen.[22]) Die wichtigsten sollen hier aus praktischer Sicht dargestellt werden.

A. Generalklausel

Die schon angesprochene Generalklausel des § 3 UWG weist gegenüber § 1 UWG aF mehrere Neuerungen auf.

1. Verbot unlauterer Wettbewerbshandlungen

Statt der in § 1 UWG aF verwendeten Formel der guten Sitten spricht § 3 UWG von unlauteren Wettbewerbshandlungen. Eine Aufgabe des Begriffs der guten Sitten wurde bereits in einem die Arbeit an der UWG-Novelle

18) Siehe dazu näher unten IV.A.

19) Die Klagebefugnis ergab sich unmittelbar aus der verletzten Norm. Ein Rückgriff auf den die Klagebefugnis einschränkenden § 13 Abs 2 UWG aF war daher nicht erforderlich, vgl *Baumbach/Hefermehl*, Wettbewerbsrecht[22] § 13 UWG RN 2b.

20) Diskutiert wird allerdings, ob die Einführung einer Bagatellschwelle auch für konkret betroffene Mitbewerber im Bereich der vergleichenden Werbung (§ 6 UWG) gemeinschaftsrechtswidrig ist. Diese Annahme ist nicht von der Hand zu weisen, weil die Richtlinie 97/55/EG über vergleichende Werbung (ABl EG 1997 Nr L 290, 18), deren Umsetzung die Vorschrift dient, keine Bagatellschwelle vorsieht, sondern jede vergleichende Werbung verbietet, welche die in Art 3a Abs 1 lit a-h genannten Bedingungen nicht erfüllt, vgl *Sack*, Vergleichende Werbung und die Erheblichkeitsschwelle in § 3 des Regierungsentwurfs einer UWG-Novelle, WRP 2004, 30f.

21) BT-Drucks 15/1487, 17.

22) Vgl den Überblick über die Änderungen in der Gesetzesbegründung, BT-Drucks 15/1487, 13–15.

vorbereitenden Gutachten vorgeschlagen.[23]) Der Professorenentwurf nahm dementsprechend von der Verwendung des Begriffs Abstand, weil dieser antiquiert und missverständlich erscheine.[24])

Der Begriff der „Unlauterkeit" wurde gewählt, weil er in der Rechtsprechung des EuGH[25]) und dem Sekundärrecht der Europäischen Gemeinschaft einen festen Platz hat.[26]) Der Gesetzgeber führt aus, dass alle Handlungen unlauter sind, die den anständigen Gepflogenheiten in Handel, Gewerbe, Handwerk oder selbstständiger beruflicher Tätigkeit zuwiderlaufen.[27]) Da sowohl der Verweis auf die anständigen Gepflogenheiten als auch der Verweis auf die guten Sitten einen unbestimmten Rechtsbegriff beinhaltet,[28]) wird die zu § 1 UWG aF ergangene Rechtsprechung übernommen und fortgesetzt werden können, soweit sich aus den Regelbeispielen und den Neuregelungen innerhalb des Irreführungs- und des Belästigungstatbestands der §§ 4, 5, 7 UWG nichts anderes ergibt. In der Praxis wird man sich auf Grund der Neuformulierung daher nicht auf wesentliche Änderungen einstellen müssen.

2. Nicht nur unerhebliche Wettbewerbsbeeinträchtigung

Als neues Tatbestandsmerkmal wird eingeführt, dass die Wettbewerbshandlung geeignet sein muss, den Wettbewerb nicht nur unerheblich zu beeinträchtigen.[29]) Neben der bereits dargestellten systematischen Veränderung, die mit der Aufnahme des Merkmals in die Generalklausel einhergeht,[30]) wird die Bagatellschwelle auch den Anwendungsbereich des § 3 UWG einschränken: Nicht jede unlautere Wettbewerbshandlung ist heute (im Gegensatz zur früheren Rechtslage, nach der alle sittenwidrigen Wettbewerbshandlungen einen Unterlassungs- und Schadensersatzanspruch der unmittelbar betroffenen Mitbewerber begründeten) als unzulässig anzusehen. Nach der Gesetzesbegründung soll mit dem Tatbestandsmerkmal „zum Ausdruck kommen, dass die Wettbewerbsmaßnahme von einem gewissen Gewicht für das Wettbewerbsgeschehen und die Interessen der geschützten Personenkreise sein muss. Dies bedeutet indes nicht, dass dadurch unlautere Wettbewerbshandlungen zu einem beachtlichen Teil legali-

---

23) *Fezer,* Modernisierung des deutschen Rechts gegen den unlauteren Wettbewerb auf der Grundlage einer Europäisierung des Wettbewerbsrechts, WRP 2001, 989 (999).

24) *Köhler / Bornkamm / Henning-Bodewig,* WRP 2002, 1317 (1324).

25) EuGH, GRUR Int 1997, 913 (917 Tz 46).

26) *Köhler / Bornkamm / Henning-Bodewig,* WRP 2002, 1317 (1324). Zweifelnd *Sack,* Regierungsentwurf einer UWG-Novelle – ausgewählte Probleme, BB 2003, 1073 (1074).

27) BT-Drucks 15/1487, 16.

28) Kritisch dazu *Berlit,* Das neue Gesetz gegen den unlauteren Wettbewerb: Von den guten Sitten zum unlauteren Verfälschen, WRP 2003, 563 (564).

29) Zunächst war als Wortlaut „nicht unerheblich zu verfälschen" vorgesehen. Die textliche Änderung ergab sich auf Grund der Intervention des Bundesrates, der die Änderung als sprachliche Verbesserung ansieht und die Einfügung des Wortes „nur" damit begründet, dass klargestellt werden soll, dass unlautere Wettbewerbshandlungen nicht zu einem beachtlichen Teil legalisiert werden sollen, BT-Drucks 15/1487, 30.

30) Siehe oben III.

siert werden. Vielmehr soll die Verfolgung von lediglich Bagatellfällen ausgeschlossen werden".[31]) Der BGH hatte – unter Verweis auf die Gesetzesbegründung zu § 13 Abs 2 Nr 2 UWG aF – bereits bei der Auslegung der Klagebefugnis der Verbände eine ähnliche Formulierung gewählt und darauf verwiesen, dass Bagatellverstöße nicht als sittenwidrige Wettbewerbsverstöße verfolgt werden sollen.[32]) Die Gesetzesbegründung führt dazu aus, dass die Interessen der Allgemeinheit nicht „ernsthaft durch geringfügige oder marginale Wettbewerbsverstöße beeinträchtigt werden".[33]) Fraglich ist auf Grund der ähnlichen Begründungen somit, ob mit der neuen Formulierung in der Praxis eine Erweiterung der Klagebefugnis von Verbänden und qualifizierten Verbraucherschutzvereinen einhergehen wird.

Darauf deuten ein Vergleich des Gesetzeswortlauts und die genauere Betrachtung der Gesetzesbegründungen hin. Es stellt einen Unterschied dar, ob die Formulierung „wesentlich . . . beeinträchtigen" oder „nicht nur unerheblich . . . beeinflussen" gewählt wird. Vor allem der im Wettbewerb tätige Unternehmer als Regelungsadressat wird in der neuen Formulierung eine qualitativ niedrige Schwelle des Übergangs von zulässiger zu unzulässiger unlauterer Wettbewerbshandlung sehen. Darin wird er vom Gesetzgeber bestätigt, der die eben zitierte Begründung damit fortsetzt, dass „(d)ementsprechend . . . die Schwelle auch nicht zu hoch anzusetzen (ist)".[34]) Die Gesetzesbegründungen zu § 13 Abs 2 Nr 2 UWG aF und § 3 UWG weisen auch insoweit einen Unterschied auf, als mit der 1994 eingeführten Beschränkung der Klagebefugnis auf Handlungen, die geeignet sind, den Wettbewerb auf dem betroffenen Markt wesentlich zu beeinträchtigen, nur Auswirkungen berücksichtigt werden sollten, die „so erheblich sind, dass die Interessen der Allgemeinheit ernsthaft betroffen sind."[35]) Eine vergleichbare Formulierung findet sich in der Gesetzesbegründung zu § 3 UWG nicht. Vor allem aber lässt der in der Gesetzesbegründung folgende Verweis auf die „zum Teil weiter gehende Einschränkung der Verfolgung" des alten § 13 Abs 2 Nr 2 UWG aF[36]) darauf schließen, dass der Gesetzgeber das neue Tatbestandsmerkmal als weniger streng ansieht. Schließlich spricht gegen eine identische Auslegung der beiden Tatbestandsmerkmale, dass der Gesetzgeber die in § 13 Abs 2 Nr 2 UWG aF gewählte Formulierung hätte übernehmen können. Dies hat er in vielen anderen Fällen gemacht und dann jeweils in der Gesetzesbegründung auf die Übernahme der alten Regelung hingewiesen.[37])

Auch der Sinn und Zweck der Neuregelung spricht für einen veränderten Gehalt der Bagatellschwelle: Mit der Einführung einer Bagatellschwelle sollte eine missbräuchliche Geltendmachung von Unterlassungs- oder Scha-

31) BT-Drucks 15/1487, 17.
32) BGH, WRP 1995, 104 (106).
33) BT-Drucks 12/7345, WRP 1994, 369 (377).
34) BT-Drucks 15/1487, 17.
35) BT-Drucks 12/7345, WRP 1994, 369 (377).
36) BT-Drucks 15/1487, 17.
37) Vgl beispielsweise die Hinweise zu § 5 Abs 3 (Übernahme von §§ 3 Abs 2, 5 UWG aF).

denersatzansprüchen durch Mitbewerber verhindert werden. Da nichts darauf hindeutet, dass die Mitbewerber den hohen Anforderungen des § 13 Abs 2 Nr 2 UWG aF unterworfen werden sollten, ist davon auszugehen, dass der Gesetzgeber alle Klagebefugten gleichstellen und eine Kompromissformel zwischen dem vollständigen Fehlen einer Bagatellschwelle (Mitbewerber) und dem Erfordernis einer wesentlichen Beeinträchtigung (Verbände) einführen wollte. Alle aufgeführten Argumente deuten folglich darauf hin, dass sich der Gesetzgeber bewusst war, die Bagatellschwelle für Verbände und qualifizierte Verbraucherschutzverbände abzusenken, und dies auch dem gesetzgeberischen Willen entspricht.

Die bei der Auslegung zu berücksichtigenden Aspekte übernimmt der Gesetzgeber unmittelbar von der bisherigen Rechtsprechung.[38]) Danach erfordert die Feststellung der Erheblichkeit eine „nach objektiven und subjektiven Momenten unter Berücksichtigung aller Umstände des Einzelfalls zu treffende Wertung ... In diese Wertung sind neben der Art und Schwere des Verstoßes die zu erwartenden Auswirkungen auf den Wettbewerb sowie der Schutzzweck des Wettbewerbsrechts einzubeziehen."[39]) Ansatzpunkte dafür, dass innerhalb dieser Wertung zwischen den verschiedenen Anspruchsberechtigten unterschieden wird, enthält weder das Gesetz noch die Gesetzesbegründung. Die Anspruchsberechtigten sind daher in Bezug auf die Geltendmachung von Beseitigungs- und Unterlassungsansprüchen in jeder Hinsicht gleich zu behandeln. Ob die Rechtsprechung dem dargestellten gesetzgeberischen Willen hinsichtlich der Absenkung der Bagatellschwelle und der Gleichbehandlung der Anspruchsteller folgt, bleibt allerdings abzuwarten.[40])

B. *Regelbeispiele*

Ein Novum im deutschen Lauterkeitsrecht stellt die Aufnahme von Regelbeispielen zur Konkretisierung des § 3 UWG dar. § 4 UWG enthält dementsprechend eine nicht abschließende („insbesondere")[41]) Aufzählung von typischen Handlungen, die als unlauter zu qualifizieren sind, ua die Ausübung unsachlichen Einflusses, das Ausnutzen der geschäftlichen Unerfahrenheit, die Verschleierung von Werbemaßnahmen, die Verunglimpfung, die Verbreitung geschäftsschädigender Tatsachen, die Nachahmung, die Behinderung und den Verstoß gegen das Marktverhalten regelnde Vorschriften. Alle in § 4 UWG genannten Handlungen entsprechen Fallgruppen, welche die Literatur aus der höchstrichterlichen Rechtsprechung zu § 1 UWG aF entwickelt hat oder sich bereits in anderen Gesetzen fanden (§§ 14 f UWG aF) oder finden (§ 7 Nr 3, Nr 4 Teledienstegesetz – TDG, § 10 Abs 4

38) Beispielsweise BGH, WRP 2003, 104 (106).
39) BT-Drucks 15/1487, 17.
40) Zweifelnd auch *Berlit*, WRP 2003, 563 (565).
41) Nicht geregelte Fallgruppen wie beispielsweise das Verbot der Laienwerbung, das Verbot der unmittelbaren Leistungsübernahme oder der ergänzende wettbewerbsrechtliche Leistungsschutz fallen daher nach wie vor unter § 3 UWG.

Nr 3, Nr 4 Mediendienstestaatsvertrag – MDStV). Es wird damit im Wesentlichen der aktuelle Status der Rechtsprechung normiert.[42]) Damit ist für den Unternehmer, der die Fallgruppen bisher nur der juristischen Literatur und nicht dem Gesetz entnehmen konnte, ein gewisses Maß an Transparenz verbunden.[43])

Der in der Gesetzesbegründung zu § 4 UWG enthaltene Hinweis, dass auch bei Verwirklichung der Regelbeispiele die weiteren Voraussetzungen des § 3 UWG geprüft werden müssen,[44]) macht deutlich, dass in jedem Fall die Geeignetheit, den Wettbewerb nicht nur unerheblich zu beeinträchtigen, nachgewiesen werden muss. Es sind auch durchaus Fälle denkbar, in denen zwar eine unlautere Wettbewerbshandlung iS v § 4 UWG vorliegt, aber das Verhalten aus wettbewerbsrechtlicher Sicht unerheblich ist,[45]) beispielsweise die Ausübung von Druck gegenüber einem einzelnen Verbraucher zur Erzielung eines höheren Preises, wenn es sich um einen sehr geringen Betrag handelt und eine Wiederholung nicht zu befürchten ist.

Mit Blick auf die geplante europäische Harmonisierung der Regelungen von Verkaufsförderungsmaßnahmen[46]) wird diesen mit der Aufnahme von drei Regelbeispielen verhältnismäßig viel Platz eingeräumt. § 4 Nr 4 und Nr 5 UWG enthält Transparenzerfordernisse für Verkaufsförderungsmaßnahmen wie Preisnachlässe, Zugaben, Geschenke, Preisausschreiben und Gewinnspiele. § 4 Nr 6 UWG beinhaltet ein Kopplungsverbot der Teilnahme an einem Preisausschreiben oder Gewinnspiel an den Waren- oder Dienstleistungsabsatz. Da diese Fallgruppen weitgehend von der Rechtsprechung anerkannt waren,[47]) ist nicht zu erwarten, dass die Aufnahme der Regelbeispiele in der Praxis eine Erweiterung oder Einschränkung der bisherigen Rechtsprechung nach sich zieht.

C. *Irreführende Werbung*

Nach § 5 Abs 1 UWG handelt unlauter, wer irreführend wirbt. Der Bezug zu § 3 wirkt sich wie der gleich lautende Bezug bei den übrigen Konkretisierungen des § 3 UWG auch in der Praxis aus, weil die bereits dargestellte Eignung zur nicht unerheblichen Verfälschung des Wettbewerbs vorliegen muss, um im Fall einer Irreführung einen Anspruch zu begründen. Die in § 5 Abs 2 und 3 UWG enthaltenen Regelungen entsprechen der bisherigen

42) *Berlit,* WRP 2003, 563 (565).
43) Das ist ausweislich der Gesetzesbegründung auch Sinn und Zweck der Aufnahme der Regelbeispiele, BT-Drucks 15/1487, 17.
44) BT-Drucks 15/1487, 17.
45) Dies bezweifelt *Berlit,* WRP 2003, 563 (565).
46) Geänderter Vorschlag für eine Verordnung über Verkaufsförderung im Binnenmarkt, KOM (2002) 585 endg.
47) Zu den Transparenzerfordernissen bei Verkaufsförderungsmaßnahmen vgl *Baumbach/Hefermehl,* § 1 UWG RN 152–154 mwN, bei Kopplungsangeboten BGH, GRUR 2002, 976 und BGH, GRUR 2002, 979. Zur Unzulässigkeit der Kopplung von Teilnahme und Absatz zuletzt BGH, WRP 1136 (1137) (der allerdings die Wettbewerbswidrigkeit ablehnte, wenn das Gewinnspiel als Programmbestandteil Teil der Leistung des Rundfunksenders ist).

„kleinen" Generalklausel und der dazu ergangenen Rechtsprechung. Neu ist allerdings die Regelung zweier spezieller Irreführungstatbestände zur Mondpreiswerbung und zu Lockvogelangeboten.

1. Mondpreiswerbung

§ 5 Abs 4 UWG enthält die gesetzliche Vermutung, dass es irreführend ist, wenn mit Preisen geworben wird, die nur für eine unangemessen kurze Zeit gefordert wurden.[48]) Begründet wird die gesetzliche Regelung dieser in der Rechtsprechung seit langem anerkannten Irreführungsvariante[49]) mit der durch die Liberalisierung der Preissenkungswerbung größer gewordenen Gefahr, dass kurzzeitig überhöhte Preise gefordert werden, um kurz darauf mit einer Preissenkung werben zu können.[50]) Die praxisrelevante Neuerung[51]) besteht in der in § 5 Abs 4 Satz 2 UWG enthaltenen Beweislastumkehr, die dem mit der Preisherabsetzung Werbenden die Pflicht auferlegt, nachzuweisen, ob und in welchem Zeitraum der Preis gefordert wurde. Der Werbetreibende ist daher gehalten, seine unmittelbar vor der Preissenkungswerbung geforderten Preise über einen längeren Zeitraum zu dokumentieren. Das gilt auch hinsichtlich ganzer Warengruppen oder des Gesamtsortiments, wenn eine entsprechende Preisherabsetzung angekündigt wird („30% – Alle Hi-Fi-Anlagen radikal reduziert"). Begründet wird die Beweislastumkehr mit der praktischen Erwägung, dass es sich bei den in der Vergangenheit verlangten Preisen um geschäftliche Interna handelt, die von einem Mitbewerber oder sonstigen Anspruchberechtigten kaum bewiesen werden können.[52]) Allerdings muss im Prozess vom Anspruchsteller zunächst substantiiert dargelegt werden, dass ein Preis nur für eine unangemessen kurze Zeit gefordert worden ist.

2. Lockvogelangebote

§ 5 Abs 5 UWG beinhaltet gegenüber der dargestellten Irreführungsvermutung ein Regelbeispiel. Danach ist es irreführend, für eine Ware oder Dienstleistung zu werben, wenn diese nicht in angemessener Menge oder Art und Weise zur Befriedigung der zu erwartenden Nachfrage vorgehalten

48) Grundsätzliche Kritik daran, dass nicht eine Tatsache oder ein Recht vermutet wird, sondern die Auswirkung eines Sachverhalts, übt *Trube*, „Mondpreiswerbung" und der geplante § 5 Abs 4 UWG, WRP 2003, 1301 (1302). *Trube* spricht sich im Folgenden dafür aus, alle Fallgruppen der Werbung mit einer Herabsetzung nicht ernsthaft geforderter Preise unter § 5 Abs 4 UWG zu fassen. Eine derartige Auslegung findet aber weder im Wortlaut noch in der Gesetzesbegründung eine Stütze. Andere Verstöße (beispielsweise die nicht längerfristige Forderung eines Mondpreises oder die Bezugnahme auf nicht existierende unverbindliche Preisempfehlungen) sind daher allgemein nach § 5 Abs 1 UWG zu prüfen, ohne dass eine gesetzliche Vermutung eingreift.

49) *Baumbach/Hefermehl*, § 3 UWG RN 296.

50) BT-Drucks 15/1487, 20.

51) Die Vorschrift dient laut der Gesetzesbegründung ausdrücklich der „besseren Durchsetzung der Vorschrift in der Praxis", BT-Drucks 15/1487, 20.

52) *Köhler/Bornkamm/Henning-Bodewig*, WRP 2002, 1317 (1327).

wird. Auch dies entspricht der geltenden Rechtsprechung.[53]) Neu ist allerdings die in § 5 Abs 5 Satz 2 UWG enthaltene widerlegliche Vermutung, dass im Regelfall ein Vorrat für zwei Tage angemessen ist. Bisher gingen Gerichte grundsätzlich von einer Vorratspflicht von drei Tagen aus.[54]) In der Gesetzesbegründung werden Ausnahmen angeführt, die eine kürzere Bevorratung rechtfertigen. Aufgezählt werden eine unerwartete außergewöhnlich hohe Nachfrage, unvorhergesehene Lieferschwierigkeiten, die der Unternehmer nicht zu vertreten hat, und die Bewerbung eines Produkts, das der Werbende im Verhältnis zu seiner üblichen Produktpalette nicht gleichermaßen bevorraten konnte.[55]) Diese Ausnahmen entsprechen wiederum der aktuellen Rechtsprechung.[56])

D. Unzumutbare Belästigungen

Die Fallgruppe der unzumutbaren Belästigung ist erstmals gesetzlich geregelt, nachdem sie bisher von der Rechtsprechung unter der Generalklausel des § 1 UWG aF behandelt wurde. Die Neuregelung dient ua der Umsetzung von Art 13 der EU-Richtlinie über die Verarbeitung personenbezogener Daten und den Schutz der Privatsphäre in der elektronischen Kommunikation.[57]) Nach § 7 Abs 1 UWG handelt unlauter, wer einen Marktteilnehmer in unzumutbarer Weise belästigt. Dass darin wiederum eine (kleine) Generalklausel zu sehen ist, zeigt § 7 Abs 2 UWG, der einige Fallgruppen beispielhaft aufzählt, in denen eine unzumutbare Belästigung anzunehmen ist. Ein nicht unter § 7 Abs 2 UWG fallendes Verhalten kann zwar ebenfalls unlauter iSd §§ 3, 7 Abs 1 UWG sein, mit der Unzumutbarkeit begründet der Gesetzgeber aber eine über die Bagatellschwelle der Generalklausel hinausgehende Schwelle. Laut der Gesetzesbegründung ist eine Belästigung nur dann unzumutbar, wenn sich die Belästigung zu einer solchen Intensität verdichtet hat, dass sie von einem großen Teil der Verbraucher (oder sonstigen Adressaten der Werbung) als unerträglich empfunden wird.[58])

Mit den Fallgruppen gibt der Gesetzgeber im Wesentlichen die herrschende Rechtsprechung wieder. Verboten sind im Einzelnen: Werbung, wenn der Empfänger (Verbraucher oder sonstiger Marktteilnehmer) diese Werbung erkennbar nicht wünscht, Telefonanrufe ohne Einwilligung (wobei Verbraucher eine ausdrückliche Einwilligung erteilen müssen, bei sonstigen Marktteilnehmern aber auch eine mutmaßliche Einwilligung vorliegen kann, wenn der Anruf im konkreten Interessenbereich des Angerufenen

53) *Baumbach / Hefermehl,* § 3 UWG RN 279–281.
54) OLG Düsseldorf, WRP 2002, 1467. Grundlegend auch BGH, WRP 2000, 1248 (1250).
55) BT-Drucks 15 / 1487, 20.
56) Vgl OLG Stuttgart, WRP 2002, 1312 (das allerdings eine Irreführung annahm, weil das vom Lebensmittelhändler beworbene Produkt fester Bestandteil seines Non-Food-Programms war).
57) Richtlinie 2002 / 58 / EG, ABl EG 2002 L 201 S 37 ff.
58) BT-Drucks 15 / 1487, 21. Diese Schwelle betrifft beispielsweise die nicht von § 7 Abs 2 UWG erfassten Fallgruppen des gezielten Ansprechens im öffentlichen Verkehrsraum, Hausbesuche und das Zusenden unbestellter Ware.

liegt),[59]) Telefax-, E-Mail-Werbung und Werbung mit automatischen Anrufmaschinen ohne Einwilligung (Verbraucher oder sonstige Marktteilnehmer) und Werbung über elektronische Kommunikationsdienste, wenn die Identität des Absenders verschleiert wird oder keine gültige Antwortadresse angegeben ist, über die der Absender kostenlos aufgefordert werden kann, die Versendung der Werbung einzustellen. Der aus der Wirtschaft und seitens des Bundesrates geäußerten Forderung nach einer Liberalisierung der Telefonwerbung[60]) ist der Gesetzgeber nicht nachgekommen.

In der Praxis wird die Normierung nur insofern Auswirkungen haben, als in Zukunft auch bei unverlangter Werbung das Überschreiten der Bagatellschwelle des § 3 UWG belegt werden muss.[61]) Da die Rechtsprechung aber auch bisher auf Grund der Nachahmungs- und Ausuferungsgefahr in einigen Bereichen (insbesondere Telefon-, Telefax- und E-Mail-Werbung) selbst bei einem einmaligen Verstoß von einer erheblichen Beeinträchtigung des Wettbewerbs ausging,[62]) ist nicht mit einer Liberalisierung unverlangter Werbemaßnahmen zu rechnen.

E. Wegfallende Vorschriften

Die ganz wesentliche materiell-rechtliche Neuerung des reformierten UWG ist der ersatzlose Wegfall des früher in §§ 7f UWG aF geregelten Sonderveranstaltungs-, Jubiläumsverkaufs- und Räumungsverkaufsrechts.[63]) Zulässig sein werden beispielsweise eine Preisreduzierung des Gesamtsortiments oder eines Teilsortiments (auch über einen nur kurzen Zeitraum), Jubiläums- oder Geburtstagsverkäufe und Verkaufsaktionen aus besonderem Anlass („Pfingstrabatte", „Herbstaktion: Unsere Preise fallen wie die Blätter") inklusive der bisher auf jeweils zwei Wochen im Jahr begrenzten Sommer- und Winterschlussverkäufe und Räumungsverkäufe. Dies ermöglicht deutschen Werbetreibenden insbesondere die umfangreiche Werbung mit Verkaufsförderungsmaßnahmen wie Rabatten und anderen Preisreduzierungen sowie Zugaben, auch wenn diese sich nicht nur auf einzelne An-

---

59) *Baumbach/Hefermehl,* § 1 RN 68; *Köhler/Piper-Köhler,* UWG[3] § 1 RN 153–156. Die Anforderungen der Rechtsprechung sind recht hoch, weil eine objektive Bewertung der dem Anrufenden bekannten Umstände ein konkretes Interesse ergeben muss, vgl BGH, GRUR 1991, 764 (765).

60) BT-Drucks 15/1487, 31f. Der Bundesrat sprach sich für eine Regelung aus, nach der Telefonwerbung nur dann unzulässig ist, wenn sie dem ausdrücklichen Willen des Verbrauchers oder sonstigen Marktteilnehmers widerspricht (so genanntes Opt-out-Prinzip).

61) Vgl BT-Drucks 15/1487, 20.

62) LG Berlin, MMR 2004, 44; OLG Koblenz, MMR 2003, 590; LG Karlsruhe, MMR 2002, 402 (das LG Karlsruhe lehnte bei Übersendung einer einzigen E-Mail-Werbung lediglich das Vorliegen eines Verfügungsgrundes iS v §§ 935, 940 ZPO ab).

63) Kritisch *Sack,* BB 2003, 1073 (1074f); *Nippe,* Die Neuordnung des Rechts der Sonder- und Räumungsverkäufe im Vorschlag für eine UWG-Reform und im Referentenentwurf, WRP 2003, 568 (zum Professorenentwurf und ersten Referentenentwurf, die allerdings noch spezielle Irreführungsregelungen in Bezug auf Räumungsverkäufe enthielten).

gebote beschränken oder unterhalb einer (unbestimmten) Grenze bleiben.[64]) Auch die bisher erforderliche Anmeldung von Räumungsverkäufen bei der zuständigen Industrie- und Handelskammer entfällt damit.

Bei der Werbegestaltung beachtet werden müssen aber insbesondere das Irreführungsverbot des § 5 UWG (insbesondere die bereits dargestellte Irreführungsvermutung des § 5 Abs 4 UWG) und das Verbot der unsachlichen Einflussnahme nach § 4 Nr 1 UWG. Ein übertriebenes Anlocken, das nach wie vor als unzulässig iS v §§ 3, 4 Nr 1 UWG angesehen werden wird, dürfte aber nur in wenigen Fällen vorliegen, beispielsweise bei einer extremen zeitlichen Befristung, die jeglichen Preisvergleich unmöglich macht und damit die Entscheidungsfreiheit der Verbraucher einschränkt.

Weiterhin weggefallen sind die §§ 6, 6 a und 6 b UWG aF über den Insolvenzwarenverkauf, den Verkauf durch Großhändler an Verbraucher und den Kaufscheinhandel. Diese Vorschriften wurden vom Gesetzgeber als überflüssig angesehen, da sie von einem überholten Verbraucherleitbild ausgingen.[65])

V. Rechtsfolgenänderungen

Das reformierte UWG weist erstmalig den Rechtsfolgen ein gesondertes Kapitel zu. Inhaltlich haben sich einige Neuerungen ergeben, die sich auch in der Praxis auswirken werden.

A. Beseitigung, Unterlassung und Schadensersatz

Zunächst sind der bisher gewohnheitsrechtlich anerkannte Beseitigungsanspruch und der Unterlassungsanspruch bei Erstbegehungsgefahr gesetzlich normiert worden (§ 8 Abs 1 UWG). Diese Ansprüche können daher auf eine neue Anspruchgrundlage gestützt werden. Ebenso neu ist die Klagebefugnis des Mitbewerbers[66]) und damit erstmals[67]) ausdrückliche Anspruchsberechtigung der unmittelbar Verletzten.[68]) Es entfällt dafür die Kla-

64) Sehr umstritten war beispielsweise, ab welcher Höhe bei der Einräumung eines Rabatts von der Unterbrechung des regelmäßigen Geschäftsverkehrs auszugehen war, vgl beispielsweise OLG Oldenburg, OLGReport-Oldenburg 2003, 66 (20 % auf das gesamte Warensortiment kein Verstoß gegen §§ 1, 7 UWG aF); LG Leipzig, WRP 2003, 290 (20 % keine Unterbrechung); LG Landau, WRP 2003, 782 (12 % Barzahlungsrabatt keine Unterbrechung); OLG Frankfurt am Main, WRP 2002, 468 (10 % Barzahlungsrabatt keine Unterbrechung); aA aber OLG Stuttgart, Urteil v 26. 9. 2002, 2 U 70/02, nicht veröffentlicht (10 % Rabatt auf alle Haushaltsartikel Unterbrechung des regelmäßigen Geschäftsverkehrs); LG Dortmund, WRP 2002, 263 (20 % Rabatt auf das Gesamtsortiment unzulässige Sonderveranstaltung).

65) BT-Drucks 15/1487, 15.

66) Nach der Legaldefinition des § 2 Abs 1 Nr 3 UWG ist Mitbewerber jeder Unternehmer, der mit einem oder mehreren Unternehmern als Anbieter von Waren oder Dienstleistungen in Wettbewerb steht. Zur Auslegung vgl *Sack*, BB 2003, 1073 (1077).

67) Siehe oben FN 18.

68) Allerdings weist *Sack*, BB 2003, 1073 (1077, 1079) darauf hin, dass auf Grund der Beschränkung der Klagebefugnis auf Mitbewerber die unmittelbar verletzten Nicht-Konkurrenten dem Wortlaut nach ihre Klagebefugnis verloren haben.

gebefugnis des lediglich abstrakt betroffenen Mitbewerbers, der bisher nach § 13 Abs 2 Nr 1 UWG aF klagebefugt war.[69]) Anders als beispielsweise § 10 schweizerisches UWG sieht § 8 UWG aber nach wie vor keine Klagebefugnis der Verbraucher vor.

Der in § 9 UWG geregelte Schadensersatzanspruch weist die Neuerung auf, dass das früher in § 13 Abs 6 Nr 1 Satz 2 UWG aF enthaltene Presseprivileg, nach dem verantwortliche Personen periodischer Druckschriften nur bei Kenntnis der Irreführung zum Ersatz des entstandenen Schadens verpflichtet sind, auf sämtliche Ansprüche des UWG ausgeweitet wurde. Voraussetzung für die Haftung ist laut § 9 Satz 2 UWG dementsprechend auch nicht mehr das Wissen um das Irreführungspotenzial von Angaben, sondern eine vorsätzliche Zuwiderhandlung gegen die §§ 3 bis 7 UWG. Die Gesetzesbegründung führt aus, dass „(die) Regelungen zu den zivilrechtlichen Rechtsfolgen ... sowohl hinsichtlich der Klagebefugnis, als auch hinsichtlich der Anspruchsgrundlagen abschließend (sind).“[70]) Die §§ 3 bis 7 UWG sind daher nicht als Schutzgesetz iS v § 823 Abs 2 BGB anzusehen, über den sich ein individueller Schadensersatzanspruch der Verbraucher ergeben könnte.[71])

Letzteres und die Tatsache, dass das deutsche Lauterkeitsrecht kein allgemeines Vertragsauflösungsrecht der Verbraucher vorsieht,[72]) sondern im Gegenteil das Rücktrittsrecht bei unwahren und irreführenden Werbeangaben (§ 13a UWG aF) gestrichen wurde, sind wesentliche Kritikpunkte der Verbraucherschutzverbände[73]) und von Teilen der Literatur[74]) an der UWG-Reform. An Stelle dieser Verbraucherrechte hat sich der Gesetzgeber entschlossen, einen Gewinnabschöpfungsanspruch einzuführen, der das beschriebene Anspruchssystem ergänzt.

---

69) Der Gesetzgeber verneint das schutzwürdige Eigeninteresse an der Geltendmachung von Abwehransprüchen, da den abstrakt betroffenen Mitbewerbern „die Möglichkeit offen steht, einen anspruchsberechtigten Wirtschafts- oder Verbraucherverband zur Bekämpfung des Wettbewerbsverstoßes einzuschalten.“, BT-Drucks 15/1487, 22.

70) BT-Drucksache 15/1487, 22. Zu der damit verbundenen möglichen Einschränkung der Klagebefugnis von Wettbewerbsteilnehmern bei Rufausbeutung oder -beeinträchtigung durch Nicht-Konkurrenten *Sack,* BB 2003, 1073 (1077f).

71) Anders die österreichische Rechtslage, wo der OGH seit einiger Zeit Verbrauchern einen Schadensersatzanspruch einräumt, ÖJZ 1998, 572 = WRP 1998, 789.

72) Zu einer ausführlichen Begründung des Ausschlusses des individuellen Schadenersatzanspruchs der Verbraucher und des allgemeinen Vertragsauflösungsrechts vgl *Köhler,* UWG-Reform und Verbraucherschutz, GRUR 2003, 265 (266ff).

73) Vgl Stellungnahmen der Verbraucherzentrale Bundesverband (vzbv) „Stellungnahme zum Regierungsentwurf eines Gesetzes gegen den unlauteren Wettbewerb vom 7. Mai 2003“, 4. 7. 2003, S 3, 4, 15–17, www.vzbv.de/mediapics/uwg_stellungnahme__regentwurf_07_03.pdf und „Zur Stellungnahme des Bundesrates zum Entwurf eines Gesetzes gegen den unlauteren Wettbewerb, Drucksache 301/03, vom 20. 6. 03“, 4. 7. 2003, 5, www.vzbv.de/mediapics/uwg_stellungnahme_burat_04_07_03.pdf

74) *Sack,* BB 2003, 1073 (1078); *Stadler/Micklitz,* Der Reformvorschlag der UWG-Novelle für eine Verbandsklage auf Gewinnabschöpfung, WRP 2003, 559f; *Micklitz,* UWG-Reform – Artisten in der Zirkuskuppel – ratlos, BB 2003, Heft 21 S I (Editorial).

B. Gewinnabschöpfung

§ 10 UWG sieht vor, dass derjenige, der § 3 UWG vorsätzlich zuwiderhandelt und dadurch auf Kosten einer Vielzahl von Abnehmern einen Gewinn erzielt, auf Herausgabe des Gewinns in Anspruch genommen werden kann. Mit dieser stark umstrittenen[75]) Vorschrift soll erreicht werden, dass dem Rechtsverletzer der durch die Verletzung erzielte Gewinn auch dann entzogen wird, wenn bei einer Vielzahl von Abnehmern ein nur kleiner Schaden entstanden oder ein geringer Verlust eingetreten ist, der mittels des (vertraglichen) Schadensersatzanspruchs oder des Bereicherungsanspruchs nur in wenigen Fällen geltend gemacht wird (so genannte Streuschäden).[76])

Der Gewinnabschöpfungsanspruch kann von den klagebefugten rechtsfähigen Verbänden, den qualifizierten Verbraucherschutzeinrichtungen, den Industrie- und Handelskammern und den Handwerkskammern geltend gemacht werden. Die Anspruchsteller sind zwar Gläubiger des abgeschöpften Gewinns, müssen diesen aber (nach Abzug des zur Geltendmachung des Anspruchs erforderlichen Ausgaben) an den Bundeshaushalt herausgeben (§ 10 Abs 4 UWG). Dadurch soll verhindert werden, dass der Anspruch zur Einnahmenerzielung der anspruchsberechtigten Verbände missbraucht wird.[77])

Der Tatbestand des Gewinnabschöpfungsanspruchs enthält mehrere unbestimmte Rechtsbegriffe, die vom Gesetzgeber nicht näher erläutert werden. Es stellen sich beispielsweise die praktischen Fragen, wie viele Personen eine Vielzahl von Abnehmern ausmachen,[78]) welche Anforderungen an die Kausalität von Zuwiderhandlung und Gewinnerzielung zu stellen sind oder wie substantiiert dargelegt wird, dass und in welcher Höhe ein Gewinn erzielt wurde.[79]) Die Unklarheiten werden im Laufe der Zeit vermutlich durch die Rechtsprechung beseitigt werden. Zumindest die ersten Ver-

---

75) Kritisch *Sack*, Der Gewinnabschöpfungsanspruch von Verbänden in der geplanten UWG-Novelle, WRP 2003, 549; *Sack*, BB 2003, 1073 (1080); *Stadler / Micklitz*, WRP 2003, 559 (560 ff); *Micklitz*, BB 2003, Heft 21 S I (Editorial); *Wimmer-Leonhardt*, GRUR 2004, 12.

76) Auf das Durchsetzungsdefizit bei Streuschäden weist die Regierung in der Begründung des Gewinnabschöpfungsanspruchs ausdrücklich hin, BT-Drucks 15 / 1487, 23. Vgl auch *Wimmer-Leonhardt*, GRUR 2004, 12 f.

77) BT-Drucks 15 / 1487, 24.

78) Der Gesetzgeber stellt auf eine gewisse Breitenwirkung der Zuwiderhandlung bzw einen größeren Personenkreis ab und will dadurch die Gewinnabschöpfung im Falle individueller Rechtsverletzungen (zB bei einer vorsätzlichen Irreführung im Verkaufsgespräch) ausschließen, BT-Drucks 15 / 1487, 24. Wie groß der Personenkreis sein muss, wird aber erst die Rechtsprechung herausarbeiten müssen.

79) Der Gesetzgeber erläutert zwar die Berechnung der Gewinnhöhe und verweist hinsichtlich der prozessualen Aspekte auf § 287 ZPO, der die Schadensermittlung in das Ermessen des Gerichts stellt, BT-Drucks 15 / 1487, 24. Dennoch müssen die anspruchsbegründenden Tatsachen (dh zumindest die Tatsache, dass ein Gewinn erzielt wurde) vom Anspruchssteller zunächst glaubhaft gemacht werden. Zu Schwierigkeiten der Gewinnermittlung auch *Sack*, WRP 2003, 549 (553 f, 558); *Stadler/Micklitz*, WRP 2003, 559 (561 f).

fahren werden aber mit einem hohen Prozessrisiko behaftet sein, das nur wenige Vereine einzugehen bereit sein werden. Die Zentrale zur Bekämpfung unlauteren Wettbewerbs wird aber zumindest in eindeutigen Fällen (wie dem Adressbuchschwindel oder dem Missbrauch von 0190er-Nummern) von dem neuen Instrument Gebrauch machen. In den nächsten Jahren wird sich dann erweisen müssen, ob der Rechtsverfolgungspraxis mit dem Gewinnabschöpfungsanspruch ein „scharfes Schwert" an die Hand gegeben wurde oder der Anspruch im Gegenteil eine größere Zurückhaltung bei der Abgabe von Unterlassungserklärungen bewirkt, weil von einer derartigen Erklärung eine Präjudizwirkung für das Gewinnabschöpfungsverfahren ausgehen könnte.[80])

Nicht ganz unwahrscheinlich ist zudem, dass der Gewinnabschöpfungsanspruch auf Grund der verfassungsrechtlichen Bedenken, die gegen einen zivilrechtlichen Anspruch mit Strafcharakter bestehen,[81]) im Rahmen einer konkreten Normenkontrolle[82]) oder – nach einer höchstrichterlichen Bestätigung eines stattgebenden Urteils auf Herausgabe des Gewinns – im Wege einer Verfassungsbeschwerde[83]) einer Kontrolle des Bundesverfassungsgerichts unterzogen werden wird.

VI. Änderungen der Verfahrens- und Strafvorschriften

Der Vollständigkeit halber seien die durch das neue UWG eingeführten Änderungen der Verfahrens- und Strafvorschriften kurz aufgezählt. Das Rechtsinstitut der Abmahnung wurde mit einer Regelung des Aufwendungsersatzanspruchs in § 12 Abs 1 UWG aufgenommen. Damit erledigt sich die Streitfrage, ob die Aufwendungen, die im Rahmen einer Abmahnung entstanden sind, über einen zivilrechtlichen Anspruch nach den Regeln der Geschäftsführung ohne Auftrag zurückverlangt werden können.[84]) Die bisher in § 23 Abs 2 UWG aF geregelte Befugnis, ein im Wettbewerbsverfahren ergangenes Urteil auf Kosten der unterlegenen Partei öffentlich bekannt zu machen (so genannte Bekanntmachungsbefugnis), setzt jetzt nach § 12 Abs 3 Satz 1 UWG den Nachweis eines berechtigten Interesses voraus.

Zunächst war vorgesehen, die bisher in § 27a Abs 5 UWG geregelten Zwangsbefugnisse der Einigungsstellen ersatzlos entfallen zu lassen. Dies

---

80) *Sack,* WRP 2003, 549 (555). *Stadler/Micklitz,* WRP 2003, 559 (562) halten den Anspruch in dieser Hinsicht für ungefährlicher, schließen aber mit dem Fazit, der Gewinnabschöpfungsanspruch sei „ein schöner bunter Papiertiger – mehr leider nicht."

81) *Sack,* WRP 2003, 549 (553); *Wimmer-Leonhardt,* GRUR 2004, 12 (16–19).

82) Art 100 Abs 1 GG. Die konkrete Normenkontrolle setzt allerdings voraus, dass das vorlegende Gericht von der Verfassungswidrigkeit überzeugt ist.

83) Art 93 Abs 1 Nr 4a GG.

84) Auch wenn der Gesetzgeber den Aufwendungsersatzanspruch als Nachvollziehung der Rechtsprechung bezeichnet und der Anspruch vom BGH anerkannt wird (stRsp seit BGHZ 52, 393 [399f]), hatten sich einige Amtsgerichte geweigert, einen entsprechenden Anspruch zuzusprechen. Vgl *Köhler/Pieper-Köhler,* Vor § 13 RN 191 mwN.

wurde vom Gesetzgeber damit begründet, dass die Zwangsbefugnisse dem Wesen der Einigungsstelle als Mittel der außergerichtlichen Streitschlichtung widersprechen.[85]) Die Streichung hätte in der Praxis den Sinn und Zweck des Einigungsstellenverfahrens insofern in Frage gestellt, als die Herbeiführung eines gütlichen Ausgleichs im Wege der Streitschlichtung von der Anwesenheit der streitenden Parteien abhängt. Auf Intervention des Bundesrates[86]) hat sich der Gesetzgeber daher entschlossen, die Zwangsbefugnisse in § 15 Abs 5 UWG beizubehalten.[87])

Schließlich werden die im alten UWG enthaltenen Strafvorschriften zusammengeführt und in den §§ 16–19 UWG neu geregelt. Die wenigen Modifikationen betreffen den Kreis der vor Schneeballsystemen geschützten Personen, der auf Verbraucher beschränkt wurde (§ 16 Abs 2 UWG),[88]) die Erweiterung der Regelbeispiele der besonders schweren Fälle des wettbewerbsrechtlichen Geheimnisschutzes um die Fallgruppe des gewerbsmäßigen Handelns (§ 17 Abs 4 Nr 1) und die Einführung einer Versuchsstrafbarkeit der unbefugten Verwertung oder Mitteilung von Vorlagen (§ 18 Abs 2 UWG). Für die Praxis von ebenfalls geringer Bedeutung sind der Wegfall der Ordnungswidrigkeit des Insolvenzwarenverkaufs (§ 6 Abs 2 UWG aF) und des Straftatbestands der geschäftlichen Verleumdung (§ 15 UWG aF).

VII. Fazit

In vielen Punkten stellt das neue UWG „nur" eine Neuordnung und Verschlankung des alten Lauterkeitsrechts sowie eine gesetzliche Regelung der von der Rechtsprechung entwickelten Grundsätze und Leitlinien dar, die zu einer erhöhten Transparenz des Lauterkeitsrechts führen. Einige der systematischen, materiell-rechtlichen und verfahrensrechtlichen Änderungen werden aber Auswirkungen auf die unternehmerische und die wettbewerbsrechtliche Praxis haben. Hervorzuheben sind hier in erster Linie die Einführung einer Bagatellschwelle, die bei jeder Geltendmachung von Unterlassungs-, Beseitigungs- und Schadensersatzansprüchen zu beachten sein wird, die Beweislastumkehr bei der Mondpreiswerbung, die Verkürzung der Vorratspflicht, die ersatzlose Streichung des Sonderveranstaltungsrechts, die geänderte Klagebefugnis und der Gewinnabschöpfungsanspruch.

Die nächsten Jahren und Monate werden zeigen, in welchem Umfang die Rechtsverfolgungspraxis, die anwaltliche Tätigkeit und vor allem die deutsche Werbelandschaft tatsächlich von der UWG-Reform beeinflusst werden. Beweisen müssen wird sich auch, ob mit der ausdrücklichen Aufnahme des Verbrauchers in die neue Zweckbestimmung des UWG ein hö-

85) BT-Drucks 15/1487, 26.
86) Ebd, 37.
87) Ebd, 44.
88) § 6 c UWG aF umfasste alle Nichtkaufleute.

heres Verbraucherschutzniveau erreicht werden kann. Nicht nur wegen der aktuellen Entwicklungen auf europäischer Ebene[89]) stehen dem (deutschen) Wettbewerbsrechtler daher aufregende Zeiten bevor.

89) In aller gebotenen Kürze sei hier auf den Vorschlag für eine Richtlinie über unlautere Geschäftspraktiken im binnenmarktinternen Geschäftsverkehr zwischen Unternehmen und Verbrauchern und zur Änderung der Richtlinien 84/450/EWG, 97/7/EG and 98/27/EG, KOM (2003) 356 endg, den Geänderten Vorschlag für eine Verordnung über Verkaufsförderung im Binnenmarkt, KOM (2002) 585 endg, den Vorschlag für eine Verordnung über die Zusammenarbeit zwischen den für die Durchsetzung der Verbraucherschutzgesetze zuständigen nationalen Behörden, KOM (2003) 443 endg, und den Vorschlag für eine Verordnung über nährwert- und gesundheitsbezogene Angaben über Lebensmittel, KOM (2003) 424 endg, hingewiesen.

Abschöpfung des Unrechtsgewinnes

Peter Kolba

Inhaltsübersicht:

I. Einleitung

„Gratuliere, Sie haben 100.000 Euro gewonnen!" liest man schon auf dem Kuvert. Wer nun den vermeintlichen Gewinn über eine Mehrwertnummer anfordert, bekommt idR kein Geld, sondern er zahlt über seine Telefonrechnung an den Organisator des „Gewinnspiels". Im Kleingedruckten auf der Innenseite des Kuverts wäre mühsam Aufklärung zu bekommen: Den ausgelobten Geldbetrag haben alle Adressaten, die Gewinnanforderungen stellen, gemeinsam gewonnen. Sinkt der Betrag pro Person unter eine Untergrenze, dann bekommt keiner etwas.

Der Verein für Konsumenteninformation (VKI) und die Arbeiterkammer sind Jahrzehnte lang mit den Mitteln des UWG[1]) gegen diese irreführenden Gewinnzusagen vorgegangen. Ohne durchschlagenden Erfolg: Zwar wurden einstweilige Verfügungen erlassen und Verfahren gewonnen, allein die Gewinnzusagen wurden – in leicht modifizierter Form – ungebrochen weiter versendet. Zum Teil war es aus der Sicht der Organisatoren offenbar sogar einträglicher, gegen Exekutionstitel zu verstoßen und die Strafen zu zahlen, als die Gewinne aus diesem „Kundenfang" zu missen.

Der Gesetzgeber hat 1999 irreführende Gewinnzusagen klagbar gemacht.[2]) Der VKI, die Arbeiterkammer und einzelne Verbraucher[3]) haben in einer Reihe von Verfahren die Auszahlung von solchen Gewinnversprechen gerichtlich durchgesetzt.[4]) Das hatte auch eine Konsequenz: Ein Organisator solcher Gewinnzusagen mit Sitz in Wien sah sich so vielen Forderungen ge-

1) Verbandsklage auf Unterlassung gem § 14 UWG.
2) BGBl I 1999/185, § 5j KSchG.
3) Mit Kostendeckung durch eine Rechtsschutzversicherung oder einen Prozesskostenfinanzierer.
4) OGH 19. 12. 2001, 7 Ob 290/01 z, Konsumentenrecht Entscheidungssammlung (KRES) 10/139; OGH 28. 2. 2003, 1 Ob 303/02 v; OGH 1. 7. 2003, 1 Ob 148/03 a; siehe auch Informationen zum Verbraucherrecht unter www.verbraucherrecht.at

genüber, dass er sein Unternehmen liquidierte und die Insolvenz befürchten musste.[5])

Damit hat eine scharfe Sanktion des Gesetzgebers in der Praxis gegriffen. Wer seine Geschäfte mit irreführenden Gewinnzusagen fördert oder betreibt, muss – als Konsequenz von tatsächlichen Gewinnauszahlungen (auf Grund entsprechender Urteile) – die Insolvenz befürchten. Im konkreten Fall eine längst fällige „Marktbereinigung", für Nachahmer ein generalpräventiver „Wink mit dem Zaunpfahl".

Was hier auf Grund einer Sondernorm im Konsumentenschutzgesetz[6]) möglich war, wünscht man sich – als Konsumentenschützer – auch in anderen Bereichen von Rechtsverletzungen und irreführender Werbung: Die effektive Abschöpfung des „Unrechtsgewinnes" zum Zweck der Spezial- und Generalprävention.

II. Unrechtsgewinn

Die Abschöpfung des „Unrechtsgewinnes" ist dort wünschenswert, wo durch ein serienmäßiges, in allen Einzelfällen im Wesentlichen gleich gelagertes Verhalten des Schädigers eine Vielzahl von Verbrauchern geschädigt wird („Streuschaden"), der Schaden des einzelnen aber im Bagatellbereich bleibt („Bagatellschaden").[7])

In solchen Fällen stehen für den betroffenen Verbraucher idR Aufwand und Prozesskostenrisiko in keinem Verhältnis zum geltend zu machenden Betrag. Die Masse der Geschädigten verzichtet daher auf eine Durchsetzung theoretischer Ansprüche. Dem Schädiger bleiben in der Folge die aus seinem Verhalten erzielten Einkünfte bzw Gewinne erhalten. Das reizt geradezu dazu, mit Gewinnerzielungsabsicht gezielt Wettbewerbsverstöße zu begehen und allfällige Kosten von Unterlassungsklagen und -exekutionen einzukalkulieren.

A. Fallgruppen

Aus der Sicht der betroffenen Verbraucher lassen sich folgende Fallgruppen unterscheiden:[8])

1. Unmittelbare Benachteiligung des Verbrauchers

In verschiedenen Fallvarianten werden geringe Beträge ohne Rechtsgrund eingezogen, einbehalten oder eingemahnt. So gab es unberechtigte

5) Profil 12. 1. 2004, 54.

6) § 5j KSchG; auch in das deutsche Recht wurde eine dem § 5j KSchG entsprechende Bestimmung aufgenommen (§ 661 a BGB).

7) *Hans-W. Micklitz / Astrid Stadler,* Unrechtsgewinnabschöpfung – Möglichkeiten und Perspektiven eines kollektiven Schadenersatzanspruches im UWG, Gutachten für das Bundesministerium Verbraucherschutz, Ernährung und Landwirtschaft, Juli 2002.

8) Siehe FN 7.

Rechnungen des Betreibers einer Sex-Hotline an Telefonanschlussinhaber[9]) oder Rechnungen eines Wetterdaten-Dienstes an all jene Homepagebetreiber, die einen Link auf die Seiten des Wetterdienstes gelegt hatten.[10]) Ähnlich auch die Fälle von Adressverlagen, die Mahnungen und Zahlscheine in einer Aufmachung versenden, dass der Adressat meint, für ein geschaltetes Inserat zu bezahlen, tatsächlich schließt er einen neuen Vertrag ab.[11])

Es gibt die weitere Verwendung von – durch Urteil festgestellt – gesetzwidrigen Allgemeinen Geschäftsbedingungen solange, bis auch ein rechtskräftiges Urteil gegen das eigene Unternehmen vorliegt. Und es gibt die verschiedensten Spielarten des Verkaufes von Waren, wo die aufgedruckten Füllmengen unterschritten werden.

Diesen Fällen ist gemeinsam, dass der Verbraucher durch das gesetz- oder sittenwidrige Verhalten des Schädigers direkt zu Nachteil kommt.

2. Irreführende Werbung

Wer einen Monat lang konsequent Magazine und Zeitungen durchblättert, bekommt einen kleinen Überblick darüber, welche Summen offenbar durch den Verkauf von nutzlosen Schlankheitspräparaten verdient werden können. Aber auch Schlankheitsinstitute versprechen häufig ein Abnehmen ohne die Notwendigkeit einer Änderung des Lebensstiles. Es werden Magnetfeldtheraphie-Geräte beworben, die angeblich über hundert Krankheiten heilen können, für deren Wirkung es aber nur in wenigen Fällen entsprechende wissenschaftliche Studien gibt.[12]) Lebensmittel werden mit „ländlicher Idylle" beworben und suggerieren natürliche Produktion und artgerechte Tierhaltung; tatsächlich entspricht die Produktion nur den gesetzlichen Mindeststandards.[13])

In diesen Fällen wird – durch irreführende Werbung – bei betroffenen Verbrauchern eine falsche Vorstellung über den Vertragsinhalt erzeugt; die Verbraucher schließen einen Vertrag ab, den sie (so) bei richtiger Information nicht geschlossen hätten. In den seltensten Fällen wird aber der Vertrag direkt wegen Irrtums angefochten.

So wirbt beispielsweise eine Wiener Modellagentur mit „Casting-Terminen" in Zeitschriften. Kommt dann das potenzielle Model zum Termin, dann wird ihm stattdessen ein Model-Seminar verkauft. Die Form der Werbung ist wettbewerbswidrig; was fehlt ist ein Rücktrittsrecht für die Verbraucher bei dieser Form der Überrumpelung.[14]) Doch erst, wenn sich dieser

---

9) BGHS Wien 9. 11. 2000, 4 C 835/00y, KRES 10/133b.

10) OGH 17. 12. 2002, 4 Ob 248/02b, KRES 10/148.

11) OGH 13. 3. 2002, 4 Ob 1/02d, ÖBl 2003/8; OGH 24. 9. 2002, 4 Ob 175/02t, ÖBl 2003/22.

12) OGH 20. 1. 2004, 4 Ob 261/03s.

13) Bilder frei laufender Hühner in einer Alpenlandschaft für Eier aus Bodenhaltung, bei der die Tiere niemals den freien Himmel sehen.

14) Man kann allenfalls mit einer Analogie zu § 3 KSchG argumentieren. Dazu ist ein Musterprozess des VKI gerichtsanhängig.

Trick nicht mehr lohnt, weil der daraus gezogene Gewinn herauszugeben ist, wird man solche Methoden effektiv abstellen können.

3. Belästigende Werbung und Geschäftsanbahnung

Unerbetene Telefon-, Telefax- und e-Mail-Werbung gegenüber Privatpersonen sind – trotz ausdrücklicher Verbote[15]) – durchaus beliebte Mittel, um Geschäfte anzubahnen. Beim unverlangten Zusenden von Waren[16]) wird versucht, dem Verbraucher eine Ware aufzudrängen, die er nicht bestellt hat.

Der materielle Nachteil bei den betroffenen Verbrauchern mag gering sein[17]); der Nachteil liegt insbesondere in der Belästigung. Zweifellos ziehen die Unternehmer, die sich dieser aggressiven Methoden der Direktwerbung bedienen, einen Gewinn aus dieser Form von Werbung. Dieser mag gerade in diesen Fällen aber schwer zu berechnen sein. In solchen Fällen kann man aber zur Abschätzung auch auf die „Verursacherkosten" zurückgreifen, deren Einsatz der Unternehmer so kalkuliert hat, dass diese sich mit Sicherheit rentieren.

Gemeinsam ist diesen Fallgruppen, dass die Unternehmer wettbewerbswidrig handeln. Unstrittig kann sich der Mitbewerber gegen solche Methoden zur Wehr setzen. Im Interesse des Verbraucherschutzes können Interessensverbände mit Verbandsklage Unterlassung fordern.[18]) Wird ein Verbraucher aus einem wettbewerbswidrigen Verhalten geschädigt, dann kann er auch Schadenersatz verlangen.[19]) Dennoch zeigt sich, dass alle diese Mittel derlei Wettbewerbsverstöße nicht verhindern, weil diese sich schlicht und einfach rentieren.

B. Schäden für Verbraucher

Typisch für die dargestellten Wettbewerbsverstöße ist, dass diese idR beim Verbraucher nur einen relativ geringen Schaden – in bestimmten Fällen auch nur einen immateriellen Schaden etwa durch die Belästigung – verursachen. Regelmäßig ist aber eine Vielzahl von Verbrauchern davon betroffen. Der Schaden mag dem Einzelnen zwar unbedeutend sein, kann in Summe jedoch einen erheblichen Umfang annehmen.

So betrug die unberechtigte Preiserhöhung bei einem Verkehrsbetrieb für den Einzelnen nur zwischen € 2,18 und € 39,24. Nach einem Musterpro-

15) § 107 TKG 2003.
16) § 864 Abs 2 ABGB.
17) Kosten für Fax-Papier, Speicherplatz usw.
18) § 14 UWG legitimiert die Sozialpartner zur Verbandsklage. Der Verein für Konsumenteninformation (VKI) kann – in buchstabengetreuer Umsetzung der Richtlinie 98/27/EG vom 19. 5. 1998 über Unterlassungsklagen zum Schutz der Verbraucherinteressen idF der Richtlinie 2002/65/EG – nur gegen irreführende Werbung, nicht aber gegen reine Gesetzesverstöße vorgehen.
19) OGH 24. 2. 1998, 4 Ob 53/98t, KRES 10/76.

zess[20]) zahlte das Unternehmen nicht nur im Anlassfall, sondern an alle betroffenen Kunden – ohne Zwang durch einen Exekutionstitel – rund € 2,18 Millionen zurück. Was wäre aber geschehen, wenn das Unternehmen ohne Exekutionstitel nichts bezahlt hätte? Bei weniger seriösen Unternehmen muss man damit rechnen, dass diese den Unrechtsgewinn gerne behalten hätten.

Diese Kalkulation ginge wohl auch auf: Die rechtliche Klärung im genannten Fall brachte ein Musterprozess des VKI. Die klagende Verbraucherin hatte kein Kostenrisiko zu tragen. Hätte sie auf eigene Kosten klagen müssen, so hätte sie das nicht getan. Der Klagsbetrag wäre in keinem Verhältnis zum Kostenrisiko gestanden. Auch die Organisation einer „Sammelklage"[21]) wäre bei derart geringen, aber breit gestreuten Streitwerten ökonomisch nicht wirklich durchführbar gewesen. Das Unternehmen hätte also auch kalkulieren können, dass man zwar in einigen Prozessen unterliegen, der Gewinn aber diese Kosten bei weitem übersteigen würde.

Daher stellt sich die Frage: Wie kann man einen Bagatellschaden abgrenzen? In der Praxis ist das wohl die „Schmerzgrenze" für die einzelnen geschädigten Verbraucher, unter der sie eine Prozessführung idR als unwirtschaftlich betrachten und auch nicht bereit wären, sich an einer „Sammelklage" zu beteiligen.

Genau dort, wo auch eine solche „Sammelklage" wegen Bagatellschäden mit einer Vielzahl von Geschädigten – mit wirtschaftlich überschaubaren Mitteln – nicht organisierbar ist, liegt die Lücke in der Prävention.

C. *Gewinn für Unternehmer*

Man wird wohl davon ausgehen dürfen: Der Anreiz für die dargestellten Wettbewerbsverstöße liegt in dem Gewinn, den sich der Unternehmer aus dieser Vorgangsweise verspricht. In den Fällen der direkten Benachteiligung der Verbraucher ist es offensichtlich: Das zum Schaden der betroffenen Verbraucher Kassierte steigert den Gewinn des Unternehmers. Aber auch bei der irreführenden Werbung verschafft sich der Unternehmer idR einen Wettbewerbsvorteil gegenüber seinen Konkurrenten. Verbraucher schließen Verträge, die sie bei richtiger Information (so) nicht geschlossen

---

20) OGH 6. 9. 2001, 2 Ob 190/01 g, KRES 1 d/49.

21) Eine dem amerikanischen Vorbild ähnliche Sammelklage gibt es in Österreich nicht. Allerdings ist es zulässig und möglich, dass sich jedermann und so insbesondere auch ein nach § 55 Abs 4 JN klagslegitimierter Verband eine Mehrzahl von Geldansprüchen von Geschädigten abtreten lässt und diese Ansprüche gegen ein und denselben Beklagten einbringt. Die Klagshäufung nach § 227 ZPO ermöglicht ein solches prozessökonomisches Vorgehen. Dann kann über gemeinsame Tat- und Rechtsfragen ein Sachverständiger sein Gutachten erstatten und ein Richter Recht sprechen. Zur Sammelklage nach österreichischem Recht siehe: *Klauser,* „Sammelklage" und Prozessfinanzierung gegen Erfolgsbeteiligung auf dem Prüfstand, ecolex 2002, 805; *derselbe* in Glossen zu ecolex 2002/311 und 312; zustimmend *Rechberger,* Prozessrechtliche Aspekte von Kumul- und Großschäden, VR 2003, 15; OLG Graz 25. 6. 2003, 3 R 83/03 f.

hätten. Der Gewinn besteht in der Absatzförderung durch das wettbewerbswidrige Verhalten.

Ähnlich liegt der Fall bei den verbotenen Formen des Direktmarketings. Mag sein, dass der betroffene Verbraucher „nur" belästigt und zum Vertragsabschluss gedrängt wurde, der Unternehmer kann sich idR ausrechnen, dass die Kosten des Einsatzes dieser Mittel (zB ein Call-Center) sich bei weitem wieder hereinspielen.

Dieser Gewinn bleibt dem Unternehmer – nach bestehender Rechtslage – erhalten, auch wenn VKI oder Arbeiterkammer gegen den Wettbewerbsverstoß mit Verbandsklage vorgehen. Die Klage ist auf Unterlassung gerichtet und nach Vorliegen eines Exekutionstitels wird der Unternehmer sein Verhalten vielleicht einstellen. Wenn es sich nicht auch noch rechnet, Strafen im Zuge des Exekutionsverfahrens in Kauf zu nehmen, weil die Gewinne die Kosten bei weitem übersteigen. Die Gefahr, dass Verbraucher Schadenersatz verlangen, ist denkbar gering; so machen sich Wettbewerbsverstöße bezahlt. Daher gelingt es auch kaum, die eingangs geschilderten Fälle erfolgreich abzustellen.

D. *Abschöpfung des Unrechtsgewinnes*

An diesem Punkt setzt die Idee der Abschöpfung des Unrechtsgewinnes an. Muss der Unternehmer damit rechnen, den Gewinn aus seinem wettbewerbswidrigen Verhalten herausgeben zu müssen, dann stellt sich der Wettbewerbsverstoß deutlich weniger lukrativ dar. Eine solche Regelung hätte eine erhebliche generalpräventive Wirkung und könnte zum anderen die Marktkontrolle durch die klagslegitimierten Verbände stärken.

Zu denken wäre an die Schaffung einer neuen Verbandsklage auf Leistung des „Unrechtsgewinnes" in allen Fällen eines rechtswidrigen und schuldhaften Verstoßes gegen wettbewerbsrechtliche Normen.[22]) Wahlweise sollte der Kläger aber auch jenen Betrag einklagen können, den der Schädiger für die Vornahme seiner wettbewerbswidrigen Handlung aufgewendet hat. Dies wäre im Hinblick etwa auf belästigende Werbung sinnvoll, da es bei dieser Form des Wettbewerbsverstoßes schwierig sein mag, den „Unrechtsgewinn" zu ermitteln. Schließlich wird man davon ausgehen dürfen, dass der Unternehmer jedenfalls so kalkuliert hat, dass sich die Kosten des Wettbewerbsverstoßes um ein Mehrfaches einspielen.

Um einen solchen Anspruch auf Leistung des Unrechtsgewinnes in der Praxis durchsetzbar zu gestalten, müsste allerdings auch dem Unternehmer eine Verpflichtung zur Auskunft über betriebliche Interna auferlegt werden, um das Leistungsbegehren bemessen zu können. Weiters wäre klarzustel-

---

22) In Anlehnung an einen Vorschlag von *Micklitz* und *Stadler* (siehe FN 7) könnte der Text lauten: „Wer rechtswidrig und schuldhaft gegen wettbewerbsrechtliche Vorschriften verstößt und hierdurch bei einer Vielzahl von Verbrauchern einen Schaden verursacht, der im Einzelfall nicht eine Bagatellgrenze von xx überschreitet, kann von den nach § 14 UWG klagslegitimierten Verbänden auf Herausgabe des auf Grund des Wettbewerbsverstoßes erlangten Gewinnes in Anspruch genommen werden."

len, dass das Gericht einen Betrag auch gem § 273 ZPO nach freier Überzeugung festsetzen kann.

Soweit über ein solches Klagebegehren materielle Bagatellschäden einer Vielzahl von Verbrauchern geltend gemacht werden, könnte man auf die Idee kommen, dass der Erlös auf die Geschädigten zu verteilen wäre. Genau diese Lösung würde aber die klagslegitimierten Verbände regelmäßig überlasten. Die Verteilung von wenigen Euro an hunderttausende Verbraucher würde Kosten verursachen, die von den Verbänden nie getragen werden könnten.

Es erscheint daher viel sinnvoller, den Erlös dem klagenden Verband zukommen zu lassen und diesen zu einer widmungsgemäßen Verwendung zum Zweck der weiteren Marktkontrolle zu verpflichten. Der Reiz dieser Regelung: Die „schwarzen Schafe" finanzieren die Verfolgung der „schwarzen Schafe" (mit).

Freilich wäre sicherzustellen, dass zum einen eine solche Abschöpfung des Unrechtsgewinnes nicht von mehreren klagslegitimierten Verbänden hintereinander mehrfach vorgenommen werden kann[23]) und andererseits die geschädigten Verbraucher nicht gehindert werden, ihre materiellen Schäden – allen Bagatellgrenzen zum Trotz – parallel dennoch geltend zu machen.

E. *Regierungsvorlage in Deutschland*

In Deutschland hat die Bundesregierung einen Regierungsentwurf für eine UWG-Reform vorgelegt und darin den klagslegitimierten Verbänden auch einen Gewinnabschöpfungsanspruch zugestanden. Dieser Anspruch setzt allerdings vorsätzliches Handeln voraus und der abgeschöpfte Gewinn soll – nach Abzug der Rechtsverfolgungskosten – dem Bundeshaushalt zufließen.[24])

Die Verbraucherzentrale Bundesverband (vzbv) sieht in dieser Regelung daher auch nur ein „stumpfes Schwert", weil der Nachweis des Vorsatzes häufig schwierig sein dürfte.

F. *Ansatzpunkte im österreichischen Recht*

Der Gedanke der Abschöpfung des Unrechtsgewinnes ist dem österreichischen Recht nicht gänzlich fremd. In folgenden Bereichen kennt man ähnliche Regelungen:

1. Abschöpfung im Strafrecht

In § 20 StGB sieht der Gesetzgeber vor, dass zum einen derjenige, der eine mit Strafe bedrohte Handlung begangen und dadurch einen Vermö-

23) Freiwillig an klagsberechtigte Verbände geleistete Zahlungen wären anzurechnen, eine einmal anhängig gemachte Klage bzw eine rechtskräftige Entscheidung müssten weitere Klagen ausschließen.

24) § 10 Entwurf zum dUWG.

gensvorteil erlangt hat, zum anderen aber auch derjenige, der Vermögensvorteile für die Begehung einer mit Strafe bedrohten Handlung empfangen hat, zur Zahlung eines Geldbetrages in Höhe der dabei eingetretenen unrechtmäßigen Bereicherung zu verurteilen ist. Soweit das Ausmaß der Bereicherung nicht oder nur mit unverhältnismäßigem Aufwand ermittelt werden kann, hat das Gericht den abzuschöpfenden Betrag nach seiner Überzeugung festzusetzen.

2. § 5j Konsumentenschutzgesetz

Um irreführende Gewinnzusagen hintanzuhalten, hat der Gesetzgeber in § 5j KSchG vorgesehen, dass Unternehmer, die Gewinnzusagen oder andere vergleichbare Mitteilungen an bestimmte Verbraucher senden und durch die Gestaltung dieser Zusendungen den Eindruck erwecken, dass der Verbraucher einen bestimmten Preis gewonnen habe, dem Verbraucher den Preis zu leisten haben; der Preis kann auch gerichtlich eingefordert werden.

Wie einleitend dargestellt, hat sich diese stark generalpräventive Bestimmung in der Praxis durchaus bewährt. Die Regelung knüpft auch nicht am materiellen Schaden des Verbrauchers (Kosten eines Mehrwerttelefonates) an, sondern am Vertrauen des Verbrauchers, zum Beispiel einen bestimmten Betrag gewonnen zu haben. Die Gefahr der Insolvenz des Unternehmens ist die – unausgesprochene – scharfe Sanktion des Gesetzgebers. Zweifellos wird – wenn auch nur einige Adressaten die hohen Gewinnversprechen einklagen – der aus diesen Zusendungen gezogene Gewinn wirksam abgeschöpft.

Dennoch gibt es irreführende Gestaltungen solcher Zusendungen, bei denen man keinen Gewinn einklagen kann, wenn etwa vier verschiedene Preise dargestellt werden und nur einer davon als gewonnen zugesagt wird. In diesen Fällen besteht trotz § 5j KSchG ein Bedarf an einem Anspruch auf Gewinnabschöpfung, um auch diese Schlupflöcher zu stopfen.

3. § 28 Konsumentenschutzgesetz

§ 28 KSchG regelt die Verbandsklage gegen gesetzwidrige oder sittenwidrige Klauseln in Allgemeinen Geschäftsbedingungen und Vertragsformblättern. Diese Klage zielt in erster Linie auf die Zukunft: Die Unterlassung der weiteren Verwendung solcher Klauseln soll durchgesetzt werden. Doch der Gesetzgeber ordnet auch an, dass sich der Unternehmer auf eine solche Klausel, soweit sie unzulässigerweise vereinbart worden ist, nicht soll berufen können. Im Zusammenhang mit dem Transparenzgebot[25]) wird diese Regelung noch steigende Bedeutung gewinnen, da nunmehr bei intransparenten Klauseln keine geltungserhaltende Reduktion mehr stattfinden kann.[26])

25) § 6 Abs 3 KSchG.
26) OGH 5. 8. 2003, 7 Ob 179/03 d, VR 2003/622.

Die genannte Regelung kann zu einer effektiven Abschöpfung des Unrechtsgewinnes führen, wie sich an folgendem Beispiel zeigt: Die österreichischen Banken haben im Licht der KSchG-Nov 1997[27]) neue und weitgehend transparente Zinsgleitklauseln bei Verbraucherkrediten eingeführt. Der variable Zinssatz soll automatisch an die Veränderungen des ungewichteten Mittels aus EURIBOR / VIBOR und SMR angepasst werden. Viele Banken haben aber dennoch eine Tücke in die Klauseln eingebaut. Bei jeder Zinssatzänderung sollte der errechnete neue Wert auf das nächste Achtelprozent aufgerundet werden. Bei der nächsten Zinssatzänderung wurde vom gerundeten Wert weitergerechnet und wieder aufgerundet. Das kann bei einem Kredit über € 100.000 auf zehn Jahre gerechnet (und mit kaufmännischer Rundung verglichen) zu Mehrkosten für den Kreditnehmer von rund € 10.000 führen. Des einen Leid – des andern Freud. Was der Kreditnehmer mehr zahlt, hat die Bank mehr als Gewinn.[28])

Der VKI ist gegen diese „Aufrundungsspiralen" erfolgreich mit Verbandsklage vorgegangen.[29]) Der OGH hat aber nicht nur die weitere Verwendung der Klausel (in Neuverträgen) verboten, sondern auch das „Sich darauf Berufen" in den schon geschlossenen Kreditverträgen. Da jede Saldomitteilung der Bank an den Kreditnehmer – jedenfalls beim typischen Annuitätenkredit – auf der Berechnung der Zinsen mit Aufrundung aufbaut, also die Bank ohne Saldokorrektur sich implizit weiter auf die gesetzwidrige Klausel berufen hätte, waren die Banken gezwungen, bei noch laufenden Krediten von sich aus den Saldo zu korrigieren. Hunderttausende Kreditnehmer bekamen von Seiten ihrer Bank Gutschriften verrechnet. Ein vorbildliches Beispiel von Abschöpfung des Unrechtsgewinnes.

4. § 111 Telekommunikationsgesetz

In § 111 Telekommunikationsgesetz 2003 hat der Gesetzgeber folgende Regelung zur Gewinnabschöpfung getroffen: Stellt die Regulierungsbehörde fest, dass ein Unternehmen durch eine gegen dieses Bundesgesetz, gegen die Bestimmungen einer auf Grund dieses Bundesgesetzes erlassenen Verordnung oder gegen einen auf Grund dieses Bundesgesetzes erlassenen Bescheid verstoßende rechtswidrige Handlung einen wirtschaftlichen Vorteil erlangt hat, kann die Regulierungsbehörde beim Kartellgericht den Antrag stellen, einen Betrag festzusetzen und für abgeschöpft zu erklären. Das Kartellgericht ist dabei an die Feststellung der Regulierungsbehörde über das Vorliegen einer rechtswidrigen Handlung gebunden.

Die Höhe der Abschöpfung richtet sich nach dem Ausmaß des wirtschaftlichen Vorteils und kann vom Kartellgericht mit bis zu 10% des Unternehmensumsatzes des Vorjahres festgesetzt werden. Die Regulierungsbe-

27) BGBl I 1997 / 6.

28) Siehe zum „Zinsenstreit" mit den Banken die Website www.verbraucherrecht.at und *Kolba / Bitriol*, VKI-Handbuch: Argumente im Zinsenstreit.

29) OGH 20. 11. 2002, 5 Ob 266/02 g, KRES 1 d/51; OGH 17. 12. 2002, 4 Ob 265/02 b, KRES 1 d/52; OGH 21. 1. 2003, 4 Ob 288/02 k, KRES 1 d/53.

hörde hat in diesem Verfahren Parteistellung. Der abgeschöpfte Gewinn fließt – ganz nach dem Motto die „schwarzen Schafe" finanzieren die Marktkontrolle (mit) – der Rundfunk und Telekom- Regulierungs GmbH zu deren Finanzierung zu.

III. Zusammenfassung

Durch die bestehende Gesetzeslage können fortgesetzte wettbewerbswidrige Handlungen von Unternehmern, die bei einer Vielzahl von Verbrauchern Bagatellschäden verursachen, nicht hinreichend sanktioniert werden.

Es gibt eine Fülle von Beispielen die zeigen, dass es sich für „schwarze Schafe" unter den Unternehmern auszahlt, wettbewerbswidrig zu handeln, ihre Gewinne zu steigern und die Kosten von Unterlassungsklagen und sogar -exekutionen in Kauf zu nehmen. Sie müssen nicht befürchten, dass Verbraucher ihre – für den Einzelnen geringen – Schäden geltend machen. Der Unrechtsgewinn verbleibt beim Schädiger.

Die Abschöpfung des Unrechtsgewinnes aus wettbewerbswidrigen Handlungen wäre eine geeignete generalpräventive Sanktion, um Wettbewerbsverstöße, die Verbraucher schädigen oder beeinträchtigen, zu unterbinden.

Eine eigene Verbandsklage für die nach § 14 UWG bzw § 29 KSchG klagslegitimierten Verbände auf Leistung des Unrechtsgewinnes in Kombination mit einer Auskunftspflicht des Unternehmers zur Abschätzung der Höhe des Unrechtsgewinnes sowie die Anwendung des § 273 ZPO würde das Sanktionensystem des UWG sinnvoll erweitern.

Der abgeschöpfte Unrechtsgewinn könnte dem klagenden Verband zur widmungsgemäßen Verwendung zukommen und damit die Marktkontrolle stärken. Die „schwarzen Schafe" würden die Marktkontrolle (mit)finanzieren.

In Deutschland wird ein entsprechender Anspruch im Zuge der Novellierung des UWG diskutiert. In Österreich gibt es im Strafgesetzbuch, im Konsumentenschutzgesetz und insbesondere im Telekommunikationsgesetz 2003 ähnliche Regelungen, die auf das UWG zu übertragen wären.

Die vertretbare Rechtsauffassung als wettbewerbliche Dimension

Gottfried Korn

Inhaltsübersicht:

I. Einleitung

Die Fallgruppe „Rechtsbruch" ist in der wettbewerbsrechtlichen Judikatur zu § 1 UWG eine der wichtigsten. In der 7. Auflage des UWG von *Wiltschek* finden sich allein zu diesem Fragenkomplex mehr als 300 Leitsätze, in denen eine ungleich höhere Anzahl höchstgerichtlicher Entscheidungen verarbeitet ist.

In der deutschen Judikatur zu § 1 dUWG wird – zurückreichend bis in die Zwischenkriegszeit – bei Verstößen gegen außerwettbewerbsrechtliche Vorschriften zwischen wertbezogenen Normen, die wettbewerbsregelnden Charakter haben, und wertneutralen Normen unterschieden. Zu der erstgenannten Gruppe zählen die so genannten „sittlich fundierten" Normen und solche, die besonders wichtige Gemeinschaftsgüter schützen (zB die Volksgesundheit, die Rechtspflege, die Umwelt, den Wettbewerb als Institution).[1])

Ein Verstoß gegen der ersten Gruppe zuzuzählende Normen ist per se sittenwidrig, ohne dass es noch weiterer objektiver oder subjektiver Elemente des Wettbewerbsverhaltens bedürfte.[2]) Ein Verstoß gegen wettbewerbsneutrale Vorschriften ist hingegen nur dann sittenwidrig, wenn dies in der Absicht geschieht, sich einen sachlich nicht gerechtfertigten Vorsprung vor Mitbewerbern zu verschaffen, und dies bewusst und planmäßig zum Mittel des Wettbewerbs gemacht wird.

---

1) *Köhler/Piper,* UWG³ Rz 727 zu § 1 dUWG.
2) ZB GRUR 2001, 450 (453) – Franzbranntwein-Gel.

II. Diskussion in Deutschland

Diese in der Literatur zunächst durchaus positiv aufgenommene Unterscheidung hat in Deutschland in jüngerer Zeit vermehrte, zum Teil heftige, bis ins polemische[3]) reichende Kritik erfahren, die primär auf drei Aspekte abzielt:[4])

- Unzureichende dogmatische Absicherung der Fallgruppenbildung, insbesondere auch Inkohärenz und Unsicherheiten der Abgrenzung hinsichtlich der Unterfallgruppen;
- Kompetenzüberschreitungen der Wettbewerbsgerichte durch Einbeziehung fremder Rechtsgebiete, für die andere Gerichte eine (Primär-)zuständigkeit aufweisen;
- Inflationäres Ausufern der Fallgruppenrechtsprechung.

Inkonsequent wird allerdings – offensichtlich teilweise als Folge dieser Kritik – die Auffassung vertreten, dass es keine Automatik gäbe, die ausnahmslos zur Bejahung der Wettbewerbswidrigkeit in Fällen der Verletzung wertbezogener Normen führen würde. Vielmehr könnten auch in diesen Fällen besondere Umstände des Einzelfalles Anlass geben, „bei der Beurteilung eines Wettbewerbsverhaltens in die Prüfung einzutreten, ob bei Prüfung des gesamten Lebenssachverhalts, in den der Normenverstoß eingebettet ist, die Sittenwidrigkeit entfällt."[5])

III. Entwicklung in Österreich

Der OGH hat die Unterscheidung zwischen wettbewerbsregelnden und wettbewerbsneutralen Vorschriften im Zusammenhang mit der Beurteilung wettbewerblichen Verhaltens unter dem Einfluss *Schönherrs*[6]) bereits vor längerer Zeit aufgegeben.[7]) Bis Anfang der Siebzigerjahre unterschied auch der OGH in Anlehnung an die zuvor dargestellte deutsche Praxis zwischen Vorschriften, die „Ausdruck sittlicher Wertung" bzw „sittlich fundiert" seien und solchen „wertneutraler" Natur[8]). *Koppensteiner*[9]) hat mit ausführlichen Judikaturnachweisen belegt, dass in einer zweiten Phase der Judikaturentwicklung die „Dichotomie zwischen sittlich fundierten und wertneutralen Normen durch eine andere abgelöst" wurde, wobei zahlreichen Entscheidungen unbeschadet der Fülle unterschiedlicher Formulierungen im Detail[10]) gemeinsam sei, dass „der wettbewerbsregelnde Charakter der Vorschrift den Ausschlag gibt".

---

3) *Quack,* in Festschrift für *Trinkner* (1965) 265 (277).
4) Übersicht und Nachweise bei *Doepner,* Unlauterer Wettbewerb durch Rechtsbruch – quo vadis? GRUR 2003, 825 ff.
5) *Köhler/Piper,* aaO Rz 728.
6) ZB ÖBl 1977, 159 und 1.
7) *Fitz/Gamerith,* Wettbewerbsrecht³, 68.
8) *Schönherr/Wiltschek,* UWG⁶ E 374–376 zu § 1 UWG.
9) *Koppensteiner,* Österreichisches und Europäisches Wettbewerbsrecht § 33 Rz 91.
10) *Koppensteiner,* aaO FN 279.

In nunmehr stRsp vertritt der OGH die Auffassung, dass (nur) derjenige sittenwidrig handelt, wer sich schuldhaft über ein Gesetz – gleichgültig ob dieses wettbewerbsregelnd ist oder nicht – hinwegsetzt, um im Wettbewerb einen sachlich nicht gerechtfertigten Vorsprung gegenüber seinen gesetzestreuen Mitbewerbern zu erlangen, sofern der konkrete Verstoß geeignet ist, den freien Leistungswettbewerb zu beeinträchtigen.[11])

Kein sittenwidriges Handeln liegt dagegen vor, wenn die Rechtsauffassung des (gerichtlich) in Anspruch genommenen Mitbewerbers „über die Auslegung der angeblich verletzten Norm durch das Gesetz so weit gedeckt ist, dass sie mit guten Gründen vertreten werden kann".[12]) Steht diese Rechtsauffassung „nicht im Gegensatz zu einem klaren Gesetzeswortlaut, zur offenkundigen Absicht des Gesetzgebers oder zu einer gefestigten höchstrichterlichen Judikatur, kommt es nicht weiter darauf an, auf Grund welcher subjektiven Umstände" die beklagte Partei „gerade zu dieser Rechtsauffassung gelangt ist".[13]) Soweit Sonderzuständigkeiten bestehen, stellt der OGH auf eine allenfalls existierende „einschlägige Rechtsprechung" ab.[14])

In der österreichischen Lehre wird diese den Vorsprungsgedanken in den Mittelpunkt rückende Judikaturlinie von *Koppensteiner* kritisiert, der in ihr in doppelter Hinsicht einen Rückschritt gegenüber einem schon einmal erreichten Rechtsprechungsstand erblickt.[15]) Auch in Deutschland wird gegen dieses Sittenwidrigkeitsverständnis im Wettbewerb die eine oder andere Kritik laut. Zum einen wird diesem Verständnis eine „systemwidrige Expansion des Wettbewerbsrechts" vorgeworfen, das „in Zentralbereichen des allgemeinen Verwaltungsrechts" mit der Folge „dilettiere", dass sich das Wettbewerbsrecht zu einer „ubiquitären Struktur" entwickle, die sich „krakenartig" über das öffentliche Recht lege.[16])

Zum anderen wird dieser allgemeinen Judikaturlinie eine Reihe von dogmatischen und praktischen Gründen entgegengehalten. Man würde insoweit zu einem überholt geglaubten Individualschutz der einzelnen Mitbewerber zurückkehren und die sozialrechtliche Sicht des Wettbewerbsrechts konterkarieren, nach der zu den Schutzsubjekten sämtliche Mitbewerber und auch die Allgemeinheit zählen.[17]) Die Vorsprungstheorie müsse auch

11) *Wiltschek*, UWG^7 E 481–483 zu § 1.

12) *Wiltschek*, aaO E 497.

13) *Wiltschek*, aaO E 499.

14) ZB 20. 5. 2003, 4 Ob 8/03k = MR 2003, 261 – Cross-Promotion.

15) *Koppensteiner*, aaO Rz 58: Zum einen sollte – wie früher – danach gefragt werden, ob die Bestimmung (auch) wettbewerbsregelnde Ziele verfolgt, zum anderen sollte akzeptiert werden, dass „wettbewerbliche Sittenwidrigkeit und Verschulden im Kontext des Unterlassungsanspruches nichts miteinander zu tun haben."

16) Zitiert nach bzw Nachweise bei *Doepner*, aaO 829.

17) Für den österreichischen Rechtsbereich sollte sich eine derartige Kritik, so sie überhaupt berechtigt wäre, nicht gegen die „Vorsprungstheorie", sondern an die nach § 14 UWG Verbandsklageberechtigten (ÖGB, BundesAK, WKO und Präsidentenkonferenz der Landwirtschaftskammern) richten, die diesfalls ihrer „sozialrechtlichen" Aufgabe nicht nachkämen.

dann versagen, wenn alle Mitbewerber konsequent gegen wettbewerbsrelevante außerwettbewerbliche Normen verstießen oder der Gesetzesverstoß nicht zwingend in einen Wettbewerbsvorsprung mündet, wie beispielsweise bei rein verbraucherschützenden Normen, oder zu nicht spürbaren und damit irrelevanten Wettbewerbsverzerrungen führen. Dieser Einwand überzeugt in mehrfacher Hinsicht nicht, er wurde vom OGH auch bereits teilweise – gleichsam „prophylaktisch" – widerlegt.[18])

Der konsequente Verstoß aller Mitbewerber gegen eine bestimmte (wettbewerbsrelevante außerwettbewerbliche) Norm ist einerseits ein einer dogmatischen Dimension schwer zugängliches theoretisches Konstrukt, andererseits ist auf die Eignung der Rechtsverletzung, eine nicht unerhebliche Nachfrageverlagerung zu bewirken, abzustellen. Ob dafür bereits eine bloß abstrakte Möglichkeit ausreicht, kann dahin stehen, da der Beweis, dass es keinen einzigen gesetzestreuen Mitbewerber gibt, von dem mit dem Gegenbeweis zum Beweis des ersten Anscheins belasteten Rechtsverletzer wohl kaum zu erbringen ist. Schließlich könne die an die „par condicio concurrentium" anknüpfende Vorsprungstheorie einer Verfälschung von Wettbewerbskonditionen nicht dadurch gerecht werden, die dadurch entstehen, dass Sonderrechte bestimmten Normadressaten Marktzutrittsschranken oder Wettbewerbsverbote auferlegen.

Zu dieser Problematik hat der OGH bereits im Jahre 1983[19]) die durchaus verallgemeinerungsfähige Auffassung vertreten, dass es nicht Sache der Rechtsprechung sein kann, unbefriedigende Regelungen des Gesetzgebers zu korrigieren, wenn dessen Wille klar und unzweifelhaft feststeht. Noch weniger kann es Aufgabe der Rechtsprechung sein, vom Gesetzgeber gewollte Marktzutrittsschranken oder Wettbewerbsverbote zu korrigieren.

IV. Vertretbare Rechtsauffassung

Bevor ich nach diesen allgemeinen Überlegungen auf einige spezielle Aspekte der „Vertretbarkeitsproblematik" eingehe, möchte ich versuchen, die Unbegründetheit des Vorwurfs der Kritiker der Vorsprungstheorie, das Wettbewerbsrecht lege sich krakenartig über das öffentliche Recht, an einer medienrechtlich angeblich zentralen Frage darzulegen.

Nach § 26 MedienG müssen in periodischen Medien „Ankündigungen, Empfehlungen sowie sonstige Beiträge und Berichte, für deren Veröffentlichung ein Entgelt geleistet wird, als „Anzeige", „entgeltliche Einschaltung" oder „Werbung" gekennzeichnet sein, es sei denn, dass Zweifel über die Entgeltlichkeit durch Gestaltung oder Anordnung ausgeschlossen werden können." Diese Bestimmung wird als Verwirklichung eines tragenden Grundsatzes der Kommunikationsfreiheit, nämlich der klaren Trennung zwischen redaktionellem Teil und Anzeigenteil, also zwischen Berichterstattung und Werbung, angesehen. Bei redaktionell gestalteter Werbung,

18) 20. 5. 2003, 4 Ob 99/03t, MR 2003, 263 – Veranstaltungshinweise (abl *Swoboda*, MR 2003, 264f).
19) 14. 6. 1983, RdW 106 = ÖBl 1984, 14.

die nicht schon durch ihre Anordnung oder Gestaltung allgemein als Anzeige zu erkennen sei, nehme der Durchschnittsleser an, dass es sich um eine von der Redaktion verantwortete Berichterstattung handle, weshalb er einer derartigen Werbung ein Gewicht beimesse, das ihr in Wahrheit nicht zukomme.[20])

§ 26 MedienG wird daher in der Literatur sowohl als Konsumentenschutz- als auch als Wettbewerbsbestimmung gesehen.[21]) Ein Verstoß gegen die Kennzeichnungspflicht ist nach § 27 MedienG eine von der Bezirksverwaltungsbehörde bzw der Bundespolizeibehörde zu ahndende Verwaltungsübertretung, die mit Geldstrafe bis zu € 2.180,– zu bestrafen ist. Obgleich das Mediengesetz bereits mehr als 20 Jahre alt ist,[22]) ist selbst in den drei neueren Kommentaren zu diesem Gesetz[23]) keine einzige verwaltungsbehördliche Entscheidung zitiert. Mir ist auch keine derartige Entscheidung bekannt, jedenfalls keine, die veröffentlicht wäre.

Ich selbst habe beispielsweise vor mehr als 15 Jahren gegen einen in der Zwischenzeit (ebenfalls) in den Zeitungsorkus eingegangenen Zeitungsverlag Anzeige wegen der nach derselben Bestimmung strafbaren Verletzung der Impressumspflicht erstattet, seit der unverzüglich danach erfolgten Verständigung, dass die Anzeige von der angeschriebenen Bezirkshauptmannschaft zunächst an den zuständigen Magistrat und in der Folge an eine andere Bezirkshauptmannschaft abgetreten worden wäre,[24]) aber niemals mehr etwas gehört. In der 7. Auflage des *„Wiltschek"* finden sich hingegen bei § 1 UWG zur Frage der (behaupteten) Sittenwidrigkeit von Verstößen gegen § 26 MedienG allein 14 Leitsätze.[25]) Es kann nun ein multikausales Vollzugsdefizit der Verwaltungsbehörden, das offensichtlich nicht nur in Österreich zu beobachten ist,[26]) kein tragfähiges Argument für die kritisierte Kompetenzüberschreitung und den bisweilen behaupteten Mangel an Kompetenz der Wettbewerbsgerichte in Fachfragen sein.

Die Vertreter der Vorsprungstheorie müssen sich freilich den Vorwurf gefallen lassen, dass die Frage, ob eine Rechtsauffassung (gerade noch) vertretbar oder (bereits) unvertretbar ist, angesichts der „Güte" der „modernen

20) RV 1979, 39.

21) *Brandstetter-Schmid,* MedienG² Rz 1.

22) Bundesgesetz vom 12. 6. 1981, BGBl 314, über die Presse und andere publizistische Medien.

23) *Brandstetter-Schmid,* MedienG² 1999; *Berka/Höhne/Noll/Polley,* MedienG (2002); *Hanusch,* Kommentar zum MedienG, 1998.

24) BH Krems 29. 5. 1985 (ohne GZ) und Magistrat der Stadt Krems 3. 6. 1985, GZ I/6-J-29/85 Str.

25) E 725 ff zu § 1.

26) *Doepner,* aaO 826, nennt etwa folgende Ursachen: Unzureichende Sachkompetenz im Spezialgebiet, Desinteresse an der Aufklärung schwieriger wirtschaftlicher Sachverhalte, begrenzte finanzielle, fachlich-personelle und technische Ressourcen zur Abklärung naturwissenschaftlicher und technischer Fragestellungen und politische Einflussnahme. Ich selbst möchte diesen möglichen Gründen noch die von mir konstatierte Trägheit und teilweise auch Unwilligkeit des Verwaltungsvollzuges außerhalb der traditionellen Geldbeschaffungsmaterien, wie zB des Verkehrsrechts, hinzufügen.

Gesetze“ zunehmend schwieriger wird.[27]) Dies nicht zuletzt deshalb, weil sich vor allem Normen des Verwaltungsrecht durch eine überdurchschnittliche Technizität und Komplexität auszeichnen, weshalb Konturen gefragt sind. Für den Bereich des deutschen Wettbewerbsrechts hat diese *Doepner*[28]) unter ausführlicher Zitierung der einschlägigen Judikatur wie folgt zusammengefasst: Billigung durch die zuständige Fachbehörde, öffentliche Erklärung der zuständigen Behörde, ein bestimmtes Verhalten sei nach ihrem Verständnis erlaubt, bewusste Untätigkeit der Aufsichtsbehörde oder eine der von dem Wettbewerbsgericht angenommenen Rechtslage widersprechende gefestigte Verwaltungspraxis.

Auf eine behördliche Billigung kann sich das Unternehmen allerdings dann nicht berufen, wenn die sich äußernde Behörde erkennbar nicht zuständig ist oder das Verfahren, das zu der Behördenentscheidung führte, offenkundig fehlerhaft durchgeführt wurde, und diese Fehlerhaftigkeit ohne weiteres erkennbar war. Hingegen kann sich ein Wettbewerber auf eine zuvor existente, ihm günstige, nicht offenkundig kontroverse Rechtsprechung verlassen. Nicht jeder Meinungsstreit in Rechtsprechung und / oder Literatur ist von dem hiervon betroffenen Unternehmen bei von ihm zu treffenden wettbewerblich bedeutsamen Entscheidungen in der Weise zu lösen, dass bis zu einer endgültigen Klärung die strenge und damit nachteiligere Meinungsvariante gelten müsse; ein solches Verlangen wäre wegen der Notwendigkeit eines Mindestmaßes an Planungs- und Rechtssicherheit bei wirtschaftlichen Entscheidungen unzumutbar. Einer überwiegend vertretenen, argumentativ fundierten, wenn auch umstrittenen Rechtsmeinung darf der Marktteilnehmer deshalb grundsätzlich vertrauen. Der gleiche Autor betont ferner die Notwendigkeit einer differenzierten Betrachtung nach dem Rang des durch die (außerwettbewerblichen) Normen geschützten Rechtsguts.[29])

Auch der OGH vertritt hierzu die Auffassung, dass auf die von der zuständigen Verwaltungsbehörde vertretene Rechtsmeinung und ständige Verwaltungspraxis abzustellen ist, wenn Rechtsprechung zur Zulässigkeit eines bestimmten Verhaltens fehlt,[30]) wobei ein der auf Anfrage ausdrücklich mitgeteilten Rechtsansicht und ständigen Verwaltungspraxis der zuständigen Behörde entsprechendes Verhalten selbst bei Zutreffen der gegenteiligen Ansicht nicht subjektiv vorwerfbar ist.[31]) In einem gewissen Widerspruch hiezu steht die Entscheidung vom 14. 12. 1999, ÖBl-LS 00 / 34, wonach es bei Beurteilung der subjektiven Voraussetzungen nicht darauf an-

---

27) Erst kürzlich hat der Präsident des VfGH, *Univ.-Prof. Dr. Karl Korinek*, zu Recht die mangelnde Qualität der Gesetzgebung der letzten Jahre – im Anlassfall im Bereich des Sozialversicherungsrechts – kritisiert.

28) AaO 831.

29) Wenn es beispielsweise um die Auslegung elementar gesundheitsschützender Normen des Arzneimittelrechts, Lebensmittelrechts, Medizinproduktrechts oder Heilmittelwerberechts geht, darf der Marktteilnehmer – anders als bei reinen Ordnungsvorschriften – eine ungeklärte Rechtslage nicht zu seinen Gunsten interpretieren.

30) ZB 20. 8. 2002, 4 Ob 170 / 02p.

31) MR 1987, 107 – Rubbel-Puzzle, mit Anm *Korn*.

komme, ob und welche Auskunft Behörden erteilt haben. Liegt im Zeitpunkt einer bestimmten Wettbewerbshandlung noch keine Rechtsprechung der hiefür zuständigen Behörde vor, ändert eine spätere, anders lautende Entscheidung nichts an der – ex ante betrachtet – Vertretbarkeit der Rechtsauffassung.[32])

Wenn aber keine Verwaltungspraxis bzw einschlägige Judikatur der zuständigen Verwaltungsbehörde existiert, haben die Gerichte die – in den meisten Fällen öffentlich-rechtliche – Vorfrage der Auslegung der (zumeist außerwettbewerblichen) Primärnorm eigenständig zu lösen. Entscheidend ist dabei nicht, ob die vom Beklagten vertretene Rechtsauffassung nach Auffassung der Gerichte richtig, sondern ob sie vertretbar ist,[33]) weshalb es auch nicht schadet, wenn diese durch ein erst im Verfahren eingeholtes Rechtsgutachten bestätigt wird.[34])

V. Unterschiedliche Auffassungen der Gerichte

Soweit ersichtlich ist in diesem Zusammenhang die Frage, was rechtens ist, wenn die Gerichte selbst unterschiedliche Auffassungen vertreten und überhaupt keine Judikatur existiert, noch nicht im Detail diskutiert worden.[35]) Es scheint offenbar selbstverständlich zu sein, dass hiefür letztlich die Auslegung des OGH maßgeblich ist. Dies ist solange zutreffend und auch kein Problem, als der OGH eine bestimmte Auslegung im Gegensatz zu den Unterinstanzen für vertretbar erachtet. Diesfalls ist die Klage (der Sicherungsantrag) abzuweisen.[36])

---

32) 20. 5. 2003, 4 Ob 8/03k MR 2003, 261; in diesem Fall wurde eine nach § 13 Abs 9 ORF-G zu beanstandende Cross-Promotion des ORF *nach* dem für die Beurteilung der Wettbewerbsgerichte maßgeblichen Zeitpunkt von der zuständigen Fachbehörde – Bundeskommunikationssenat – als Gesetzesverstoß beurteilt.

33) OGH 10. 7. 2001, 4 Ob 149/01t.

34) OGH 3. 12. 2000, 4 Ob 230/00b, ÖBl 2001, 261.

35) *Schanda* hat dieses Problem in seiner Glosse zu der in FN 37 näher dargelegten E banko.max II in ecolex 2000, 276, andiskutiert, wenn er ua Folgendes ausführt: „Mag es auch den Oberinstanzen, und insb dem OGH, vorbehalten sein, die Rechtsmeinungen von Untergerichten zu korrigieren, wird man wohl auch den österr Gerichten der ersten und zweiten Instanz zugute halten müssen, dass ihre Entscheidungen auf zumindest vertretbaren Rechtsansichten beruhen. Mag daher auch der OGH hier nicht derselben Rechtsansicht wie die Untergerichte sein, erscheint es doch sehr bedenklich, den Rechtsmeinungen der Untergerichte nicht einmal zuzugestehen, dass sie mit guten Gründen vertretbar seien." Damit ist das Problem allerdings nicht in voller Tragweite angesprochen: Es geht nicht darum, ob der OGH die Rechtsauffassung seiner Unterinstanzen für unvertretbar hält – eine Diktion, die man zumindest in Amtshaftungsverfahren bei eindeutigeren Fehlbeurteilungen selten findet –, sondern darum, ob der Beklagte die von ihm eingenommene Rechtsauffassung mit guten Gründen vertreten durfte. Dass man sich aber bei Nichtvorliegen von Judikatur und Literatur zu einer bestimmten Frage nicht auf die Rechtsauffassung eines – immerhin – Oberlandesgerichtes verlassen können soll, ist rechtsstaatlich bedenklich.

36) Das war beispielsweise bei dem der E Cross-Promotion zu Grunde liegenden Sachverhalt der Fall, in welchem die beiden Unterinstanzen (HG Wien und OLG Wien) die einstweilige Verfügung erlassen hatten und erst der OGH den Sicherungsantrag abwies. Dies auf Grund eines ao Revisionsrekurses, da das OLG Wien den ordentlichen Revisionsrekurs gegen seine Entscheidung (4 R 218/02m-9) nicht zugelassen hatte.

Keineswegs so eindeutig und mE anders zu sehen ist allerdings der umgekehrte Fall,[37]) in welchem beispielsweise zwei Instanzen die Auffassung des Beklagten über die Auslegung der angeblich verletzten Norm für vertretbar erachten bzw sie inhaltlich möglicherweise sogar teilen, und erst der OGH anderer Auffassung ist. Ausgehend von der Überlegung, dass es nicht darauf ankommt, ob die vertretene Rechtsmeinung richtig ist, dürfte diesfalls die beantragte einstweilige Verfügung nicht erlassen bzw der Klage nicht stattgegeben werden. Es wäre zu billig, in einem derartigen Fall eine „virtuelle Mehrheitsentscheidung" 5:4[38]) gegen den Beklagten anzunehmen.

Wenn zwei Instanzen die vom Beklagten vertretene Rechtsauffassung teilen, dann mag sie im Ergebnis unzutreffend, sie kann aber im Regelfall nicht unvertretbar sein.[39]) Sicherungsantrag bzw Klage müssten diesfalls (kostenpflichtig) abgewiesen werden, wobei in der Begründung auszusprechen wäre, dass der OGH die Auffassung des Beklagten sowie der ihm folgenden Unterinstanzen nicht teilt und dass die Abweisung nur deshalb erfolgt, weil die vom Beklagten vertretene Rechtsauffassung in dem für die Entscheidung maßgeblichen Zeitpunkt (noch) vertretbar war.

Unproblematisch ist eine derartige Fallkonstellation dann, wenn es kein Provisorialverfahren gibt. Bei dieser Fallkonstellation müsste der Beklagte das inkriminierte Verhalten sofort nach Zustellung der Entscheidung des OGH einstellen, da er ansonsten Gefahr liefe, dass er bei einem weiteren

---

37) Exemplarisch ist etwa der der Entscheidung des OGH vom 28. 5. 2002, 4 Ob 69/02d – banko.max zu Grunde liegende Sachverhalt (ecolex 2002, 676 [krit *Schanda*] = EvBl 169 = wbl 424 = ÖBA 2003, 230), an welchem unsere Kanzlei als Beklagtenvertreter beteiligt war: Das damals noch unter „max.mobil" firmierende Telekommunikationsunternehmen T-mobile bot als Inhaberin der Wortmarke „banko.max" unter dieser Bezeichnung einen – auch in der Werbung für ihre Telekommunikationsleistungen erwähnten – Zusatzdienst für ihre Mobiltelefonkunden an, die mit „banko.max" über ihr Mobiltelefon Lotto „6 aus 45" oder „Joker" spielen, bei Österreich-Ticket Konzertkarten bestellen und im Niedermeyer-wap-shop einkaufen konnten. Die Inhaberin der Wortmarke „bankomat" begehrte von max.mobil, das Kennzeichen „banko.max" oder ein ähnliches Kennzeichen, das den Begriff „Bank" enthält, nicht mehr zu verwenden. Die Bezeichnung „banko.max" enthalte entgegen § 94 BWG die Bezeichnung „Bank", weshalb die Beklagte sittenwidrig iSd § 1 UWG handle. Die beklagte Partei legte § 94 BWG dahingehend aus, dass diese Bestimmung nur die Führung von Unternehmensbezeichnungen regle und sie ihr Unternehmen nicht als „Bank" bezeichne. Das Handelsgericht Wien (24 Cg 43/01h-3) und das OLG Wien (1 R 235/01p-12) hielten die von der beklagten Partei vertretene Rechtsauffassung nicht nur für vertretbar, sondern billigten sie sogar ausdrücklich. Für das OLG Wien war die Rechtslage so klar, dass es nicht einmal den ordentlichen Revisionsrekurs gegen seine Entscheidung zuließ. Der OGH hielt den ao Revisionsrekurs der Klägerin für zulässig, „weil die Auslegung des § 94 BWG durch die Vorinstanzen nicht vertretbar erscheint" und verurteilte die Beklagte zur begehrten Unterlassung wegen Verstoßes gegen § 1 UWG iVm § 94 BWG.

38) 5 Senatsmitglieder des OGH „gegen" 3 des OLG und 1 Erstrichter.

39) Sieht man davon ab, dass die Entscheidungen der Unterinstanzen bzw eine allenfalls der Entscheidung der 1. Instanz entgegenstehende Auffassung des OLG mit den Grundwertungen der österreichischen Rechtsordnung unvereinbar ist oder gegen zwingende Rechtsvorschriften verstößt (vgl dazu etwa § 595 Abs 1 Z 6 ZPO).

Verstoß, dessen neuerlicher Einklagung das abweisende Urteil mangels Identität des Streitgegenstandes nicht entgegensteht, wegen nunmehriger Unvertretbarkeit verurteilt wird.

Problematischer ist hingegen der Normalfall, in welchem die (in der Regel) verwaltungsrechtliche Primärfrage als Vorfrage bereits im Provisorialverfahren vom OGH – entgegen der Auffassung der Unterinstanzen – zu Ungunsten des Beklagten entschieden wird. Im Zeitpunkt der ersten Verhandlung ist nämlich diesfalls die von ihm noch im Provisorialverfahren eingenommene Rechtsposition unvertretbar (geworden), sodass er trotz Obsiegens im Provisorialverfahren im Hauptverfahren zur begehrten Unterlassung zu verurteilen wäre. Will der Beklagte diese Konsequenz vermeiden, bleibt ihm nichts anderes übrig, als das beanstandete Verhalten ebenfalls sofort einzustellen und spätestens in der ersten Verhandlung (mündlich) vorzubringen, dass er an der bisher vertretenen Rechtsauffassung im Hinblick auf das Ergebnis des Provisorialverfahrens nicht mehr festhält.

Eine andere Frage ist, ob der Beklagte diesfalls dem Kläger den Abschluss eines vollstreckbaren Unterlassungsvergleiches anbieten muss, um die Vermutung für die materiell-rechtliche Voraussetzung des Unterlassungsanspruchs[40]) bildende Begehungs- und/oder Wiederholungsgefahr zu entkräften. Obwohl nach stRsp bei der Annahme der Wiederholungsgefahr nicht engherzig vorgegangen werden darf, und Wiederholungsgefahr in der Regel auch bei bloß einmaligem Wettbewerbsverstoß anzunehmen ist,[41]) ist dies mE in dieser speziellen Fallkonstellation selbst unter Berücksichtigung des Umstandes, dass nur das Eingehen einer vollstreckbaren Unterlassungsverpflichtung ein hinreichendes Indiz für eine Sinnesänderung ist,[42]) nicht geboten.

Der Beklagte hat ja solange keinen Wettbewerbsverstoß begangen, als seine Rechtsauffassung mit guten Gründen vertretbar war, was sie allemal ist, wenn immerhin zwei Instanzen diese für richtig befunden haben. Die für den Wegfall der Wiederholungsgefahr erforderliche ernstliche Sinnesänderung hat der Beklagte ja bereits dadurch hinlänglich dargetan, dass er sein Wettbewerbsverhalten zum ehestmöglichen Zeitpunkt, nämlich sofort nach Kenntnis der Entscheidung des OGH, eingestellt bzw abgeändert hat. Denkbar wäre, in einem derartigen Fall vom Beklagten zu verlangen, dass er den klägerischen Anspruch anerkennt und gem § 45 ZPO Kostenzuspruch begehrt, da er „zur Erhebung der Klage nicht Veranlassung gegeben" hat.[43]) Auch dazu besteht mE keine Notwendigkeit, da der Kläger keinen Rechtsanspruch auf einen Unterlassungstitel gegen den sich rechtstreu verhaltenden[44]) Beklagten hat.

---

40) *Wiltschek,* UWG^7 E 74 zu § 14.
41) *Wiltschek,* aaO E 87 und 92.
42) *Wiltschek,* aaO E 91.
43) Vgl dazu MR 2000, 173 – Bingo-Gutscheinaktion mit (krit) Anm *Frauenberger.*
44) Bis zur Entscheidung des OGH durch das der Rechtsauffassung der Untergerichte entsprechende, danach durch das im Sinn der Rechtsauffassung des OGH sofort geänderte Verhalten.

Dieser Auffassung mag entgegengehalten werden, dass sie – sieht man von den unterschiedlichen Kostenkonsequenzen ab – akademisch und „umständlicher" ist. Diesem Argument soll überhaupt nicht entgegengetreten werden. Aus meiner Sicht lässt allerdings eine methodisch einwandfreie und dogmatisch konsequente Umsetzung der nunmehr stRsp zur Frage der Sittenwidrigkeit wettbewerblichen Verhaltens infolge Rechtsbruchs keine andere Lösung zu.

Wettbewerbsrechtliche Grenzen des Namensgebrauchs durch Gleichnamige

Guido Kucsko

Inhaltsübersicht:

Am Anfang der Geschichte jener Auseinandersetzungen, die unter dem Schlagwort „Recht der Gleichnamigen" einzureihen sind, steht zumeist eine Gründerpersönlichkeit, die es geschafft hat, aus einer Idee, aus einer Erfindung oder auch nur aus besonderer Tatkraft ein Produkt und damit ein Unternehmen aufzubauen. Es liegt nahe, eine solche Leistung mit dem bürgerlichen Namen dieser Persönlichkeit zu verbinden und dem Unternehmen ebenso wie dem Produkt diesen Namen zu geben. Je berühmter diese Marke wird, umso näher liegt es für jene, die denselben Namen tragen – sei es, weil sie der selben Familie angehören oder sei es auch nur durch Zufall –, der Versuchung nachzugeben, ihr Unternehmen und dessen Produkte ebenfalls mit diesem Namen zu versehen, ist dieser Name doch bereits mit einem positivem Ruf aufgeladen, ja vielleicht sogar schon eine „berühmte Marke".

Wo endet in derartigen Fällen das legitime Interesse jedes Menschen, seinen Namen zu verwenden, und zwar auch im Geschäftsleben und auch zur Kennzeichnung seines Unternehmens und seiner Produkte? Wo beginnt der unlautere Namensgebrauch, das verpönte „Trittbrettfahren"? – eine spannende Fragestellung im Nahtbereich zwischen Kennzeichenrecht und Wettbewerbsrecht.[1])

I. Grundsätzliches zur Verwendung des eigenen Namens im Geschäftsverkehr

Nach ständiger Rechtsprechung ist grundsätzlich jedermann berechtigt, seinen eigenen Namen auch im geschäftlichen Verkehr zu führen und zu

1) Für seine maßgebliche Mithilfe bei der Vorbereitung dieses Beitrags danke ich Herrn Kollegen *Dr. Christian Schumacher.*

verwenden.[2]) Diese Befugnis wird jedoch dadurch wesentlich eingeschränkt, dass der Name nur in einer solchen Weise gebraucht werden darf, dass Verwechslungen mit dem Namen oder der Firma, deren sich ein anderer befugterweise bedient, nach Möglichkeit vermieden werden müssen.[3])

Als Fälle, in denen eine Verwendung jedenfalls unlauter ist, nennt die Rechtsprechung etwa die Heranziehung eines Strohmanns mit dem Namen, an den man sich anhängen möchte, oder die bewusste Herbeiführung einer Verwechslungsgefahr. Eine solche Nutzung des eigenen Namens sei ausnahmslos unzulässig.[4])

Auch bei an sich lauterem Gebrauch seines eigenen Namens hat der Späterkommende jedoch alles Notwendige und ihm Zumutbare vorzukehren, um durch Benützung vorhandener Ausweichmöglichkeiten wie Beifügung von Vornamen, Verwendung unterscheidender Zusätze udgl die Gefahr von Verwechslungen mit einer fremden prioritätsälteren Bezeichnung nach Möglichkeit auszuschalten.[5])

Die Frage, ob der Gleichnamige bei einer konkreten Benützung seines Namens im Geschäftsverkehr alles Notwendige und ihm Zumutbare vorkehrt, um die Gefahr von Verwechslungen hintanzuhalten, kann jeweils nur im Einzelfall beurteilt werden. Vertrat der OGH im Jahr 1951 in der Entscheidung Pischinger[6]) noch die Auffassung, der Späterkommende sei verpflichtet, schon in der Wahl des Firmenzusatzes seines Unternehmens deutlich zum Ausdruck zu bringen, dass er mit der alten Firma ähnlichen Namens nichts zu tun habe und dies „dem Publikum einzuhämmern", so sah er es im Jahr 1984 in der Entscheidung Schuster-Werbung[7]) doch als ausreichend an, zum gleichen Namen noch den Vornamen, einen akademischen Grad und ein blickfangartig herausgestelltes Firmenschlagwort zu verwenden.

---

2) Vgl allgemein zum Namensschutz: *Kucsko*, Geistiges Eigentum (2003) 642.

3) StRsp, OGH 23. 5. 2000, 4 Ob 139/00w – Hofbauer – ARD 5193/27/2001; OGH 24. 2. 1998, 4 Ob 368/97i – Hörmann – ÖBl 1998, 298; OGH 11. 2. 1997, 4 Ob 31/97f – DANZER – ÖBl 1998, 43; OGH 25. 4. 1995, 4 Ob 1032/95; OGH 1. 9. 1992, 4 Ob 43/92 – Harald A. Schmidt – ÖBl 1992, 216; OGH 7. 2. 1989, 4 Ob 1/89 – FREY – wbl 1989, 217; OGH 13. 12. 1988, 4 Ob 110/88; OGH 22. 5. 1984, 4 Ob 331/84 – Schuster-Werbung – ÖBl 1985, 10; OGH 14. 12. 1982, 4 Ob 385/82 – Bayer – ÖBl 1983, 80; OGH 30. 3. 1982, 4 Ob 309/82 – Egger-Bier – ÖBl 1982, 128; OGH 14. 6. 1977, 4 Ob 324/77 – Novotny/Nowotny; OGH 22. 3. 1977, 4 Ob 318/77 – Koreska – ÖBl 1977, 124; OGH 6. 4. 1976, 4 Ob 317/76 – Palmers/Falmers – ÖBl 1976, 165; OGH 30. 10. 1973, 4 Ob 333/73 – Kallinger – ÖBl 1974, 63; OGH 11. 1. 1972, 4 Ob 367/71 – Metro I – ÖBl 1972, 69; OLG Wien 20. 7. 1966, 2 R 160/66 – Heller – ÖBl 1966, 142; OGH 9. 3. 1965, 4 Ob 313/65 – Pischinger II – ÖBl 1965, 121; OGH 4. 10. 1960, 4 Ob 352/59 – Guerlain I – ÖBl 1961, 115; OGH 11. 7. 1951, 1 Ob 489/51 – Pischinger – ÖBl 1952, 6; s auch OGH 26. 2. 1958, 3 Ob 26/58 – Steinberger – ÖBl 1958, 87; OGH 10. 11. 1954, 3 Ob 732/54, SZ 27/287; OGH 23. 6. 1954, 3 Ob 434/54 – Lindewiesener Schroth-Kur – ÖBl 1955, 9; OGH 10. 11. 1926, Ob I 837/26, SZ 8/317.

4) StRsp, zuletzt OGH 11. 2. 1997, 4 Ob 31/97f – DANZER – ÖBl 1998, 43.

5) StRsp, zuletzt OGH 11. 2. 1997, 4 Ob 31/97f – DANZER – ÖBl 1998, 43.

6) OGH 11. 7. 1951, 1 Ob 489/51 – Pischinger – ÖBl 1952, 6.

7) OGH 22. 5. 1984, 4 Ob 331/84 – Schuster-Werbung – ÖBl 1985, 10.

In der – soweit ersichtlich – aktuellsten Entscheidung, die sich ausführlich mit dem Thema der Gleichnamigen befasste, Danzer,[8]) verfeinerte der OGH seine traditionelle Rechtsprechung unter Hinweis auf die deutsche Rechtslage: Da beim Konflikt zweier Gleichnamiger sowohl der Prioritätsältere als auch der Prioritätsjüngere ein schutzwürdiges Interesse am Gebrauch des Namens hätten, bedürfe es eines Ausgleichs der beiderseitigen Interessen, um die Verwechslungsgefahr im Interesse des Berechtigten und der Allgemeinheit einzudämmen. Über die Art und Weise, wie zu verfahren sei, um die Verwechslungsgefahr auszuräumen, ließen sich – so der OGH – keine allgemein gültigen Regeln aufstellen. Selbst wenn der Namensgleiche alles Erforderliche und Zumutbare getan hat, um die Verwechslungsgefahr möglichst auszuschließen und den Mitbewerber zu schonen, verbleibe häufig ein unvermeidlicher Rest von Verwechslungsgefahr, der in der Natur der Sache liege und daher hinzunehmen sei. Notfalls seien besondere Unterscheidungsmerkmale zu wählen, wie Unterstreichungen des Vornamens, eine verschiedenartige Druckanordnung, die Beifügung von Fantasieworten oder auch Zusätze wie „Nicht zu verwechseln mit".

In dem der Danzer-Entscheidung zu Grunde liegenden Fall[9]) hatte die Spätergekommene (geschiedene Ehegattin) den Familiennamen blickfangartig herausgestellt und nur klein im rechten Winkel dazu den Vornamen geschrieben. Ihre zusätzlich angeführte Etablissementbezeichnung trat ebenfalls in den Hintergrund. Prägend war der Familienname. Der OGH entschied, dass die Spätergekommene nicht alles Erforderliche und ihr Zumutbare getan habe, um die Gefahr von Verwechslungen möglichst gering zu halten. Es wäre ihr vielmehr auch durchaus zumutbar gewesen, den Familiennamen in den Hintergrund treten zu lassen und mehr die unterscheidenden Zusätze wie ihren Vornamen oder ihre Etablissementbezeichnung in den Vordergrund zu rücken.

II. Einfluss der Firmenbildungsvorschriften

Die genannten Grundsätze entstanden vor dem Hintergrund, dass in bestimmten Situationen ein Auftreten im Geschäftsverkehr nur unter Anführung des eigenen Namens möglich ist. So kann ein Einzelunternehmer seine Trägerschaft dieses Unternehmens nur offen legen, wenn er dazu seinen eigenen Namen verwendet.[10]) Im Firmenbuch eingetragene Personengesellschaften müssen eine „Personenfirma" führen, also zumindest den Namen eines ihrer Gesellschafter in ihre Firma aufnehmen.[11])

---

8) OGH 11. 2. 1997, 4 Ob 31/97f – DANZER – ÖBl 1998, 43.
9) OGH 11. 2. 1997, 4 Ob 31/97f – DANZER – ÖBl 1998, 43.
10) Nach § 18 Abs 1 HGB muss der Einzelkaufmann bei der Bildung der ursprünglichen Firma seinen Familien- und Vornamen führen (*Schuhmacher* in *Straube* HGB³ Rz 1 zu § 18).
11) Vgl § 19 Abs 1 HGB.

Anders ist die Situation jedoch bei Kapitalgesellschaften (GmbH, AG).[12]) Bei diesen kann bzw muss die Firma auch als so genannte Sachfirma (Nennung des Unternehmensgegenstands in der Firma) geführt werden.

Insoweit besteht also bei Kapitalgesellschaften ein wesentlich größerer Spielraum. Man muss sich daher fragen, ob dies Einfluss auf die Beurteilung der Verwendung des Namens zur Firmenbildung bei Gleichnamigen hat. Muss der Späterkommende den größeren Freiraum nutzen? Führt die Freiheit der Firmengestaltung dazu, dass man vom später kommenden Gleichnamigen verlangen kann, bei der Firmenbildung überhaupt auf die Verwendung seines bürgerlichen Namens zu verzichten? Bevor wir die Antworten darauf suchen, gehen wir noch einen Schritt weiter.

III. Markenmäßige Verwendung des eigenen Namens

Welche Grundsätze sollen im Bereich der Kennzeichnung von Waren und Dienstleistungen gelten? Hier ist die Auswahl des Kennzeichens grundsätzlich uneingeschränkt.[13]) Es besteht keine Notwendigkeit, die Waren und Dienstleistungen mit dem eigenen Namen zu kennzeichnen oder eine Marke zu verwenden, die den eigenen Namen enthält. In manchen Bereichen wäre dies sogar sehr ungewöhnlich. Ist also daraus zu folgern, dass der später auftretende Gleichnamige zur Vermeidung von Kollisionen auch hier so weit gehen muss, auf die Verwendung seines bürgerlichen Namens als Marke gänzlich zu verzichten?

Seit der Markenrechts-Nov 1999[14]) findet sich dazu eine spezielle Regelung im Markenrecht: Nach dem in Umsetzung von Art 6 Abs 1 lit a MarkenRL erlassenen § 10 Abs 3 Z 1 MSchG gewährt die eingetragene Marke ihrem Inhaber nicht das Recht, einem Dritten zu verbieten, seinen Namen oder seine Anschrift im geschäftlichen Verkehr zu benutzen, sofern dies den anständigen Gepflogenheiten in Gewerbe oder Handel entspricht.

Diese Bestimmung könnte zunächst so (miss-)verstanden werden, dass der eigene Name jedenfalls auch zur Kennzeichnung von Waren und Dienstleistungen benutzt werden dürfe, meines Erachtens sprechen jedoch folgende Erwägungen gegen eine solche Auslegung: Der Wortlaut der Bestimmung bezieht sich nicht speziell auf die Kennzeichnung von Waren, sondern auf die Benutzung des Namens im geschäftlichen Verkehr. Daraus kann man schließen, dass der Name lediglich „im Zusammenhang" mit Waren oder Dienstleistungen (zB Herstellerangabe auf einem Lebensmittel),

---

12) § 5 Abs 1 GmbHG: Die Firma muss von dem Gegenstande des Unternehmens entlehnt sein oder die Namen aller Gesellschafter oder wenigstens eines derselben enthalten. § 4 Abs 1 AktG: Die Firma der Aktiengesellschaft ist dem Gegenstand des Unternehmens zu entnehmen. Von dieser Vorschrift darf aus wichtigem Grund abgewichen werden.

13) Lediglich die allgemeinen Schranken, wie etwa des Verbots irreführender Kennzeichen oder der Vermeidung einer Kollision mit älteren Kennzeichen Dritter, sind zu beachten.

14) BGBl I 1999/111.

nicht aber zu deren Kennzeichnung im Sinne der Verwendung als Marke benutzt werden darf.

Dafür spricht auch, dass die weiteren Alternativen des § 10 Abs 3 MSchG bzw des Art 6 Abs 1 MarkenRL ebenso Verwendungen lediglich zum Hinweis auf gewisse Tatsachen (Z 1: Verwendung der Anschrift; Z 2: Angaben über Art, Beschaffenheit, Menge, Bestimmung, Wert, geographische Herkunft, Zeit der Herstellung der Ware oder Erbringung der Dienstleistung oder über andere Merkmale der Ware oder Dienstleistung; Z 3: Hinweis auf die Bestimmung einer Ware, insbesondere als Zubehör oder Ersatzteil, oder einer Dienstleistung) freistellen, nicht jedoch die Kennzeichnung von Waren und Dienstleistungen. Die Benutzung muss den anständigen Gepflogenheiten in Gewerbe oder Handel entsprechen. Eine Benutzung als Kennzeichen mit dem Ziel, sich an den von einem anderen Unternehmen aufgebauten guten Ruf des eigenen Familiennamens anzuhängen, entspricht jedoch nicht den anständigen Gepflogenheiten in Gewerbe oder Handel.

Die österreichische Rechtsprechung stammt großteils aus der Zeit vor Einführung des § 10 Abs 3 MSchG. Sie konnte sich daher mit dessen Auslegung noch nicht eingehend befassen. Lediglich in der Entscheidung Hofbauer[15]) erwähnt der OGH das Unlauterkeitsmerkmal des § 10 Abs 3 MSchG und weist darauf hin, dass § 10 Abs 3 MSchG insoweit der bisherigen Rechtsprechung entspreche, da unlauterer Namensgebrauch nach dieser ausnahmslos unzulässig wäre.

Die hier zu lösende Problemstellung der Verwendung eines gleichen Namens zur Kennzeichnung von Waren und Dienstleistungen wurde in der österreichischen Rechtsprechung jedoch bislang nicht ausdrücklich diskutiert. Traditionell im Vordergrund stand ein Namensgebrauch in der Firma. Folgende Aussagen können dennoch aus der vorliegenden Rechtsprechung getroffen werden: Im ersten vorliegenden Fall aus dem Jahr 1926[16]) hatte der OGH einen Sachverhalt zu entscheiden, in welchem Franz U., der Gründer des Unternehmens „Grande Distillerie Française François U. & Cie.", einige Jahre nach der Veräußerung des Unternehmens mit seinen Brüdern eine Offene Handelsgesellschaft unter dem Namen „Brüder U. & Cie." gründete. Dazu führte der OGH unter anderem aus, dass der Gebrauch eines Firmenwortlauts durch den Späterkommenden im Fall der Gleichnamigkeit „ohne jeden marktschreierischen Hinweis auf den Namen U., ohne jede Bezugnahme auf die Konkurrenz mit der Klägerin, ohne jede Hervorhebung der besonderen Qualitäten des Franz U., in der Ausstattung und dem Vertrieb der Ware in einer solchen von der Ausstattung der klägerischen Ware offensichtlich abweichenden Weise erfolgen (muss), dass auch das breite Publikum nicht einen Augenblick im Zweifel sein kann, dass es sich um eine von

15) OGH 23. 5. 2000, 4 Ob 139/00w – Hofbauer – ARD 5193/27/2001. Auch im Fall Bayer (OGH 14. 12. 1982, 4 Ob 385/82 – Bayer – ÖBl 1983, 80) hatte der OGH das Argument einer sittenwidrigen Verwässerung zwar angesprochen, es dann aber dahingestellt gelassen, weil er ein Wettbewerbsverhältnis verneinte.

16) OGH 10. 11. 1926, Ob I 837/26, SZ 8/317.

der Ware der Klägerin verschiedene Ware handelt". Würde das Recht zur Führung des Namens gänzlich verboten werden, so würde Franz U. in seinem Gewerbe und Fortkommen beeinträchtigt, ja vielleicht in seiner Existenz gefährdet werden, weil ihre Grundlage in der Beteiligung an der Firma „U. & Cie." gelegen sei.

Diese Entscheidung ist zwar heute teilweise als überholt anzusehen, da der OGH in der jüngeren Rechtsprechung[17]) dem prioritätsälteren Namensinhaber im Gegensatz zur früheren Rechtsprechung ausdrücklich auferlegt, dass dieser eine gewisse Gefahr von Verwechslungen durch die Namensverwendung zu tolerieren habe. Dennoch lässt sich meines Erachtens aus dieser Entscheidung entnehmen, dass das Recht des Gleichnamigen, seinen Namen im geschäftlichen Verkehr zu benutzen, insbesondere darauf ausgerichtet ist, ihm überhaupt eine unternehmerische Tätigkeit zuzugestehen, wofür zumindest bei Personengesellschaften meist auch die Führung des eigenen Namens notwendig ist. Der OGH stellt jedoch ersichtlich bereits darauf ab, dass im Zusammenhang mit der Kennzeichnung der vertriebenen Waren keine Verbindung zum prioritätsälteren Namensträger hergestellt werden dürfe.

In der Entscheidung Pischinger[18]) hatte der OGH folgenden Sachverhalt zu beurteilen: Ein Erbe des bekannten Wiener Süßwarenfabrikanten Oskar Pischinger wollte nach seinem Ausscheiden aus dem Unternehmen sein eigenes Süßwarenunternahmen unter Verwendung seines Namens „O. Pischinger" gründen. Die klagende prioritätsältere Firma „Oskar Pischinger" beantragte im Wesentlichen, dem Erben den Vertrieb von Waren im Geschäftszweig der Klägerin unter Verwendung des Namens „Pischinger" zu verbieten. Der OGH untersagte die Benutzung mit der Begründung, der Beklagte hätte nicht alles vorgekehrt, um Verwechslungen zu vermeiden. In der Begründung führte er weiters aus: „Ist der Name Pischinger so bekannt, dass kein Zusatz die Verwechslung ausschließt, so darf er als Schlagwort im Verkehr überhaupt nicht und als Firma nur unter Verwendung des vollen Firmenwortlautes verwendet werden, wobei in der Firma deutlich zum Ausdruck gebracht werden muss, dass es sich nicht um die alteingeführte Pischinger-Firma handle."

Daraus könnte man Folgendes schließen:

- Nur die Verwendung des Namens als Bestandteil des Firmennamens ist – unter den oben genannten angeführten Grundsätzen – zulässig. Mit der Verwendung als Schlagwort im Verkehr meint der OGH offensichtlich eine eher markenmäßig ausgerichtete Verwendung und sieht diese als nicht zulässig an.
- Jedes Anhängen an den guten Ruf eines anderen Kennzeichens ist unzulässig, auch wenn dies dadurch erfolgt, dass der eigene Name im geschäftlichen Verkehr benutzt wird.

---

17) OGH 11. 2. 1997, 4 Ob 31/97f – DANZER – ÖBl 1998, 43.
18) OGH 11. 7. 1951, 1 Ob 489/51 – Pischinger – ÖBl 1952, 6.

In der Entscheidung Schuster-Werbung[19]) aus dem Jahr 1984 bezog sich der OGH nochmals zustimmend auf den oben zitierten Satz aus der Entscheidung Pischinger. Dieser Entscheidung lag ein Klagebegehren zu Grunde, der Beklagten die Verwendung der Bezeichnung „Dr. Heinrich Schuster KG", in eventu ohne unterscheidenden Zusatz, zu untersagen. Auch hier bezog sich der Sachverhalt – wenn auch vom OGH nicht ausdrücklich unterschieden – anscheinend auf eine Verwendung als Firmenname und nicht als Kennzeichen. Unter Verweis auf die (heute immer noch unverändert bestehende) Verpflichtung gemäß § 19 Abs 2 HGB, den Namen des einzigen persönlich haftenden Gesellschafters in die Firma einer Personengesellschaft aufzunehmen, bestätigte der OGH die Abweisung der Klage. Der Beklagte wäre insbesondere nicht verpflichtet gewesen, eine andere Rechtsform für sein Unternehmen zu wählen. Auch hätte er den Namen „Schuster" nie als Firmenschlagwort in Alleinstellung gebraucht.

Deutlicher noch die bereits davor im Jahr 1960 ergangene Entscheidung Guerlain I.[20]) Hier unterschied der OGH ausdrücklich zwischen der Verwendung als Firma und der Verwendung als sonstiges Kennzeichen: Jedermann habe zwar grundsätzlich einen Anspruch, mit seinem Namen eine Einzelfirma zu bilden, und es könne ihm auch nicht von vornherein die Möglichkeit beschränkt werden, diesen Namen in gesetzlich zulässiger Weise bei einer Gesellschaftsfirma zu verwenden. Davon zu unterscheiden sei jedoch der Gebrauch einer besonderen Bezeichnung des Unternehmens, die vor allem in Markenrechte des prioritätsälteren Namensträgers eingreifen könnte. Hierbei „hat der Gedanke aus dem Spiel zu bleiben, dass (der namensgebende Gesellschafter der Beklagten) grundsätzlich seinen Namen als Firma gebrauchen bzw ihn in eine Gesellschaftsfirma aufnehmen lassen durfte. Bei der Wahl einer Geschäftsbezeichnung besteht viel größere Freizügigkeit und liegen viel weiterreichende Möglichkeiten vor, sodass (der namensgebende Gesellschafter der Beklagten) keineswegs darauf verwiesen war, gerade seinen Namen als solche Geschäftsbezeichnung anzunehmen." Folglich sah der OGH die Unternehmensbezeichnung „Marcel Guerlain" mit „Guerlain" und „Les Parfums de Guerlain" verwechselbar an und sprach aus, dass dieser Gebrauch zu untersagen sei, sollte sich im Weiteren Verfahren herausstellen, dass diese Unternehmensbezeichnung tatsächlich im geschäftlichen Verkehr gebraucht worden war. Der OGH abschließend: „Es ist durchaus denkbar, dass (die Beklagte) zwar die Firma ‚Marcel Guerlain Gesellschaft mbH' weiterführen darf, dass aber die Führung der Unternehmensbezeichnung ‚Marcel Guerlain', also, wenn man will, dieser Kurzform oder des Firmenschlagworts, für sich allein unzulässig ist."

Der OGH sah also zwar die Aufnahme seines Namens durch einen Gleichnamigen in die Firma einer Gesellschaft als zulässig an, auch wenn –

19) OGH 22. 5. 1984, 4 Ob 331/84 – Schuster-Werbung – ÖBl 1985, 10.
20) OGH 4. 10. 1960, 4 Ob 352/59 – Guerlain I – ÖBl 1961, 115.

wie bereits damals bei einer GmbH und im Unterschied zu den zuvor behandelten, Personengesellschaften betreffenden Fällen – die Verwendung des eigenen Namens nicht zwingend ist. Wird der eigene Name aber schlagwortartig als Unternehmenskennzeichen verwendet, so greift eine reguläre kennzeichenrechtliche Beurteilung ein.

In der Entscheidung Egger-Bier[21]) betraf der Sachverhalt ebenfalls die Verwendung des eigenen Namens als Kennzeichen und nicht als Firma. Der OGH zog hier nur am Rande die Rechtsprechung zur Gleichnamigkeit heran und forderte die Hinzufügung eines unterscheidungskräftigen Zusatzes. Ob und in welcher Weise bei der Verwendung des eigenen Namens als Kennzeichen andere Grundsätze gelten sollten als bei der Verwendung des eigenen Namens als Firmenbestandteil, darauf ging der OGH jedoch nicht ein.

Dem Fall Danzer[22]) lagen die Firmenlogos von (auf Grund einer früheren Ehe zwischen den Verfahrensparteien) Gleichnamigen zu Grunde. Es handelte sich in diesem Fall also nicht um die Zulässigkeit der Führung des Firmennamens im geschäftlichen Verkehr, sondern – wenn dies auch der OGH nicht ausdrücklich vermerkte – um die Verwendung des nicht den Vorschriften des Firmenrechts unterliegenden Firmenlogos auf dem Geschäftspapier und als Geschäftsschild, also eigentlich um eine Verwendung des eigenen Namens zur Kennzeichnung von Waren und Dienstleistungen. Der OGH beurteilte die Verwendung des Namens im Einzelfall als unzulässig, da kein genügender Abstand eingehalten worden sei: Das Firmenlogo sei ganz eindeutig durch den blickfangartig herausgestellten Namen „DANZER" geprägt. Die Beklagte müsse diesen Namen in den Hintergrund treten lassen. Leider ging der OGH auf die Frage nicht näher ein, ob es bei diesem Sachverhalt überhaupt notwendig gewesen wäre, den Namen „DANZER" zu verwenden. Anscheinend handelte es sich jedoch beim Unternehmen der Beklagten um ein Einzelunternehmen, bei dem wohl ein höheres Interesse an der Verwendung des persönlichen Namens des Unternehmers am Geschäftspapier und am Geschäftsschild zuzugestehen ist als bei einer Kapitalgesellschaft. Außerdem ist aus der Entscheidung nicht ersichtlich, dass Namen und Unternehmen des Klägers gesteigerte Bekanntheit zugekommen wäre.

In dem der Entscheidung Hörmann[23]) zu Grunde liegenden Sachverhalt klagte ein bekannter Fußballspieler namens Hörmann ein Unternehmen desselben Namens. Dieses hatte den in ihrem Firmenwortlaut enthaltenen Namensbestandteil „Hörmann" unter Zuhilfenahme akustischer Untermalung in einer Weise benutzt, die eine Assoziation zum Kläger als Fußballspieler auslöste und wirtschaftliche Beziehungen zum Kläger suggerierte. Der OGH folgerte, dass die Beklagte damit den – unrichtigen – Eindruck erwecke, der Kläger werbe für sie und beziehe daraus ein zusätzliches Ein-

21) OGH 30. 3. 1982, 4 Ob 309/82 – Egger-Bier – ÖBl 1982, 128.
22) OGH 11. 2. 1997, 4 Ob 31/97f – DANZER – ÖBl 1998, 43.
23) OGH 24. 2. 1998, 4 Ob 368/97i – Hörmann – ÖBl 1998, 298.

kommen. Sie greife damit in schutzwürdige Interessen des Klägers ein und nütze damit auch objektiv den Bekanntheitsgrad des Klägers aus. Ein solch unlauterer Namensgebrauch sei ausnahmslos unzulässig und schließe jede Berufung auf das Recht zur Führung des eigenen Namens aus.

Mit Entscheidung vom 23. 5. 2000[24]) wies der OGH einen außerordentlichen Revisionsrekurs in einem Fall zurück, dem – soweit aus dem nur kurz begründeten Zurückweisungsbeschluss erkennbar – folgende Entscheidung der 2. Instanz zu Grunde lag: Der Beklagten wurde verboten, Schokoladewaren unter der Bezeichnung „Hofbauer" und/oder „Fa Hofbauer" und/oder „Handelshaus Hofbauer" und/oder „Michael Hofbauer" anzukündigen, anzubieten, zu verkaufen oder sonst in Verkehr zu bringen. Wie der OGH ausführt, wurde die Beklagte jedoch an sich nicht gehindert, unter ihrer Firma „Michael Hofbauer HandelsgesmbH" im geschäftlichen Verkehr aufzutreten. Im Verfahren war festgestellt worden, dass „Hofbauer" für Schokoladewaren überragende Verkehrsgeltung erlangt hatte.

Allerdings war hier für den OGH anscheinend entscheidend, dass die Beklagte erst 11 Jahre nach Gründung der Gesellschaft den Namen ihres Gesellschafters Michael Hofbauer in ihre Firma aufgenommen hatte und die Aufnahme des Namens nicht nachvollziehbar begründen konnte. Der OGH sah in der Beurteilung dieses Verhaltens durch das Instanzgericht als bewusste Annäherung an die Marken der Klägerinnen und damit als nicht gemäß § 10 Abs 3 MSchG den anständigen Gepflogenheiten in Gewerbe oder Handel entsprechend keinen Rechtsfehler. Die Entscheidung sei auch mit der Rechtsprechung zu Gleichnamigen vereinbar, nach der ein Namensgebrauch bei bewusster Herbeiführung einer Verwechslungsgefahr ausnahmslos unzulässig sei.

Erwähnenswert ist noch eine – allerdings nur erstinstanzliche – Entscheidung der Nichtigkeitsabteilung des Österreichischen Patentamts[25]): Die Nichtigkeitsabteilung gab einem von der Inhaberin der berühmten Marke „GUCCI" eingebrachten Löschungsantrag der Marke „Paolo Gucci" für einen Markeninhaber gleichen Namens statt. Die Nichtigkeitsabteilung stützte sich dabei auch auf die ältere Judikatur der Gerichte zur Gleichnamigkeit (Heller, Guerlain I) und sprach aus, dass der Gebrauch verschiedener Vornamen die Verwechslungsgefahr nicht beseitige. Auf Grund der Bekanntheit des Namens „GUCCI" wäre zumindest mittelbare Verwechslungsgefahr, also die Gefahr der Annahme besonderer wirtschaftlicher oder organisatorischer Beziehungen zwischen den Markeninhabern, gegeben. Auch die Nichtigkeitsabteilung ging auf Unterschiede zwischen einer Verwendung des eigenen Namens im Firmennamen und als Kennzeichen nicht ausdrücklich ein.

Im Gegensatz zur österreichischen Rechtsprechung, die die Thematik soweit ersichtlich noch nicht ausdrücklich problematisiert hat, vertritt die

24) OGH 23. 5. 2000, 4 Ob 139/00 w – Hofbauer – ARD 5193/27/2001.
25) NA 25. 2. 1992 – GUCCI – GRUR Int 1993, 500.

deutsche Rechtsprechung seit der Leitentscheidung Merck[26]) die Auffassung, dass die für die Firmenbildung bei Gleichnamigen geltenden Grundsätze nicht für die kennzeichenmäßige Verwendung eines Namens gelten, da hier ein weit geringeres Bedürfnis für die Verwendung des eigenen Namens bestehe. Aus diesem Grund könne sich ein Gleichnamiger nicht auf die zur Firmenbildung bei Gleichnamigen vertretenen Grundsätze berufen, wenn er den eigenen Namen als Marke eintragen lässt oder sonst wie kennzeichenmäßig verwenden will.[27])

In der Leitentscheidung des BGH zu diesem Thema, Caren Pfleger[28]), bestätigte der BGH diesen Grundsatz und schränkte ihn nur unwesentlich ein: In besonderen Fällen könnten besondere, gewichtige Gründe vorliegen, dass ein prioritätsjüngerer Gleichnamiger auf Grund einer Interessenabwägung auch im Falle einer Kollision ein aus seinem Eigennamen gebildetes Warenzeichen verwenden können sollte. Ein solcher Grund käme etwa dann in Betracht, wenn ein Namensträger durch besondere schöpferische Leistungen, die er bei der Schaffung oder Gestaltung einer bestimmten Ware oder Warenart unter seinem Namen erbracht hat, für den Verkehr erkennbar eine so enge Beziehung zwischen Ware und Namen hergestellt hat, dass es ihm unzumutbar wäre, auf die Kennzeichnung auf der Ware selbst mit dem Namen, mit dem der Verkehr sie auf Grund der schöpferischen Leistung ohnehin weitgehend identifiziert, zu verzichten.

Auf Grund dieses Falls kann man schließen, dass zB ein Gleichnamiger, dessen Name im Zusammenhang mit Modeschöpfungen bereits Bekanntheit auf dem Markt erlangt hat, diesen seinen Namen in der Modeschöpferbranche auch zur Kennzeichnung seiner Kollektion verwenden dürfen wird. Im zitierten Fall wollte die Modeschöpferin jedoch Kosmetika unter diesem Namen in Verkehr bringen. Da es sich dabei nicht um die Branche handelte, in der sie auf Grund ihrer eigenen Leistungen für ihren Namen bereits Bekanntheit erlangt hatte, und ihr in dieser Branche ein älteres Kennzeichenrecht eines anderen, ähnlichen als Kennzeichen verwendeten Namens entgegenstand, ließ der BGH im zitierten Fall den kennzeichenmäßigen Gebrauch nicht zu.

Auch in der deutschen Literatur wird die mit der Entscheidung Merck begründete Auffassung der Rechtsprechung vertreten.[29]) Sie ist also in Deutschland durch Rechtsprechung und Literatur weitgehend abgesichert.

Die von der deutschen Rechtsprechung bereits seit den 60er-Jahren vertretene Auffassung, dass der zum Recht der Firmenbildung bei Gleichnami-

26) BGH 11. 5. 1966, Ib ZB 8/85 – Merck – GRUR 1966, 499, 501.

27) BGH 11. 5. 1966, Ib ZB 8/85 – Merck – GRUR 1966, 499, 501; BGH 12. 12. 1985, I ZR 1/84 – Fürstenberg – GRUR 1986, 402, 403; BGH 28. 2. 1991, I ZR 110/89 – Caren Pfleger – GRUR 1991, 475, 478; vgl auch BGH 21. 11. 1969, I ZR 135/67 – Napoléon III – GRUR 1970, 315.

28) BGH 28. 2. 1991, I ZR 110/89 – Caren Pfleger – GRUR 1991, 475, 478.

29) Etwa *v Gamm,* Wettbewerbsrecht^5 Kap 54 RN 3; *Teplitzky* in UWG Großkommentar § 16 RN 387 ff; *Plaß,* Neue Grundsätze für das Recht der Gleichnamigen? WRP 2000, 40; differenzierend: *Scholz,* Die Änderung der Gleichgewichtslage zwischen namensgleichen Unternehmen und das Recht auf die Namensmarke, GRUR 1996, 679.

gen vertretene Grundsatz, dass jedermann seinen eigenen Namen im geschäftlichen Verkehr verwenden können muss, für die Wahl eines Kennzeichens für die Waren und Dienstleistungen eines Unternehmens nicht gilt, ist meines Erachtens überzeugend. Im Gegensatz zur Firmenbildung vor allem bei Personenhandelsgesellschaften besteht ja im Regelfall kein besonderes Bedürfnis eines Unternehmers, seinen eigenen Namen schlagwortartig zur Kennzeichnung seiner Waren und Dienstleistungen zu verwenden. Es steht ihm im Regelfall offen, für seine Waren und Dienstleistungen eine Fantasiebezeichnung, die seinen Namen nicht enthält, zu wählen. Von einer solchen Unterscheidung geht ersichtlich auch die oben zitierte österreichische Rechtsprechung aus, wenn dies in den Begründungen auch nicht ausdrücklich erwähnt wird.

Es ist daher kein Grund ersichtlich, warum die Grundsätze der deutschen Rechtsprechung nicht für die – grundsätzlich vergleichbare – österreichische Rechtslage übernommen werden sollten. Insbesondere hat auch der OGH in der Entscheidung Danzer[30]) auf in der Rechtsprechung des deutschen Bundesgerichtshofs herausgebildete Grundsätze zum Recht der Gleichnamigen verwiesen.

Es ist der neueren deutschen Rechtsprechung auch zu folgen, dass im Ausnahmefall doch ein berechtigtes Interesse des Namensträgers an der kennzeichenmäßigen Verwendung seines eigenen Namens anzuerkennen sein kann. Zu denken ist neben der in der Entscheidung Caren Pfleger erwähnten Konstellation an andere geschäftliche Tätigkeiten, bei denen es üblich sein könnte, den eigenen Namen des Unternehmers zur Produktkennzeichnung zu verwenden, etwa bei einem Unternehmensberater oder im Weinbau. Diese Fälle werden jedoch nur Ausnahmen bleiben und unerwünschtes Anhängen an einen berühmten Namen wird auch schon die bisherige Rechtsprechung zur Gleichnamigkeit durch die geforderten unterscheidenden Zusätze vermeiden.

IV. Erweiterter Schutz

Unlauterer Namensgebrauch ist immer unzulässig. So kann – wie bereits erwähnt – nach § 10 Abs 3 MSchG (Art 6 Abs 1 lit a MarkenRL) ein Namensgebrauch im geschäftlichen Verkehr nur dann eine sonst vorliegende Markenverletzung ausschließen, wenn dies den anständigen Gepflogenheiten in Gewerbe oder Handel entspricht. Auch die österreichische Judikatur sieht unlauteren Namensgebrauch ausnahmslos als unzulässig und jede Berufung auf das Recht zur Führung des eigenen Namens ausschließend an.[31])

Je bekannter der Markenname ist, desto attraktiver ist es für den Gleichnamigen, sich an dieses Kennzeichen anzuhängen. Die markenrechtliche

30) OGH 11. 2. 1997, 4 Ob 31/97f – DANZER – ÖBl 1998, 43.

31) OGH 11. 2. 1997, 4 Ob 31/97f – DANZER – ÖBl 1998, 43 mwN; OGH 24. 2. 1998, 4 Ob 368/97i – Hörmann – ÖBl 1998, 298 mwN.

Rechtsprechung hilft hier, gewährt sie doch dem starken Kennzeichen einen erweiterten Schutz:[32]) Nach nunmehr ständiger Rechtsprechung des EuGH,[33]) der sich auch der OGH angeschlossen hat[34]), ist die Verwechslungsgefahr umso größer, je höher die Kennzeichnungskraft der älteren Marke ist. Daher genießen nach dieser Rechtsprechung Marken, die, von Haus aus oder wegen ihrer Bekanntheit auf dem Markt, eine hohe Kennzeichnungskraft besitzen, einen umfassenderen Schutz als Marken, deren Kennzeichnungskraft geringer ist. Nach dieser Rechtsprechung ist die Verwechslungsgefahr in einem „beweglichen System" insbesondere nach der Ähnlichkeit der Zeichen, der Ähnlichkeit der Waren und Dienstleistungen und der Bekanntheit des Kennzeichens zu beurteilen.

Die lauterkeitsrechtliche Rechtsprechung hat den Schutz der bekannten Marke über den Bereich des Waren- und Dienstleistungsverzeichnisses hinaus ausgedehnt.[35]) Trotz durchgreifender Warenverschiedenheit wurde unter gewissen Voraussetzungen ein sittenwidriges Schmarotzen an fremder Leistung und damit ein Verstoß gegen § 1 UWG angenommen.[36]) Sittenwidrig im Sinne des § 1 UWG handelt, wer den guten Ruf eines bekannten und attraktiven Kennzeichens, dessen Popularität vom Verletzten mit erheblichen Kosten und Mühen geschaffen worden ist, dadurch schmarotzerisch ausbeutet, dass er es unter besonderen Umständen für eigene geschäftliche Zwecke ausnutzt, indem er etwa das Zeichen als Werbevorspann für eigene Waren verwendet oder indem auf diese Weise die Verwendung für die eigene Leistung des Verletzten beeinträchtigt wird. Entscheidend ist dabei, dass das vom Beklagten verwendete Zeichen zu Gunsten des Klägers einen überragenden Ruf im Verkehr besitzt, der auch wirtschaftlich verwertbar ist und vom Beklagten für die eigenen Dienstleistungen werbewirksam genutzt wird. Das Kennzeichen muss also in den beteiligten Verkehrskreisen einen hohen Bekanntheitsgrad und ein ebensolches Ansehen erworben haben, dessen Ausnutzung durch Anlehnung lohnend erscheint. Der Verkehr muss mit dem Kennzeichen für die betreffenden Waren Gütevorstellungen verbinden, die den guten Ruf begründen. Dieser beruht auf der Eigenart des Zeichens, der Art der vertriebenen Waren, ihrer Qualität und ihrem Ansehen, einem damit verbun-

---

32) *Kucsko,* Geistiges Eigentum (2003) 395.

33) EuGH 22. 6. 2000, Rs C-425/98 – Marca Mode/Adidas – Adidasstreifen – ÖBl 2000, 282 = wbl 2000, 366 = GRUR Int 2000, 899 = EuZW 2000, 504 = ABl HABM 2000, 1290 = EWS 2000, 353 = MarkenR 2000, 255; EuGH 22. 6. 1999, Rs C-342/97 – Lloyd/Loint's – ÖBl 1999, 305 = ecolex 1999, 638 *(Schanda)* = wbl 1999, 454 = MarkenR 1999, 236 = GRUR Int 1999, 734 = ABl HABM 1999, 1568; EuGH 29. 9. 1998, Rs C-39/97 – Canon – ÖBl 1999, 105 = ecolex 1999, 41 *(Schanda)* = wbl 1998, 533 = Slg 1998 I-5507 = MarkenR 1999, 22 = GRUR Int 1998, 875 = GRUR 1998, 922 = ABl HABM 1998, 1406.

34) OGH 13. 2. 2001 – T-One – ÖBl 2001, 159.

35) Dazu näher *Kucsko,* Geistiges Eigentum (2003) 440.

36) OGH 13. 5. 1997, 4 Ob 105/97p – BOSS Energydrink – ÖBl 1997, 225 = ecolex 1997, 681 = wbl 997, 352 = GRUR Int 1998, 898; OGH 29. 10. 1996, 4 Ob 2200/96z – Schürzenjäger – ÖBl 1997, 72 = MR 1997, 52 = wbl 1997, 130; OGH 17. 9. 1996, 4 Ob 2206/96g – Football Association – ÖBl 1997, 83 = EvBl 1997/48 = ecolex 1997, 107 *(Kucsko)* = GRUR Int 1998, 170.

denen Prestigewert und der wirtschaftlichen Verwertbarkeit des Rufs (etwa durch Lizenzvergabe).[37])

Mit § 10 Abs 2 MSchG (der Vorgabe des Art 5 Abs 2 MarkenRL folgend) wurde dieser erweiterte Schutz im Markenrecht ausdrücklich verankert. Er gibt dem Inhaber einer eingetragenen bekannten Marke das Recht, Dritten die Zeichenverwendung zu verbieten, wenn die Benutzung die Unterscheidungskraft oder die Wertschätzung der Marke ohne rechtfertigenden Grund in unlauterer Weise ausnutzt oder beeinträchtigt. Die bekannte Marke genießt so einen erweiterten Schutz vor Rufausbeutung und Verwässerung außerhalb des Waren- und Dienstleistungsähnlichkeitsbereichs.

Dem Wunsch, durch den Gebrauch des als bekannte Marke besonders geschützten Familiennamens eine Verbindung von dem bekannten Produkt zu dem eigenen neuen, noch unbekannten Produkt herzustellen und so den Werbewert der fremden Marke zu nutzen, wird auch bei Warenverschiedenheit daher regelmäßig der erweiterte lauterkeits- und markenrechtliche Schutz der bekannten Marke (bzw des bekannten Kennzeichens) entgegenstehen.

V. Ergebnis

Die Rechtsprechung reagiert sehr sensibel auf Kennzeichenkollisionen zwischen Gleichnamigen. Der später kommende Gleichnamige wird dazu verhalten, Abstand zu halten. In jenen Bereichen, in denen keine Notwendigkeit besteht, unter dem bürgerlichen Namen aufzutreten, insbesondere bei der Bildung einer nicht zwingend aus dem bürgerlichen Namen abzuleitenden Firma und bei der Verwendung eines Namens als Produktmarke, wird man in letzter Konsequenz auch den Verzicht auf die Wahl gerade dieses Kennzeichens verlangen können. Dabei ist der Schutzbereich umso weiter zu ziehen, je kennzeichnungskräftiger der Name ist. Bei bekannten Marken wird zudem der erweiterte Schutz auch jenseits der Warenähnlichkeit zum Tragen kommen.

37) OGH 16. 7. 2002, 4 Ob 156/02y – kinder.at – ecolex 2002, 755 *(Schanda)* = ÖBl-LS 2002/184, 193 = MR 2002, 347; OGH 12. 9. 2001, 4 Ob 166/01t – VOGUE – ÖBl 2003, 28 = ÖBl-LS 2002/58 = ecolex 2002, 32 *(Schanda)* = GRUR Int 2002, 944 mwN.

E-Mail-Werbung 2004

Gerhard Laga

Inhaltsübersicht:

I. Einleitung

Welcher Internetnutzer kennt sie nicht: E-Mails von wildfremden Menschen mit Betreffzeilen wie „Earn lots of money", „You promised to call me" oder „Enlarge your . . .", wobei in letzterer E-Mail die Vergrößerung beliebiger Körperteile gemeint ist.

Es handelt sich dabei um so genannte „Spam-Mails", oft millionenfach abgesendete E-Mails an vermutete oder reale E-Mail-Adressen, die dadurch wirtschaftlich interessant werden, dass der Versand von E-Mails abgesehen vom meist ohnedies vorhandenen Internetzugang kostenlos ist.

Das Thema beschäftigt nicht nur viele einzelne Internetbenützer, sondern auch dutzende nationale Gesetzgeber und internationale Organisationen wie die UNO, die EU Institutionen[1]) und die OECD.[2]) Eine effektive Verbesserung für die Betroffenen haben die regulatorischen Maßnahmen aber (noch) nicht gebracht.

Dieser Beitrag beleuchtet das zum weltweiten Problem gewordene Thema aus der Benutzerperspektive, um sowohl die regulatorischen Initia-

---

1) Abgesehen von den bereits geltenden Richtlinien vor allem in letzter Zeit durch die Mitteilung der Kommission über unerbetene Werbenachrichten (Spam), Brüssel, 22. 1. 2004, KOM(2004) 28 endgültig; Die Europäische Kommission schlägt eine Erweiterung der EU-Maßnahmen zur Bekämpfung von Kinderpornografie, Rassismus und Spam im Internet vor, IP/04/333, Brüssel, 12. März 2004, im Internet unter http://europa.eu.int/rapid/start/cgi/guesten.ksh?p_action.getfile=gf&doc=IP/04/333|0|RAPID&lg=DE&type=PDF

2) OECD Calls on Governments to step up their Fight Against Spam; weitere Informationen über Spam und den OECD Workshop über Spam befinden sich im Internet unter www.oecd.org/sti/spam

tiven als auch die Praxis aufzuzeigen und eine für jeden Einzelnen mögliche praktische Lösung vorzuschlagen.

II. Einige Fakten zum Thema E-Mail-Werbung

Diskussionen zum Thema Spamming werden oft aus verschiedenen Blickwinkeln gesehen. Während über 90% der E-Mail-Benutzer unbestellte kommerzielle E-Mail[3]) eines unbekannten Absenders als Spam bezeichnen, sehen mehr als 70% auch persönliche oder berufliche Nachrichten jedes unbekannten Absenders als Spam an.[4])

Das Ausmaß der Belästigung ist in den letzten Jahren massiv gestiegen. 2001 wurde das Spam-Aufkommen auf „lediglich“ 7% des gesamten E-Mail-Verkehrs geschätzt, 2002 dann auf 29% und die Prognosen für 2003 lauten nun auf 51%.[5]) Dieser Wert war laut dem Internet-Sicherheitsunternehmen Messagelabs[6]) im Februar 2004 bereits erreicht, als jeder zweite Inhalt von E-Mail als Spam gesehen wurde. Von Juni 2003 bis März 2004 vermehrte sich das Aufkommen von Spam um rund 600%.[7]) Die FAZ berichtet, dass 65% aller E-Mails unerwünschte Werbung enthielten.[8])

Ein Grund, wie diese rapide Vermehrung an Spam-Mails in letzter Zeit zu Stande kommt, konnte erst unlängst von einer Fachzeitschrift[9]) aufgedeckt werden: Autoren und absichtliche Verbreiter von Computerviren arbeiten seit Mitte 2003 mit Versendern von Spam zusammen. Die Computerviren werden dazu so programmiert, dass dem Benutzer die Virenverseuchung des PCs nicht auffällt: Der Virus enthält keine offensichtliche Schadfunktion und zerstört keine Dokumente. Er nistet sich aber in das Betriebssystem ein, kann dieses fernsteuern und reagiert auf Befehle des Virenautors. So können unbemerkt vom Benutzer andere (Viren-)Programme aus dem Internet geladen und benutzt werden. Einer der Virenautoren konnte über das Internet aufgespürt werden und bot einem Redakteur der Zeitschrift die Benutzung dieses Virennetzwerkes, das aus mehr 10.000 infizierten PCs bestand, zum Preis von US$ 28.000 pro Monat zum Versenden von Spam an. Die Leistung von 10.000 ferngesteuerten PCs, die alle über Anschluss zum Internet verfügen, ist nur schwer vorstellbar: Insgesamt steht eine Bandbreite von 1,5 GigaBit pro Sekunde zur Verfügung, eine Netz-

3) In englischer Sprache auch „Unsolicited commercial email“ (UCE) bezeichnet.
4) *Deborah Fallows*, Spam, How it is hurting Email and degrading life on the Internet, Oktober 2003, 10, im Internet unter www.pewinternet.org/reports/pdfs/PIP_Spam_Report.pdf
5) Mitteilung der Kommission über unerbetene Werbenachrichten (Spam), Brüssel, 22. 1. 2004, KOM(2004) 28 endgültig, 5.
6) Im Internet unter www.messagelabs.com
7) Gemäß laufend aktualisierter Statistik von Messagelabs, im Internet unter www.-messagelabs.com/viruseye/threats/default.asp?tablt=spam&spamduration=Last+12+months&spamgraphtype=bar&spamdata=volume
8) Frankfurter Allgemeine Zeitung, 20. 3. 2004, Nr 68/ Seite 17.
9) Ferngesteuerte Spam-Armeen, c't 5/04, 18, im Internet unter www.heise.de/kiosk/archiv/ct/2004/5/18

werkkapazität, der nur ganz wenige Internetserver oder Router standhalten können, wenn alle Rechner gleichzeitig Informationen von einer bestimmten Adresse abfragen oder an diese senden.

Eine Sachverhaltsdarstellung wurde den Behörden in Großbritannien, wo einer der Virenschreiber beheimatet ist, übergeben. Diesbezügliche Verhaftungen wurden bereits vorgenommen.[10]) Ermöglicht werden solche Spam-Attacken durch die Verbreitung von ungesicherten PCs mit Breitband-Internetanschluss, die unbemerkt von Fremden ferngesteuert werden.

III. Das Problem: E-Mail als Versinnbildlichung der Aufmerksamkeitsökonomie

Vor allem Unternehmen befinden sich angesichts dieser Tatsachen vor einem sich rapide verschärfenden Dilemma: Einerseits sind sie Opfer dieser Spam-Attacken, da die Effizienz und Produktivität der Arbeitnehmer durch das Aussortieren von Spam beeinträchtigt werden und ihnen indirekte Kosten entstehen, da durch herkömmliche Filtermethoden auch manche legitime geschäftliche Nachrichten nicht zugestellt werden.[11]) Andererseits wollen Unternehmen auch das Medium E-Mail nützen, um bestimmte Geschäftskontakte zu betreuen oder andere gezielt im Einzelfall anzubahnen.

Das Phänomen Internet bewirkt eine allmähliche Loslösung von örtlichen und territorialen Bezügen. Konnte man vor Jahrzehnten den Trend von lokalen Geschäften hin zu Einkaufszentren beobachten, entwickelt sich mittlerweile ein Trend hin zur weltweiten Bestellung vom Schreibtisch aus. Anders als bei den Einkaufzentren, bei denen meist einige umsatzstarke Händler auch Umsatzbringer für die kleinen Anbieter im Einkaufszentrum darstellen, ist beim E-Commerce jeder Webshop-Betreiber auf sich selbst und sein eigenes Marketing angewiesen.

Das World Wide Web, in dem alle Webshops ihre Heimat finden, ist ein grundsätzlich passives Medium – auch wenn es bei Benutzung interaktiv erscheint. Es fordert Aktionen der hunderten Millionen Benutzer[12]) eine Internet-Adresse einzugeben, auf einen Hyperlink zu klicken oder mittels Suchmaschine nach bestimmten Schlagworten zu suchen, um überhaupt einen bestimmten Webshop aufzusuchen. Da immer mehr Internetuser auch über das Internet einkaufen – die Zahl der deutschen Bundesbürger, die schon einmal online eingekauft haben, ist im vergangenen Jahr um 15% auf

10) Ferngesteuerte Spam-Armeen, c't 5/04, 22.

11) Mitteilung der Kommission über unerbetene Werbenachrichten (Spam), Brüssel, 22. 1. 2004, KOM(2004) 28 endgültig, 11.

12) Sämtliche Statistiken über die Anzahl der weltweiten Internetnutzer sind eher mit Vorsicht zu behandeln, da es keine zentrale „Meldestelle" im Internet gibt. Die Zahlen von 2002 bewegen sich zwischen 580 Millionen (Nielsen/NetRatings) bis 655 Millionen (ITU). Geschätzte Nutzerzahlen für 2004 liegen zwischen 709,1 Millionen (eMarketer) und 945 Millionen (Computer Industry Almanac).

23 Millionen Personen gestiegen[13]) – wird dieser Markt für immer mehr Unternehmer interessant.

Das Medium E-Mail hingegen ist insofern aktiv, als die Initiative vom Versender und nicht dem Empfänger von E-Mail ausgeht. Deshalb ist es für Marketing- und Kundenbindungsmaßnahmen optimal geeignet, sofern das Medium E-Mail noch als seriöses anerkannt wird. Genau diese Seriosität des Mediums steht zurzeit an der Kippe, da immer mehr E-Mail-Benutzer – genervt durch die Belästigung mittels Spam mit oft pornografischem Inhalt – E-Mail nicht mehr verwenden bzw falsche Angaben machen. Der Eindruck, dass E-Commerce von Gaunern beherrscht wird, kann weit reichende Folgen für den Ruf redlicher Geschäftsleute im E-Commerce haben. Es gilt zu bedenken, dass unverlangt zugesandte E-Mail-Werbung auch dem Ansehen des Unternehmens selbst schadet. Spamming ist derzeit vermutlich die beste Möglichkeit, seriöse Ziele nicht zu erreichen. Neuere Zahlen aus den USA bestätigen, dass das Vertrauen in elektronische Post angesichts der zahlreichen Spams bereits gesunken ist.[14])

Das wirklich „neue" Element an E-Mail-Werbung ist die Globalität des Mediums Internet. Währenddessen sich der Konsument mit lokaler oder nationaler Werbung in konventionellen Medien wie Postwurfsendungen, Zeitungen, Zeitschriften, Rundfunk, Plakatwänden etc bereits arrangiert und gelernt hat, damit umzugehen wird massenhafte E-Mail-Werbung als besonders belästigend empfunden. Dies ist angesichts der Vielzahl an Spam-Mails auch verständlich. Für jeden Versender von (Massen-)E-Mails ist der Posteingang jedes Internetbenutzers nur einen Klick entfernt, ganz gleichgültig ob sich dieser im Nachbarhaus oder auf einem anderen Kontinent befindet. Durch dieses „Zusammenrücken" der Internetbenutzer wird der Empfänger mit Werbebotschaften konfrontiert, die ihn mittels herkömmlichen Medien niemals erreichen würden. Dies bezieht sich sowohl auf die Sprache (viele E-Mail-Werbungen werden in englischer Sprache abgefasst), auf die beworbenen Inhalte als auch auf die enorme Anzahl von Werbe-E-Mails, die täglich versendet werden. Wie bei der strafrechtlichen Debatte um Kinderpornografie im Internet zeigt sich auch hier: Das Internet schafft keine neuen Probleme, aber bereits bestehende rechtliche und soziale Phänomene werden in ihrer Auswirkung durch das Internet verstärkt und so wird auch jeder einzelne Internetbenutzer damit konfrontiert.

Dies soll freilich keine Entschuldigung oder Legitimation zum Spammen sein: Das massenhafte Versenden von Werbe-E-Mails an Empfänger,

---

13) Studie von TNS Infratest in München und Enigma GfK in Wiesbaden. Befragt wurden 1035 deutsche Internetnutzer im Alter von 14 bis 69 Jahren. Der Anteil der „eShopper" an der Gruppe der Internetnutzer liegt damit bei 71%. Zu den wachstumsstärksten Bereichen beim Interneteinkauf gehören zum Beispiel die Unterhaltungselektronik sowie Kameras, siehe www.heise.de/newsticker/meldung/46189

14) Einer Umfrage von Pew Internet zufolge nutzen 25% der Befragten E-Mail weniger, weil sie sehr viel Spam erhalten. Mitteilung der Kommission über unerbetene Werbenachrichten (Spam), Brüssel, 22. 1. 2004, KOM(2004) 28 endgültig 7.

die keinerlei Bezug zum Versender haben, ist ein Missbrauch und negative Auswirkung dieser Aufmerksamkeitsökonomie.

IV. Die Lösungsansätze: Von Opt-In bis Spamweasel

Der österreichische Gesetzgeber wurde bereits 1997 tätig und verbot durch eine Novelle des Telekommunikationsgesetzes[15]) das „Versenden von E-Mail zu Werbezwecken oder als Massensendung" ohne vorherige Zustimmung des Empfängers. Obwohl E-Mail-Werbung bzw Massen-E-Mails vor 7 Jahren noch nicht die praktische Auswirkung hatte wie heute, kamen bereits damals rechtspolitische Diskussionen über die Angemessenheit dieser rigiden allgemeinen Regelung auf.[16])

A. Gesetzliche Regelungen

Auf EU-Ebene wurde es damals durch die ISDN-Datenschutzrichtlinie[17]) bzw die Fernabsatz-Richtlinie[18]) den Mitgliedstaaten freigestellt, den Versand von Werbe-E-Mails von der vorherigen Zustimmung des Empfängers abhängig zu machen (so genanntes Opt-In-Verfahren) oder nicht (erst nach Abbestellen der E-Mail darf nicht mehr an diesen Empfänger gesendet werden; so genanntes Opt-Out-Verfahren).

Erst die E-Commerce-Richtlinie[19]) führte im Jahr 2000 auf europäischer Ebene zu einer Weiterentwicklung: Art 7 Abs 2 verpflichtetet die Mitgliedstaaten, eine elektronische Opt-Out-Liste zu führen, in die sich natürlich Personen eintragen können, um keine E-Mail-Werbung zu erhalten. Obwohl die europäische Vorgabe auch im österreichischen E-Commerce-Gesetz[20]) umgesetzt wurde, kam ihr anfangs nur geringe praktische Bedeutung zu, war doch ohnedies jede E-Mail-Werbung ohne vorherige Zustimmung verboten. Es war vielmehr so, dass nur ausländische Unternehmen und Unternehmen der Finanzbranche Zugang zu dieser von der RTR-GmbH geführten Liste, die auch „elektronische Robinsonliste"[21]) genannt wurde, hatten.

---

15) BGBl I 1999/188.

16) *Laga*, Das österreichische Spam-Verbot: Ein rechtlich bedenkliches Kuriosum, ÖBl 2000, 243–249. *VIBE*, Offener Brief an Dr. Laga, im Internet unter www.vibe.at/aktionen/200004/lagabrief1.html

17) Richtlinie 97/66/EG des Europäischen Parlaments und des Rates vom 15. Dezember 1997 über die Verarbeitung personenbezogener Daten und den Schutz der Privatsphäre im Bereich der Telekommunikation, ABl EG Nr L 24 vom 30. 1. 1998 S 0001–0008.

18) Richtlinie 97/7/EG des Europäischen Parlaments und des Rates vom 20. Mai 1997 über den Verbraucherschutz bei Vertragsabschlüssen im Fernabsatz („Fernabsatzrichtlinie"), ABl EG Nr L 144 vom 4. 6. 1997 S 0019–0027.

19) Richtlinie 2000/31/EG des Europäischen Parlaments und des Rates vom 8. Juni 2000 über bestimmte rechtliche Aspekte der Dienste der Informationsgesellschaft, insbesondere des elektronischen Geschäftsverkehrs, im Binnenmarkt („Richtlinie über den elektronischen Geschäftsverkehr"), ABl EG Nr L 178 vom 17. 7. 2000 S 0001–0016.

20) BGBl I 2001/152.

21) Nähere Informationen zur Opt-Out-Liste finden sich auf der Homepage der RTR GmbH unter www.rtr.at/ecg

Durch die Novelle des TKG 2003 wurde die Rechtslage erneut verändert. Auf europäischer Ebene wurde in der Zwischenzeit das Richtlinienpaket zur Telekommunikation den Erfordernissen des Internets angepasst. Hier von Bedeutung ist die Änderung der ISDN-Datenschutzrichtlinie[22]) zur Datenschutzrichtlinie für elektronische Kommunikation 2002/58/EG[23]) und im Speziellen deren Art 13, der folgenden Wortlaut hat:

„(1) Die Verwendung von automatischen Anrufsystemen ohne menschlichen Eingriff (automatische Anrufmaschinen), Faxgeräten oder elektronischer Post für die Zwecke der Direktwerbung darf nur bei vorheriger Einwilligung der Teilnehmer gestattet werden.

(2) Ungeachtet des Absatzes 1 kann eine natürliche oder juristische Person, wenn sie von ihren Kunden im Zusammenhang mit dem Verkauf eines Produkts oder einer Dienstleistung gemäß der Richtlinie 95/46/EG deren elektronische Kontaktinformationen für elektronische Post erhalten hat, diese zur Direktwerbung für eigene ähnliche Produkte oder Dienstleistungen verwenden, sofern die Kunden klar und deutlich die Möglichkeit erhalten, eine solche Nutzung ihrer elektronischen Kontaktinformationen bei deren Erhebung und bei jeder Übertragung gebührenfrei und problemlos abzulehnen, wenn der Kunde diese Nutzung nicht von vornherein abgelehnt hat.

(3) Die Mitgliedstaaten ergreifen geeignete Maßnahmen, um – gebührenfrei für die Teilnehmer – sicherzustellen, dass außer in den in den Absätzen 1 und 2 genannten Fällen unerbetene Nachrichten zum Zweck der Direktwerbung, die entweder ohne die Einwilligung der betreffenden Teilnehmer erfolgen oder an Teilnehmer gerichtet sind, die keine solchen Nachrichten erhalten möchten, nicht gestattet sind; welche dieser Optionen gewählt wird, ist im innerstaatlichen Recht zu regeln.

(4) Auf jeden Fall verboten ist die Praxis des Versendens elektronischer Nachrichten zu Zwecken der Direktwerbung, bei der die Identität des Absenders, in dessen Auftrag die Nachricht übermittelt wird, verschleiert oder verheimlicht wird oder bei der keine gültige Adresse vorhanden ist, an die der Empfänger eine Aufforderung zur Einstellung solcher Nachrichten richten kann.

(5) Die Absätze 1 und 3 gelten für Teilnehmer, die natürliche Personen sind. Die Mitgliedstaaten tragen im Rahmen des Gemeinschaftsrechts und der geltenden einzelstaatlichen Rechtsvorschriften außerdem dafür Sorge, dass die berechtigten Interessen anderer Teilnehmer als natürlicher Personen in Bezug auf unerbetene Nachrichten ausreichend geschützt werden."

---

22) Richtlinie 97/66/EG des Europäischen Parlaments und des Rates vom 15. Dezember 1997 über die Verarbeitung personenbezogener Daten und den Schutz der Privatsphäre im Bereich der Telekommunikation, ABl EG Nr L 24 vom 30. 1. 1998 S 0001–0008.

23) Richtlinie 2002/58/EG des Europäischen Parlaments und des Rates vom 12. Juli 2002 über die Verarbeitung personenbezogener Daten und den Schutz der Privatsphäre in der elektronischen Kommunikation (Datenschutzrichtlinie für elektronische Kommunikation), ABl EG Nr L 201 vom 31. 7. 2002 S 0037–0047.

Durch Art 13 wird auf EU-Ebene ein Opt-In-Regime festgelegt. Werbung via E-Mail ist grundsätzlich nur unter Angabe der Identität des Absenders und nach vorheriger Zustimmung des Empfängers erlaubt. Die Zustimmung kann gemäß Abs 2 angenommen werden, wenn ein vorheriger Kunde dem potenziellen Versender seine E-Mail-Adresse gegeben hat. Allerdings muss unter allen Umständen ein kostenfreies Ablehnen von weiteren Zusendungen möglich sein.

Auch in den USA wurde – nach anfänglicher Tätigkeit bloß auf Ebene der einzelnen Bundesstaaten – im Jahre 2003 der CAN-SPAM-Act[24]) beschlossen, der seit 1. Jänner 2004 in Kraft ist. Dieser sieht für unbestellte kommerzielle E-Mails eine Kennzeichnungspflicht, Opt-Out-Mechanismen und die Angabe der physischen Adresse des Absenders vor. Auch die meisten asiatischen Staaten verfolgen laut einem OECD-Papier[25]) den Opt-Out-Ansatz.

Ob die unterschiedlichen Regulierungsansätze[26]) auch praktische Auswirkungen haben, darf bezweifelt werden. Die meisten Versender von Spam-Mails halten sich nämlich weder an Opt-In noch an Opt-Out-Vorschriften. Opt-Out-Listen dienen für diese unseriöse Gruppe bloß als weitere Quelle von aktiven E-Mail-Adressen, die sofort in sämtliche Verteiler aufgenommen oder als Wirtschaftsgut weiter gehandelt werden.

B. Technische Lösungen

In den letzten Jahren wurden diverse technische Methoden[27]) entwickelt, um die Belästigung durch massenhaft versandte E-Mails zu verringern. Am bekanntesten sind Filter, die entweder vom eigenen Internetprovider angeboten werden oder im eigenen E-Mailprogramm integriert sind. Diese Filterungen basieren meist auf Positiv- bzw Negativlisten, die sich auf bestimmte Absender oder Schlüsselworte im Betreff der E-Mail beziehen. Wird ein neuer Spam-Versender oder ein neues bzw anders geschriebenes Schlüsselwort identifiziert, wird ein neuer Filter erstellt.

Der Nachteil dieser konventionellen Filtermethode besteht darin, nicht „intelligent" zu sein, dauernd gewartet werden zu müssen und nur für die Vergangenheit zu gelten. Professionelle Versender von Spam-Mails können aber bereits automatisch mittels Software ihre elektronische Identität ändern. Auf der anderen Seite gibt es mittlerweile auch Softwareprodukte, die aus dem Internet aktualisierte Filter herunterladen können wie das in der Überschrift angesprochene Spamweasel.[28]) Andere Produkte wickeln das

---

24) „Controlling the Assault of Non-Solicited Pornography and Marketing Act of 2003", HR 877, im Internet unter www.spamlaws.com/federal/108s877enrolled.pdf

25) Background paper for the OECD workshop on spam, DSTI/ICCP(2003)10/FINAL, 22. Jänner 2004, 37 ff, im Internet unter www.olis.oecd.org/olis/2003doc.nsf/LinkTo/dsti-iccp(2003)10 final

26) In Europa Opt-In, in den USA Opt-Out.

27) Eine beispielhafte Anführung und Erklärung diverser Verfahren zur Spam-Vermeidung findet sich im Internet unter www.paulgraham.com/stopspam.html

28) Weitere Informationen zu Spamweasel von der Firma Mailgate im Internet unter www.mailgate.com/products/spamweas/sw_intro.asp

Erstellen der Filterregeln automatisiert ab und nutzen dabei auch die Möglichkeiten von Peer2Peer-Netzwerken. So filtern 800.000 Benutzer der Anti-Spam-Software SpamNet[29]) gemeinsam Massen-E-Mails aus ihren Posteingängen heraus: Sobald eine bestimmte Anzahl von Benutzern eingehende E-Mails als „Spam" markiert, wird diese E-Mail auch bei allen anderen Benutzern von Spamnet aussortiert. Die Wirksamkeit dieser Filter ist aber auch auf 90% beschränkt.[30])

Generell wird davon ausgegangen, dass mit konventionellen Filtermethoden „nur" bis zu 92% der Massenmails automatisch ausgefiltert werden können. Besonders ärgerlich sind so genannte „False Positives", gewollte E-Mails, die fälschlicherweise als Massen-E-Mails ausgefiltert werden: Bei normalen Filtern kann dies mit mehr als 1% der gewollten E-Mails geschehen.

Seit Anfang des Jahres 2004 bieten mehrere E-Mailprogramme Filter an, die eine mathematische Methode namens „Statistische Filter[31])" verwenden. Diese Methode wird auch nach deren Entwickler, dem im 18. Jahrhundert lebenden Britischen Wissenschafter *Thomas Bayes*[32]) benannt. Die Wirksamkeit dieser neu wieder entdeckten Filtermethode ist enorm. Die Treffgenauigkeit kann mit dieser Filtermethode auf 99,5% erhöht werden. „False Positives", also die fälschliche Erkennung von gewollter E-Mail als Spam betragen weniger als 0,03% (bei 4000 gefilterten E-Mails wurde keine einzige fälschlich aussortiert).[33])

Das wirklich Entscheidende an dieser Methode ist die Anpassung der Software an die Nutzungsgewohnheiten des Anwenders, die pro futuro wirkt. Setzt der Benutzer dieses Filtersystem ein, so werden anfangs die auffälligsten Spam-E-Mails in einen eigenen Unterordner verschoben. Ungefähr ein Viertel der Spam-Mails verbleibt bei der ersten Filterung noch im Posteingang. Nachdem der Benutzer einige Male seinen Posteingang kontrolliert und die erhaltenen Spam-Mails als solche bezeichnet hat, sinkt die Fehlerrate der Filter massiv. Erfolgsquoten über 99% können erreicht werden. Da der Benutzer mit der Bezeichnung der ungewollten E-Mails als Spam dem Programm seine eigenen Präferenzen zu erkennen gibt und so den Inhalt der E-Mails bewertet, bilden sich Inhaltsmuster, die Spam immer engmaschiger und zuverlässiger erkennen. Man sollte allerdings anfangs regelmäßig die gefilterte Mail kontrollieren, damit die Filter nicht zu „scharf" eingestellt werden und in weiterer Folge „False Positives" bewirken. Die kostenlos erhältliche Open-Source Browsersuite „Mozilla"

29) Ein Beispiel ist die Software „SpamNet" der Firma Cloudmark, im Internet unter www.cloudmark.com/products/spamnet/

30) Nach Selbstauskunft der Firma Cloudmark, im Internet unter www.cloudmark.com/support/spamnet/faq/list.php?id=4#id43

31) Eine genaue Erklärung der Funktionsweise dieser Filtermethode findet sich unter www.paulgraham.com/spam.html

32) Nähere Informationen über *T. Bayes* unter www.bayesian.org/bayesian/bayes.html

33) Dies erklärt der Softwareentwickler *Paul Graham* auf seiner Webseite www.paulgraham.com/better.html in Fußnote 4.

bzw das separat erhältliche E-Mail-Programm „Thunderbird"[34]) verwenden beispielsweise die Bayesschen Filter. Will man sein gewohntes E-Mail-Programm weiterhin verwenden, so können Bayessche Filter auch in dieses integriert[35]) werden.

Ein Nachteil dieser Filtermethode sei hier nicht verschwiegen: Die hohe Trefferquote ist nur möglich, wenn jeder Einzelne seinen E-Mail-Filter für einige Zeit selbst mittels Mausklick „trainiert". Eine zentrale Filterung für alle E-Mail-Nutzer ist bis jetzt nicht möglich. Allerdings könnte man daran denken, bestimmte Filterprofile zur Verfügung zu stellen, die bereits für verschiedene Berufsgruppen optimiert wurden.

C. Bisherige Ergebnisse: Regelung in sechs nationalen Spezialgesetzen und täglich mehr Spam

Neben der Definition von elektronischer Post in § 92 Abs 3 Z 10 TKG und der bereits beschriebenen Regelung in § 107 TKG finden sich auch im E-Commerce Gesetz[36]) in § 7, im Wertpapieraufsichtsgesetz[37]) in § 12 Abs 3, im Versicherungsaufsichtsgesetz[38]) in § 75 Abs 4, im Apothekerkammergesetz[39]) in § 2 Abs 4 und im Wirtschaftskammergesetz[40]) in § 72 Abs 4 gesetzliche Regelungen zu diesem Thema.

Das Ergebnis: An die E-Mailadresse des Autors dieses Beitrages wurden im Frühjahr 2004 ungefähr 85% E-Mail-Werbung verschickt. Die meisten dieser E-Mails wurden unter dem Namen von Personen verschickt, die entweder gar nicht existent sind oder deren Computer von Dritten missbraucht wurden und vom unbeabsichtigten Versenden von E-Mails gar nichts wissen.

Die rechtlichen und vor allem gesetzlichen Versuche der Lösung dieses Problems sind wichtig und nötig, um die gesellschaftliche Missbilligung des Missbrauchs von E-Mail festzustellen und etwaige Gewinne aus der massenhaften Versendung von E-Mail-Werbung abzuschöpfen. Sie können aber die Belästigung des einzelnen E-Mail-Nutzers nicht verhindern.

Von den oben erwähnten rund 100 Spam-Mails pro Tag an die E-Mail-Adresse des Autors verbleiben nur rund 1 bis 2 im Posteingang. Der Rest wird mittels Bayescher Filter automatisch in einen Unterordner für Spam-E-Mails verschoben, der regelmäßig vom System gelöscht wird.

---

34) Beide erhältlich unter www.mozilla.org
35) Beispielsweise mit dem Programm „Spamweed", im Internet unter www.spamweed.com
36) Bundesgesetz, mit dem bestimmte rechtliche Aspekte des elektronischen Geschäfts- und Rechtsverkehrs geregelt werden, BGBl I 2001/152.
37) Bundesgesetz über die Beaufsichtigung von Wertpapierdienstleistungen, BGBl I 1996/753 idF BGBl I 2002/34.
38) Bundesgesetz über den Betrieb und die Beaufsichtigung der Vertragsversicherung, BGBl 1978/569 idF BGBl I 2002/46.
39) Bundesgesetz über die Österreichische Apothekerkammer, BGBl I 2001/111.
40) Bundesgesetz über die Kammern der gewerblichen Wirtschaft, BGBl I 1998/103 idF BGBl 2001/153.

V. Das Wettbewerbsrecht: Die goldene, regulatorische Mitte?

Das österreichische UWG bietet durch die Generalklausel des § 1 enorme Flexibilität für die Rechtsprechung, die zur systematischen Darstellung der pönalisierten Sachverhalte die Bildung von Fallgruppen etabliert hat. Bezüglich E-Mail-Werbung können die Fallgruppen des Rechtsbruchs und des Kundenfangs zur Anwendung kommen.

Der Rechtsbruch ist meist durch die Erfüllung des Sachverhaltes nach § 107 TKG indiziert. Im Anschluss ist zu prüfen, ob die Erfüllung der Tatbestandsvoraussetzungen auch subjektiv vorwerfbar ist. Dies ist nach der ständigen Rechtsprechung[41]) dann der Fall, wenn dieser Gesetzesverstoß subjektiv vorwerfbar ist, er also von der Absicht getragen wurde, gegenüber einem gesetzestreuen Mitbewerber einen Vorsprung im Wettbewerb zu erlangen und dieser Normverstoß zumindest objektiv geeignet ist, die Wettbewerbssituation zu Gunsten des Zuwiderhandelnden zu beeinflussen.[42])

Im Rahmen der Fallgruppe des Kundenfangs ist entscheidend, ob die freie Willensentschließung des Kunden hinsichtlich seiner Kaufentscheidung beeinflusst bzw ausgeschlossen wird und das Kaufverhalten somit nicht mehr durch eigene qualitative und finanzielle Gesichtspunkte, sondern durch sachfremde Momente bestimmt wird. *Wagner*[43]) schlägt vor, die in Deutschland und Österreich bereits bestehende Judikatur zur unerwünschten Telefon-, Telefax- und BTX-Werbung analog anzuwenden. Diese Entscheidungen bauen grundsätzlich auf der Keimtheorie auf, also dem weiteren Umsichgreifen dieser Werbemethoden, der Nachahmungsgefahr. In diesem Zusammenhang wird auch die Intensität der Beeinträchtigung und Belästigung der Rezipienten berücksichtigt, die wesentlich davon abhängt, ob es sich bei dem Empfänger um eine Privatperson oder einen Unternehmer handelt. Die Eingriffsintensität jeder einzelnen Werbe-E-Mail ist im Vergleich mit Telefon-, Telefax- und BTX-Werbung aber von weit geringerem Ausmaß, überdies wird das Empfangsgerät nicht für andere eingehende Nachrichten blockiert.[44])

Im Falle der Qualifikation einer E-Mail-Werbung als sittenwidrig iSd § 1 UWG hat der Rezipient einen Anspruch auf Schadenersatz bzw Unterlassung. Schadenersatz wird kaum geltend zu machen sein, da die Kosten des Abrufs und der Bearbeitung (= Löschung) eines einzelnen E-Mails fast schon unter der Wahrnehmungsgrenze liegen. Nur in der Gesamtheit aller Werbe-E-Mails ergeben sich volkswirtschaftlich gesehen enorme Schadenssummen.

Obwohl die Flexibilität des Wettbewerbsrechts sicherlich nötig und begrüßenswert ist, kann sie auch zu Lasten derer, die sich nicht mit rasch entwickelnden Rechtsmaterien wie der des E-Business beschäftigen, ausgenützt werden. Österreichische Unternehmer sind immer mehr von kosten-

41) OGH 28. 10. 1997 ÖBl 1998, 186; OGH 17. 2. 1987 ÖBl 1987, 160 = wbl 1987, 163.
42) *Wagner*, Unerwünschte E-Mail-Werbung (2003) 86.
43) *Wagner*, Unerwünschte E-Mail-Werbung 88.
44) *Wagner*, Unerwünschte E-Mail-Werbung 115.

pflichtigen Abmahnungen durch Rechtsanwälte betroffen, die sie mit dem Vorwurf der unerlaubten Zusendung von Werbe-E-Mails konfrontieren. Diese berufen sich meist auf die Verletzung der Generalklausel des § 1 UWG in Zusammenhang mit § 107 TKG oder der Informationspflichten des § 5 ECG. Als Beispiele seien hier die Versendung von 400 gleich lautenden Abmahnschreiben bezüglich Nichteinhaltung des § 5 ECG bzw jüngst folgenden Falles: Auf einer Website, die der Vermittlung von Wohnungen gewidmet ist, wird man aufgefordert, Fragen aller Art, Anregungen aber auch Beschwerden oder Verbesserungsvorschläge mittels E-Mail an info@domainname.at zu richten. Tut man dies, bekommt man einerseits keine baldige Antwort via E-Mail, dafür Wochen später eine Abmahnung desselben Anwaltes, der bereits im Herbst 2003 oben erwähnte Abmahnwelle bezüglich Nichteinhaltung des § 5 ECG betrieb. Die Abmahnung weist darauf hin, dass die gegenständliche E-Mail-Adresse in der Opt-Out-Liste der RTR verzeichnet ist und deshalb jede kommerzielle E-Mail an diese Adresse verboten ist.

Bei national beschränkten Fällen bietet das Wettbewerbsrecht eine notwendige Lösungsmöglichkeit im Einzelfall. Für den Empfänger von E-Mail-Werbung wird es aber meist zu mühsam sein, einzelne Versender von Massenmails ausfindig zu machen und eine Unterlassungserklärung zu senden bzw eine Klage einzubringen. Finanziell können nur Rechtsanwälte durch die überschießende Anwendung der Möglichkeiten, die ein flexibles Regulativ bietet, profitieren. Als echtes regulatorisches Instrument, das den Rechtsunterworfenen Leitlinien für die Anwendung und den Umgang mit neuen technischen Möglichkeiten bieten soll, ist das Wettbewerbsrecht zu unbestimmt.

Überdies ist eine Harmonisierung bis jetzt nicht einmal im europäischen Binnenmarkt gelungen. Auf globale Probleme bietet deshalb auch diese flexible Rechtsmaterie keine Antwort.

VI. Ausblick

Der EuGH[45]) nimmt als Maßstab für den „Durchschnittsverbraucher" an, dass ein solcher Verbraucher durchschnittlich informiert, aufmerksam und verständig ist. Es stellt sich die Frage, ob der mündige Konsumenten durch den Gesetzgeber vor allem „Schlechten" geschützt werden muss oder ob ihm nicht vielmehr durch Information auf allen politischen Ebenen Mittel zu Hand gegeben werden sollten, selbst etwas gegen Belästigungen wie massenhafte E-Mail-Werbung zu unternehmen?

Selbst wenn man nicht dem Leitbild des „mündigen Konsumenten" näher treten will, wird das Problem nicht auf rechtlicher Ebene in den Griff zu bekommen sein. Es ist nämlich aus praktischen Gründen einerseits unmöglich, jeden einzelnen Internetanschluss im Vorhinein zu überwachen,[46]) an-

45) EuGH 2. 2. 1994, Rs C–315/92, Clinique, Slg 1994 I-317.

46) Nur eine tatsächliche Überwachung kann eine Belästigung durch – dann auch rechtswidrige – E-Mail-Werbung seitens des Benutzers ausschließen.

dererseits ist es auch politisch so gut wie unmöglich, weltweit harmonisierte gesetzliche Regelungen für den Versand von E-Mail-Werbung in Geltung zu setzen, geschweige denn, diese Regelungen weltweit effektiv durchzusetzen.

Wie oben aufgezeigt, bedienen sich bereits kriminelle Organisationen auch via Spam des Internets, um ihre illegalen Geschäfte zu machen. Freilich hätte es zur Kriminalisierung von Computersabotage durch Viren keines gesetzlichen Verbots von E-Mail-Werbung bedurft. Dieses Verhalten ist bereits durch § 148 a StGB als betrügerischer Datenverarbeitungsmissbrauch in Österreich mit Freiheitsstrafe bis zu 6 Monaten oder bei gewerbsmäßiger Handlung bis zu 10 Jahren strafbar.

Jedem Betroffenen ist zu raten, sich mit den mittlerweile recht einfach zu bedienenden Filtermöglichkeiten der E-Mail auseinander zu setzen. Zusätzlich sollte der Einsatz eines aktuellen Virenscanners und einer Firewall,[47]) vor allem bei Breitbandnutzern, eine Selbstverständlichkeit sein.

Den Absendern von E-Mail-Werbung ist andererseits zu empfehlen, nur an wirklich interessierte Empfänger heranzutreten, die ihr Interesse am Besten durch explizite Zustimmung bekundet haben. Ein Klick auf den E-Mail-Filter ist schnell gesetzt und ab dann wird keine einzige E-Mail des Absenders mehr angezeigt. Diese endgültige Lösung sollte auch aus praktischer Sichtweise dazu führen, dass nur mehr wirklich vom Empfänger gewollte Inhalte vie E-Mail verschickt werden.

47) Eine Firewall ist eine Software, die es dem Nutzer ermöglicht, jedes ein- oder ausgehende Datenpaket zu überwachen. Auch diese beruht auf Regeln, die der Nutzer bei der erstmaligen Verwendung von Internetsoftware einrichtet. So wird man ein E-Mail-Programm oder den Internetbrowser Zugang zum Internet gewähren. Wenn aber bisher unbekannte Programme bei der Firewall um Zugang zum Internet anfragen, sollte der Benutzer vorsichtig sein und vorerst herausfinden, welche Daten dieses Programm mit dem Internet austauschen will.

Ist die Wiederholungsgefahr als Voraussetzung des Unterlassungsanspruchs nach dem UWG zeitgemäß?

Peter Pöch / Ulla Achleitner

Inhaltsübersicht:

I. Rechtslage

A. *Judikatur*

Der Unterlassungsanspruch ist der in der Praxis am häufigsten geltend gemachte, weitaus wichtigste Behelf zur Abwehr wettbewerbswidriger Handlungen und ist im Gesetz gegen den unlauteren Wettbewerb (UWG) bei den einzelnen Tatbeständen immer wieder als Rechtsfolge erwähnt (so schon *Hohenecker/Friedl*, Wettbewerbsrecht [1959] 85,[1]) die den Unterlassungsanspruch im weiteren Sinn, der den Unterlassungsanspruch im engeren Sinn, den Beseitigungsanspruch und den Anspruch auf Urteilsveröffentlichung umfasst, als die wesentlichste Rechtsfolge einer Verletzung wettbewerbsrechtlicher Vorschriften anführen; ebenso *Fitz/Gamerith*, Wettbewerbsrecht[4], 70). Es handelt sich dabei um einen materiellrechtlichen Anspruch, der nach der hL und Rechtsprechung der Abwehr künftiger Beeinträchtigungen dient.[2])

Zentrale Bestimmung ist § 14 Abs 1 Satz 1 UWG, der bestimmt, dass in den Fällen der §§ 1, 2, 3, 6 a, 9 a, 9 c und 10 UWG der Anspruch auf Unterlassung von jedem Unternehmer, der Waren oder Leistungen gleicher Art herstellt oder in den geschäftlichen Verkehr bringt (Mitbewerber), oder von Vereinigungen zur Förderung wirtschaftlicher Interessen von Unternehmen geltend gemacht werden kann, soweit diese Vereinigungen Interessen vertreten, die durch die Handlung berührt werden.

---

1) „Ein gerichtliches Unterlassungsbegehren setzt voraus, dass die Gefahr besteht, der Beklagte werde sich rechtswidrig verhalten. Eine solche Gefahr liegt dann besonders nahe, wenn Derartiges schon in der Vergangenheit geschehen ist."

2) *Koppensteiner*, Österreichisches und Europäisches Wettbewerbsrecht[3], 737 Rz 4.

Obwohl sich in der zitierten Bestimmung und auch sonst im österreichischen Recht, sieht man von § 81 UrhG in der Fassung bis BGBl 1982/295 ab, keine Anhaltspunkte dafür finden lassen, liefert nach der in Österreich überwiegenden Rechtsprechung und der hL rechtswidriges Verhalten allein keinen zureichenden Anlass für einen Unterlassungsanspruch.

Auf Unterlassung für die Zukunft kann nach herrschendem Verständnis nur dann geklagt werden, wenn die Gefahr der Wiederholung einer bereits vorgefallenen Zuwiderhandlung oder, bei der vorbeugenden Unterlassungsklage, die Gefahr einer ersten Zuwiderhandlung vorliegt.[3]) Diese Ansicht wird damit begründet, dass das Rechtsschutzbedürfnis des Klägers fehle, wenn kein weiteres Zuwiderhandeln gegen die Unterlassungspflicht des Beklagten zu besorgen sei. Es sei sinnlos, ein Unterlassungsurteil zu fällen, wenn ein Eingriff etwa nur versehentlich und unter Umständen begangen worden sei, die eine Wiederholung gar nicht besorgen ließen.[4])

Erstmals hat sich der OGH in einer Entscheidung aus 1932 explizit mit der Wiederholungsgefahr beschäftigt. Er gelangte zu dem Ergebnis, dass sich der Beklagte bei Annahme des Angebots einer vollstreckbaren Verpflichtung, die beanstandeten Handlungen in Zukunft zu unterlassen, im Wiederholungsfall der Gefahr einer sofortigen Zwangsvollstreckung ausgesetzt hätte. Aus diesem Grund sei die Wahrscheinlichkeit eines abermaligen Gesetzesverstoßes so gering gewesen, dass von Wiederholungsgefahr nicht mehr gesprochen werden könne.

Auch wenn die nachfolgende Rechtsprechung nicht immer einheitlich war, unter welchen Voraussetzungen die Wiederholungsgefahr nicht gegeben sei, wurde sie aber immer als eine materiell-rechtliche Voraussetzung des Unterlassungsanspruches behandelt.[5])

Bei der Annahme der Wiederholungsgefahr ist nach dem OGH „nicht engherzig" vorzugehen[6]) und sind an den Nachweis des Wegfalls der Wiederholungsgefahr „strengste Anforderungen" zu stellen.[7]) Grundsätzlich ist die Wiederholungsgefahr daher schon bei einem bloß einmaligen Wettbewerbsverstoß anzunehmen.[8])

---

3) *Hohenecker/Friedl,* Wettbewerbsrecht 85, die für die Verhinderung einer Wiederholung einer bereits geschehenen Störungen jedenfalls Wiederholungsgefahr fordern, da nur dort, wo weitere Störungen zu befürchten seien, überhaupt ein Bedürfnis nach einem Unterlassungsurteil bestehe; OGH 5. 12. 1978, 4 Ob 402/78, ÖBl 1979, 126: „Die Berechtigung des Unterlassungsanspruchs setzt aber Wiederholungsgefahr voraus".

4) *Schuster-Bonnott,* Die Gefahr des Zuwiderhandelns, JBl 1974, 169.

5) „Die Wiederholungsgefahr ist nicht Voraussetzung für das Rechtsschutzbedürfnis, sondern materiellrechtliche Voraussetzung eines klagbaren Unterlassungsanspruchs" OGH 30. 1. 1979, 4 Ob 305/79, ÖBl 1979, 80; *Wiltschek,* UWG[7] § 14 E 74.

6) „Nach Lehre und stRsp spricht die Vermutung dafür, dass, wer gegen das Gesetz verstoßen hat, hiezu auch in Zukunft geneigt sein wird" OGH 28. 5. 1991, 4 Ob 73/91, ÖBl 1992, 42; *Wiltschek,* UWG[7] § 14 E 87.

7) *Schönherr,* Der Wegfall der Wiederholungsgefahr, ÖBl 1963, 41.

8) „Die Wiederholungsgefahr – eine materiell-rechtliche Voraussetzung des Unterlassungsanspruches – ist grundsätzlich schon bei einem einmaligen Wettbewerbsverstoß anzunehmen" (OGH FN 3); *Wiltschek,* UWG[7] § 14 E 92.

Um die Vermutung der Wiederholungsgefahr zu entkräften, hat der Beklagte nach ständiger Rechtsprechung besondere Umstände darzutun, die eine Wiederholung seiner Handlung als völlig ausgeschlossen oder doch zumindest äußerst unwahrscheinlich erscheinen lassen. Dabei kommt es immer auf die Art des Eingriffs und die Willensrichtung des Störers an, für welche insbesondere sein Verhalten nach der Beanstandung und während des Rechtsstreits wichtige Anhaltspunkte bieten kann. Maßgebend ist stets, ob dem Verhalten des Verletzers in seiner Gesamtheit wichtige Anhaltspunkte dafür entnommen werden können, dass er ernstlich gewillt ist, von künftigen Störungen Abstand zu nehmen.[9]) Durch das Anbieten eines vollstreckbaren Vergleichs wird die Wiederholungsgefahr nach der Rechtsprechung grundsätzlich beseitigt.[10])

B. Meinungsstand in der österreichischen Lehre

Trotz der einheitlichen Linie der Rechtsprechung werden in der österreichischen Lehre zwei sehr unterschiedliche Meinungen vertreten, die anhand ihrer bekanntesten Verfechter kurz dargestellt werden sollen.[11])

1. Vorliegen der Wiederholungsgefahr

Im Einklang mit der herrschenden Rechtsprechung spricht sich *Peter Böhm* für das Vorliegen der Wiederholungsgefahr zur Geltendmachung eines Unterlassungsanspruchs aus.

Böhm geht davon aus, dass die Unterlassungsklage ausschließlich dem Schutz vor künftigen Beeinträchtigungen dient. Für die Unterlassungsklage fordert er deshalb die Gefahr eines realen Eingriffs, was insbesondere nur dann zuträfe, wenn die Rechtsverletzung ernsthaft angedroht wird. Dies insbesondere auch, da es ansonsten zu Wertungswidersprüchen käme, würde man hier geringere Anforderungen für eine Verurteilung stellen als bei einer Feststellungsklage, die nur unter der Voraussetzung eines rechtlichen Interesses an der alsbaldigen Feststellung eingeräumt wird.[12])

Wohl anerkennt *Böhm*, dass Fälle denkbar sind, in denen die Nachholung der geschuldeten Unterlassung nach Verletzung denkbar ist und dies die Unterlassungsklage rechtfertigte, wenn die Pflicht nachträglich durchgesetzt werden soll. Diese Fälle sind aber nach Ansicht *Böhms* äußerst selten.[13]) Entscheidend für das Entstehen eines Anspruchs ist nach *Böhm* die Individualisierung und Konkretisierung, die beim Forderungsrecht bereits gegeben seien. Ein „Anspruch" entstünde erst, sobald das bestimmte Verhalten vom Verpflichteten gefordert werden könne. Erst die Verletzung oder

9) *Wiltschek*, UWG^7 § 14 E 80 und 81.

10) OGH 24. 6. 2003 4 Ob 72/03x, *Wiltschek*, UWG^7 § 14 E 84.

11) Im Übrigen sei generell auf das Schrifttum verwiesen, das in *Wiltschek*, UWG^7 zu § 14 zitiert ist.

12) *Böhm*, Der Anspruch und die Klage auf Unterlassung als funktionale Einheit, ÖBl 1981, 36.

13) *Böhm*, Unterlassungsanspruch und Unterlassungsklage 54.

die Verletzungsgefahr mache das Forderungsrecht zum Anspruch und damit klagbar.[14])

Beim absoluten Recht werde ein Rechtsverhältnis zu einer bestimmten anderen Person erst durch die Verletzung oder Bedrohung ausgelöst. Aus der Störungshandlung aktualisierten sich die Person des Verpflichteten und der konkrete Inhalt der geschuldeten Pflicht. Die Aktualisierungsmomente der verschiedenen Anspruchsarten seien mit bestimmten Formen der gerichtlichen Rechtsdurchsetzung verknüpft, die in prozessualer Hinsicht die Rechtsschutzhandlungen zur Erreichung des gewählten Zieles begrenzen. Darunter seien bei der Feststellungsklage das rechtliche Interesse an der alsbaldigen Feststellung, die Fälligkeit bei der auf positives Handeln gerichteten Leistungsklage und die Verletzungsgefahr, Störung oder Wiederholungsgefahr bei der Unterlassungsklage anzusehen.

Die Unterlassungsklage diene ausschließlich dem Schutz vor künftigen Beeinträchtigungen, es handle sich dabei sohin um präventiven Rechtsschutz, der ausreichender Rechtfertigung bedarf, die sich aus der Gefahr weiterer Eingriffe ergebe. Dass die Wiederholungsgefahr im österreichischen Recht – sieht man von § 81 UrhG ab – nicht verankert ist, sei kein beachtlicher Einwand. Würde man auf dieses Erfordernis verzichten, geriete man mit der Grundwertung der Verfahrensordnung in Widerspruch, da gemäß § 406 ZPO zu Leistungen, die erst nach Urteilserlass fällig werden, nur bei Unterhaltsansprüchen verurteilt werden dürfe. Dies werde durch die typische Gefährdungssituation des Unterhaltsberechtigten gerechtfertigt.[15]) Zwischen den Unterhaltsansprüchen und den Unterlassungsverpflichtungen bestehe eine Gemeinsamkeit insofern, als bei beiden die Verurteilung auch in die Zukunft wirkt. Für Unterlassungspflichten könne jedoch die Erwägung der typischen Gefährdungssituation nicht in gleicher Allgemeinheit Geltung beanspruchen. Hier bedürfe es daher einer zusätzlichen Rechtfertigung der Verurteilung zu künftig geschuldetem Verhalten, weswegen für die Verurteilung zu künftigem Unterlassen eine Rechtsbedrohung vorliegen müsse.[16])

Obwohl die Merkmale „Störung", „Verletzungsgefahr" und „Wiederholungsgefahr" funktional auf die Rechtsverfolgung und damit auf den Prozess ausgerichtet seien, bilde die Frage ihres Vorliegens doch den Gegenstand meritorischer Beurteilung und blieben als Momente, die den Unterlassungsanspruch auslösen, der Sphäre des materiellen Rechts verhaftet.[17]) Bei der Annahme der Wiederholungsgefahr dürfe man nach Ansicht *Böhms* nicht allzu streng verfahren. Dem werde auch durch die Praxis des OGH Rechnung getragen, der davon ausgehe, dass der geschehene Eingriff in aller Regel das Bestehen einer Gefahr künftiger Störungshandlungen indiziere und es am Beklagten liege, das Gericht vom Wegfall der Wiederholungsgefahr zu überzeugen.

14) *Böhm*, Unterlassungsanspruch 40 f.
15) *Böhm*, Unterlassungsanspruch 57.
16) *Böhm*, Der Anspruch 39.
17) *Böhm*, Unterlassungsanspruch 61.

Ähnlich bereits früher *Wolfgang Jelinek*, der die Gefahr künftiger Verletzung oder Beeinträchtigung als Tatbestandselement des Privatrechts wertet und analog der hL die Meinung vertritt, dass sich eine unterbliebene Unterlassung im Gegensatz zu einer Leistung nicht nachholen ließe.[18]) Diene ein Behelf aber der Prävention, bedeute Erkennen zugleich auch den Versuch, einen Blick in die Zukunft zu werfen; es müsse also vor dem Schluss der mündlichen Verhandlung in der Tatsacheninstanz ein Sachverhalt vorliegen, aus dem abgeleitet werden könne, dass in der Tat auch ein Präventionsakt (hier ein Unterlassungsurteil) gesetzt werden müsse.[19])

Gegenstand des Unterlassungsurteils sei das Verbot künftigen rechtswidrigen Verhaltens, weswegen ein gegenwärtig konkretisierbarer Grund vonnöten sei, der hic et nunc judizierbar sei und das in die Zukunft wirkende Verbot rechtfertige. Ein auf ein absolutes Recht gestützter Anspruch sei erst dann anzunehmen, wenn der Gegner individualisiert sei, man also wisse, von wem Verletzungsgefahr drohe. Es müsse daher eine Vorstellung über das künftige verbotene Handeln vorliegen, das zu besorgen sei; die Störung vermittle sowohl die Kenntnis der Person des Gegners als auch die Form, in der von ihm eine künftige Störung drohe.

Die Verletzungsgefahr sei aber keinesfalls eine prozessuale Voraussetzung, sondern Voraussetzung für die Entstehung des klagbaren Unterlassungsanspruchs und somit dem materiellen Recht zuzuordnen, zu dessen Aufgaben es auch gehöre, über den Umfang seiner Verfolgbarkeit zu bestimmen. Erst auf Grund der durch die Verletzungsgefahr ermöglichten Individualisierung des Gegners und der aus ihr ebenfalls folgenden Konkretisierung des Pflichteninhaltes entstehe der klagbare Unterlassungsanspruch.

Auch für den vertraglichen Unterlassungsanspruch, bei dem Anspruchsinhalt und -gegner ja bereits fixiert seien, sei der Eintritt einer Gefahr erforderlich, zumal erst dadurch das Privatrecht ein Mittel zum Schutz zur Verfügung stelle, den Unterlassungsanspruch sohin klagbar mache. Solange keine Verletzungsgefahr bestehe, sei der vertragliche Unterlassungsanspruch unklagbar.

Auch *Koppensteiner* hat sich, wenngleich ohne kritische Auseinandersetzung mit diesem Thema, der hL angeschlossen und fordert für den Anspruch auf Unterlassung künftiger Störungen das Vorliegen von Wiederholungsgefahr[20]). *Schönherr*[21]) und *Kucsko*[22]) führen ebenfalls in den zitierten Werken die Wiederholungsgefahr als Voraussetzung für den Unterlassungsanspruch an, wobei *Schönherr* von einem praeter legem geforderten Tatbestandsmerkmal spricht und immer wieder seine Übereinstimmung

18) *Jelinek,* Das Klagerecht auf Unterlassung, JBl 1975, 130.
19) *Jelinek,* Klagerecht 130.
20) *Koppensteiner,* Wettbewerbsrecht 737 Rz 5.
21) *Schönherr,* Gewerblicher Rechtsschutz und Urheberrecht Rz 507.1.
22) *Kucsko,* Österreichisches und europäisches Wettbewerbs-, Marken-, Muster- und Patentrecht 52; Geistiges Eigentum 521, 8.1.1. und 1268, 8.1.1.

mit der unter 2. näher dargestellten Ansicht *Schuster-Bonnotts* von der Wiederholungsgefahr ausdrückte.[23])

2. Entbehrlichkeit der Wiederholungsgefahr

Der wohl bekannteste Verfechter der Entbehrlichkeit der Wiederholungsgefahr als Voraussetzung für den Unterlassungsanspruch war *Walther Schuster-Bonnott,* dessen Ansatz schon bei der Qualifikation von Unterlassungspflichten von der hL abweicht.

Gesetzliche Verpflichtungen, bestimmte Handlungen zu unterlassen, seien zahlreich und gingen in erster Linie auf Vorschriften zurück, die absolute Rechte regeln. Unterlassungspflichten sind nach seiner Ansicht den positiven Handlungspflichten grundsätzlich gleichartig und handle es sich dabei auch zumeist um nachholbare Pflichten. Für die Nachholbarkeit der Unterlassung komme es lediglich darauf an, ob sie unbedingt zu einem bestimmt festgesetzten Zeitpunkt vorgenommen werden müsse, oder ob sie auch zu einer anderen Zeit erbracht werden könne, ohne dass das Interesse des Berechtigten wegfiele.[24]) Da es bei der Nachholbarkeit einer Unterlassung nur auf die wirtschaftliche und rechtliche Möglichkeit ankäme, lehnt *Schuster-Bonnott* die Ansicht, jede Unterlassungsklage diene nur der Prävention und könne nicht auf Nachholen der Unterlassung gerichtet sein, strikt ab.

Entschieden spricht sich *Schuster-Bonnott* auch gegen die Ansicht aus, dass sich der Unterlassungsanspruch erst mit der Verletzungsgefahr individualisiere, konkretisiere und aktualisiere.[25]) Für das Entstehen des Anspruchs sei allein von Bedeutung, dass für das gesetzliche Rechtsverhältnis die Person des Berechtigten und des Verpflichteten bestimmt oder zumindest konkret bestimmbar seien. Der Inhalt des Anspruchs seien alle nur erdenklichen Einwirkungen, die gleichfalls zumindest bestimmbar seien. Weder die Wahrscheinlichkeit noch die Gefahr der Einwirkung seien zum Entstehen des Anspruchs erforderlich. Dass die zu Grunde liegende Unterlassung Gegenstand eines Streits zwischen den Beteiligten wäre, sei zum Entstehen des Unterlassungsanspruchs nicht erforderlich. Solche Umstände beträfen lediglich die Möglichkeiten, den Unterlassungsanspruch zu sichern oder mit Klage zu verfolgen und seien daher prozessuale Möglichkeiten. Unterlassungsverpflichtungen und die Rechte auf Unterlassung gehörten aber dem Privatrecht an.[26])

Dessen ungeachtet werde die Frage des Rechtsschutzbedürfnisses, eine rein prozessuale Frage, vielfach als materiellrechtliche Voraussetzung des Unterlassungsanspruchs angesehen. Ob der berechtigten Person ein Anspruch gegen eine andere Person auf Unterlassung zustehe, müsse zuerst

23) *Schuster-Bonnott,* Die Wiederholungsgefahr bei Unterlassungsverpflichtungen, JBl 1986, 488.

24) *Schuster-Bonnott,* Die Gefahr des Zuwiderhandelns, JBl 1974, 169.

25) *Böhm,* Unterlassungsanspruch 12.

26) *Schuster-Bonnott,* Der privatrechtliche Anspruch auf Unterlassung, JBl 1976, 281.

materiellrechtlich geprüft werden. Der Anspruch sei von der Art seiner Durchsetzung unabhängig, weswegen § 14 UWG, dessen Überschrift „Anspruch auf Unterlassung" lautet, zu Recht nicht vom Zuwiderhandeln und Rechtsschutzbedürfnis spreche, da es sich dabei um Fragen der prozessualen Klagevoraussetzung handle. Die Bestimmung des § 81 UrhG, der von den Vertretern der hL angeführt werde und dessen Überschrift gleichermaßen „Unterlassungsanspruch" laute, sei nicht folgerichtig, da sie nicht vom Anspruch selbst, sondern von der Unterlassungsklage handle und als Klagevoraussetzung die Besorgnis einer Urheberrechtsverletzung oder Fortsetzung einer solchen anführe. Den Materialen dazu sei aber zu entnehmen, dass nach Absicht des Gesetzgebers in § 81 UrhG nur die prozessuale Frage klarzustellen sei, unter welchen Voraussetzungen das Gericht angerufen werden dürfe, um die Erfüllung der Unterlassungspflicht zu erzwingen. Aus einer vereinzelten Spezialvorschrift dürfe überdies kein grundlegendes, allgemein geltendes Gesetz gemacht werden. Selbst wenn die genannte Bestimmung einen Hinweis dafür gebe, dass erst die Gefahr eines Eingriffs den gesetzlichen Unterlassungsanspruch materiell begründe, könne diese vereinzelte Bestimmung nicht das Fehlen anderer derartiger Vorschriften gutmachen oder ersetzen.

Das Rechtsschutzbedürfnis eines Gläubigers erfordere ganz allgemein, dass ein säumig gewordener Schuldner verhalten werde, seiner Verpflichtung nachzukommen. Bei Anerkenntnis der Wiederholungsgefahr wäre die prozessuale Stellung des Klägers äußerst schwierig und gefahrvoll, da er bis zum Schluss der Verhandlung erster Instanz damit rechnen müsste, dass der Beklagte behauptet und nachweist, er werde in Zukunft gesetzes- oder vertragstreu bleiben, wohingegen Nachteile für den säumigen Schuldner durch eine Verurteilung kaum zu befürchten seien.[27])

In dieselbe Richtung ging die Ansicht *Gschnitzers*, der die Meinung vertrat, der Grundsatz, dass nichtfällige Leistungen nicht eingeklagt werden können, „gilt offenbar für Unterlassungsansprüche nicht, da das Gesetz (wenn auch außerhalb schuldrechtlicher Verhältnisse) in zahlreichen Fällen Klagen auf Unterlassungen ausdrücklich zulässt. . .". Handelt es sich also – was die Regel ist – um nachholbare Unterlassungen und kann der Unterlassungspflichtige geklagt werden, die versäumten Unterlassungen nachträglich zu erbringen und so mit seiner Leistung zu beginnen, ist es auch möglich, ihn außer zur versäumten Unterlassung auch zu verurteilen, die in Zukunft fällig werdenden Unterlassungen einzuhalten.[28])

Kritisch zur Frage der Wiederholungsgefahr und insbesondere den vollstreckbaren Vergleichsangeboten hat sich auch *Friedrich Prunbauer* geäußert. Nach seiner Ansicht beseitige das bloße Vergleichs- oder Anerkenntnisanbot die Wiederholungsgefahr nicht und stelle ein Vergleich den Kläger, abgesehen davon, dass ihm keine Rechtskraftwirkung zukomme, auch wegen der möglichen Beseitigung des Titels schlechter, da ein Vergleich durch An-

27) *Schuster-Bonnott*, Gefahr des Zuwiderhandelns 177.
28) *Schuster-Bonnott*, Wiederholungsgefahr bei Unterlassungsverpflichtungen 491.

fechtungsklage und darin geltend gemachte materiell-rechtliche Gründe beseitigt werden könne, während ein Titel bloß aus qualifizierten prozessrechtlichen Gründen angefochten werden könne.

Auch bezüglich eines Veröffentlichungsanspruchs werde der Kläger bei einem Vergleich schlechter gestellt, da die Beseitigungswirkung geringer als bei einem Urteil sei.[29]) Dessen ungeachtet hält die Rechtsprechung weiterhin am Erfordernis der Wiederholungsgefahr fest, wie Entscheidungen jüngeren Datums zeigen.[30])

C. Der Ansatz der Autoren

Hervorzuheben ist, dass sich im österreichischen Recht, abgesehen von § 81 UrhG in der Fassung bis BGBl 1982/295, keine Vorschrift findet, welche die Verurteilung zu künftigen Verpflichtungen, seien es Handlungs- oder Unterlassungspflichten, vom Vorliegen einer Wiederholungsgefahr abhängig macht. Insbesondere findet sich im österreichischen Zivilrecht keine dem § 1004 BGB[31]) vergleichbare Bestimmung, welche Grundlage für das Vorliegen der Wiederholungsgefahr als Voraussetzung für die Geltendmachung des Unterlassungsanspruchs sein könnte. Auch das europäische Recht kennt kein Erfordernis der Wiederholungsgefahr (vgl die Verbraucherschutz-RL 98/27/EG und die dort im Anhang aufgezählten Rechtsvorschriften), sodass sich die Frage stellt, ob die österreichische Rechtslage europarechtskonform ist.

Zuzustimmen ist hier insbesondere der von *Schuster-Bonnott* vertretenen Ansicht, dass die vereinzelt gebliebene Bestimmung des § 81 UrhG aF nicht das Fehlen anderer gleichartiger Vorschriften aus der Welt schaffen kann; und schon gar nicht, da es sich um die überwältigende Mehrheit der Gesetze handelt, die von der Wiederholungsgefahr nicht sprechen.[32]) Seit der UrhG-Nov 1982 BGBl 295 ist von einer Wiederholungsgefahr nicht mehr die Rede,[33]) sodass dort nun auch gesagt ist, dass der in seinem Ausschließungsrecht Verletzte auf Unterlassung klagen darf, ohne dass eine Wiederholungsgefahr verlangt wird. Da im Zeitpunkt der Novelle die Auseinandersetzung um die Wiederholungsgefahr bekannt war, ist deren Streichen als Tatbestandselement so zu interpretieren, dass der Gesetzgeber sie hier – aber, als Größen- oder Analogieschluss, auch in den Fällen, wo sie schon bisher nicht gesetzlich postuliert war – nicht als Erfordernis einer Unterlassungsklage haben wollte.

---

29) *Prunbauer,* Wegfall der Wiederholungsgefahr wegen langer Prozessdauer? Bemerkungen zur Entscheidung des OGH vom 2. 12. 1986, 4 Ob 383/86, ÖBl 1988, 63.

30) So etwa OGH 14. 11. 2000, 4 Ob 283/00x, ÖBl 2001, 105; OGH 19. 8. 2003, 4 Ob 169/03m; OGH 23. 9. 2003, 4 Ob 125/03s, ÖBl 2004/8.

31) „Wird das Eigentum in anderer Weise als durch Entziehung oder Vorenthaltung des Besitzes beeinträchtigt, so kann der Eigentümer von dem Störer die Beseitigung der Beeinträchtigung verlangen. Sind weitere Beeinträchtigungen zu besorgen, so kann der Eigentümer auf Unterlassung klagen."

32) *Schuster-Bonnott,* Anspruch auf Unterlassung 289.

33) *Schuster-Bonnott,* Wiederholungsgefahr bei Unterlassungsverpflichtungen 488.

Die von Rechtsprechung und Lehre entwickelte „Sonderbehandlung" der Unterlassungsverpflichtungen wurde schon von *Zimbler* kritisiert, der meinte, „dass es wohl noch nie einem Richter eingefallen (sei), etwa eine Klage auf Zahlung deshalb abzuweisen, weil sich der Beklagte zum Abschluss eines gerichtlichen Vergleichs bereit erklärte, indem er sich zur Zahlung dieser Summe verpflichtet, der Kläger aber den Abschluss eines solchen Vergleiches ablehnt".[34])

Unbefriedigend erscheint vor allem, dass durch das Erfordernis der Wiederholungsgefahr die prozessuale Stellung des Klägers ungebührlich erschwert und die Belastung der Gerichte erhöht wird. Der Kläger muss bis zum Schluss der Verhandlung in erster Instanz damit rechnen, dass der Beklagte einwendet und nachweist, er werde in Zukunft von weiteren Verletzungshandlungen Abstand nehmen.[35]) Gelingt es dem Beklagten, das Gericht davon zu überzeugen, dass keine Wiederholungsgefahr gegeben ist, wird das Begehren des Klägers kostenpflichtig abgewiesen.

Dem Kläger wird die Beurteilung zugemutet, ob er durch das vom Beklagten gestellte Angebot, etwa einen vollstreckbaren Vergleich, das erlangen kann, was er durch ein stattgebendes Urteil zu erreichen im Stande wäre (bloß ein solches Vergleichsangebot beseitigt nach stRsp die Wiederholungsgefahr).[36]) Die Folgen einer Fehleinschätzung durch den Kläger sind fatal: Er hat in einem solchen Fall die möglicherweise nicht unbeachtlichen Kosten zu tragen und verfügt über keinen Exekutionstitel, der es ihm ermöglichen würde, gegen den Beklagten vorzugehen, sollte dieser künftig seiner Unterlassungspflicht wieder nicht entsprechen.[37]) Die Schwierigkeit der vom Kläger zu beurteilenden Frage, durch welche Vergleichsangebote er alles erlangen kann, was er durch ein Urteil bekäme, kann gar nicht genug betont werden, denkt man insbesondere an die Veröffentlichung des Vergleichs. Die Judikatur lässt oft keine einheitliche Linie erkennen, was schon in einer OGH-Entscheidung[38]) eindrucksvoll dargestellt wurde.

Andererseits wird von der Beklagtenseite rasches und eindeutiges Verhalten verlangt: Der OGH[39]) betont, dass die Beklagte den Rechtsstandpunkt des Klägers nicht vorbehaltlos anerkannt und die Prozessführung nicht auf die Frage der Wiederholungsgefahr beschränkt habe. Ihr erst nach längerer Prozessdauer gemachtes Vergleichsangebot könne daher mit Rücksicht auf ihr bisheriges Verhalten nicht als sicheres Indiz für einen Gesinnungswandel und dafür angesehen werden, dass es ihr ernstlich darum zu tun wäre,

34) OGH 13. 6. 1978, 4 Ob 311/78, ÖBl 1978, 127.

35) So schon *Schuster-Bonnott*, Gefahr des Zuwiderhandelns 177.

36) „Die Wiederholungsgefahr fällt durch ein Vergleichsangebot nur dann weg, wenn der Kläger im Vergleich alles bekommt, was er im Urteil bekommen könnte; andernfalls müsste die Ernstlichkeit des erklärten Sinneswandels, künftighin von weiteren Störungen Abstand zu nehmen, bezweifelt werden" OGH, 30. 11. 1987, 4 Ob 395/87, ÖBl 1989, 52; stRsp, *Wiltschek*, UWG[7] § 14 E 189.

37) So auch *Schuster-Bonnott*, Gefahr des Zuwiderhandelns 177.

38) OGH 13. 6. 1978, 4 Ob 311/78, ÖBl 1978, 127.

39) OGH 17. 3. 1964, 4 Ob 312/64, ÖBl 1964, 124.

in Zukunft solche Störungshandlungen zu unterlassen. Die Entscheidung des OGH[40]) hebt hervor, dass die bloße Zusage, von künftigen Störungen Abstand zu nehmen, zur Beseitigung der Wiederholungsgefahr „zumeist nicht ausreichen werde", dies jedenfalls dann nicht, wenn diese Erklärung „vielleicht nur unter dem Druck des Prozesses abgegeben wurde".

Im Gegensatz dazu hielt die Entscheidung ÖBl 1978, 127 fest, dass dem mehrfach hervorgehobenen Umstand, dass der Beklagte sein Vergleichsangebot erst im Zuge des Verfahrens „unter dem Druck des Rechtsstreites" und nicht „aus besserer Einsicht" stellt, keine entscheidende Bedeutung zukäme: Nicht das Motiv, das den Beklagten zu seinem Angebot bestimmt hat, sei maßgebend, sondern nur die Frage, ob es dem Beklagten nach den gesamten Umständen des Falles mit seiner Unterlassungsverpflichtung tatsächlich ernst sei. Dass aber jemand, der bereit sei, sich in vollstreckbarer Form zur Unterlassung zu verpflichten, allein deshalb von vornherein unglaubwürdig wäre, weil er nicht anerkennen wolle, unrecht gehandelt zu haben, und nur durch ein gerichtliches Urteil zur Unterlassung gezwungen werden könne, könne sicherlich nicht gesagt werden.

Auf dieser Linie liegt auch die Entscheidung des OGH,[41]) die festhält, dass nach der Rechtsprechung bei einer „als verbindlich befundenen, während des Rechtsstreites eingehaltenen" Unterlassungszusage – trotz ausdrücklicher Bestreitung des Wettbewerbsverstoßes im Prozess – die Wiederholungsgefahr als ausgeschlossen anzusehen sei.

All diese Entscheidungen zeigen jedenfalls deutlich das beachtliche Risiko, dem sich ein Kläger ausgesetzt sieht, der, von einer Gesetzesverletzung betroffen, möglichst rasche Abhilfe und Genugtuung sucht.

II. LIDC

Die Ligue Internationale du Droit de la Concurrence (LIDC)[42]) hat sich auf ihrem Kongress in Barcelona im Oktober 2003 mit der hier behandelten Frage auseinander gesetzt. Der Titel der Fragestellung lautete:[43]) „Welche Vorteile und Nachteile bringt ein spezielles Verfahren zur Unterlassung von unlauterem Wettbewerb mit sich? Empfiehlt sich die Einführung eines solchen Verfahrens oder aber die Angleichung bestehender Verfahren? Welche Bedingungen und Folgen sollten hierfür vorgesehen werden?" Internationale Berichterstatterin war *Dr. Frauke Henning-Bodewig,* Max-Planck-Institut

40) OGH 29. 1. 1963, 4 Ob 351/62, JBl 211 = ÖBl 1963, 51.

41) OGH 13. 10. 1970, 4 Ob 344/70, ÖBl 1971, 80.

42) Eine 1930 gegründete Vereinigung zur wissenschaftlichen Aufarbeitung von Fragen des unlauteren Wettbewerbs, damals „Ligue internationale contre la concurrence déloyale" genannt. Heute sind die Arbeitsgebiete der LIDC (Englisch: International League of Competition Law, Deutsch: Internationale Liga für Wettbewerbsrecht) hauptsächlich das Lauterkeits- und Kartellrecht.

43) Englisch: „What are the advantages and draw-backs of the existence of a specific procedure of cessation of unfair competition practices? Is it advisable to introduce such a procedure or harmonize existing procedures? What should be the conditions and consequences?"

München. Der internationale Bericht hat die Länderberichte aus folgenden Mitgliedsländern der LIDC verarbeitet: Belgien, Österreich, Deutschland, Finnland (für die nordischen Staaten), Frankreich, Spanien, Schweiz und Ungarn. In den Diskussionen des Berichtes gab es noch zusätzliche Stellungnahmen aus anderen europäischen und außereuropäischen Ländern wie insbesondere den Niederlanden, Italien, Großbritannien, USA und Brasilien.

Ergebnis der Arbeiten der LIDC in Barcelona war eine Entschließung, die sich in vier Punkte gliederte. Zum Ersten war man sich darüber einig, dass der Rechtsschutz im Allgemeinen dem Zivilprozess überlassen werden sollte und nur in Fragen des Konsumentenschutzes sonstige staatliche Schutzmaßnahmen in Betracht kämen. Die zuständigen Gerichte müssten keine eigens für diesen Rechtsschutz konstituierten Gerichte sein, doch wäre wichtig, dass sie die nötige Erfahrung haben. Was die Frage anlangt, ob ein besonderes Unterlassungsverfahren vorzusehen sei, kam die Entschließung zu der Ansicht, dass dies nicht notwendig sei, sofern die allgemeinen Verfahrensvorschriften der Gerichte in angemessener Weise für einstweilige Verfügungen und beschleunigte Verfahren vorsorgen, wann immer diese erforderlich seien. Was schließlich die Wiederholungsgefahr betrifft, war die LIDC der Meinung, dass eine einstweilige Verfügung auch dann gewährt werden sollte, wenn keine Wiederholungsgefahr bestehe. Voraussetzung wäre, dass das Gericht eine Rechtsverletzung feststellt, die der Beklagte bestreitet oder wenn er sich weigert, eine Unterlassungsverpflichtung einzugehen. Andere Verletzungsfolgen, wie insbesondere Schadenersatz und Verfahrenskosten sollten nicht ausgeschlossen sein, selbst wenn keine Wiederholungsgefahr besteht.

III. Conclusio

Zusammenfassend ist festzuhalten, dass insbesondere im Hinblick auf die unter I. A. und C. dargelegten Erschwernisse, denen der Kläger ausgesetzt ist, gute Gründe dafür sprechen, von dem von der Rechtsprechung entwickelten Erfordernis der Wiederholungsgefahr als Voraussetzung für die Geltendmachung von wettbewerbsrechtlichen Unterlassungsansprüchen abzugehen.

Es bleibt dem Geschädigten zwar unbenommen, auf Grund der Wettbewerbsverletzung Schadenersatz im ordentlichen Prozessverfahren geltend zu machen, wenn er wegen des Entfalls der Wiederholungsgefahr mit der Unterlassungsklage unterlegen ist. Nicht ersichtlich ist aber, weswegen dem Geschädigten zugemutet werden sollte, zwei Verfahren anzustrengen, um rasche Abhilfe, aber auch Genugtuung zu erhalten.

Wettbewerbsrechtliche Unterlassungsansprüche setzen grundsätzlich kein Verschulden voraus. Soweit sich der Anspruch auf vorhergegangenen Normverstoß stützt, genügt dafür die bloße Erfüllung des Tatbestandes.[44])

---

44) *Koppensteiner,* Wettbewerbsrecht[3] 736 Rz 3; *Wiltschek,* UWG[7] § 1 E 807.

Im Unterschied dazu setzt der Anspruch auf Schadenersatz schuldhaftes Verhalten voraus,[45]) ist sohin für den Geschädigten schwerer durchsetzbar.

Schadenersatzansprüche nach § 16 UWG kann nur begehren, wer durch die wettbewerbswidrige Handlung unmittelbar beeinträchtigt wurde.[46]) Unterlassungsansprüche nach § 14 UWG kann demgegenüber in den Fällen der §§ 1, 2, 3, 6 a, 9 a, 9 c und 10 jeder Unternehmer geltend machen, der Waren oder Leistungen gleicher oder verwandter Art herstellt oder in den geschäftlichen Verkehr bringt (Mitbewerber). Einige Arten unlauteren Wettbewerbs beeinträchtigen nicht bloß ein einzelnes Unternehmen, sondern bedrohen zugleich die Interessen aller im Wettbewerbsverhältnis stehenden Unternehmer.[47]) Schadenersatzansprüche haben im Lauterkeitsrecht auf Grund der Beweisschwierigkeiten nur eine geringe praktische Bedeutung, zumal es sich in der Regel um reine Vermögensschäden handelt und sich die Vermögensverminderung auf Grund unlauteren Wettbewerbs Dritter von anderen Ursachen kaum trennen lässt.[48]) Besteht hingegen ein Unterlassungsanspruch, kann auch die Beseitigung des den Vorschriften des Gesetzes widerstreitenden Zustandes und Urteilsveröffentlichung verlangt werden (§§ 15 und 25 UWG). Festzuhalten ist, dass der OGH in einigen Entscheidungen ausgesprochen hat, dass Urteilsveröffentlichung auch dann begehrt werden könne, wenn keine Wiederholungsgefahr mehr besteht.[49])

Ein Umdenken auf internationaler Ebene über das Erfordernis der Wiederholungsgefahr für Unterlassungsklagen hat, wie unter II. dargelegt, bereits stattgefunden. Es ist zu wünschen, dass es auch in Österreich stattfindet. Die prozessualen Erleichterungen des UWG sollten einem nach diesem Gesetz Verletzten auch ohne Rücksicht auf die Wiederholungsgefahr zur Verfügung stehen, wie dies offensichtlich auch europarechtlich angedacht ist.

45) *Wiltschek*, UWG[7] § 16 E 1; *Koppensteiner*, Wettbewerbsrecht[3], 762 Rz 48.
46) *Wiltschek*, UWG[7] § 16 E 12.
47) *Koppensteiner*, Wettbewerbsrecht[3], 751 Rz 29.
48) *Fitz/Gamerith*, Wettbewerbsrecht[4], 76; *Torggler*, Der Bereicherungsanspruch beim Missbrauch von Unternehmenskennzeichen, JBl 1971, 1; *ders*, Probleme des Schadenersatzes im Immaterialgüter- und Wettbewerbsrecht, ÖBl 1976, 57.
49) *Koppensteiner*, Wettbewerbsrecht[3], 746 Rz 21.

Der Schutz der bekannten Marke nach MSchG und UWG

Christof Pöchhacker

Inhaltsübersicht:

I. Vorbemerkung

Seit der Markenschutzgesetznovelle 1999[1]) schützt das Markenschutzgesetz (MSchG) die bekannte Marke auch außerhalb des Bereichs der Warenähnlichkeit. Der erweiterte Schutz findet sich einerseits im Rahmen der Regelung des Unterlassungsanspruches (§ 10 Abs 2), andererseits im Rahmen der Regelung des Löschungsanspruchs (§ 30 Abs 2). Die Regelung des MSchG beruht auf Art 5 Abs 2 der Markenrichtlinie,[2]) die den Mitgliedstaaten einen erweiterten Schutz bekannter Marken freistellt.

Voraussetzung für den erweiterten Schutz ist, dass die Marke bekannt ist und die Benutzung des prioritätsjüngeren Zeichens die Unterscheidungskraft oder die Wertschätzung der Marke ohne rechtfertigenden Grund in unlauterer Weise ausnutzt oder beeinträchtigt. Die Bekanntheit der älteren Marken muss spätestens am Tag der Priorität der jüngeren Marke vorgelegen sein. Vor In-Kraft-Treten der MSchG-Novelle 1999 war ein erweiterter Schutz für bestimmte Zeichen im Rahmen des § 1 UWG entwickelt worden.

Die vorliegende Untersuchung beschäftigt sich mit dem Verhältnis dieser Rechtsprechungslinie zur Regelung des Markenschutzgesetzes. Ist die auf Basis des § 1 UWG entwickelte Rechtsprechung im Hinblick auf die gesetzliche Regelung des § 10 Abs 2 MSchG zu überdenken? Lassen sich die zu § 1 UWG entwickelnden Argumentationsmuster auf die Regelung des

1) BGBl I 1999/111.
2) RL 89/104/EWG.

MSchG, die ja auf eine Ausnutzung „in unlautere Weise" abstellt, übertragen?

Es soll zunächst die auf Basis des § 1 UWG entwickelte Rechtsprechung zum erweiterten Schutz bestimmter Zeichen dargestellt werden. Diese Judikatur wird dann der Regelung des Markenschutzgesetzes und der Markenrichtlinie, der zu § 10 Abs 2 MSchG ergangenen Rechtsprechung sowie der Rechtsprechung des EuGH zur bekannten Marke gegenübergestellt.

II. Rechtsprechung zu § 1 UWG

Die erste Entscheidung, in der soweit ersichtlich ein erweiterter Schutz der bekannten Marke über § 1 UWG bejaht wurde, stammt vom OLG Linz: Die beklagte Partei hatte „Emily", die bekannte Kühlergrillfigur von Rolls-Royce, zur Bezeichnung ihres Tanzlokals verwendet. Das OLG Linz bejahte eine schmarotzerische Rufausbeutung im Sinne des § 1 UWG.[3]) Der OGH ließ die Frage des erweiterten Schutzes der bekannten Marke über § 1 UWG unbeantwortet, weil das Höchstgericht die Ansicht vertrat, dass in concreto die Vermutung der Wiederholungsgefahr wegen Schließung des Tanzlokals weggefallen war.[4]) Für die Klägerin war die Entscheidung auch deshalb bedauerlich, weil durch die Verwendung des bekannten Symbols auf einem längst geschlossenen Tanzlokal die Reputation der bekannten Marke besonders leidet.

Der OGH hat sich in der Folge in einer Reihe von Entscheidungen mit dem sog Merchandising auseinander gesetzt. Gegenstand dieser Verfahren war jeweils die Verwendung von Symbolen und Emblemen durch Personen, die diese Symbole nicht selbst geschaffen hatten, mit anderen Worten: die Verwertung fremden Goodwills für eigene wirtschaftliche Zwecke.

In der Entscheidung „Spanische Reitschule"[5]) verneinte der OGH einen markenrechtlichen Anspruch gegen den Vertrieb von Porzellanpferdefiguren mit der Aufschrift „Span. Reitschule Wien" mit der Begründung, es liege kein kennzeichenmäßiger Gebrauch der Marke vor; nur ein kennzeichenmäßiger Gebrauch beeinträchtige die Herkunftsfunktion der Marke. Niemandem sei es verwehrt, miniaturisierte Nachbildungen von Pferdefiguren herzustellen und zu vertreiben. Die Klage war freilich ausschließlich auf Markenrecht gestützt, den Gerichten war daher eine Beurteilung anhand des § 1 UWG verwehrt.

Die Entscheidung fußt auf der Ansicht, dass MSchG schütze nur die Herkunftsfunktion der Marke. Die Entscheidung erging vor der MSchG-Novelle 1999, also ehe die bekannte Marke – um eine solche würde es sich bei der „Spanischen Hofreitschule" wohl handeln – einen erweiterten gesetzli-

3) OLG Linz 21. 12. 1994, 2 R 180/94.
4) OGH 25. 4. 1995, 4 Ob 22/95 – Rolls-Royce – ÖBl 1996, 35.
5) OGH 5. 12. 1995, 4 Ob 82/95 – Spanische Reitschule – ÖBl 1996, 139.

chen Schutz erfahren hat. In Entscheidungsbesprechungen wurde ausgeführt, das Verhalten der Beklagten verstoße gegen § 1 UWG.[6])

In der Entscheidung „Football Association“[7]) hatte sich der OGH mit dem Vertrieb von T-Shirts zu befassen, die das Emblem der englischen Fußballnationalmannschaft aufwiesen, das als Marke geschützt ist. Die Klägerin argumentierte, dass das Emblem der englischen Fußballmannschaft weltweit bekannt sei. Im Rahmen der markenrechtlichen Beurteilung führte der OGH aus, dass durch das deutsche Markengesetz die bisher allein maßgebliche Herkunftsfunktion der Marke durch die Qualitäts- und Werbefunktion ergänzt worden sei. Auch in Österreich werde der Marke ua eine Werbefunktion zuerkannt. Dennoch könne nach wie vor nur Markeninhaber werden, aus dessen Unternehmen diejenigen Waren oder Dienstleistungen hervorgehen können, für die die Marke bestimmt sei.

Ob der klagende englische Fußballverband einen Geschäftsbetrieb unterhalte könne aber dahingestellt bleiben, weil ein Verstoß gegen § 1 UWG vorliege: Die beklagten Parteien hätten die auf Leistungen der klagenden Partei beruhende Popularität des Emblems schmarotzerisch ausgebeutet. Die Klägerin habe dem Emblem jene Attraktivität durch Mühe und Kosten verschafft, die dazu führt, dass es nunmehr auf Kleidungsstücken angebracht den Absatz der Kleidungsstücke fördert. Mit dem Emblem werde das Image der Klägerin als leistungsstarker Fußballverband auf Kleidung übertragen und die Anziehungskraft der Kleidung für bestimmte Verkehrskreise begründet. Das Anbringen des Emblems auf Bekleidung, um deren Absatz zu fördern, sei eine schmarotzerische Ausbeutung. Ein derartiges Verhalten sei sittenwidrig, weil die Benutzung eines Werbesymbols üblicherweise nur gegen Entgelt im Lizenzwege gestattet werde. Der OGH bejahte ein ad hoc Wettbewerbsverhältnis.

In der Entscheidung „Fußballverein-Logos“[8]) untersagte das Höchstgericht den Vertrieb von Stickern, auf denen als Marke für Fußballvereine geschützte Logos abgebildet waren. Voraussetzung markenrechtlicher Ansprüche sei freilich das Vorliegen eines Geschäftsbetriebes. Ob die einzelnen Vereine einen derartigen Geschäftsbetrieb führen habe die klagende Partei nicht vorgebracht. Ein Erwerb von Markenrecht für Zwecke des Merchandisings scheitere am Geschäftsbetriebserfordernis. Der OGH bejahte freilich einen Anspruch gemäß § 1 UWG. Die Attraktivität der Sticker fördere die Anziehungskraft der von der beklagten Partei vertriebenen Alben. Die Vereine hätten den Ruf ihrer Logos durch sportliche Leistungen unter Mühe und Kosten geschaffen, der Ruf werde schmarotzerisch durch die Verwendung der Logos ausgebeutet, um den Absatz von Sammelalben zu fördern. Dies sei sittenwidrig, die Benutzung eines Werbesymbols werde üblicher-

---

6) *Ciresa,* Anmerkung zu OGH 5. 12. 1995, 4 Ob 82/95 Spanische Reitschule – ÖBl 1996, 139, 141; *ders,* Die „Spanische Reitschule“ – höchstgerichtlicher Todesstoß für das Merchandising? RdW 1996, 193.

7) OGH 17. 9. 1996, 4 Ob 2206/96g – Football Association – ÖBl 1997, 83 = ecolex 1997, 107.

8) OGH 7. 7. 1997, 4 Ob 167/97f – Fußballverein Logos – ecolex 1997, 951.

weise nur gegen Entgelt im Lizenzwege gestattet. Dieselbe Begründung wurde in der Entscheidung „Fußballemblem"[9]) verwendet.

Der OGH untersagte die Verwendung der Marke „Schürzenjäger", die für Beherbergung und Verpflegung von Gästen registriert ist, für Wurstwaren.[10]) Das Höchstgericht führte aus, dass es die Frage eines branchenübergreifenden Rechtsschutzes berühmter/bekannter Marken trotz positiver Stimmen im wettbewerbsrechtlichen Schrifttum bisher offen gelassen habe und bejahte einen Verstoß gegen § 1 UWG. Die Begründung entspricht der Entscheidung „Football Association": Das unter Kosten und Mühe geschaffene Werbesymbol „Schürzenjäger", dessen Benutzung in der Regel nur auf Grund einer Lizenzgewährung gestattet werde, werde schmarotzerisch ausgebeutet. Der OGH betonte, dass es der beklagten Partei darum ging, die Attraktivität des Zeichens „Schürzenjäger" auszunutzen, was sich aus dem Hinweis des Beklagtenvertreters ergäbe, der Verkauf der „Schürzenjäger"-Wurst anlässlich öffentlicher Auftritte der Gruppe „Schürzenjäger" werde ein großer Erfolg sein.

Mit der Frage der Verwendung einer Marke für andere Waren als jene der Markenregistrierung beschäftigte sich auch die Entscheidung „BOSS Energy Drink".[11]) Die Dosen waren mit dem Aufdruck „There must be a BOSS! Energy Drink" beschriftet, wobei BOSS deutlich hervorgehoben und in Großbuchstaben geschrieben war, wie sie auch die klagende Partei für Bekleidung verwendet. Der Energy Drink wurde in den Geschäften der drittbeklagten Partei als Zugabe bei Kleidungskäufen angeboten.

Der OGH bejahte eine Rufausbeutung nach § 1 UWG: Der gute Ruf bekannter Kennzeichen beruhe auf den besonderen Eigenschaften, die die Kennzeichen aus der breiten Masse der Konkurrenz herausheben. Durch die Wahl eines zur Verwechslung geeigneten Zeichens würden Gütevorstellungen, die mit dem Originalzeichen verbunden sind, auf verwechselbar ähnlich bezeichnete Ware übertragen und dadurch schmarotzerisch ausgebeutet. Unlauteres Schmarotzen liege nur vor, wenn die Gefahr einer Rufübertragung gegeben sei.

Der Inhaber der bekannten Marke und der Ausbeuter seien Konkurrenten bei der Verwertung des Rufes der Marke, etwa im Wege der Lizenzerteilung. Die wirtschaftliche Verwertbarkeit des Rufes hänge nicht nur von der Bekanntheit des Zeichens ab, sondern auch von Qualität und Ansehen der Ware, dem damit verbundenen Prestigewert und vor allem vom Verhältnis der Ware zu denjenigen, für die der Ruf des Zeichens genützt werden soll.

In concreto seien die Produkte der Klägerin und der Beklagten für dieselben Käuferschichten von Interesse. Dies werde durch das Verhalten der Drittbeklagten bestätigt, die den Energy Drink den Käufern von Bekleidung als Zugabe gegeben und in einem ihrer Geschäfte für Bekleidung auch zum Verkauf angeboten habe. Herrenbekleidung und Energy Drinks sei gemein-

---

9) OGH 16. 6. 1998, 4 Ob 149/98k – Fußballemblem – ecolex 1998, 858.
10) OGH 29. 10. 1996, 4 Ob 2200/96z – Schürzenjäger – ÖBl 1997, 72.
11) OGH 13. 5. 1997, 4 Ob 105/97p – BOSS-Energydrink – ÖBl 1997, 225.

sam, dass sie typische Markenartikel für Letztverbraucher seien. Der gute Ruf der von der Klägerin vertriebenen Herrenbekleidung sei „demnach“ auch für Energy Drinks verwertbar. Durch die Verwendung des Zeichens „BOSS“ für Energy Drinks habe die beklagte Partei ein ad hoc Wettbewerbsverhältnis begründet.

In der Entscheidung „Red Puma“[12]) beurteilte das Höchstgericht die Verwendung des Zeichens „Red Puma“ für Energy Drinks nicht als Verstoß gegen § 1 UWG, obwohl die klägerische Marke „Puma“ für Bekleidung eine Verkehrsbekanntheit von 91 % aufwies. Das Erstgericht hatte eine einstweilige Verfügung erlassen mit der Begründung, die Beklagten würden mit ihrem Energy Drink dieselben Personen ansprechen wie die Klägerin mit ihren Produkten, eine Argumentation, die jener der Entscheidung „BOSS Energy Drink“ entspricht.

Die beiden Oberinstanzen wiesen den Antrag auf Erlassung einer einstweiligen Verfügung hingegen ab: Der OGH führte zunächst aus, dass die Klägerin die Marke „Puma“ nicht nur für Sportartikel, sondern auch für Uhren und Herrenkosmetik sowie Kosmetika verwende und mit der Marke auch für Autos werben lasse. Puma sei deshalb eine Marke für ganz verschiedene Waren, denen nur gemeinsam sei, dass sich mit ihnen Vorstellungen wie sportlich, jung, aufgeschlossen, dynamisch verbänden. Ein Energy Drink möge ähnliche Assoziationen wecken, das läge aber noch nicht die Annahme nahe, dass der bekannte Sportartikelhersteller sein Angebot mit einem – allenfalls in seinem Auftrag hergestellten – Energy Drink abrunde. Angesichts der nur sehr geringen Übereinstimmung zwischen der von der Klägerin unter der Marke „Puma“ vertriebenen Waren und dem Energy Drink könne, wenn überhaupt, nur dann eine Verbindung zwischen den von den Streitteilen vertriebenen Waren hergestellt werden, wenn zwischen den verwendeten Zeichen weit gehende Übereinstimmung bestünde. Dies hat der OGH in concreto freilich verneint, weil die Marke der Beklagten von der Darstellung eines Pumas, der roten Farbe und dem Wort „red“ geprägt sei, nicht hingegen vom Wort „Puma“. Auch die Schriftzüge stimmten nicht überein. Wenn das Zeichen der Beklagten nur bei längerer Überlegung mit den Marken der Klägerin in Verbindung gebracht werde, so könne keine sittenwidrige Rufausbeutung vorliegen.

Wenngleich der Entscheidung im Hinblick auf die Unterschiedlichkeit der Zeichen wohl zuzustimmen ist, fällt auf, dass der OGH die Möglichkeit einer Rufübertragung in concreto skeptisch beurteilt. Dies überrascht deshalb, weil das Höchstgericht zunächst ausführt, dass den Waren, für die die Marke „Puma“ verwendet wird, gewisse Attribute wie Sportlichkeit, Jugend, Aufgeschlossenheit und Dynamik gemeinsam seien. Warum diese Attribute nicht auf einen Energy Drink übertragbar sein sollen, bleibt dunkel: Wenn der OGH ausführt, es sei nicht nahe liegend, dass der bekannte Sportartikelhersteller sein Angebot abrunde, so argumentiert der OGH im Sinne der klassischen Verwechslungsgefahr. Die Argumentation lässt jedoch den

12) OGH 4. 2. 1999, 4 Ob 305/98 a – Red Puma – ÖBl 1999, 191.

Aspekt der schmarotzerischen Rufausbeutung außer Betracht. Die Entscheidung mag freilich dadurch beeinflusst sein, dass sich nicht nur die Marken deutlich voneinander unterscheiden, sondern auch eine konkrete Bezugnahme auf die klägerische Marke, anders als im Fall BOSS Energy Drink, fehlte.

In der Entscheidung „Rolling Stones" bejahte der OGH einen Unterlassungsanspruch der Rockband gegen den Betreiber eines Kaffeehauses unter der Bezeichnung „Rolling Stone" gestützt auf § 1 UWG. Sittenwidrig handle, wer den guten Ruf eines bekannten Kennzeichens, dessen Popularität vom Rechtsinhaber mit Kosten und Mühe geschaffen worden sei, dadurch schmarotzerisch ausbeutet, dass er es unter Unlauterkeit begründenden besonderen Umständen für eigene geschäftliche Zwecke ausnutzt, indem er etwa das Zeichen als Werbevorspann für eigene Waren verwende oder indem auf diese Weise die Verwendung für die eigene Leistung des Rechtsinhabers beeinträchtigt werde.[13])

III. Rechtsprechung zu Domain Names

Der OGH hat sich in Entscheidungen zu Domain Names mit der Frage des Schutzes bekannter Zeichen auseinander gesetzt.

Der Entscheidung „bundesheer.at II"[14]) lag folgender Sachverhalt zu Grunde: Die Beklagte verwendete den Domain Name „bundesheer.at". Schon auf der Startseite ihrer Website wies sie darauf hin, dass es sich nicht um die offizielle Homepage des Bundesministeriums für Landesverteidigung handle. Durch einen Link wurde es dem Besucher der Website ermöglicht, auf die Homepage des Bundesministeriums zu gelangen.

Der OGH verneinte zwar das Bestehen einer Verwechslungsgefahr, bejahte aber dennoch auf Basis des § 43 ABGB einen Namenseingriff: Die Beklagte verwende den Begriff Bundesheer zur Kennzeichnung ihrer eigenen Domain, durch diesen Namensgebrauch lenke sie das Interesse auf das von ihr eingerichtete Diskussionsforum: „In einem gewissen Sinn liegt darin – ähnlich wie bei der unlauteren Ausnutzung des Rufs einer bekannten Marke (§ 10 Abs 2 MSchG) – eine Ausbeutung des für die Klägerin geschützten Namens Bundesheer, weil der Beklagte dadurch einen Vorteil erlangt, der ihm nicht zukommt." Der Namensträger habe ein berechtigtes Interesse, dass sein Name nicht gebraucht werde, um die Aufmerksamkeit auf Aktivitäten zu lenken, mit denen er nichts zu tun habe.

In der Entscheidung „rtl.at" führte der OGH aus, die Klägerin habe mit der überragenden Bekanntheit ihres Namens einen wertvollen und schutzwürdigen Besitzstand erreicht. Ihr Interesse als weltweit tätiges Medienunternehmen daran, dass ihr Name nicht gebraucht werde, um die Aufmerksamkeit auf Aktivitäten zu lenken, mit denen sie nichts zu tun habe, also etwa, dass unter diesem Zeichen nicht Dritte im Internet auffindbar seien,

13) OGH 21. 3. 2000, 4 Ob 76/00f – Rolling Stone – ecolex 2000, 659.
14) OGH 25. 9. 2001, 4 Ob 209/01s – bundesheer.at II – ÖBl 2002, 142.

sei wesentlich höher zu bewerten als das Interesse des mit dem strittigen Zeichen nicht in Verbindung gebrachten Beklagten, gerade unter einer mit dem Zeichen identen Domain aufzutreten.[15])

IV. Rechtsprechung zu § 10 Abs 2 MSchG

Obwohl die MSchG-Novelle 1999 mehrere Jahre zurückliegt, existieren relativ wenige höchstgerichtliche Entscheidungen zur durch die Novelle eingeführten Bestimmung des § 10 Abs 2.

In der Entscheidung „BOSS-Zigaretten II" bejahte der OGH einen Anspruch der Hugo Boss AG auf Unterlassung des Inverkehrbringens von Zigaretten unter Verwendung des Zeichens „BOSS".[16])

Das Verfahren betraf den Transit von BOSS-Zigaretten durch Österreich. Die Unterinstanzen hatten die Klage abgewiesen: Das Unterlassungsbegehren sei nur auf das Inverkehrbringen der Zigaretten in Österreich gerichtet, dies erfasse den Transit nicht. Der OGH gab der Klage mit der Begründung statt, im Falle des Transits sei nicht entscheidend, ob das Zeichen auf der Zigarettenpackung den inländischen Verkehrskreisen zur Kenntnis gekommen sei: Es sei ausreichend, dass die Benutzung des streitigen Zeichens durch unbefugte Dritte zu einer Verwechslung mit der geschützten Marke führen könnte, wenn die Waren der beiden Parteien in Österreich in den Verkehr gebracht würden. Eine abstrakte inländische Verwechslungsgefahr reiche aus. Der bloße Transit lasse sich als Inverkehrbringen beurteilen. Nähere Ausführungen, warum die Verwendung der für Bekleidung geschützten Marke für Zigaretten in den Schutzbereich der Marke eingreift, lassen sich der Entscheidung nicht entnehmen.

In der Entscheidung „Vogue" beurteilte der OGH die Verwendung der für Zeitschriften registrierten Marke „Vogue" für Körperpflegemittel. Voraussetzung für einen auf § 1 UWG gestützten Schutz des Zeitschriftentitels sei ein hoher Bekanntheitsgrad und ein ebensolches Ansehen. Relevant sei das Verhältnis jener Waren, deren Bezeichnung übernommen wurde zu denjenigen, für die der Ruf der Kennzeichnung genutzt werden soll. Das Höchstgericht verneinte einen Anspruch mit der Begründung, im Prioritätszeitpunkt des jüngeren Zeichens sei eine Bekanntheit der klägerischen Marke weder behauptet noch festgestellt.[17])

Der Entscheidung lässt sich entnehmen, dass das Höchstgericht auch die (Nicht-)Übereinstimmung der Schriftzüge für relevant hält. Da sich die klagende Partei auch auf die sittenwidrige Ausbeutung ihres Zeitschriftentitels gestützt hatte, konnte der OGH die Frage offen lassen, ob durch die Verankerung eines erweiterten Schutzes der bekannten Marke im MSchG für einen ergänzenden wettbewerbsrechtlichen Leistungsschutz Raum bleibt.[18])

15) OGH 25. 3. 2003, 4 Ob 42/03k – rtl.at – ÖBl 2004, 35.
16) OGH 16. 10. 2001, 4 Ob 54/01x – BOSS-Zigaretten II – ÖBl 2002, 147 = ecolex 2002, 106.
17) OGH 12. 9. 2001, 4 Ob 166/01t – VOGUE – ÖBl 2003, 28 = ecolex 2002, 32.
18) Dafür zur früheren Rechtslage *Schanda,* Anmerkung zu OGH 9. 3. 1999, 4 Ob 35/99x – BOSS Energydrink II – ecolex 1999, 480.

Auch für die Beurteilung im Rahmen des § 1 UWG gelte der Prioritätsgrundsatz. Daher konnte der OGH auch dahingestellt lassen, ob der Deckungsgrad der Warenbereiche Modezeitschrift und Körperpflegemittel groß genug ist, um einen Unterlassungsanspruch zu begründen.

In der Entscheidung „BOSS Zigaretten III"[19]) hatte sich der OGH wiederum mit der Frage zu beschäftigen, ob die Verwendung des Zeichens „BOSS" für Zigaretten das Firmenschlagwort und in die Marke „BOSS" der klagenden Hugo Boss AG verletzt. Anders als in der oben referierten Entscheidung „BOSS Zigaretten II" ging es nicht um die Verwendung der Marke im Transit, sondern um den Vertrieb von Zigaretten in einem Salzburger Duty-Free-Shop. Der OGH wies den Revisionsrekurs der Erstbeklagten mit der Begründung zurück, er habe bereits im Verfahren 4 Ob 54/01 x einen Markeneingriff bejaht. Das Erstgericht habe ausführliche Feststellungen getroffen, die den Werbe- und Marktwert und die Verkehrsbekanntheit der klägerischen Marke ausreichend untermauerten; auch im vorliegenden Verfahren sei der Klägerin ein Schutz gegen Benützung für nicht ähnliche Waren zu gewähren, weil die Benützung des Zeichens die Wertschätzung der Marke ohne rechtfertigenden Grund in unlauterer Weise ausnutze und beeinträchtige. Die Beurteilung der Vorinstanzen, die Erstbeklagte habe gegen § 10 Abs 1 MSchG verstoßen, weil sie durch Verwendung der Klagemarke für Zigaretten bewusst die Wertschätzung und Unterscheidungskraft der Klagemarke ohne rechtfertigenden Grund und damit in unlauterer Weise ausnutze, bedeute keine Verkennung der Rechtslage, die im Interesse der Rechtssicherheit wahrgenommen werden müsse.

Konkrete Verhaltensweisen der Beklagten, wie Bezugnahme auf die Marke der Klägerin, Verwendung eines identen Schriftzuges etc wurden in concreto weder festgestellt noch für relevant erachtet. Der OGH scheint hier davon auszugehen, dass die Verwendung einer bekannten Marke für andere Waren per se als unlautere Ausnutzung der Wertschätzung einer bekannten Marke zu beurteilen ist.

In einem Spannungsverhältnis dazu steht freilich, dass der OGH den Antrag auf Erlassung einer einstweiligen Verfügung gegen die zweitbeklagte Betreiberin des Duty-Free-Shops abwies mit der Begründung, § 10 Abs 2 MSchG verlange das Vorliegen besonderer Umstände für die Verwerflichkeit der Anlehnung, andernfalls sei die Anlehnung nicht rechtswidrig. Für die Anwendung des § 10 Abs 2 müsse ein Unternehmen selbst ein Unlauterkeitsmerkmal setzen oder zumindest Kenntnis von besonderen Umständen haben, die eine Markenverletzung nahe legen. Der Betreiber des Duty-Free-Shops könne mangels Kenntnis jener Tatsachen, aus denen er auf eine Verletzung von Marken schließen muss, nicht gegen § 10 Abs 2 MSchG verstoßen.

In der Entscheidung „BOSS Zigaretten IV" beurteilte der OGH die Bewerbung von BOSS-Zigaretten auf einer .com-Website als Eingriff in öster-

---

19) OGH 17. 12. 2001, 4 Ob 234/01 t – BOSS-Zigaretten III – ecolex 2002, 267.

reichische Markenrechte der Hugo Boss AG.[20]) Eine Rufübertragung sei zu bejahen, weil die Beklagte genau mit jenen Eigenschaften ihre Zigarettenmarke bewirbt, die für die bekannte „BOSS"-Marke der Klägerin charakteristisch seien, nämlich internationales Flair und Erfolg. Ob die Beklagte den BOSS-Schriftzug der Klägerin übernommen habe oder ob sie ihn – in Ländern außerhalb Österreichs – länger verwendet habe als die Klägerin, sei ohne Bedeutung. Maßgebend sei allein, dass die Beklagte in Österreich keine prioritätsälteren Rechte besitze und dass der Gebrauch des Schriftzugs in anderen Ländern einen markenverletzenden Gebrauch in Österreich nicht zu rechtfertigen vermöge. Der OGH qualifiziert hier also die übereinstimmende Werbestrategie als jenen besonderen Umstand, der das Verhalten der beklagten Partei als unlautere Ausnutzung erscheinen lässt.

In der Entscheidung „kinder.at" verneinte der OGH eine Verletzung der bekannten Marke „Kinder" durch den Domain Name „kinder.at".[21]) Der OGH führte aus, dass die zu § 1 UWG entwickelten Kriterien und Voraussetzungen für einen Gesetzesverstoß (Eigenart des Zeichens, Qualität und Ansehen der Waren, wirtschaftliche Verwertbarkeit des Rufes, Verhältnis jener Waren, deren Bezeichnung übernommen werde zu denjenigen, für die der Ruf genutzt werden soll) auch für die Beurteilung gemäß § 10 Abs 2 MSchG relevant seien. Der Schutzumfang bestimme sich nach der Wechselwirkung von Prägnanz des Kennzeichens, Ähnlichkeit des Kollisionszeichens und Grad der Branchennähe.

V. Zwischenbefund

Zunächst fällt auf, dass die Rechtsprechung bisher nur mit Ausbeutungssachverhalten und nicht mit Verwässerungs- und Rufschädigungssachverhalten befasst war, die seit der Novelle 1999 von § 10 Abs 2 MSchG mitumfasst sind.[22]) Die Entscheidungen zum Merchandising verweisen auf „Mühen und Kosten", die die Kläger für den Aufbau ihres Rufes aufwenden mussten. Die Bekanntheit der Zeichen wurde nicht geprüft, sondern unterstellt. Die Sachverhalte sind geprägt durch die unmittelbare Übernahme der klägerischen Leistung, wie die Abbildung von Marken auf T-Shirts.

In den Fällen der Verwendung bekannter Zeichen außerhalb des Markenähnlichkeitsbereichs stellt der OGH überwiegend, aber nicht durchgehend[23]) auf das Vorliegen besonderer, unlauterkeitsbegründender Umstände ab. In den namensrechtlichen Entscheidungen zu Domain Names beurteilte der OGH die reine „Aufmerksamkeitsausbeutung" als rechtswidrig.

---

20) OGH 15. 10. 2002, 4 Ob 174/02w – BOSS-Zigaretten IV – ecolex 2003, 40.
21) OGH 16. 7. 2002, 4 Ob 156/02y – kinder.at – ecolex 2002, 755.
22) Vgl *Kucsko*, Geistiges Eigentum (2003) 445f.
23) Vgl Pkt IV., E BOSS-Zigaretten II und III.

VI. Die bekannte Marke im Lichte der EuGH-Judikatur

Der EuGH hat wiederholt entschieden, dass die bekannte Marke einen breiteren Schutzbereich genießt als die gewöhnliche Marke.[24]) Nach seiner Ansicht kann der erweiterte Schutz des Art 5 Abs 2 von den Mitgliedstaaten auch im Bereich der Waren- und Dienstleistungsähnlichkeit zuerkannt werden.[25]) Weiters hat er klargestellt, dass es den Mitgliedstaaten unbenommen ist, die bekannte Marke zu anderen Zwecken zu schützen als der Unterscheidung von Marken und Dienstleistungen.[26])

Der EuGH begründet dies mit Art 5 Abs 5 und der 3. Begründungserwägung der Markenrichtlinie, nach der die Markenrechte der Mitgliedstaaten nicht vollständig angeglichen werden müssen, sondern nur jene Bestimmungen, die sich am unmittelbarsten auf das Funktionieren des Binnenmarktes auswirken. Damit sind Regelungen des Rechts gegen unlauteren Wettbewerb angesprochen, deren Anwendung auch die 6. Begründungserwägung der Markenrichtlinie ausdrücklich für zulässig erklärt.

Daraus den Schluss zu ziehen, klassisch lauterkeitsrechtliche Argumentationen hätten bei Interpretation der Markenrichtlinie keinen Platz, wäre aber verfrüht: Gerade die Richtlinienregelung der bekannten Marke stellt ja ausdrücklich auf unlautere Ausnutzung ab. Die Markenrichtlinie ist insofern in sich nicht ganz konsistent. Sollen Mitgliedstaaten tatsächlich lauterkeitsrechtliche Regelungen zum Schutz bekannter Marken erlassen dürfen, wenn schon die Regelung der Markenrichtlinie selbst auf lauterkeitsrechtliche Kriterien abstellt? Es stellt sich die Frage, ob es bei einem Nebeneinander autonom nationaler und die Markenrichtlinie umsetzender Gesetzgebung nicht zu Inkonsistenzen kommt, die das Funktionieren des Binnenmarktes unmittelbar beeinflussen. Dies spricht meines Erachtens dafür, Art 5 Abs 2 der Richtlinie weit auszulegen und den Schutz der bekannten Marke nicht in wesentlichen Teilen der lauterkeitsrechtlichen Gesetzgebung der Mitgliedstaaten zu überlassen. Gerade bekannte Marken werden grenzüberschreitend vertrieben, ein einheitlicher Schutz der bekannten Marke ist für das Funktionieren des Binnenmarktes von besonderer Bedeutung.

Nach der EuGH Entscheidung „Spirit Sun"[27]) kann sich der Markeninhaber nicht auf sein Ausschließlichkeitsrecht berufen, wenn ein Dritter im Verkaufsgespräch die Marke ausschließlich zur Bezeichnung der besonderen Eigenschaft in einer Art und Weise verwendet, die nicht als Herkunftshinweis verstanden werden kann. Die Beklagte im deutschen Ausgangsverfahren hatte die klägerischen Marken zur Bezeichnung des Schliffes der eigenen Edelsteine verwendet. Der nicht markenmäßige Gebrauch greift also

24) EuGH 22. 6. 2000, Rs C-425/98 – Adidasstreifen – ÖBl 2000, 282; EuGH 22. 6. 1999, Rs C-342/97 – Lloyd/Loint's – ÖBl 1999, 305.

25) EuGH 9. 1. 2003, Rs C-292/00 – Davidoff/Gofkid – ÖBl 2003, 198.

26) EuGH 22. 11. 2002, Rs C-23/01 – Robelco – ÖBl 2003, 201 mit Anmerkung von *Gamerith; Gamerith,* Anmerkung zu EuGH 9. 1. 2003, Rs C-292/00 – Davidoff/Gofkid – ÖBl 2003, 198.

27) EuGH 14. 5. 2002, Rs C-2/00 – Spirit Sun – ÖBl 2003, 155.

nach Ansicht des EuGH nicht in den Schutzbereich der gewöhnlichen Marke ein.

Nach einer im Schrifttum vertretenen Ansicht ist die Werbefunktion jeder, also nicht nur der bekannten Marke, gegen jegliche Verwendung im geschäftlichen Verkehr geschützt, nicht nur gegen markenmäßige Verwendung.[28]) Dies entspricht jedenfalls für die gewöhnliche Marke nicht der Ansicht des EuGH. Was gilt hinsichtlich der bekannten Marke?

Ob die bekannte Marke auch gegen nicht markenmäßige Verwendung geschützt ist, hat der EuGH bislang nicht entschieden. Er hat zwar im Zusammenhang mit der – zweifellos bekannten – Marke BMW entschieden, dass es sowohl im Rahmen der Beurteilung des Art 5 Abs 2 als auch der Beurteilung des Art 5 Abs 5 darauf ankomme, ob die Unterscheidungskraft oder Wertschätzung ohne rechtfertigenden Grund in unlauterer Weise ausgenutzt oder beeinträchtigt wird und ausgeführt, Art 5 Abs 5 betreffe die Benutzung eines Zeichens zu anderen Zwecken als der Unterscheidung von Waren oder Dienstleistungen; der EuGH hat jedoch nicht ausdrücklich gesagt, dass die Benutzung eines Zeichens zu anderen Zwecken als der Unterscheidung von Waren oder Dienstleistungen nicht Art 5 Abs 2 unterliegen kann.[29])

Art 5 Abs 2 der Markenrichtlinie stellt auf die unlautere Ausnutzung oder Beeinträchtigung der Unterscheidungskraft oder der Wertschätzung der bekannten Marke ab. Derartige „Erfolge" lassen sich meines Erachtens nicht nur durch markenmäßigen Gebrauch erzielen. Dies gilt insbesondere für die Fälle der Beeinträchtigung der Wertschätzung. Dieser Umstand spricht, ebenso wie die Sicherung der Funktionsfähigkeit des Binnenmarktes, dafür, die bekannte Marke schon markenrechtlich umfassend zu schützen. Für die parallele Anwendung des Lauterkeitsrechts verbleibt dann kaum ein Anwendungsbereich.

Um bekannt im Sinne der Richtlinie zu sein muss eine Marke nach Ansicht des EuGH einem bedeutenden Teil des betroffenen Publikums im betreffenden Mitgliedstaat bekannt sein. Ein bestimmter Prozentsatz des Publikums könne nicht verlangt werden.[30])

VII. Schlussfolgerungen

Ist dem OGH zuzustimmen, dass die zu § 1 UWG entwickelten Kriterien und Voraussetzungen für einen Gesetzesverstoß auch für die Beurteilung gemäß § 10 Abs 2 MSchG relevant sind? Der deutsche Gesetzgeber geht davon aus, dass es sich beim erweiterten Schutz der bekannten Marken im dMarkenG um einen wettbewerbsrechtlich orientierten Schutz handelt und dass auf die von der deutschen Rechtsprechung zum UWG herausgebilde-

28) *Schanda,* Markenschutzgesetz Rz 50 zu § 10 sowie Rz 6–9 zu § 10a.
29) EuGH 23. 2. 1999, Rs C-63/97 – BMW – ÖBl 1999, 250, insb Rz 27 und Rz 40.
30) EuGH 14. 9. 1999, Rs C-375/97 – Chevy – ÖBl 2000, 42.

ten Grundsätze zurückgegriffen werden könne.[31]) Die Ansicht wird auch im deutschen Schrifttum vertreten.[32])

Bei der durch § 10 Abs 2 MSchG verpönten „unlauteren Ausnutzung" handelte es sich um einen Richtlinienbegriff. Umgesetztes nationales Recht ist richtlinienkonform zu interpretieren.[33]) Wie umgesetztes Richtlinienrecht zu interpretieren ist, hat der EuGH zu entscheiden.[34]) Zur Frage, unter welchen Voraussetzungen von einer unlauteren Ausnutzung gesprochen werden kann, hat der EuGH bisher nicht Stellung genommen. Insbesondere ist offen, ob die schlichte Möglichkeit der Rufübertragung auf die Waren und Dienstleistungen des Beklagten für sich allein ausreicht oder ob weitere Umstände hinzutreten müssen.

Bei der Interpretation der Voraussetzungen des erweiterten Schutzes ist zu beachten, dass gewerbliche Schutzrechte in einem Spannungsverhältnis zum freien Warenverkehr stehen. Wird ein erweiterter Schutz zu großzügig zuerkannt, so wird der freie Warenverkehr ohne sachliche Rechtfertigung beschränkt. Auch wettbewerbsrechtliche Überlegungen führen in dieselbe Richtung: Eine Marke vermittelt ihrem Inhaber ein Monopolrecht. Dieses Recht darf nicht ohne sachliche Rechtfertigung ausgedehnt werden.[35]) Es ist also zu prüfen, ob die Voraussetzungen des erweiterten Schutzbereiches tatsächlich vorliegen und daher die Privilegierung des Zeichens gerechtfertigt ist[36]). Der Kläger hat zu beweisen, dass die Voraussetzungen des erweiterten Schutzbereichs der bekannten Marke vorliegen.[37])

Nach Ansicht von *Ingerl/Rohnke* liegt eine Ausnützung der Unterscheidungskraft der bekannten Marke vor, wenn feststeht, dass die Kennzeichnungskraft der geschützten Marke für fremde Zwecke ausgenutzt werde. Dies sei immer dann der Fall, wenn auf Grund der Bekanntheit der Marke die Aufmerksamkeit des Publikums erreicht und dadurch die werbliche Kommunikation erleichtert, also ein Kommunikationsvorsprung erreicht werde. Entscheidungserheblich werde die Ausnutzung der Unterscheidungskraft immer dann, wenn eine konkrete Beeinträchtigung mangels Inkompatibilität und herabsetzenden Charakters nicht festzustellen sei.[38])

§ 10 Abs 2 MSchG verlangt, dass die Unterscheidungskraft der Marke ohne rechtfertigenden Grund in unlauterer Weise ausgenutzt wird. Nicht jede Verwendung der bekannten Marke außerhalb des Warenähnlichkeits-

31) BT-Ds 12/65 81, 72 (zu § 9).

32) *Moll,* Die berühmte und die bekannte Marke, GRUR 1993, 8, 17; *Schweer,* Die erste Markenrechtsrichtlinie der Europäischen Gemeinschaft und der Rechtschutz bekannter Marken (1992) 119.

33) *Fezer,* Markenrecht[3] Rz 418 zu § 14 MarkenG.

34) So ausdrücklich die Gesetzesmaterialien zur MSchG-Novelle 1999. Die Markenrichtlinie enthält eine Reihe unbestimmter Gesetzesbegriffe. Es ist daher zu begrüßen, dass die Umsetzung im MSchG eng am Wortlaut der einschlägigen Bestimmungen der Markenrichtlinie orientiert erfolgte.

35) Ähnlich *Fezer,* Markenrecht[3] Rz 428 zu § 14 MarkenG.

36) In diesem Sinne auch *Ingerl/Rohnke,* Markengesetz[2] Rz 771 zu § 14.

37) *Ingerl/Rohnke,* Markengesetz[2] Rz 842 zu § 14.

38) *Ingerl/Rohnke,* Markengesetz[2] Rz 861 zu § 14.

bereiches greift in den Schutzbereich der bekannten Marke ein, sondern nur jene, die die Unterscheidungskraft in unlauterer Weise ausnutzt. Es ist daher unzulässig, eine Verletzung der bekannten Marke schon deshalb zu bejahen, weil das bekannte Zeichen für nicht zum Ähnlichkeitsbereich gehörende Waren- und Dienstleistungen verwendet wird.[39]) Bezeichnenderweise führen auch *Ingerl/Rohnke* aus, die Unlauterkeitskriterien im Rahmen der Aufmerksamkeitsausbeutung glichen denen der Rufausbeutung. Zur Rufausbeutung führen *Ingerl/Rohnke* aus, die Annäherung in zusätzlichen Merkmalen (zB in Schriftbild, Aufmachung oder Werbung) ohne nachvollziehbaren Grund würde für die Unlauterkeit sprechen.[40])

Dem ist zuzustimmen. Die Verwendung der bekannten Marke für Waren und Dienstleistungen außerhalb des Ähnlichkeitsbereichs kann aber für sich allein nicht als „Aufmerksamkeitsausbeutung" einen Eingriff in den Schutzbereich einer bekannten Marke begründen.[41]) Die Begründung, wer ein bekanntes Zeichen für unähnliche Waren oder Dienstleistungen wähle, beute die bekannte Marke schon dadurch aus, ist zirkelhaft: Es bedarf besonderer Umstände, die die unlautere Ausnutzung belegen. Diese besonderen Umstände können zB in (weiteren) Anlehnungshandlungen liegen, wie zB der Verwendung eines ähnlichen Schriftzuges, einer ähnlichen Markenstrategie oder im aktiven Verwenden der bekannten Marke als Vorspann, oder darin, dass das Zeichen für Waren oder Dienstleistungen verwendet wird, für die sich der gute Ruf der bekannten Marke ohne weiteres nutzen lässt,[42]) wie die Verwendung einer Bekleidungsmarke für Parfum. Gerade dann, wenn aktive Anlehnungshandlungen fehlen, ist sorgfältig zu begründen, wieso ein Eingriff in den Schutzbereich einer bekannten Marke vorliegt.

Im Rahmen der Beurteilung des § 1 UWG sind nicht nur die Sondertatbestände des UWG, sondern auch die Wertungen des Markenschutzgesetzes zu berücksichtigen,[43]) da dieses ebenso wie das UWG die Funktionsmöglichkeit von Wettbewerb sichert.[44]) Es geht nicht an, über § 1 UWG einen erweiterten Schutz bekannter Marken zuzuerkennen, der Wertungen des Markenschutzgesetzes zuwiderläuft. Fehlt eines der Tatbestandselemente des § 10 Abs 2 MSchG, so ist auch ein erweiteter Schutz der bekannten Marke über § 1 UWG zu versagen, es sei denn, das fehlende Element

39) Ähnlich *Ingerl/Rohnke:* Der Unlauterkeitsvorwurf könne nicht auf die Argumentation gestützt werden, der Beklagte müsse nicht gerade das bekannte Zeichen nutzen (Markengesetz² Rz 842 zu § 14). *Ingerl/Rohnke* meinen freilich, dass bei identischer Verwendung eines bekannten Zeichens Unlauterkeit häufig zu vermuten sei (aaO).

40) *Ingerl/Rohnke,* Markengesetz² Rz 852 zu § 14.

41) So auch *Fezer,* Markenrecht³ Rz 424 zu § 14 MarkenG.

42) Vgl OPM 26. 11. 2003, PBl 2004, 89.

43) *Pöchhacker* in *Koppensteiner,* Österreichisches und europäisches Wirtschaftsprivatrecht – Teil 2: Geistiges Eigentum 157.

44) Vgl *Koppensteiner,* Österreichisches und europäisches Wettbewerbsrecht³ Rz 55 zu § 32 sowie die erste Begründungserwägung der Markenrichtlinie, die einen Konnex zwischen den Unterschieden der nationalen Markenrechte und der Verfälschung der Wettbewerbsbedingungen im gemeinsamen Markt herstellt.

wird durch ein anderes, in concreto Unlauterkeit begründendes Element ersetzt.

Daraus folgt, dass mit dem im Rahmen der Rechtsprechung zu § 1 UWG entwickelnden Argumentationsmuster, es sei unlauter, ein mit „Mühe und Kosten" geschaffenes Arbeitsergebnis zu übernehmen, in markenrechtlichem Zusammenhang Vorsicht geboten ist: Die Entwicklung einer Marke ist stets mit Mühen und Kosten verbunden. Dies reicht nicht aus, um einen erweiterten Schutzbereich einer Marke zu begründen. Ist eine Marke nicht im Sinne des § 10 Abs 2 MSchG bekannt, so kann ein erweiterter Schutz nicht unter Berufung auf „Mühen und Kosten" zuerkannt werden.

Ob Merchandisingsachverhalte wie der der Entscheidung „Spanische Reitschule" zu Grunde liegende nunmehr § 10 Abs 2 MSchG unterliegen, lässt sich wegen der in Bezug auf bekannte Marken inkonsistenten Bestimmungen der Markenrichtlinie[45]) nicht gesichert beantworten. Offen ist auch, ob Sachverhalte, bei denen die Beklagte die bekannte Marke als Vorspann und nicht unmittelbar zur Kennzeichnung der eigenen Ware oder Dienstleistung benützt,[46]) künftig über § 10 Abs 2 MSchG zu lösen sind. Meines Erachtens sprechen gute Gründe dafür. Stimmt man dem nicht zu, so steht es dem nationalen Gesetzgeber jedenfalls frei, Vorspannhandlungen, die nicht in Art 6 Abs 1 lit b und c der Markenrichtlinie Deckung finden,[47]) lauterkeitsrechtlich zu regeln.

Im Großen und Ganzen besteht gegenwärtig im Lichte der bisher vorliegenden EuGH-Judikatur kein Anlass, die zu § 1 UWG entwickelten Argumentationsmuster bei Interpretation des § 10 Abs 2 MSchG über Bord zu werfen.

---

45) Vgl Pkt VI.

46) Vgl OGH 19. 12. 1997, 4 Ob 370/97h – Dualwerbung – ÖBl 1998, 178: Die Beklagte hatten unter Verwendung des Slogans „Meine Marke. Denn für die Markenqualität steht das Team vom dm-Drogeriemarkt.dm" systematisch bekannte Markenprodukte ihren Eigenmarken gegenübergestellt und dabei zwar Preise angegeben, jedoch keine Angaben über die Qualitäten gemacht. Der OGH untersagte dies unter Berufung auf § 1 UWG. Vgl OGH 12. 2. 2002, 4 Ob 282/01 a – Geberit – ÖBl 2002, 221: Die beklagte Partei baute Unterputz-Spülkastensysteme unter „Geberit"-Betätigungsplatten ein. Der OGH beurteilte dieses Verhalten als planmäßige Einbeziehung der klägerischen Marke in die Werbung für das eigene Produkt und als sittenwidrige Ausbeutung.

47) Nach Art 6 der Markenrichtlinie hat der Markeninhaber ua nicht das Recht einem Dritten zu verbieten, Angaben über die Beschaffenheit und die Bestimmung (lit b) und die Marke, falls dies notwendig ist, als Hinweis auf die Bestimmung einer Ware, insbesondere als Zubehör oder Ersatzteil im geschäftlichen Verkehr zu benutzen (lit c), sofern die Benutzung den anständigen Gepflogenheiten im Gewerbe oder Handel entspricht. Der EuGH versteht die anständigen Gepflogenheiten als Hinweis auf die Lauterkeit (EuGH 23. 2. 1999, Rs C-63/97 – BMW – ÖBl 1999, 250 Rz 52 und 61).

Das UWG als Schranke der unternehmerischen Betätigung der öffentlichen Hand

Marcella Prunbauer-Glaser

Inhaltsübersicht:

I. Einleitung

Die öffentliche Hand betätigt sich in verschiedensten Formen auch unternehmerisch, in manchen Bereichen seit jeher, und tritt damit zunehmend in spürbare Konkurrenz zu privaten Unternehmen. Ein Spannungsverhältnis ergibt sich insbesondere dort, wo sich die unternehmerische Tätigkeit nicht auf Bereiche des Gemeinwohls oder der Daseinsvorsorge beschränkt oder über bloß unterstützende „Nebennutzungen" der öffentlichen Aufgabe hinausgeht, sondern wo mit den Ressourcen, die auf Grund der öffentlich-rechtlichen Sonderstellung zur Verfügung stehen und die letztlich aus dem öffentlichen Steueraufkommen (mit-)geschaffen wurden, in den Wettbewerb zur Privatwirtschaft getreten wird.

Nachteilig für die Privatunternehmer und damit für den Leistungswettbewerb kann sich nämlich nicht nur die Art und Weise auswirken, wie öffentliche Unternehmen am Markt agieren, sondern insbesondere auch, dass überhaupt eine erwerbswirtschaftliche Tätigkeit aufgenommen wird. Damit stellt sich die Frage nach der Bedeutung des UWG als Schranke und als Maßstab der Teilnahme der öffentlichen Hand am marktwirtschaftlichen Wettbewerb. Eine Frage, welche auch den Schutzverband gegen unlauteren Wettbewerb mehrfach beschäftigt hat[1]) und zunehmend beschäftigt.

II. Anwendbarkeit des UWG

A. Stand der Lehre und Rechtsprechung

Anerkannt ist mittlerweile in Lehre und Rechtsprechung, dass öffentlich-rechtliche Körperschaften jedenfalls den Vorschriften des Wettbe-

1) Siehe etwa ÖBl 1996, 80 = SZ 68/78 – Städtische Bestattung.

werbsrechtes unterliegen, soweit sie sich privatwirtschaftlich betätigen.[2]) Die Rechtsprechung geht davon aus, dass reine Hoheitsakte nicht an wettbewerbsrechtlichen Maßstäben gemessen werden und sohin auch nicht Regelungsgegenstand eines wettbewerbsrechtlichen Unterlassungsgebotes sein können. Auf Grund des Grundsatzes der strikten Trennung von Justiz und Verwaltung in Art 94 B-VG könne ein Gericht einer Verwaltungsbehörde nicht auftragen, Verwaltungsangelegenheiten in bestimmter Weise zu entscheiden, zu behandeln oder ihr gar verbieten, in eigenen Angelegenheiten tätig zu werden.

Bedient sich hingegen eine öffentlich-rechtliche Körperschaft der Rechtsformen, die auch Privaten zur Verfügung stehen, also etwa eines Vertrages, dann handelt sie auch dann im geschäftlichen Verkehr, selbst wenn sie nicht nach Gewinn streben sollte.[3]) Nicht selten tritt die öffentliche Hand in einer Doppelfunktion auf, die möglicherweise am selben Ort und von denselben Personen in Personalunion vorgenommen werden.

Die sohin im Einzelfall erforderliche Abgrenzung, ob eine Tätigkeit ausschließlich der Hoheitsverwaltung zuzuordnen ist, erfolgt danach, ob der Staat bzw die öffentlich-rechtliche Körperschaft diesbezüglich als Träger hoheitlicher Befugnisse, dh mit „Imperium" auftritt. Hoheitliches Handeln liegt vor, wenn der Gesetzgeber zur Erfüllung gerade dieser Aufgabe als rechtstechnisches Mittel Handlungsformen des öffentlichen Rechts zur Verfügung stellt.[4]) Dabei ist unter Ausschöpfung aller Interpretationsmöglichkeiten zu ermitteln, welche Vollzugsform der Gesetzgeber nach den maßgeblichen Rechtsvorschriften angewendet wissen will.

B. Unbegrenzte wettbewerbsrechtliche Immunität von Akten der Hoheitsverwaltung?

In der Lehre[5]) wird zutreffend darauf hingewiesen, dass die Wahrnehmung von Aufgaben, die gegenüber dem Adressaten als Akt der Hoheitsverwaltung zu qualifizieren sind, im Verhältnis zu Mitbewerbern durchaus den Charakter einer Wettbewerbshandlung und insoweit eine „Doppelnatur" haben können. Während zB die Vergabe des Termins für die Bestattung als Akt der Hoheitsverwaltung zu sehen ist, kann die Benachteiligung privater Bestattungsunternehmen im Verhältnis zur kommunalen Bestattung bei der Zuteilung bzw Bekanntgabe von Begräbnisterminen einen Wettbe-

---

2) ÖBl 1990, 54 – PSK; ÖBl 1996, 241 – Forstpflanzen; *Koppensteiner,* Österreichisches und europäisches Wettbewerbsrecht[3] § 23 Rz 6 mwN.

3) SZ 62/41; SZ 71/194.

4) SZ 69/25; SZ 71/194; 4 Ob 21/04y; unter die Privatwirtschaftsverwaltung fällt idR etwa der Bereich der Subventionsgewährung; vgl ÖBl 2000, 107 – Fahrgemeinschaft Haslach mwN; ebenso in den Bereich privatwirtschaftliche Betätigung fällt Werbung für Städtische (Bestattungs-)Unternehmen (4 Ob 21/04y) oder Beschaffungsmaßnahmen und der Absatz etwa von Forstpflanzen der Landesforstgärten (ÖBl 1996, 241 – Forstpflanzen; ÖBl 2000, 28 – Forstpflanzen II); hingegen ist die Terminvergabe für Bestattungen ein Akt der Hoheitsverwaltung (4 Ob 21/04y).

5) *Koppensteiner,* aaO 23 Rz 6 mwN in FN 27; *Baumbach / Hefermehl*[23] § 1 UWG Rz 930.

werbsvorsprung des Städtischen Bestattungsunternehmens gegenüber dem privaten Konkurrenten bewirken. Steht dem betroffenen privaten Mitbewerber kein öffentlich-rechtliches Verteidigungs-Instrumentarium zur Verfügung, wie etwa im Beispielsfall diskriminierender Bestattungsterminvergabe, ist der von der Wettbewerbsverzerrung mittels Hoheitsakt betroffene Privatunternehmer nach dem Grundsatz der vollständigen Immunität der Hoheitsakte in einem Dilemma.

Es stellt sich die Frage, ob das seit der PSK-E formelartig wiederholte Dogma, dass Hoheitsakte niemals Wettbewerbshandlungen sein und daher nicht nach dem UWG beurteilt werden können, nicht doch einer Differenzierung zugänglich ist. Wenngleich der Vollzugsakt hinsichtlich seines Inhaltes im Hinblick auf Art 94 B-VG nicht über das UWG gerichtlich revidierbar sein soll, schiene es doch sachgerecht, Benachteiligungen von privaten Mitbewerbern bzw umgekehrt Wettbewerbsvorteile für „Hoheitsbetriebe" durch die Art und Weise des Setzens von Hoheitsakten, insbesondere im Falle eines diskriminierenden Einsatzes von Hoheitsakten, auch dem wettbewerbsrechtlichen Maßstab zu unterstellen, wenn sich dies auf die Marktteilnehmer auswirkt.

Geht man davon aus, dass der Wettbewerb und das Wettbewerbsrecht ein Ordnungskonzept voraussetzen (müssen), welches die Neutralität des Staates gegenüber den Teilnehmern am wirtschaftlichen Wettbewerb beinhaltet, sodass die par conditio concurrentium durch § 1 UWG nicht nur im Verhältnis zu Unternehmern, sondern auch im Verhältnis zum Staat gesichert werden soll,[6]) wäre die Verschaffung künstlicher Wettbewerbsvorteile durch diskriminierenden Einsatz des rechtstechnischen Mittels des Hoheitsaktes als Beihilfe iwS mit privatrechtlicher Konkurrentenklage begründbar. Ähnliche Probleme ergeben sich bei gesetzlichen Begünstigungen, etwa einer Steuer- oder sonstigen Gebührenbefreiung öffentlicher Unternehmen, welche letztlich auch Beihilfencharakter hat. Auch hier stellt sich die Frage, ob mit einem Ansatz über das privatrechtliche Instrumentarium des UWG Wettbewerbsverzerrungen begegnet werden kann.

Europarechtliche Erwägungen könnten einen solchen Ansatz fördern. Soweit die Bevorzugung eines öffentlichen Unternehmens als Verstoß gegen EU-Beihilferegeln qualifizierbar ist, bestünde auf Grund der unmittelbaren Wirkung des Durchführungsverbotes des Art 88 EGV und der Rechtsprechung des EuGH, wonach die nationalen Gerichte aus einem Verstoß gegen Art 88 EGV entsprechend dem nationalen Recht „sämtliche Folgerungen sowohl bezüglich der Gültigkeit der Rechtsakte zur Durchführung der Beihilfenmaßnahme als auch bezüglich der Betreibung der unter Verletzung dieser Bestimmung gewährten finanziellen Unterstützungen oder eventueller vorläufiger Maßnahmen ziehen müssen",[7]) was die Möglichkeit eröffnet, vor dem nationalen Gericht gegen den Staat auf Einstellung oder auf Rück-

6) Vgl *Koppensteiner,* Anmerkungen zum PSK-Urteil, wbl 1980, 104.
7) EuGH 21. 11. 1991, Rs C-354/90 Slg 1991 I-5505, 5328 Rz 12 ff – FNCEPA.

forderung der Beihilfe zu klagen,[8]) eine Grundlage für die Anwendbarkeit des UWG auch unter der Kategorie des sittenwidrigen Rechtsbruchs.

Dem Anwendungsvorrang des EG-Rechts müssen gemäß dem EuGH im Bereich des europäischen Wettbewerbsrechts überdies staatliche Hoheitsakte einschließlich nationaler Rechtsvorschriften, die gegen Art 81 EGV verstoßen oder gegen Art 81 EGV verstoßende Verhaltensweisen begünstigen, insoweit weichen, als sie von der nationalen (Wettbewerbs-)Behörde nicht anzuwenden sind.[9]) Diese Erwägungen des EuGH könnten auch für Hoheitsakte mit wettbewerbsrelevanter Doppelnatur im Rahmen der Sicherung der par conditio concurrentium über § 1 UWG nutzbar gemacht werden. Die Rechtsprechung[10]) war bislang zu einer weiter gehenden Differenzierung in diesem Zusammenhang noch nicht bereit.

III. Schranken der Modalitäten der Teilnahme der öffentlichen Hand am Wettbewerb

Der Oberste Gerichtshof vertritt in stRsp, dass es der öffentlichen Hand grundsätzlich gestattet ist, unternehmerisch tätig zu sein. Ob und inwieweit eine erwerbswirtschaftliche Tätigkeit der öffentliche Hand wünschenswert ist, sei eine der wettbewerbsrechtlichen Beurteilung durch die Gerichte entzogene wirtschaftspolitische Entscheidung. Die öffentliche Hand handelt daher nicht schon deshalb unlauter, dass sie am Wettbewerb teilnimmt; eine Wettbewerbshandlung ist nicht schon deshalb unlauter, weil sie von einem öffentlichen Unternehmen ausgeht.

Wettbewerbsrechtliche Beschränkungen für den Marktzutritt werden nur für den Fall für zulässig gehalten, dass die nicht gebotene Betätigung der öffentlichen Hand den Bestand des Leistungswettbewerbs gefährdet. Ist dies nicht der Fall, so unterliegt nur die Art und Weise, wie die öffentliche Hand am Wettbewerb teilnimmt, der wettbewerbsrechtlichen Beurteilung. Dabei ist den Besonderheiten Rechnung zu tragen, die sich aus der Teilnahme der öffentlichen Hand am Wettbewerb ergeben.

Unlauterer Wettbewerb liegt aber nach der Rechtsprechung nicht bereits darin, dass die öffentliche Hand auf die ihr zur Verfügung stehenden Mittel, auch jene aus Einnahmen aus Steuern und Abgaben, in erforderlichem Umfang und in angemessener Weise zurückgreift. Da die unternehmerische Betätigung der öffentlichen Hand grundsätzlich zulässig sei, sei dies hinzunehmen, wenn sich eine derartige Benachteiligung auch aus dem Konkurrenzverhältnis privater Unternehmen ergeben könne.[11]) Bloße, sozusagen

8) *Reufels*, Europäische Subventionskontrolle durch Private (1997) 132 mwN; Anm *Sutter* in AnwBl 2004, 314 f zu Rsp-E 7930.

9) Jüngst EuGH 9. 9. 2003 Rs C-198/01 – CIF.

10) Vgl etwa 4 Ob 21/04 y, wonach die Terminvergabe für Bestattungstermine ein Akt der Hoheitsverwaltung sei, welcher grundsätzlich nicht Regelungsgegenstand eines wettbewerblichen Unterlassungsgebots sein könne; europarechtliche Aspekte lagen dem Sachverhalt freilich nicht zu Grunde.

11) ÖBl 1996, 80 = SZÄ 68/78 – Städtische Bestattung; 4 Ob 94/00 b – Notruftelefonsystem.

„immanente Standortvorteile", wie die gemeinsame Unterbringung von Friedhofsverwaltung und Städtischem Bestattungsbetrieb oder die Nutzung der der öffentlichen Hand zur Verfügung stehenden besonderen Ressourcen[12]) sind ohne Hinzutreten besonderer, die Sittenwidrigkeit begründender Elemente hinzunehmen.

Jedoch kann ein Verstoß gegen § 1 UWG darin liegen, dass die öffentliche Hand in verschiedenen Spielarten die Macht missbräuchlich einsetzt, die ihr auf Grund ihrer öffentlich-rechtlichen Sonderstellung zur Verfügung steht. Ein solcher Missbrauch hoheitlicher Machtstellung ist vor allem in Täuschungsmaßnahmen, in der Ausübung psychischen Drucks, bei Missbrauch der Vertrauens- oder Autoritätsstellung, bei sachwidriger Beeinflussung, bei der einseitigen Förderung bestimmter Mitbewerber oder bei der Verquickung amtlicher mit erwerbswirtschaftlichen Interessen zu sehen.

Die öffentliche Hand darf also insbesondere weder die amtliche Autorität und die mit ihr verbundene Vertrauensstellung zur Erreichung von Vorteilen im Wettbewerb missbrauchen noch amtliche und erwerbswirtschaftliche Interessen in einer Art und Weise verquicken, die zu einer Interessenskollision führen können bzw amtliche Beziehung und Informationsvorsprung bei Werbung und Vertragsabschlüssen ausnützen, um sich einen Vorsprung vor privaten Mitbewerbern zu verschaffen[13]) oder öffentliche Mittel zweckwidrig zur Konkurrierung der privaten Unternehmer, etwa durch Preisunterbietung einsetzen.[14])

Bedenkt man, dass die öffentliche Hand idR zweifelsohne in einer besseren Ausgangsposition ist als ein privater Unternehmensgründer, weil sie nicht nur auf eine öffentlich-rechtliche Sonderstellung und die Ressourcen zurückgreifen kann, welche nicht zuletzt durch das Steueraufkommen der Mitbewerber aufgebracht wurden, sondern darüber hinaus ungleich weniger vom unternehmerischen Risiko betroffen ist (die Gesamtheit der Steuerzahler als „parate" Verlustabdecker) und bedenkt man weiters, dass bereits die bloße Tatsache der Verstärkung des Konkurrenzkampfes durch das Hinzutreten eines weiteren Mitbewerbers die privaten Marktteilnehmer auch ohne besonderen Missbrauch der öffentlich-rechtlichen Sonderstellung stärker trifft,[15]) ist wohl bei der Interessensabwägung, welche hinzunehmenden „immanenten Standortvorteile" nicht das Sittenwidrigkeitsurteil begründen sollen, tendenziell restriktiv und unter sorgfältiger Abwägung der Umstände des Einzelfalles vorzugehen.

Dass im Einzelfall die historisch gemeinsame Unterbringung von Friedhofsverwaltung und Städtischem Bestattungsbetrieb in einem Raum und die Betreuung beider Arbeitsgebiete durch den selben Angestellten für sich allein (noch) nicht gereicht haben mag, sittenwidriges Verhalten vorzuwer-

12) Etwa die Nutzung der im Rahmen des Monopols als Betreiberin des Post Universaldienstes auf Grund des PostG zur Verfügung zu stellenden Hausbrieffachanlagen, wbl 2003, 44 – Hausbrieffachanlagen II.

13) Etwa ÖBl 2000, 28 – Forstpflanzen II.

14) *Baumbach/Hefermehl*[23] § 1 UWG Rz 944.

15) Vgl insb *Roth,* Die öffentliche Hand im Wettbewerb, ecolex 1990, 421/424.

fen, sollte nicht zu einem allgemeinen Grundsatz verleiten, dass privatwirtschaftliche Betätigung im räumlichen Verbund mit den Amtsräumen der Hoheitsverwaltung bei Personalunion des eingesetzten Personals grundsätzlich erlaubt wäre, etwa weil es der staatlichen Organisation nicht zumutbar wäre, nur zur Vermeidung solcher Konstellationen höhere Kosten für eine andere Organisation – mit getrennten Räumen und eigenen Bediensteten – aufzuwenden.

In der E ÖBl 1996, 80 – Städtische Bestattung, welche nicht ohne kritische Anmerkung blieb,[16]) wurde die Zulässigkeit des Betriebs des privatwirtschaftlichen Bestattungsunternehmens der beklagten Stadtgemeinde im selben Raum bei Betreuung durch denselben Beamten insbesondere aus der historischen Entwicklung des kommunalen Bestattungswesens allgemein und im Zusammenhang damit aus dem Bedürfnis und den Interessen der Allgemeinheit an Dienstleistungen dieser Art durch die Gemeinde sowie der Verpflichtung der öffentlichen Hand zur Berücksichtigung sozialer Belange abgeleitet.

Dieselben Erwägungen, die mit gutem Grund ein maßgebliches Unlauterkeitselement im Einsatz öffentlicher Mittel entgegen deren Zweckbestimmung sehen,[17]) sprechen auch dagegen, generell eine Quersubventionierung der privatwirtschaftlichen Betätigung der öffentlichen Hand durch Verwendung des für den Bereich der Hoheitsverwaltung eingesetzten Personales in denselben Räumlichkeiten ohne Trennungsadaptierung zuzulassen. Die Steuermittel der Allgemeinheit einschließlich des auf das für Hoheitsverwaltungsaufgaben eingesetzten Personals entfallenden Anteils würden zweckwidrig verwendet, ersparte man den „Hoheitsbetrieben" zum Zwecke der Konkurrenzierung der Privatunternehmer für ihren privatwirtschaftlichen Bereich vergleichbaren Personal- und Organisationsaufwand, welchen auch jeder private Unternehmer bei Aufnahme des Betriebes zu tätigen und zu kalkulieren hat, indem man solche Betriebskostenersparnis oder -erleichterung auf die Steuerzahler abwälzt, der Amtsräume und Amtspersonal im öffentlichen Aufwand mitträgt.

Es entspricht auch nicht dem Wesen der freien Marktwirtschaft, dass steuerzahlende Unternehmen gleichsam die Konkurrenz finanzieren sollen. Das überwiegende Interesse an der gebotenen Neutralität des Staates und der Vermeidung von Quersubventionierung muss zu einem weitestgehenden „Trennungsgebot" zwischen Agenden der Hoheitsverwaltung und jenen der Privatwirtschaftsverwaltung auch im räumlichen und personellen Bereich führen. Dass eine Trennung beider Bereiche auch Kosten (zunächst) verursachen mag, entbindet nicht von der Verpflichtung, zumutbare Trennung soweit möglich zu prüfen und vorzunehmen, zumindest aber durch entsprechende Kostenstellenverrechnung und Transparenz auszugleichen, soweit tatsächlich nach Interessensabwägung eine Trennung nicht möglich sein sollte.

---

16) *Koppensteiner,* aaO § 22 Rz 10 FN 35 a.

17) Siehe FN 14.

Beim Auftreten nach außen, insbesondere in der Werbung, steht einer Trennung ohnehin nichts entgegen. Der OGH anerkennt insoweit auch ein „Trennungsgebot".[18]) Ein Fall eines aktuellen oder auch historischen Allgemeininteresses, welches einer Trennung entgegenstehen könnte, liegt aber zweifelsohne dann nicht vor, wenn neue wirtschaftliche Betätigungsfelder, welche ausreichend bereits durch Privatunternehmen abgedeckt sind, von der öffentlichen Hand „neu" entdeckt werden, etwa weil ein Bürgermeister im Wahlkampf das Treibstoffpreisniveau thematisiert und den städtischen Wirtschaftshof zu einer öffentlichen Tankstelle zum Zwecke der Abgabe von Treibstoff zu Kampfpreisen umfunktioniert.

Ein Missbrauch hoheitlicher Machtstellung kann auch in der (einseitigen) Förderung bestimmter Mitbewerber bestehen. Besteht die Förderung der Gewährung von Subventionen, so dürfen nicht einzelne Unternehmen unbegründet bevorzugt werden. Da die Grundrechte auch gegenüber dem nicht hoheitlich handelnden Staat stärkere Bindungswirkung entfalten als dies im Verkehr unter Privaten zutrifft, steht die öffentliche Hand gerade bei Subventionsvergaben unter weiter gehenden Anforderungen des Gleichheitssatzes.[19])

Die Rechtsprechung leitet diese Gleichbehandlungsverpflichtung, welche über die finanziellen Subventionen oder Begünstigungen hinaus verallgemeinerungsfähig ist, zutreffend aus § 1 UWG ab. Ähnliche Verbote einer Ungleichbehandlung ohne sachliche Rechtfertigung finden sich im Übrigen auch für private Unternehmer in Sonderregelungen wie etwa § 35 KartG oder §§ 1 Abs 2 und 2 NVG. Soweit das öffentliche Unternehmen solche Spezial-Verbotstatbestände erfüllt, wird auch der Aspekt eines iSv § 1 UWG sittenwidrigen Rechtsbruches verwirklicht.

Seit der E ÖBl 2003, 233 – Therme L ist klargestellt, dass die vorstehenden Grundsätze für die privatwirtschaftliche Tätigkeit der öffentlichen Hand auch dann gelten, wenn die öffentliche Hand nicht unmittelbar, sondern in der Rechtform einer juristischen Person des Privatrechts tätig wird. Auch in diesem Fall handelt es sich nämlich um ein öffentliches Unternehmen iwS, weil die öffentliche Hand Einflussmöglichkeiten hat.[20]) Der Grundsatz, dass die öffentliche Hand sich den aus ihrer Sonderstellung folgenden Verpflichtungen nicht durch die Wahl einer Rechtsform des Privatrechtes entledigen kann, ist gerade in Zeiten von (Teil-)Privatisierung von erheblicher Bedeutung.

Die Rechtsprechung wird letztlich zu klären haben, welches Ausmaß an direkter oder indirekter Beteiligung der öffentlichen Hand oder ihrer Unternehmen die wettbewerbsrechtlichen Pflichten auslösen, die aus der Sonderstellung der öffentlichen Hand resultieren. Auf eine ziffernmäßige Festlegung bestimmter Beteiligungsverhältnisse kann es wohl nicht ankommen.

---

18) Jüngst 4 Ob 21/04y.

19) ÖBl 2000, 107 – Fahrgemeinschaft Haslach; ÖBl 2003, 232 – Therme L mwN.

20) Im Sachverhalt der E ÖBl 2003, 233 – Therme L wurden 97 % der Geschäftsanteile an einer GmbH, welche die Komplementärin einer ein Unternehmen betreibenden GmbH & Co KG war, von Gebietskörperschaften gehalten.

Entscheidend muss sein, dass die öffentliche Hand unmittelbar oder mittelbar maßgeblichen Einfluss nehmen kann. Dies kann nicht nur durch eine direkte oder indirekt gehaltene Kapitalmehrheit, sondern auch durch entsprechende Einflussmöglichkeiten, etwa über Stimmrechtsgestaltungen oder über Bestellung von Leitungs-, Aufsichts- oder Verwaltungsorganen geschehen.[21])

Die Gleichbehandlungsverpflichtung reicht allerdings nur so weit als für die Ungleichbehandlung potenzieller Vertragspartner keine sachliche Rechtfertigung vorliegt. Die Einräumung eines Preisnachlasses in der Höhe von 10% für die aktuellen und ehemaligen Dienstnehmer bei Inanspruchnahme einer Leistung ihres öffentlichen Unternehmens, vergleichbar der Einräumung vergünstigter Bezugsmöglichkeiten bei eigenen Waren oder Leistungen, welche auch in der Privatwirtschaft Mitarbeitern eingeräumt werden, ist sachlich zu rechtfertigen und nicht per se Ausfluss besonders gefährlicher Machtstellung der öffentlichen Hand als Marktteilnehmer. Die Einräumung von Sonderkonditionen an Vertragspartner der öffentlichen Hand findet ihre Grenze dort, wo solche Sonderkonditionen unter unlauterem Einsatz von Machtmitteln, welche Mitbewerbern nicht zur Verfügung stehen, gewährt werden oder mit Mitteln, die der öffentlichen Hand ausschließlich auf Grund ihrer öffentlich-rechtlichen Sonderstellung zur Verfügung stehen.[22])

Aus dem Grundsatz, dass die öffentliche Hand und ihre Unternehmen den Schranken des UWG unterliegen, folgt naturgemäß weiters, dass das öffentliche Unternehmen im Wettbewerb nicht Mittel einsetzen darf, die privaten Mitbewerbern verboten sind, etwa weil sie einer gefestigten Standesauffassung widersprechen.[23])

IV. Das UWG als Marktzutrittsschranke?

Seit der Leitentscheidung ÖBl 1990, 55 – PSK ist, soweit ersichtlich, nicht mehr im Mittelpunkt der an den OGH herangetragenen Fragen gestanden, ob und unter welchen Voraussetzungen der staatlichen Beteiligung am Wettbewerb Grenzen gesetzt sind. Stehsatzartig wird davon ausgegangen, dass es der öffentlichen Hand grundsätzlich gestattet sei, unternehmerisch

21) Siehe auch RL 80/723/EWG über die Transparenz der finanziellen Beziehungen zwischen den Mitgliedsstaaten und den öffentlichen Unternehmen vom 25. 6. 1980, ABl 1980 Nr L 195, 35, wonach für – beihilfenrechtliche – Fragen ein „öffentliches Unternehmen" ein solches ist, „auf das die öffentliche Hand auf Grund Eigentums, finanzieller Beteiligung, Satzung oder sonstigen Bestimmungen, die Tätigkeit eines Unternehmens regeln, unmittelbar oder mittelbar beherrschenden Einfluss ausüben kann." Ein solcher Einfluss wird vermutet, wenn die öffentliche Hand unmittelbar oder mittelbar die Mehrheit des gezeichneten Kapitals besitzt, über die Mehrheit der Stimmrechte verfügt oder mehr als die Hälfte der Mitglieder des Verwaltungs-, Leitungs- oder Aufsichtsorgans bestimmen kann (Art 2 leg cit).

22) Siehe FN 18 Zulässigkeit der Gewährung eines Preisnachlasses vom 10% auf Särge an die Bediensteten der Städtischen Bestattung.

23) Vgl 4 Ob 21/04y, wonach städtische Bestattungsunternehmer auch den Standesregeln für Bestatter unterliegen.

tätig zu sein, es sei denn, die nach der Aufgabenstellung nicht gebotene Betätigung der öffentlichen Hand gefährde den Bestand des Leistungswettbewerbs.

Im PSK-Urteil wurde davon ausgegangen, dass es nach der Rechtsprechung des VfGH für ein Handeln im Bereich der Privatautonomie keiner besonderen gesetzlichen Ermächtigung bedürfe, wohl aber seien die vom Gesetz gesteckten Grenzen zu beachten. Der OGH hatte die Frage der Zulässigkeit der Beteiligung an der PSK-Bank noch aus dem PSK-G abgeleitet. In ersten Entscheidungsbesprechungen wurde daher bereits darauf verwiesen, dass letztlich offen blieb, unter welchen Voraussetzungen die öffentliche Hand sich ohne spezifische gesetzliche Grundlage in den privatwirtschaftlichen Wettbewerb einmischen darf bzw nach welchen Kriterien eine wettbewerbsrechtliche Marktzutrittsschranke zu konkretisieren ist.

Koppensteiner[24]) sieht die Grenze für den Marktzutritt der öffentlichen Hand letztlich als Folge der Verletzung des verfassungsgesetzlich gewährleisteten Grundrechtes der Erwerbsfreiheit, des Schutzes des Privateigentums und des Gleichheitsgrundsatzes dann überschritten, wenn eine Existenzgefährdung privater Wettbewerber und damit auch des Bestandes von Wettbewerb droht. *Roth*[25]) fordert eine Abwägung zwischen den Interessen, denen die in Frage stehende staatliche Wirtschaftstätigkeit dienen soll und den dadurch bedrohten Privatinteressen. Je stärker anerkannte Privatberufe in ihrer Existenz gefährdet werden und je weniger staatliches Engagement erforderlich ist, desto mehr sei die öffentliche Hand gehalten, das Feld dem privaten Wettbewerb zu überlassen.

In der BRD unterscheiden Lehre und Rechtsprechung danach, ob eine erwerbswirtschaftliche Betätigung der öffentlichen Hand im Rahmen der Daseinsvorsorge zwingend geboten ist und inwieweit sie diesem Zweck dient; nur dann seien die sich daraus ergebenden nachteiligen Wirkungen auf den Bestand des Leistungswettbewerbes aus wettbewerbsrechtlicher Sicht hinzunehmen. Ist hingegen die erwerbswirtschaftliche Betätigung nicht zwingend geboten, kann ein Verstoß gegen § 1 UWG vorliegen, wenn zu befürchten ist, dass der Wettbewerb der öffentlichen Hand die Existenz eines anerkannten Berufsstandes bedroht und dadurch zu einer ernstlichen Gefahr für den Bestand des Wettbewerbs führt. Als wettbewerbswidrig wurde etwa die unmittelbare Abgabe von Brillen durch Selbstabgabestellen der gesetzlichen Krankenkasse angesehen, weil dadurch auch iVm Steuererleichterungen für die Krankenkasseselbstabgabestellen der Bestand des Leistungswettbewerbs bei Augenoptikern ausgeschaltet würde.[26])

Alle diese Kriterien überzeugen. Soweit eine konkrete gesetzliche Ermächtigung besteht, soll sich die wettbewerbsrechtliche Zulässigkeit des Marktzutrittes und gegebenenfalls der Ausweitung von konkurrenzierenden Tätigkeiten danach richten.

---

24) Siehe FN 6.
25) Siehe FN 12.
26) *Baumbach/Hefermehl*[22] Rz 935 (BGH GRUR 1982, 375 – Brillen-Selbstabgabestelle).

Soweit aus historischen Gründen bestimmte Bereiche im öffentlichen Interesse und im Interesse des Gemeinwohls ursprünglich bereits vom Staat abgedeckt wurden, etwa im Falle der Bestattung oder dort, wo seit jeher gewisse private Randnutzungen, wie etwa bei Forstgärten, Stadtgartenämtern ua erfolgten, stellt sich im Wesentlichen nur die Frage der allenfalls gebotenen Trennung und der Transparenz bei der Wahrnehmung der jeweiligen Bereiche. Der OGH hat in jenen Fällen, welche sich mit städtischen Bestattungsunternehmen oder dem Betrieb von Forstgärten befassen,[27]) auf das zum Teil historisch gegebene öffentliche Interesse hingewiesen.

Fehlt es an einer ausreichend determinierten Ermächtigungsgrundlage zum Eintritt in den Wettbewerb mit privaten Unternehmern, oder handelt es sich um Wirtschaftssegmente, welche bislang nicht im Interesse des Gemeinwohls von der öffentlichen Hand wahrgenommen wurden und besteht auch kein zwingendes Erfordernis, diesen Bereich nunmehr durch ein Unternehmen der öffentlichen Hand abzudecken, so wäre auch aus dem Blickwinkel des § 1 UWG der Marktzutritt in Konkurrenz zu bestehenden Privatunternehmen wettbewerbsfremd.

In Wirtschaftssegmenten, in welchen die Versorgung durch Unternehmen der Privatwirtschaft bereits ausreichend abgedeckt ist, erfordert es das Allgemeininteresse an der Erhaltung einer freien Wettbewerbswirtschaft iVm den verfassungsgesetzlich gewährleisteten Grundrechten der Erwerbsfreiheit, des Schutzes des Privateigentums und letztlich auch des Gleichheitsgrundsatzes, dass der Staat nicht der Privatwirtschaft mit jenen Mitteln des Steueraufkommens, welche diese Unternehmen zunächst selbst erwirtschaftet haben, Konkurrenz macht. Ein zwingendes öffentliches Interesse am Markteintritt wird durch politisches, wahlkampftaktisches Kalkül zweifelsohne nicht begründet.

27) ÖBl 2000, 28 – Forstpflanzen II.

Zugabenverbot und Gutscheinwerbung

Martin Prunbauer

Inhaltsübersicht:

I. Einleitung

Im Zusammenhang mit der Ausgabe eines Gutscheines als unentgeltliche Zugabe neben Waren und Dienstleistungen ist es in der Vergangenheit immer wieder zu Diskussionen darüber gekommen, inwieweit derartige Gutscheine den Ausnahmetatbestand des § 9 a Abs 2 Z 5 bzw Z 6 UWG erfüllen können, inwieweit also in Wahrheit ein Barrabatt oder ein reiner Warenrabatt vorliegt. Die nachfolgenden Ausführungen sollen einen Überblick über die Entwicklung und den Stand der Rechtsprechung zu dieser Frage darstellen.

Eine Zugabe ist ein vom Anbieter einer Ware oder Dienstleistung zusätzlich gewährter Vorteil, der neben der Hauptware (Hauptleistung) ohne besondere Berechnung angekündigt, angeboten oder gewährt wird, um den Absatz der Hauptware oder die Verwertung der Hauptleistung zu fördern. Der Vorteil muss mit der Hauptware in einem solchen Zusammenhang stehen, dass er objektiv geeignet ist, den Kunden in seinem Entschluss zum Erwerb der Hauptware zu beeinflussen, er muss also Werbe- oder Lockmittel sein.[1])

Gesetzliche Zugabenbeschränkungen sollen den Käufer vor irreführender Wertreklame schützen, sie sollen der Preisverschleierung vorbeugen und eine unsachliche Beeinflussung des Kunden zum Erwerb der Hauptware vermeiden.[2])

II. Gutscheine als Zugaben

Der OGH hat schon früh ausgesprochen, dass ein Warengutschein zugabenrechtlich nicht anders zu behandeln sei als die Ware selbst.[3]) Ein Warengutschein wird daher wie eine Zugabe behandelt.

---

1) OGH 20. 12. 1992, 4 Ob 87/92, ÖBl 1993/24; OGH 15. 2. 2000, 4 Ob 7/00h, ÖBl 2000, 265.
2) OGH 19. 5. 1987, 4 Ob 404/86, ÖBl 1988, 130; OGH 16. 10. 2001, 4 Ob 221/01f, ÖBl 2003, 6.
3) OGH 12. 1. 1956, ÖBl 32.

In seiner Entscheidung vom 3. 2. 1976 hatte der OGH die Ankündigung einer Genossenschaft zu beurteilen, bei der beim Bezug einer bestimmten Treibstoffmenge (bei voll geklebter „Rabattkarte") Autowaschen gratis angeboten wurde. Er hat in seiner Entscheidung darauf hingewiesen, dass es darauf ankomme, welchen Inhalt der flüchtige Durchschnittsleser der Ankündigung entnehmen könne.

Weiters ist er zu dem Ergebnis gelangt, dass bei der Art der Ankündigung der durchschnittliche Leser nicht erkennen konnte, dass die Karte auch gegen Bargeld eingelöst hätte werden können. Er hat darauf hingewiesen, dass auch bei der Ausgabe von Gutscheinen, die dem Käufer regelmäßig in Verbindung mit anderen gleichartigen Gutscheinen (Sammelgutscheinen) eine Anwartschaft auf eine künftige unentgeltliche Nebenleistung gäben, es bei der Beantwortung der Frage, ob im Einzelfall eine Zugabe oder ein Rabatt anzunehmen ist, regelmäßig davon abhänge, welchen Anspruch des Käufers der betreffende Gutschein seinem Inhalt nach verbriefe. Sei er in Geld einzulösen, dann handle es sich um einen zugabenrechtlich nach dem damaligen § 2 Abs 1 lit a Zugabengesetz zu beurteilenden Geldrabatt. Gäbe der Gutschein hingegen dem Käufer das Anrecht auf den Bezug einer Ware oder Leistung, dann liege bei Gleichartigkeit der Ware (Leistung) ein zugabenrechtlicher Naturalrabatt, bei Verschiedenartigkeit der Ware oder Leistung aber eine Zugabe im engeren Sinn vor.

Der OGH ist daher in der damaligen Entscheidung – auch unter Bezugnahme auf die Vorjudikatur – zu dem Ergebnis gelangt, dass ein Zugabenverstoß vorliege.[4]) Mit der Entscheidung Two Days Superpass[5]) hatte der OGH die Beigabe eines Gutscheins bei Erwerb einer Zeitschrift zu beurteilen, in dem der Kauf eines 2-Tages-Passes zu einer Ausstellung zum Preis der Eintrittskarte für einen Tag (S 100) mittels dieses Gutscheins erworben werden konnte.

Die Unterinstanzen hatten die Ausnahmebestimmung des § 9 a Abs 2 Z 5 UWG angewendet und keinen Wettbewerbsverstoß erkannt. Der OGH hat dem dagegen erhobenen Revisionsrekurs jedoch Folge gegeben und ausgeführt, dass in der beanstandeten Ankündigung nicht ziffernmäßig angegeben sei, wie hoch der Preisnachlass ist, den der Gutscheininhaber beim Kauf einer Eintrittskarte erhalte. Die Zugabe bestand daher nicht in einem bestimmten Geldbetrag. Darüber hinaus sei der Preisnachlass aber auch nicht auf „bestimmte Art zu berechnen", weil darunter eine Rechenoperation zu verstehen sei, die den Geldbetrag ergibt, den der Käufer der Ware wegen des Kaufs der Ware erhält.

Der Preis sei im gegenständlichen Fall zwar bestimmbar, weil in der Ankündigung ausdrücklich „2 Tage zum Preis von 1", angeführt ist, sodass angenommen werden kann, dass die Ersparnis gleich dem Preis einer 1 Tages Eintrittskarte von offenbar S 100 sei. Damit werde aber kein Rabatt auf den Preis der Zeitschrift gewährt, weil dieser mit S 40 weit unter der Ersparnis

4) OGH 3. 2. 1976, 4 Ob 366/75, ÖBl 1976, 108 – Autowaschen gratis.
5) OGH 31. 5. 1994, 4 Ob 63/94, ÖBl 1994, 168 – Two Days Superpass.

von S 100 beim Kauf der Eintrittskarte liege. Schon aus diesem Grund liege daher nicht der Ausnahmetatbestand des § 9a Abs 2 Z 5 UWG vor, sodass die Frage der Warengutscheine gar nicht näher geprüft werden bräuchte. Der OGH zitierte in diesem Zusammenhang allerdings Lehrmeinungen, dass etwa nach deutscher Ansicht bei gleicher Rechtslage nur Gutscheine von der Ausnahmebestimmung erfasst seien, die in bar abzulösen seien und nicht auch Warengutscheine.

In der Entscheidung Bazar-Alles-Gutschein I[6]) lag dem OGH im Provisorialverfahren eine Werbung zur Beurteilung vor, durch die dem Käufer einer Zeitung das Recht eingeräumt wurde, eine Ausgabe einer anderen Zeitung um S 5 verbilligt mit Hilfe eines Gutscheines zu erwerben, der der Zeitung beigelegt war. Der OGH hat in seiner Entscheidung darauf hingewiesen, dass § 9a UWG ebenso wenig wie das Zugabengesetz eine Definition der Zugabe enthalte. Nach der Rechtsprechung sei eine Zugabe ein zusätzlicher Vorteil, der neben der Hauptware (Leistung) ohne besondere Verrechnung angekündigt wird, um den Absatz der Hauptware und die Verwertung der Hauptleistung zu fördern. Der Vorteil müsse mit der Haupt ware (Leistung) in einem solchen Zusammenhang stehen, dass er objektiv geeignet sei, den Käufer in seinem Entschluss zum Erwerb der Hauptware (Leistung) zu beeinflussen, also Werbe- oder Lockmittel sein. Der OGH hat weiters ausgeführt, dass im gegenständlichen Fall nicht geprüft werden müsse, ob trotz des gegenüber dem Zugabenpreis höheren Wertes des Gutscheins eine Zugabe vorliege, weil der Ausnahmetatbestand nach § 9a Abs 2 Z 5 UWG gegeben wäre: „Der mit dem Gutschein verbriefte Vorteil lautet auf einen bestimmten Geldbetrag, welcher der Ware nicht beigegeben ist. Dass er nicht in Bargeld ausgezahlt, sondern nur beim Ankauf einer anderen Ware (eines Dritten) verrechnet wird, hindert die Anwendung dieser Ausnahmebestimmung nicht, ist doch der vom Zugabenverbot verpönte Lockeffekt im Falle der Barauszahlung dieses Geldbetrages größer als bei Verrechnung beim Ankauf weiterer Waren; umso mehr muss daher ein solcher Gutschein, der (nur) zum verbilligten Bezug einer Ware berechtigt, vom Ausnahmetatbestand des § 9a Abs 2 Z 5 UWG erfasst sein."

Noch im selben Verfahren (im Hauptverfahren)[7]) ist der OGH von dieser Beurteilung allerdings wieder abgegangen. Er hat ausdrücklich ausgesprochen, dass an der im Provisorialverfahren ausgesprochenen Rechtsansicht, dass der Ausnahmetatbestand gemäß § 9a Abs 2 Z 5 UWG gegeben sei, wenn die Zugabe in einem Preisnachlass beim Bezug einer bestimmten Ware bestehe, nach abermaliger Prüfung der Rechtslage nicht festzuhalten sei.

Dieser Ausnahmetatbestand setze voraus, dass die Zugabe in einem bestimmten oder auf bestimmte Art zu berechnenden Geldbetrag, der der Ware nicht beigefügt sei, bestehe. Nach der Rechtsprechung hänge die Frage, ob bei der Beigabe von Gutscheinen, die dem Käufer einer Zeitung

6) OGH 12. 1. 1993, 4 Ob 120/92, ÖBl 1993, 111 – Bazar-Alles-Gutschein I.
7) OGH 21. 11. 1995, 4 Ob 86/95 (4 Ob 87/95) – Bazar-Alles-Gutschein II.

eine Anwartschaft auf eine künftige unentgeltliche Nebenleistung gebe, eine Zugabe oder ein Rabatt anzunehmen sei, davon ab, welchen Anspruch der Gutschein seinem Inhalte nach verbriefe. Sei er in Bargeld abzulösen, dann handle es sich um einen Geldrabatt, gäben Gutscheine hingegen dem Käufer das Anrecht auf den Bezug einer Ware oder Leistung, dann liege bei Gleichartigkeit der Ware ein Naturalrabatt, bei Verschiedenheit der Ware oder Leistung aber eine Zugabe im engeren Sinn vor. Sei der Gutschein daher nicht in Geld einlösbar, dann könne er auch keine Geldzugabe im Sinne der Ausnahmebestimmung sein.

Der OGH hat in dieser Entscheidung darauf verwiesen, dass auch im Schrifttum die Auffassung vertreten werde, dass Gutscheine nur dann erlaubte Geldzugaben sein könnten, wenn sie gegen Geld eingelöst werden könnten, nicht aber dann, wenn ein darin genannter Betrag vom Kaufpreis einer anderen Ware abgezogen wurde. Mit § 9 a Abs 2 Z 5 UWG solle nur ein bestimmter oder auf bestimmte Art zu berechnender, der Ware nicht beigefügter Geldrabatt vom Zugabentatbestand ausgenommen werden, also die als Zugabe gewährten Rabatte, die den Preis der Hauptware klar erkennbar lassen.

Die Ankündigung eines Preisnachlasses beim Bezug einer anderen Ware aber führe zur Verschleierung des Preises der Hauptware. Der mit dem Gutschein verbriefte Preisnachlass beim Bezug einer anderen Ware falle daher nicht unter den Ausnahmetatbestand des § 9 a Abs 2 Z 5 UWG. Das Höchstgericht hat darauf hingewiesen, dass es bei der Beurteilung des Vorliegens des Ausnahmetatbestandes also auch nicht darauf ankomme, dass der Lockeffekt im Fall einer Barauszahlung eines in einem Gutschein genannten Geldbetrages größer sei als bei Verrechnung dieses Betrages beim Kauf einer weiteren Ware. Er hat diesbezüglich auf die Entscheidung Two Days Superpass[8]) verwiesen.

Im engen zeitlichen Zusammenhang damit hat der OGH auch bei Beurteilung von IKEA Gutscheinen[9]) ausgesprochen, dass eine verbotene Zugabe vorliege, wenn bei Bestellung eines Abonnements Gutscheine im Wert von S 200 gewährt würden, die ausschließlich beim Bezug von Waren oder Dienstleistungen verwendet und nicht in Geld eingelöst werden können.

Er hat ausgeführt, dass im gegenständlichen Fall ein Warengutschein vorliege und IKEA keinen Zeitschriftenhandel, sondern ein Einrichtungshaus betreibe. Damit seien aber derartige Gutscheine eines Gewerbetreibenden ähnlich wie von ihm ausgegebene Einkaufs-, Geschenk- oder Wertmünzen nur Mittel einer verbreiteten Vertriebsform. Die verbriefte Ware nach Wahl des Gutscheininhabers sei daher die eigentliche Zugabe. Er hat in dieser Entscheidung noch darauf verwiesen, dass sich diese dadurch von der Entscheidung Bazar-Alles-Gutschein I unterscheide, dass kein Preisnachlass beim Bezug einer bestimmten Ware bestehe, sondern eben ein (allgemein

8) Siehe FN 5.
9) OGH 18. 12. 1995, 4 Ob 81/95, ÖBl 1996/1999 – IKEA-Gutschein.

beim Kauf von IKEA-Waren verwendbarer) Warengutschein ausgegeben wurde. Die Frage, ob ein solcher überhaupt den Ausnahmetatbestand des § 9a Abs 2 Z 5 UWG erfüllen könne, sei zweifelhaft.

Kapferer hat in seinem Aufsatz „Geldrabatt in Gutscheinen"[10]) die Ansicht des OGH kritisiert, dass Gutscheine dann unbedenklich seien, wenn der Gutschein vom Kunden wahlweise auch in Bargeld eingelöst werden könne. Er hat darauf hingewiesen, dass im § 9a Abs 2 Z 5 UWG im Gegensatz zum „alten" § 2 Abs 1 lit a Zugabengesetz folgender Zusatz fehle: „In unmittelbarem Verkehr mit dem Verbraucher darf der Geldbetrag lediglich im Verhältnis zur Menge oder zum Preis der verkauften Ware berechnet werden". Der Gesetzgeber habe daher auf diese Beschränkung verzichtet. Der Ausnahmetatbestand sei daher nicht mehr, wie früher, für den Letztverbraucher auf den üblichen Barrabatt beschränkt.

Dennoch müsste dem Zweck des Zugabenverbots entsprechend der Kunde vor einer unsachlichen Kaufbeeinflussung durch Preisirreführung geschützt sein. Es dürfe daher die Preisklarheit nicht beeinträchtigt werden.

Kapferer führt in diesem Artikel aus, dass der OGH zu weit vom prinzipiell eng auszulegenden Gesetzestext und der Ausnahmebestimmung des § 9a Abs 2 Z 5 UWG abweiche, wenn er davon ausgeht, dass ein zulässiger Geldrabatt dann vorliege, wenn der Zugabenempfänger ausdrücklich auf die Möglichkeit hingewiesen werde, den Gutschein anstatt gegen die Nebenware auch gegen einen Geldbetrag in bar eintauschen zu können. Im Gesetz sei nur von bestimmten oder auf bestimmte Art zu errechnenden Geldbeträgen die Rede. Sinn sei es, die Preisirreführung zu vermeiden. Allein die Ankündigung, dass die Rabattkarte auch in bar eingelöst werden könne, sei jedoch zur Herstellung der Preisklarheit nicht ausreichend, da sich die Höhe des Barbetrages mit dem Wert der alternativ angekündigten Nebenware nicht immer decken müsse.

Kapferer vertritt daher die Ansicht, es müsse jedenfalls die Auszahlung eines äquivalenten Geldbetrages angekündigt werden, wobei die Gleichwertigkeit des Geldbetrages mit der Nebenware vom Ankündigenden zu beweisen wäre. Er hat darauf hingewiesen, dass der OGH 1968[11]) in einer Ankündigung, die dem Kunden die Möglichkeit gab, zwischen einer unentgeltlichen Nebenware und einem Geld- bzw Warenrabatt zu wählen, eine unzulässige Verschleierung einer Zugabe gesehen habe.

Darum hat *Kapferer* die Ansicht vertreten, dass wegen der Preisirreführungsgefahr die Anwendung der Ausnahmebestimmung des § 9a Abs 2 Z 5 UWG ihrem Zweck nach nur dann vertretbar sei, wenn der Wert der unentgeltlichen Zugabe der Höhe des angekündigten Geldrabattes entspreche. Nach seiner Ansicht sei jede Ankündigung, die eine Wahlmöglichkeit zwischen einem Geldbetrag und einer unentgeltlichen Nebenware (Leistung) einräume, ein nicht vom Ausnahmetatbestand gedeckter Verstoß gegen das Zugabenverbot.

---

10) *Max Kapferer,* Geldrabatt in Gutscheinen, ecolex 1997, 31 ff.

11) ÖBl 1968, 39 – Armbanduhren.

In der ebenfalls viel diskutierten Entscheidung „CA-Tausender"[12]) hat der OGH herausgearbeitet, dass § 9 a Abs 2 Z 5 UWG eben nicht nur den üblichen Geldrabatt freigebe. Das ergäbe sich schon daraus, dass durch das Wettbewerbsderegulierungsgesetz[13]) der Ausnahmetatbestand nach § 9 a Abs 2 Z 5 UWG bewusst und anders als die bis dahin in Kraft stehende Norm des Zugabengesetzes formuliert wurde und nicht mehr dadurch beschränkt sei, dass der Geldbetrag in unmittelbarem Verkehr mit dem Verbraucher lediglich im Verhältnis zur Menge und zum Preis der gekauften Ware berechnet werden dürfe. Er hat deshalb in dieser Entscheidung ausgesprochen, dass die Ausnahmebestimmung damit begründet werde, dass im Fall des Barrabattes die Gefahr einer Täuschung des Käufers über den Wert der Zuwendung nicht bestehe, sodass in dem Fall, dass die Zugabe in einem bestimmten Geldbetrag bestehe, eben die typische Gefahr der Preisverschleierung nicht vorliegen könne und die Ankündigung daher zulässig sei.

Die Entscheidung ist in der Lehre nicht nur auf Zustimmung gestoßen. So hat etwa *Schumacher* in einer Glosse[14]) die Entscheidung kritisiert. Er hat auf die Entscheidungen Gratistag[15]) und Two Days Superpass[16]) verwiesen und darauf hingewiesen, dass nach seiner Ansicht der OGH sich jetzt nicht mehr darauf beruft, dass nur der übliche Barrabatt möglich sei, so wie dies noch in den beiden zitierten Entscheidungen der Fall gewesen wäre.

Er vertrat die Meinung, dass allein wegen des Wegfalls der Einschränkung, wie sie noch § 2 Abs 1 lit a Zugabengesetz enthalten hat („in unmittelbarem Verkehr mit dem Verbraucher darf der Geldbetrag lediglich im Verhältnis zur Menge oder zum Preis der gekauften Ware berechnet werden"), die Schlussfolgerung nicht getragen werde, dass dieser Ausnahmetatbestand jetzt nicht auf dem üblichen Barrabatt beschränkt sei. Auch die Materialien zum Zugabengesetz ergäben, dass nur der übliche Bar- oder Warenrabatt freigegeben werden soll. Dies sei auch für die Auslegung der Nachfolgebestimmung des § 9 a Abs 2 Z 5 UWG nach wie vor beachtlich, da das Wettbewerbsderegulierungsgesetz nur die Berechnungsmodalität betreffend den zweiten Halbsatz des § 2 Abs 1 lit a Zugabengesetz gestrichen hätte, der bestimmte Geldbetrag müsse nach wie vor die Funktion eines „Geldrabattes" (= Preisnachlass) haben. Im gegenständlichen Fall würde aber der Betrag von S 1.000 jedem neuen Kunden bereits nach zwei Gehaltseingängen versprochen, sodass die Dienstleistungen bis zu diesem Zeitpunkt nur einen Bruchteil des Geldrabattes ausmachen würden. Nur wenn man – was durchaus der Lebenserfahrung entspräche – davon ausginge, dass die Kunden längere Zeit bei der CA blieben, so könnte von einer Verbilligung der Kontoführung gesprochen werden.

Darüber hinaus würde aber gerade im gegenständlichen Fall die typische Gefahr der Preisverschleierung bestehen, weil die Kontoführungsge-

12) OGH 26. 3. 1996, 4 Ob 2053/96, ÖBl 1996, 183 – CA-Tausender.
13) BGBl 1992, 147.
14) wbl 1996/331.
15) wbl 1994, 415.
16) Siehe FN 5.

bühren bei Banken generell extrem intransparent seien. Dies auch deshalb, weil sich die Kosten eines Kontos aus einer Vielzahl von unterschiedlich verrechneten Einzelposten zusammensetzen. Darüber hinaus würde der simple Anreizmechanismus (den CA-Tausender gäbe es sofort, die Kosten fallen erst im Laufe der Zeit an) einen echten Leistungs- und Konditionenvergleich in den Hintergrund drängen und damit zusätzlich Markttransparenz verschüttend wirken.

Weiters hat *Schuhmacher* in dieser Glosse auch noch die Ansicht des Höchstgerichtes kritisiert, dass es für die Auslegung der Z 5 irrelevant sei, dass andere Ausnahmetatbestände zum Zugabenverbot die Geringwertigkeit voraussetzten.

Im Jahre 1997 wurde dem OGH ein Fall vorgelegt, bei dem in Zeitungsinseraten abgedruckte Gutscheine „BILLA-Bons" enthielten, die zu einem verbilligten Bezug von Waren bei Billa berechtigen, nicht aber in Bargeld abgelöst werden konnten. Der OGH hat in konsequenter Weiterverfolgung der in der Entscheidung Bazar-Alles-Gutschein II dargelegten Grundsätze, diese Art der Werbung als wettbewerbswidrig und als Verstoß gegen das Zugabenverbot gesehen.[17])

Mit ähnlicher Argumentation hat er sodann in der Entscheidung Sonnenfinsternisbrille[18]) und Sonnenfinsternisbrille II[19]) die Zugabe einer Sonnenfinsternisbrille (auch mit Werbeaufdruck) als wettbewerbswidrig erkannt. In einer weiteren Entscheidung[20]) hatte der OGH dann den Fall zu beurteilen, dass angekündigt wurde, dass demjenigen ein Gutschein über eine Gesprächsgutschrift von S 500 gewährt werde, der sich bis zu einem bestimmten Datum für einen Kurs in einer Fahrschule einschreibe und ein Handy einer bestimmten Serie anmelde. Diese Gutschrift konnte gegen die Forderung aus der Telefonrechnung aufgerechnet werden.

Der OGH hat in der hier zitierten Entscheidung einen außerordentlichen Revisionsrekurs der Klägerin zurückgewiesen und die Ankündigung als zulässig erkannt, obwohl der Gutschein dem Inhaber der Gesprächsgutschrift keinen Bargeldbetrag verschaffte. Der Gutschein sei nicht im strengen Sinne gegen Geld einlösbar, aber nach Ansicht des OGH wie Geld verwendbar. Der OGH hat im Zurückweisungsbeschluss darauf hingewiesen, dass der Preis der Hauptware nicht nur dann nicht verschleiert werde, wenn ein Gutschein gegen Bargeld eingelöst werden kann, sondern auch dann, wenn eine aufrechenbare Forderung verbrieft werde, deren Wert gleich Bargeld feststehe. Damit unterscheide sich die Gesprächsgutschrift von Gutscheinen, die zum verbilligten Bezug einer Ware oder Leistung berechtigen.

Wiltschek hat in einer Glosse zu dieser Entscheidung[21]) ausgeführt, dass er darin eine Änderung der bisherigen Linie (abgesehen von der Bazar Alles I-Entscheidung) sehe. Seiner Ansicht nach seien die Ausführungen des

---

17) OGH 11. 2. 1997, 4 Ob 7/97 w, ÖBl 1997, 222 – Billa Bons.
18) OGH 12. 4. 2000, 4 Ob 46/00 v, ÖBl-LS 2000/74 – Sonnenfinsternisbrille.
19) OGH 14. 3. 2000, 4 Ob 36/00 y, ÖBl-LS 2000/73 – Sonnenfinsternisbrille II.
20) OGH 14. 3. 2000, 4 Ob 70/00 y, ÖBl-LS 2000/71 – Gesprächsgutschrift.
21) ecolex 2000, 185.

OGH zur Gesprächsgutschrift auch auf andere Fälle übertragbar, in denen das Höchstgericht das Vorliegen des Ausnahmetatbestandes für Geldrabatte noch verneint habe.

Er hat daher angeregt, im Anschluss an diese Entscheidung die Judikatur zu Gutscheinzugaben neuerlich zu überdenken und wieder zu der im Provisorialverfahren „Bazar Alles Gutschein I" ergangenen Rechtsprechung zurückzukehren, wonach ein Gutschein, der einen bestimmten Geldbetrag verbriefe, ein zulässiger Geldrabatt sei, wenn durch diesen Gutschein der Preis der Hauptware nicht verschleiert werde. In diesem Fall bestünde auch wieder Einklang mit der Judikatur zu Vorspannangeboten. Nach seiner Einschätzung stünde etwa die Entscheidung „Komplettpaket für Führerscheinanwärter"[22]) mit der Bazar Alles II-Judikatur in erheblichem Wertungswiderspruch.

In dieser Entscheidung wurde als zulässig beurteilt, dass eine Fahrschule einen Fahrkurs, der normalerweise rund S 14.000 koste, um S 7.999 für diejenige Person ankündige, die bei einem bestimmten Autohändler irgendein KFZ kauften oder leasten. Wirtschaftlich erhielte der Bezieher eines KFZ auf den Preis des Führerscheinkurses einen erheblichen Nachlass. Nur die Tatsache, dass er keinen diesen Nachlass verbrieften „Gutschein" erhielte, könne aber bei der wettbewerbsrechtlichen Beurteilung keinen Unterschied machen. Das Komplettpaket für Führerscheinanwärter verschleiere den Preis der Hauptware jedenfalls stärker als ein „Bazar Alles Gutschein" oder ein „Billa Bon". Die Judikatur zu den Zugabenfragen sei nach Meinung *Wiltscheks* uneinheitlich, wozu er eine Reihe von Entscheidungen in dieser Glosse nennt.

Schon in seiner Entscheidung „10 Millionen Gewinnspiel" [23]) hatte der OGH Gelegenheit, auf die geäußerte Kritik einzugehen. Dabei hatte er einen Fall zu beurteilen, in dem als Zugabe ein konkret mit S 200 beziffertei Gutschein von Wein & Co ausgegeben wurde. Er hat die Revision des Beklagten mit der Begründung zugelassen, dass die bisherige Rechtsprechung zur Zugabeneigenschaft von Warengutscheinen einer weiteren Klärung bedürfe.

Der OGH hat dann die bisherige Judikatur in dieser Entscheidung sehr ausführlich und detailliert dargestellt und ist auch auf die – viel beachtete Glosse – *Wiltscheks* eingegangen, hat in dieser Entscheidung aber festgestellt, dass der erkennende Senat sich entgegen der Anregung *Wiltscheks* nicht veranlasst sehe, von den in der Entscheidung Bazar-Alles-Gutschein II dargelegten Grundsätzen abzuweichen. Er ist in dieser Entscheidung auf die von *Wiltschek* aufgezeigte widersprüchliche Judikatur eingegangen.

Er hat ausgesprochen, dass die veröffentlichte Ankündigung von Gutscheinen der Firma Wein & Co bei Abschluss eines Zeitungsabonnements geeignet sei, den Absatz der Beklagten zu fördern. Weiters hat der OGH herausgearbeitet, dass sich die Ausnahmebestimmung des § 9a Abs 2 Z 5 UWG vom Zugabengesetz dadurch unterscheide, dass eben der Zusatz „in

22) ÖBl 1999, 127.
23) OGH 24. 10. 2000, 4 Ob 204/00d.

unmittelbarem Verkehr mit Verbrauchern darf der Geldbetrag lediglich im Verhältnis zur Menge und zum Preis der gekauften Ware berechnet werden" fehlt. Der Ausnahmetatbestand sei daher nicht mehr auf den üblichen Barrabatt beschränkt. Allerdings seien die vom Zugabenverbot ausgenommenen Geld- oder Mengenrabatte ausschließlich deshalb zulässig, weil dabei der Wert der Zuwendung ohne weiteres erkennbar sei, wodurch die bei der Zugabe sonst befürchtete Preisverschleierung von vornherein ausscheide. Es bestehe keine Gefahr, dass Kunden über das Ausmaß der Begünstigung getäuscht würden.

Bei Berücksichtigung der Zwecke des Zugabenverbotes umfasse der § 9a Abs 2 Z 5 UWG somit nur jene Gutscheine, die nach ihrem Inhalt in Geld einzulösen sind. Ist ein Gutschein demnach nicht in Geld einlösbar, kann er auch keine Geldzugabe iSd Ausnahmebestimmung sein. Er kann nur entweder in dieser Entscheidung Warenrabatt oder Zugabe sein. Der erkennende Senat hat auch ausdrücklich die Entscheidung über Gesprächsgutschriften angesprochen und darauf hingewiesen, diese seien eben wie Bargeld zu verwenden, ihr Wert sei nur von der Höhe des Betrages bestimmt und stehe damit wie bei einer gegen Bargeld einlösbaren Gutschrift von vornherein fest.

Das könne aber bei Wein & Co Gutscheinen nicht gesagt werden. Diese wären nur dann mit Bargeld zu vergleichen, wenn der Wert des Gutscheines dem in der Gutschrift bezifferten Betrag entspricht. Das wäre aber nur dann der Fall, wenn er gegen Bargeld einzulösen sei. Die Möglichkeit zum verbilligten Bezug einer Ware reiche dafür nicht aus, weil sich der Wert der Ware danach bestimme, ob Interesse am Bezug der entsprechenden Ware besteht und um welchen Preis der angesprochene Kunde die Ware ohne diesen Gutschein erhalten hätte. Diese Alternativpreise könnten bei der hier betroffenen Ware nicht als bekannt vorausgesetzt werden, weil der Markt einfach nicht so transparent sei. Es sei dem Gutscheininhaber daher nicht bekannt, ob er die mit Gutschein erworbenen Waren unter Umständen bei einem Konkurrenten günstiger bekommen könnte. Er sei durch den Gutschein der Warenbezug beim Aussteller des Gutscheins an einen bestimmten Aussteller gebunden, ohne feststellen zu können, wie viel er sich durch den Gutschein tatsächlich erspare. Damit liege aber die Preisverschleierung vor, die Ausnahmebestimmung des § 9a Abs 2 Z 5 UWG könne nicht zur Anwendung kommen.[24])

In einer weiteren Entscheidung hat der OGH die Zugabe einer Autobahnvignette zu einem Scheinpreis auch als Verstoß gegen das Zugabenverbot bezeichnet.[25]) Bei dem im Hauptverfahren ergangenen Erkenntnis,[26]) das die Beigabe einer Autobahnvignette zum Preis von S 150 statt S 1.000 zu einem Zeitungsabonnement behandelte, hat sich der OGH ausdrücklich mit der Kritik von *Korn*[27]) auseinander gesetzt, in dem dieser mit dem Sinn des

24) OGH 24. 10. 2000, 4 Ob 204/00d, ÖBl-LS 2001/55 – 10-Millionen Gewinnspiel.
25) OGH 22. 3. 2001, 4 Ob 74/01p, ÖBl 2002/35.
26) OGH 9. 4. 2002, 4 Ob 58/02m.
27) MR 2001, 172 – Autobahnvignette.

Zugabenverbotes argumentierte und darauf verwies, wenn der Kunde vor Irreführung unsachlicher Beeinflussung und Preisverschleierung geschützt sein soll, könne ein Scheinpreis nur dann vorliegen, wenn der Kunde durch den für die Vorspannware verlangten Preis in die Irre geführt oder eben unsachlich beeinflusst wurde bzw wenn eine Verschleierung vorliegt.

Korn bezieht sich in diesem Zusammenhang auf die gefestigte Judikatur zum Vorspannanbot, demzufolge ein die Sittenwidrigkeit begründender Umstand nur dann vorliege, wenn die Koppelung der Hauptware mit der preisgünstigen Nebenware geeignet sei, sachliche Erwägungen beim Konsumenten gänzlich auszuschließen, weil ansonsten ja Wertungswidersprüche zu § 9a UWG auftreten würden.

In dieser Entscheidung setzt sich der OGH mit der Scheinpreisproblematik auseinander. Er weist hier darauf hin, dass § 9a UWG das Zugabenverbot ausdrücklich auch auf den Fall erstrecke, dass die Unentgeltlichkeit der Zugabe „durch Scheinpreis für eine Zugabe" dadurch verschleiert werde. Wenn daher die Zugabe nicht unentgeltlich, sondern gegen Entgelt angeboten wird, so sei zu prüfen, ob das Entgelt nur zum Schein verlangt wird, um die Unentgeltlichkeit zu verschleiern. Auch in diesen Entscheidungen geht der OGH daher davon aus, dass bei einem Scheinpreis ein Zugabenverstoß vorliegen könnte und deshalb diese Werbung auch im Zusammenhang mit einem Vorspannanbot fassbar sei.

In einer Entscheidung vom 12. 12. 2002[28]) beurteilt der OGH einen Fall, in dem ein Telekommunikationsunternehmen ein „S 300 Sparguthaben" ankündigt und es als Zugabe zu Telekommunikationsleistungen anbietet. Dieses S 300 Sparguthaben bei einer namentlich genannten Bank war nach den Ausführungen des OGH im Zurückweisungsbeschluss nicht von der Ausnahmebestimmung des § 9a Abs 2 Z 5 UWG umfasst und daher wettbewerbswidrig. Das Sparguthaben sei in Wahrheit eine Gutschrift auf ein vom Kunden erst zu eröffnendes Direktsparkonto. Damit sei die Gutschrift zwar in Geld einlösbar, der Kunde müsse davor aber eine Reihe von Bedingungen erfüllen. Er müsse S 1000 auf ein Sparkonto einzahlen, einen entsprechenden Sparvertrag abschließen und bei der Auflösung würden Spesen anfallen. Es sei die Entscheidung daher nicht mit dem „CA-Tausender" vergleichbar.

In dem Beschluss auf Zurückweisung einer außerordentlichen Revision[29]) hatte der OGH einen Fall zu beurteilen, bei dem ein Unternehmer der Kfz-Reparaturbranche unter dem Schlagwort „Scheibe neu – Sprit dabei!" angeboten hat, er würde für jede ausgetauschte Windschutzscheibe einen „Tankgutschein" einer großen Tankstellenkette im Wert von € 70 gratis hinzugeben. Dem Gutschein war darüber hinaus zu entnehmen, dass der Gutschein zum Bezug von „Produkten und Dienstleistungen" an allen Tankstellen dieser Kette berechtige. Die Unterinstanzen hatten einen Zugabenverstoß erkannt, jedoch die Revision zugelassen und auf uneinheitliche Judikatur des OGH hingewiesen.

---

28) OGH 12. 12. 2002, 4 Ob 13/02v.

29) OGH 19. 11. 2002, 4 Ob 254/02k.

Der OGH hat die Revision zurückgewiesen und hat ausgeführt, die Ausnahmebestimmung des § 9a Abs 2 Z 5 UWG komme deshalb nicht zur Anwendung, weil es keinen einheitlichen Abgabepreis von Erdölprodukten gäbe; es sei daher der Wert des auf einen bestimmten Geldbetrag lautenden Gutschein nicht bargeldgleich zu halten. Dem Gutscheininhaber stehe in diesem Fall – anders als bei der Einlösung einer Gesprächsgebührengutschrift durch den Telefonvertragspartner – eine Vielzahl von Verwertungsmöglichkeiten zu unterschiedlichen Konditionen offen, was denknotwendig dazu führe, dass der Preis der Hauptware bei Verwendung des Gutscheines (und damit das Ausmaß der durch den Gutschein erzielbaren Ersparnis) nicht eindeutig bestimmt werden könne. Damit liege aber Preisverschleierung vor.

III. Zusammenfassung

Die Judikaturentwicklung zeigt meiner Ansicht nach sehr deutlich, dass der OGH zumindest seit seiner Entscheidung 10 Millionen Gewinnspiel sehr konsequent davon ausgeht, dass ein Gutschein nur dann die Ausnahmebestimmung des § 9a Abs 2 Z 5 UWG erfüllt, wenn er tatsächlich in Bargeld eingelöst wird (oder die Ausnahmebestimmung der Z 6 erfüllt, wenn nur ein Mehr derselben Ware verbrieft wird), und dass in ganz seltenen Ausnahmefällen, wie etwa bei der Gesprächsgutschrift, ein Gutschein nicht wettbewerbswidrig ist, wenn der Wert des Gutscheins bargeldgleich erhalten wird.

Die Entscheidung Gesprächsgutschrift schien eine großzügigere Linie anzudeuten und hat deshalb offensichtlich zu Missinterpretationen Anlass gegeben. Der OGH hat bereits mehrfach klargestellt, dass es sich bei dieser Entscheidung um einen Sonderfall gehandelt hat und hält – nach meiner Ansicht zurecht – an der Rechtsansicht fest, dass Gutscheine nur dann erlaubte Geldzugaben iSd § 9a Abs 2 Z 5 UWG sind, wenn sie gegen Geld eingelöst werden können, nicht aber dann, wenn der darin genannte Betrag vom Kaufpreis einer (anderen) Ware abgezogen werden kann.

Die Gleichstellung einer solchen Gutschrift mit Bargeld ist an besonders strenge Kriterien gebunden. Allein die Möglichkeit zum verbilligten Bezug einer Ware reicht für die Gleichstellung mit Bargeld grundsätzlich nicht aus, weil der Wert der Ware sich auch danach bestimmt, ob Interesse am Bezug dieser Ware besteht und zu welchem Preis der angesprochene Kunde die Ware ohne diesen Gutschein erhalten hätte.

Der OGH hat die Revision zurückgewiesen und [illegible] die Ausnahmebestimmung des § 9a Abs 2 Z 5 UWG [illegible] Anwendung, weil [illegible] keine [illegible] Angebot [illegible] dieses [illegible] Waren [illegible] bestimmten [illegible] Gutschein nicht [illegible] Dem [illegible] Fall [illegible] der Einlösung eines Gutscheins [illegible] der [illegible] Verwendung möglich [illegible] Konditionen [illegible] dagegen [illegible] bei Verwendung [illegible] und [illegible] den Gutschein [illegible] Damit [illegible]

[illegible]

Dieser [illegible] Ansicht [illegible] OGH [illegible] Gewinn [illegible] der [illegible]

Vergleichende Werbung im Überblick

Hannes Seidelberger

Inhaltsübersicht:

I. Einleitung

Die vergleichende Werbung hat nicht nur rechtlich gesehen eine interessante Entwicklung erfahren. Sie wird auch praktisch immer gleich genannt, wenn jemand mit dem Begriff des „unlauteren Wettbewerbs“ konfrontiert wird. Diese Sonderstellung in der Wahrnehmung eigentlich aller Verkehrskreise wird dadurch verstärkt, dass offensichtlich bei vielen der Eindruck vorherrscht, vergleichende Werbung sei noch immer grundsätzlich unzulässig.

Obwohl dieses generelle Verbot seit nun fast 15 Jahren nicht mehr gilt, ist es eigentlich nicht verwunderlich, dass hier die Trendwende in den Köpfen insbesondere der Konsumenten noch nicht wirklich stattgefunden hat. Vergleichende Werbung wird weiterhin nur sehr beschränkt eingesetzt, weil diese direkte Bezugnahme auf Mitbewerber aus Imagegründen als nicht unproblematisch gesehen wird. Und schließlich lasst auch die Rechtsprechung der letzten Jahre erkennen, dass trotz grundsätzlicher Zulässigkeit von Werbevergleichen noch immer viel Bedarf besteht, diese insbesondere unter den Aspekten der Irreführung und Herabsetzung abzugrenzen.

II. Geschichte

Die wechselvolle Entwicklung der lauterkeitsrechtlichen Beurteilung der vergleichenden Werbung begann damit, dass die Judikatur in ihren ersten Entscheidungen zu dem auf das Jahr 1923 zurückgehenden UWG[1]) vergleichende Werbung ursprünglich für zulässig erachtete. Allerdings wurde

1) Bundesgesetz gegen den unlauteren Wettbewerb – UWG vom 26. September 1923, BGBl 531, welches am 16. November 1984, BGBl 448 wiederverlautbart worden ist.

diese Linie sehr bald unter dem Einfluss der Rechtsprechung in der BRD in ein grundsätzliches Verbot umgekehrt. So führte der OGH in einer Entscheidung aus 1934 aus, dass auch wahre, vergleichende Werbung unzulässig wäre und verbot dabei die Werbeäußerung, die eigene Ware sei billiger und besser als die eines namentlich genannten Konkurrenten.[2])

An diesem damit festgeschriebenen Verbotsprinzip hielt die Rechtsprechung auch nach dem Krieg in ihren nachfolgenden Entscheidungen bis 1990 fest, ließ allerdings Ausnahmen zu, wenn für die vergleichende Werbung ein hinreichender Grund vorlag. So bewertete sie diese Form der Werbung in den Fällen des Fortschritts-, des Abwehr- und des Auskunftsvergleichs ausnahmsweise als zulässig.[3])

Generell wurde aber in der Judikatur wiederkehrend festgehalten, dass „vergleichende Reklame dann gegen die guten Sitten verstoßen würde, wenn sie gleichzeitig einen Hinweis auf die Minderwertigkeit der Ware oder Leistungen eines oder mehrerer bestimmter genannter oder deutlich erkennbarer Mitbewerber enthalte." Dieser Leitsatz wurde als so genannte Minderwertigkeitsformel bezeichnet.[4]) Das Verbotsprinzip wurde von der Lehre wiederholt kritisiert und vorgebracht, dass vielmehr die grundsätzliche Regel im Missbrauchsprinzip liegen sollte, wonach vergleichende Werbung nur bei Hinzutreten bestimmter Unzulässigkeitskriterien unzulässig würde.[5])

Die Trendwende ist dann durch die UWG-Novelle 1988[6]) eingeleitet worden, welche im § 2 UWG zum Verbot der Irreführung folgenden Satz beigefügt hat: „Vergleichende Preiswerbung, die nicht gegen diese Bestimmung oder § 1 UWG verstößt, ist jedenfalls zulässig". Diese Maßnahme des Gesetzgebers hat der OGH dann in seiner richtungweisenden Entscheidung vom 26. 6. 1990[7]) so beurteilt, dass mit der Zulässigerklärung der vergleichenden Preiswerbung das Interesse der Konsumenten an einer Preisinformation und Preistransparenz im Wege der vergleichenden Werbung über das Schutzinteresse der betroffenen Mitbewerber gestellt wird.

Der OGH ist weiters davon ausgegangen, dass diese Wertung unteilbar sei, und daher auch für die außerhalb des reinen Preisvergleiches geltende vergleichende Werbung in Form des Qualitätsvergleichs Gültigkeit haben muss. Seit diesem Zeitpunkt ist von der grundsätzlichen Zulässigkeit wahrheitsgemäßer und sachlicher vergleichender Werbung auszugehen.

---

2) Siehe die Darstellung zur geschichtlichen Entwicklung bei *Friedrich Prunbauer,* die vergleichende (Preis-)Werbung, RdW 1989, 15.

3) Beispielsweise OGH 29. 10. 1985, 4 Ob 369/85, ÖBl 1986, 42 – Media-Analyse-Zeitungswerbung.

4) Näher dazu *Gamerith* in HWR H 6 (1988) 7 ff.

5) Ausführlich *Wiltschek,* Vergleichende Werbung durch gezielte, auch namentliche Bezugnahme auf bestimmte Mitbewerber, in Wirtschaftsrecht in Theorie und Praxis, in GedS *Schönherr* (1986) 79.

6) Bundesgesetz vom 6. Juli 1988, BGBl 422, mit dem das Bundesgesetz gegen den unlauteren Wettbewerb – UWG geändert wird (UWG-Novelle 1998).

7) OGH 26. 6. 1990, 4 Ob 41/90, ÖBl 1990, 154 – Media-Analyse 1988; siehe dazu auch *Wittmann,* OGH: Vergleichende Werbung ist zulässig, MR 1990, 125.

III. Geltende Rechtslage

Diese auf der Auslegung der UWG-Novelle 1988 durch die Rechtsprechung getroffene Beurteilung ist dann in ihren Grundsätzen bis heute nicht mehr verändert worden. Die geltende Rechtslage in Form des § 2 Abs 1 bis 5 UWG wurde schließlich mit der UWG-Novelle 1999[8]) erzeugt, welche die Umsetzung der Werbevergleichsrichtlinie[9]) zum Inhalt gehabt hat.[10]) Auch diese Neuordnung hat aber an dem Grundsatz der Zulässigkeit der vergleichenden Werbung nichts geändert, sondern ihn sogar ausdrücklich generell im Gesetz verankert.

So wird nun im § 2 Abs 2 UWG[11]) ausgeführt, dass „Vergleichende Werbung, die weder gegen Abs 1 noch gegen die §§ 1, 7 und 9 Abs 1 bis 3 verstößt, zulässig ist." Wettbewerbswidrig sind daher alle Formen vergleichender Werbung, welche irreführend oder unsachlich sind, die Konkurrenz herabsetzen, am Ruf schmarotzen oder sonst die Verwechslung mit Unternehmenskennzeichen hervorrufen. Damit wird auch nach der Regierungsvorlage die bisherige Rechtsprechung abgesichert und soll ausdrücklich die derzeitige Judikatur nicht geändert werden.

Wirklich neu ist durch die UWG-Novelle 1999 nur die Sonderregelungen für vergleichende Werbung von Waren mit Ursprungsbezeichnung und mit Sonderangeboten, welche im § 2 Abs 3 UWG im Sinne der Vorgaben des Europarechts umgesetzt worden sind, wobei die Rechtsfolgen im § 2 Abs 4 UWG normiert werden. Überdies wird im § 2 Abs 5 UWG ebenfalls in Umsetzung der Werbevergleichsrichtlinie der dort vorgesehenen Beweislastverteilung Rechnung getragen.

Nachdem die Werbevergleichrichtlinie bestimmt, dass der Richtlinienteil vergleichende Werbung eine verbindliche Obergrenze zieht, ist diese Werbeform auch innerhalb der Europäischen Union abschließend harmonisiert. Damit soll eine Verbesserung des Konsumentenschutzes durch weiter gehende Konsumenteninformation und Förderung des Wettbewerbs erreicht werden.

Auch der EuGH hat auf Grund eines Vorabentscheidungsantrages des OGH ausgesprochen, dass es gegen § 7 Abs 2 dieser Richtlinie verstößt, wenn auf vergleichende Werbung hinsichtlich der Form und des Inhalts des Vergleichs strengere nationale Vorschriften zum Schutz gegen irreführende Werbung angewandt werden. So ist zwischen den Bestandteilen des Vergleichs, also zwischen den Angaben über das Angebot des Werbenden und

8) FernabsatzG vom 19. August 1999, BGBl 185, mit dem unter anderem auch das Bundesgesetz gegen den unlauteren Wettbewerb – UWG geändert wird (UWG-Novelle 1999).

9) Richtlinie 97/55/EG vom 6. Oktober 1997 zur Änderung der Richtlinie 84/450/EWG über irreführende Werbung zwecks Einbeziehung der vergleichenden Werbung.

10) Ausführlich *Wamprechtshamer,* Die Neuordnung der vergleichenden Werbung, ÖBl 2000, 147 und zuvor *Gamerith,* Auswirkungen der Richtlinie 97/55/EG auf das österreichische Wettbewerbsrecht, ÖBl 1998, 115 mwN.

11) Bundesgesetz gegen den unlauteren Wettbewerb 1984 – UWG idF BGBl 1988/422, 1992/147, 1993/227, I 1999/111 und I 1999/185.

des Mitbewerbers sowie dem Verhältnis zwischen diesen Angeboten keine Unterscheidung vorzunehmen.[12]) Damit ist nun klargestellt worden, dass bei der vergleichenden Werbung strengere Regelungen einzelner Mitgliedstaaten grundsätzlich in jeder Hinsicht nicht anzuwenden sind.[13])

Nach der Rechtsprechung des EuGH ist von einer weiten Definition der vergleichenden Werbung auszugehen. Eine solche liegt auch dann vor, wenn nur mittelbar auf einen Mitbewerber oder dessen Erzeugnisse oder Dienstleistungen Bezug genommen wird. Dies ist zB der Fall, wenn ein Anbieter von Ersatzteilen in seinem Katalog die Nummern der Originalartikel des Geräteherstellers angibt, die dieser für die von ihm selbst vertriebenen Ersatzteile verwendet.[14])

Allerdings ist die Werbung von Preisgegenüberstellungen von konzernmäßig verflochtenen Unternehmen keine vergleichende Werbung, wenn Vergleichspreis und Statt-Preis vom selben Wirtschaftssubjekt festgelegt werden. Konzernunternehmen, denen keine Möglichkeit marktautonomen Verhaltens offen steht, fallen nicht unter den Begriff eines Mitbewerbers. So sind auch hier nur die allgemeinen Regeln zur Irreführung anzuwenden.[15]) Eine solche Werbung ist irreführend, wenn der unrichtige Eindruck eines auf freiem Wettbewerb beruhenden besonders günstigen Verhältnisses zwischen dem Marktwert des angepriesenen Kaufobjekts und dem dafür verlangten Kaufpreis erweckt wird, obwohl Vergleichspreis und Statt-Preis vom selben Wirtschaftssubjekt festgelegt worden sind.[16])

IV. Beurteilungskriterien

A. Allgemeines

Nach der Definition in Art 2a der Richtlinie über irreführende und vergleichende Werbung[17]) ist „vergleichende Werbung“ jede Werbung, die unmittelbar oder mittelbar einen Mitbewerber oder die Erzeugnisse oder Dienstleistungen, die von einem Mitbewerber angeboten werden, erkennbar macht. Der Mitbewerber muss nicht namentlich genannt werden, sondern es genügt, dass er von der Äußerung erkennbar betroffen oder wenigstens mitbetroffen wird („kritisierende vergleichende Werbung“).

Ganz allgemein gilt für den Werbevergleich laut OGH nach dieser Richtlinie und der Umsetzung im § 2 UWG, dass er nicht irreführend sein darf und sich auf Eigenschaften von Waren oder Leistungen beziehen muss, die

---

12) EuGH 8. 4. 2003, C-44/01, ÖBl 2003, 290 – Brillen-Preisvergleiche II; näher dazu *Handig,* EuGH zur vergleichenden Werbung – „Pippig Augenoptik“, ecolex 2003, 467 ff; siehe schließlich auch den entsprechenden Vorabentscheidungsantrag des OGH vom 19. 12. 2000, 4 Ob 259/00 t, ÖBl 2002, 223 – Brillen-Preisvergleiche I.

13) Ausführlich *Augenhofer,* Pippig versus Hartlauer: EuGH klärt offene Fragen hinsichtlich vergleichender Werbung, RdW 2003, 682 ff.

14) EuGH 25. 10. 2001, C-112/99, ÖBl 2002, 153 – OEM-Nummern.

15) OGH 10. 7. 2001, 4 Ob 148/01 w, ÖBl-LS 2001/166 – Konzernpreise II.

16) OGH 13. 9. 2000, 4 Ob 197/00 z, ÖBl 2001, 121 – Konzernpreise I.

17) Richtlinie 84/450/EWG vom 10. September 1984 über irreführende und vergleichende Werbung.

dem gleichen Bedarf oder derselben Zweckbestimmung dienen. Weiters muss er objektiv sein und eine oder mehrere wesentliche, relevante, nachprüfbare und typische Eigenschaften der verglichenen Waren und Dienstleistungen zum Gegenstand haben. Die Eigenschaft muss also ein Qualitätsindikator sein.[18]) Überdies darf ein Wettbewerber die Qualität seiner Güter nicht mit derjenigen bekannter oder geschätzter Konkurrenzerzeugnisse ohne rechtfertigenden Grund in Beziehung setzen, um den guten Ruf der Waren oder Leistungen eines Mitbewerbers als Vorspann für eigene geschäftliche Zwecke insbesondere zur Empfehlung der eigenen Güter auszunützen (unzulässige „anlehnende vergleichende Werbung").[19]) Schließlich darf vergleichende Werbung nicht die Waren eines Mitbewerbers herabsetzen oder verunglimpfen (unzulässige „persönliche vergleichende Werbung").[20])

Ob diese Voraussetzungen erfüllt sind, richtet sich wie bei der Beurteilung von sonstigen Werbeaussagen nach dem Gesamteindruck, den der Werbevergleich erweckt. Ganz allgemein besteht eine Aufklärungspflicht auch hier, wenn das Verschweigen einer bestimmten Tatsache nach der Verkehrsauffassung geeignet ist, das Publikum in relevanter Weise irrezuführen.

Weiters gilt ebenso generell die Unklarheitenregel, wonach unklare Ankündigungen immer zu Lasten des Ankündigenden auszulegen sind. Bei einer mehrdeutigen Angabe muss daher der Werbende die für ihn ungünstigste Auslegung gegen sich gelten lassen. Schließlich ist vom Maßstab des durchschnittlich informierten, aufmerksamen und verständigen Verbrauchers oder anderen angesprochenen Person auszugehen.

B. *Irreführung*

1. Nur Vergleichbares darf verglichen werden

Zur Irreführung ist ein Werbevergleich insbesondere dann geeignet, wenn in ihm nur vorgetäuscht wird, dass Vergleichbares verglichen wird. Die Frage, was in Wahrheit vergleichbar ist, ist daher einer der wesentlichen Ansatzpunkte zur Beurteilung der Zulässigkeit dieser Werbeform. Grundsätzlich dürfen zunächst nicht nur idente, sondern auch bloß gleichartige Güter (Waren und Dienstleistungen) gegenübergestellt werden. Dabei können auch vom stofflichen Standpunkt sehr unähnliche Güter miteinander verglichen werden, wenn sie in Bezug auf Bedarf oder Zweckbestimmung substituierbar sind.[21])

Es darf aber nicht eine billigere einfach mit einer qualitativ besseren Ware preismäßig verglichen werden.[22]) So ist auch ein Preisvergleich mit Särgen unzulässig, die sich in den wertbestimmenden Eigenschaften unter-

---

18) Näher *Gamerith*, ÖBl 1998, 121.
19) Siehe *Wamprechtshamer*, ÖBl 2000, 149.
20) Zuletzt OGH 19. 8. 2003, 4 Ob 157/03x.
21) So *Gamerith*, ÖBl 1998, 120f.
22) OGH 23. 5. 1995, 4 Ob 34/95, wbl 1995, 382 – Teure S 195.

scheiden, ohne dass diese Unterschiede den angesprochenen Verkehrskreisen bekannt sind oder dass darauf hingewiesen worden wäre. Wertbestimmend ist bei Särgen vor allem das optische Erscheinungsbild, während es keine Rolle spielt, wie hoch die Produktionskosten sind.[23])

Ebenso sind auch künftige Leistungen mit jetzigen Angeboten nicht vergleichbar.[24]) Überdies haben schon die Verfasser der UWG-Novelle 1988 festgehalten, dass ein Vergleich unzulässig wäre, der nicht im ordentlichen Geschäftsverkehr vorgenommen wird und unterschiedliche Vertriebsformen nicht berücksichtigt.[25])

Der OGH hat aber auch klargestellt, dass ein entsprechender Aufklärungshinweis, der die Ungleichheit offen legt, einen solchen Vergleich wieder zulässig machen kann.[26]) So ist festgehalten worden, dass unterschiedliche Vertriebsformen einen Preisvergleich nicht grundsätzlich unzulässig machen, sondern sie nur aufgezeigt werden müssen, um eine Irreführung des Verbrauchers zu verhindern.[27]) Wenn daher zB eigene Aktionspreise mit den Normalpreisen der Konkurrenz verglichen werden, ist auf diesen Aspekt jedenfalls deutlich hinzuweisen. Gibt es schließlich Aktionen des anderen Unternehmens, so müssen diese ebenfalls berücksichtigt werden.

Laut OGH ist es bei einer vergleichenden Preiswerbung (hier zwischen Brillen) unzulässig, nicht darauf hinzuweisen, dass die bei Fachoptikern erworbene Vergleichsbrille mit Gläsern einer angesehenen Marke ausgestattet ist, wenn die Gläser bei den Brillen des Werbenden nicht so bekannt sind. In diesem Sinne hat vorab der EuGH zu der vorgelegten Frage des OGH ausgeführt, dass die Unterlassung der Angabe der angeseheneren Marke geeignet sein kann, die angesprochenen Verkehrskreise zu täuschen, wenn die Marke der Produkte die Entscheidung des Käufers spürbar beeinflussen kann und der Vergleich konkurrierende Produkte betrifft, deren jeweilige Marken deutliche Unterschiede hinsichtlich ihres Ansehens aufweisen. Weitere Angaben über die Marken hinaus sind aber dann entbehrlich, wenn die miteinander verglichenen Produkte wie hier keine Unterschiede in Qualität oder Ausführung aufweisen.[28])

2. Werbevergleich muss vollständig sein

Grundsätzlich muss derjenige, der zu Werbezwecken Vergleiche zieht, dem Publikum alle wesentlichen Umstände mitteilen, die ihm ein objektives Urteil über die Vorzüge der angebotenen gegenüber der verglichenen Ware oder Leistung ermöglichen. Wer daher zB mit Preisgegenüberstellungen wirbt, hat grundsätzlich alles Erforderliche vorzukehren, eine einwandfreie,

---

23) OGH 18. 1. 2000, 4 Ob 16/00g, ÖBl-LS 2000/41 – Särge.
24) OGH 4. 12. 1990, 4 Ob 153/90, ecolex 1991, 261 – Zahnprothetiker.
25) Bericht des Handelsauschusses zur UWG-Novelle 1988, AB 693 BlgNR 17. GP.
26) OGH 21. 9. 1993, 4 Ob 89/93, ecolex 1994, 180 – KFZ-Wirtschaft.
27) OGH 15. 12. 1998, 4 Ob 298/98x, ÖBl 1999, 184 – Heute Preissturz.
28) OGH 24. 6. 2003, 4 Ob 89/03x; siehe zur erwähnten EuGH-Entscheidung schon FN 12.

jedes Missverständnis ausschließende Aufklärung des Publikums über die Art der jeweils herangezogenen Vergleichsgrundlage sicherzustellen, um mögliche Irrtümer in diese Richtung hintanzuhalten. Allerdings ist der Werbende nicht verpflichtet, die Richtigkeit seiner Behauptungen dem Kunden gegenüber nachzuweisen.[29])

Unvollständige Angaben verstoßen gegen § 2 UWG, wenn durch das Verschweigen wesentlicher Umstände ein falscher Gesamteindruck hervorgerufen wird, sodass die Unvollständigkeit geeignet ist, das Publikum in für den Kaufentschluss erheblicher Weise irrezuführen. Dieser Grundsatz gilt selbstverständlich auch für Preisvergleiche, deren Unrichtigkeit jedoch nicht nur einen Verstoß gegen § 2 UWG, sondern auch gegen § 7 UWG begründen kann. Soweit dabei der unrichtige Eindruck hervorgerufen wird, dass der eigene Preis niedriger sei, als dies tatsächlich der Fall ist, wird § 2 UWG verletzt. Bei unrichtigen Angaben über einen zu hohen Preis des Mitbewerbers liegt darin hingegen eine kreditschädigende Äußerung iSd § 7 UWG.

Ein Preisvergleich soll die Kaufentscheidung versachlichen. Das kann er nur dann, wenn er nicht irreführend ist. Wäre es nicht möglich, die Preise bestimmter Angebote zu vergleichen, ohne gleichzeitig zu verwirren, so hätte laut OGH der Preisvergleich zu unterbleiben. Die einfache Gestaltung eines Preisvergleichs kann nicht um den Preis der Irreführung erkauft werden. So wurden bei einem Tarifvergleich zwischen Mobilfunkbetreibern die von den Mitbewerbern gewährten Freiminuten nicht genannt, welche aber als Zusatzleistung mit einbezogen hätten werden müssen, weil der Kunde dadurch letztendlich einen geringeren Tarif je Gesprächsminute entrichtet.

Sollte ein solcher notwendiger Hinweis verwirren und einen überschaubaren Preisvergleich unüberschaubar machen, so müsste diese Werbung unterbleiben. Im vorliegenden Fall hätte aber ohne weiters auch ein entsprechender Hinweis auf diese Zusatzleistungen der Konkurrenten aufgenommen werden können.[30])

Auch ein Preisvergleich bezüglich einer Broschüre im Bogen-Offset-Druck ohne Einbeziehung wichtiger kostenrelevanter technischer Angaben wie Druckvorstufe, Andrucke, Qualität des Umschlagkartons, buchbinderische Verarbeitung oder Verpackung ist unvollständig und irreführend, weil diese Informationen für die wirtschaftliche Beurteilung eines Druckangebots und damit als Entscheidungsgrundlage für eine Auftragserteilung von wesentlicher Bedeutung sind. So besteht laut OGH kein Erfahrungssatz, dass in der Werbung grundsätzlich nur gleiche Leistungen miteinander verglichen würden.[31])

Ebenso unzulässig ist die generelle Ankündigung, dass man Internet-Dienstleistungen zu weitaus günstigeren Preisen anbieten, und „damit nur um ~ 50 % dessen, was an den Mitbewerber bisher bezahlt worden ist".

---

29) OGH 14. 12. 1993, 4 Ob 170/93, ecolex 1994, 237 – Schätzgutachten.
30) OGH 13. 11. 2001, 4 Ob 212/01 g, ÖBl 2002, 133 – Freiminuten.
31) OGH 22. 4. 2003, 4 Ob 43/02 f, ÖBl 2002, 273 – BESTsale.

Diese ungenaue Aussage gibt keine Möglichkeit, einen korrekten Vergleich zwischen der Preisgestaltung des Werbenden und dem Angebot des Verglichenen durchzuführen, wenn vor allem die technischen Eckdaten als Bezugspunkte fehlen.[32])

Wettbewerbswidrig ist auch ein Fernsehwerbefilm, wo ein Karatekämpfer als Bruchtest zuerst eine Eternitplatte bzw einen Tondachziegel zerschlägt und schließlich einen Aluminium-Dachziegel einen Faustschlag versetzt, welcher sich dann computeranimiert verbeult und wieder gleich durch Verschwinden der Eindellung in den unbeschädigten Zustand zurückversetzt wird. Dabei wurde zusätzlich vom bruchfesteren Dach aus Aluminium gesprochen. Dieser Werbevergleich ist vom OGH deshalb als irreführend beurteilt worden, weil ein nicht unbeträchtlicher Teil der Betrachter die Zurückverformung für ein mögliches auf besonderer Beschaffenheit beruhendes Materialverhalten ansehen kann, zumal hinsichtlich des Zerbrechens der beiden Konkurrenzprodukte auch ein realistischer Handlungsablauf vorliegt. Überdies hat der Werbende hier den Boden der Sachlichkeit verlassen, weil er sich angesichts vielfältiger und differenzierter Vergleichskriterien wie Wärmeisolierung, Gewicht, Optik uä darauf beschränkt hat, plakativ und einseitig sein Produkt allein unter der Gesichtspunkt der Bruchfestigkeit als überragend gegenüber Produkten aus anderen Materialien darzustellen.[33])

Weiters ist es auch unzulässig, bei einem Energiekostenvergleich die bloßen Stromkosten zu vergleichen, die dann nur einen Teil des für die Lieferung elektrischer Energie zu zahlenden Entgelts betragen. So war hier die Gesamtersparnis auf Grund der unterschiedlichen Netzkosten als zweiter Kostenbestandteil wesentlich geringer. Damit wird aber der irreführende Eindruck erweckt, dass sich der Kunde bei einem Wechsel des Stromlieferanten wesentlich mehr an den für ihn allein maßgebenden Gesamtenergiekosten erspare als tatsächlich zutrifft.[34])

Schließlich ist es irreführend, bei einem Geschirrspülmittel mit „100% mehr Glanz" als Gesamteindruck zu werben, wenn dann in Wahrheit diese Steigerung nur im Labortest bei einer bestimmten Wasserhärte und überdies nur gegenüber dem Vorgängerprodukt (und nicht gegenüber anderen Spülmitteln) erreicht wird.[35])

3. Anonymisierter Preisvergleich unzulässig

Die Nennung des oder der Mitbewerber bei einer vergleichenden Werbung ist nicht nur erlaubt, sondern bei vergleichender Werbung oft auch notwendig. So hat der OGH einen Preisvergleich mit anonymisiert als „A", „B", „C" bzw „D" bezeichneten Druckereien als unzulässig angesehen. Wenn ein Preisvergleich die Mitbewerber, mit deren Leistungen sich der

32) OGH 18. 2. 2003, 4 Ob 240/02 a.
33) OGH 25. 3. 2003, 4 Ob 39/03 v, ÖBl-LS 2003/90 – Bruchtest.
34) OGH 25. 3. 2003, 4 Ob 44/03 d, ÖBl-LS 2003/118 – Energiekostenvergleich.
35) OGH 20. 1. 2004, 4 Ob 243/03 v.

Werbende misst, nicht nennt und diese dem angesprochenen Publikum nicht bekannt sind, kann dieser auch nicht auf seine sachliche Richtigkeit hin überprüft werden.[36])

4. Abstellung auf angesprochene Verkehrskreise

Hinsichtlich der Verkehrskreise ist beim Werbevergleich ebenfalls auf das angesprochene Publikum abzustellen. Richtet sich eine Werbeaussage allein an Fachkreise, so ist für die wettbewerbsrechtliche Beurteilung dieser Werbebehauptung auch nur die Verkehrsauffassung dieser Fachkreise maßgebend.[37])

C. Herabsetzung

1. Werbevergleich darf nicht pauschal herabsetzen oder unnötig aggressiv sein

Vergleichende Werbung, die durch Pauschalabwertungen, unnötiges Bloßstellen oder aggressive Tendenzen das Gebot der Sachlichkeit verletzt, verstößt weiterhin gegen § 1 UWG. So ist eine mit einem Werbevergleich verbundene Aussage, dass der Preis des Konkurrenten überhöht ist, sittenwidrig, weil damit mangels weiterer Ausführungen der Eindruck vermittelt wird, dass der höhere Preis des Mitbewerbers sachlich nicht gerechtfertigt ist.[38])

Während bei dem später behandelten echten Systemvergleich die Vor- und Nachteile bestimmter Systeme verglichen werden, kann es laut OGH für eine vergleichende Werbung mit Bezugnahme auf die Person oder Angebote eines Mitbewerbers noch zulässig sein, bloß die Vorteile des eigenen Systems den Nachteilen des verglichenen Systems gegenüber zu stellen. Dies ist aber jedenfalls nicht mehr zulässig, wenn dabei der Boden der Sachlichkeit und der objektiven Information der Interessenten verlassen wird.

Aus diesem Grund ist eine Werbung untersagt worden, wo beim Vergleich von Böschungssteinen den farbenfrohen und praktisch perfekten Bilder des Werbenden Abbildungen eines Mitbewerbers gegenübergestellt wurden, dessen Produkte dabei einen überaus verwahrlosten Eindruck machten. Dazu wurde im Text unter anderem von hässlichen Verunreinigungen, Absterben der Pflanzen und der Notwendigkeit des dauernden Nachpflanzens bei dem Konkurrenzprodukt gesprochen. Diese Angaben sind nicht mehr sachlich und objektiv informierend, sondern vielmehr als Herabsetzung und Verunglimpfung zu beurteilen. So wurden die geradezu vorbildhaft dargestellten Produkte mit den auf elende bzw erbärmliche Weise dargestellten Konkurrenzangeboten abgebildet und dem ebenfalls zu beanstandeten Text versehen, aus dem ganz allgemein auf die Wertlosigkeit

36) Siehe FN 31.
37) OGH 28. 11. 2000, 4 Ob 302/00s, ÖBl-LS 2001/52 – Johanniskraut.
38) OGH 29. 10. 1996, 4 Ob 2283/96f, ÖBl 1997, 157 – Ungeschminkte Wahrheit.

oder doch Unterlegenheit der Konkurrenzprodukte geschlossen werden muss oder zumindest kann.[39])

Weiters ist die Ankündigung, in jedem Fall einen um 10% günstigeren Preis als jeder Mitbewerber zu gewähren, deshalb verboten worden, weil sie mit dem zusätzlichen sittenwidrigen Element von unsachlich herabsetzenden Behauptungen verbunden war. So sind Aussagen wie „Und Sie fragen sich, ob Sie in der letzten Zeit nicht vielleicht doch zu viel bei Ihrer Druckerei bezahlt haben" oder „weil wir einfach wendiger sind, schneller und effizienter drucken, und das rund um die Uhr" laut OGH pauschal herabsetzend und damit unzulässig.[40])

Hingegen ist vom EuGH im Rahmen der erwähnten Entscheidung zu einem Vorabentscheidungsantrag des OGH ausgeführt worden, dass ein Preisvergleich einen Mitbewerber noch nicht herabsetzt, weil der Preisunterschied zwischen den verglichenen Produkten über dem durchschnittlichen Preisunterschied liegt. Das Gleiche gilt auch für die Anzahl der durchgeführten Vergleiche. Schließlich verstößt es nicht gegen Art 3 a Abs 1 Buchstabe e der Werbevergleichsrichtlinie, wenn eine vergleichende Werbung zusätzlich zum Namen des Mitbewerbers dessen Firmenlogo und ein Bild der Fassade seines Geschäfts zeigt.[41])

In diesem Verfahren hat der OGH allerdings auch festgestellt, dass die Aussage unzulässig ist, andere Optiker würden das Komplettbrillenkonzept des Werbenden schlecht machen und in Betrieben von herkömmlichen Optikern werde eine Handelsspanne von 717% erzielt. Solche Ausführungen sind als mit Schlagworten operierende Pauschalabwertung von Konkurrenten zu beurteilen, welche unter § 1 UWG fallen.[42])

2. Vergleichende Werbung darf sich nicht auf wettbewerbsfremde Tatsachen beziehen

Wahre Behauptungen geschäftsschädigender Art sind dann sittenwidrig im Sinne des § 1 UWG, wenn kein hinreichender Anlass besteht, das eigene Erfolgsstreben mit der Herabsetzung der Mitbewerber zu verbinden und wenn sich die Kritik nicht nach Art und Maß im Rahmen des Erforderlichen hält.[43]) So ist das Verbreiten von wettbewerbsfremden Tatsachen wie Hinweise auf die Volks- oder Rassenzugehörigkeit, Vorstrafen usw sittenwidrig.

Eine vergleichende Werbung ist laut OGH weiters unzulässig, wenn nicht aussagekräftige und somit nicht relevante Eigenschaften zum Gegenstand des Vergleichs gemacht werden. So ist der Vergleich der Auflage einer Gratiszeitung mit einer Kaufzeitung eines Konkurrenten wettbewerbswidrig, weil die Auflagenhöhe eine für die Werbewirksamkeit der verglichenen

39) OGH 17. 12. 2001, 4 Ob/202/01 m, ÖBl-LS 2002/84 – Flori.
40) Siehe FN 31.
41) Siehe FN 12.
42) Siehe FN 28.
43) OGH 21. 3. 2000, 4 Ob 73/00i, ÖBl 2000, 219 – Konsumenten-Information.

Dienstleistung Inserat in einem Printmedium nicht aussagekräftige und somit nicht relevante Eigenschaft ist. Diese wurde hier aber in Relation zu den Inseratenkosten gesetzt, obwohl die verbreitete Auflage einer Zeitung keinen Schluss darauf zulässt, wie viele Personen mit diesem Werbeträger tatsächlich erreicht werden.

Ein solcher Vergleich einer wettbewerbsfremden Tatsache, mag er sich auch nur an ein Fachpublikum wenden und wahr sein, ist unsachlich, weil er nicht geeignet ist, auf Vorzüge der angepriesenen Leistung hinzuweisen und damit zur Information der angesprochenen Verkehrskreise über einen für das Marktverhalten wesentlichen Umstand beizutragen. Er unterstellt laut OGH vielmehr unzulässig einen in Wahrheit nicht gegebenen Zusammenhang zwischen Auflage und erreichter Leserzahl.[44])

Hingegen ist es zulässig, den unter Anwendung wissenschaftlicher Methoden erhobenen und damit auch nachprüfbaren Markenwert zu vergleichen. So ist die Ankündigung eines Küchenherstellers, die Nummer 1 am österreichischen Küchenmarkt zu sein, nachdem das Institut für Marktforschung dieser Firma als Marke höchste Markenwerte bescheinigt, als zulässig angesehen worden, nachdem auch ausreichend über die Grundlagen dieses Vergleiches aufgeklärt worden ist.

Dabei ist vom OGH weiters ausgeführt worden, dass ein solcher Markenwert nicht Meinungsumfragen über ein Produkt gleichgehalten werden kann. So ist das Produkt bezogen auf den Markenwert nicht bloß Reflexions- und Projektionsfläche von Vorstellungen und subjektiven Einstellungen der Umwelt, sondern die materielle Basis, an die die Marke als Kommunikationsmittel und Kürzel für die werbliche Botschaft des Benutzers anknüpft. Offen bleiben konnte daher, ob mit Meinungsumfragen, die die Ein- und Wertschätzung eines Produkts durch die Verbraucher widerspiegeln, vergleichend geworben werden darf.[45]) Die vom OGH zitierte deutsche Literatur hat sich gegen die Zulässigkeit derartiger Werbevergleiche ausgesprochen.[46])

3. Werbevergleich darf nicht zu einer Rufausbeutung führen

Weiters widerspricht es dem Sachlichkeitsgebot und der Verpflichtung zur Objektivität, wenn der gute Ruf eines fremden Produktes als Werbevorspann dazu benutzt wird, die Aufmerksamkeit auf das eigene Produkt zu lenken und dessen Vorzüge hervorzuheben. So ist es beispielsweise unzulässig, wenn mehrere Produkte planmäßig und systematisch zu bekannten Markenartikeln in Beziehung gesetzt werden, ohne neben dem Preis die sonstigen Eigenschaften detailliert gegenüberzustellen.[47]) Eine solche Anlehnung liegt allerdings nicht vor, wenn jemand in einem Werbevergleich

44) OGH 25. 3. 2003, 4 Ob 23/03s.
45) OGH 20. 1. 2004, 4 Ob 259/03x.
46) *Eck/Ikas*, Neue Grenzen vergleichender Werbung, WRP 1999, 251.
47) OGH 19. 12. 1997, 4 Ob 370/97h, ÖBl 1998, 178 – Dualwerbung.

ein fremdes Kennzeichen allein dazu verwendet, die schlechtere Leistung des anderen herauszustellen.[48])

Auch die Werbevergleichsrichtlinie untersagt in Art 3a Abs 1 lit g vergleichende Werbung, die den Ruf einer Marke, eines Handelsnamens oder anderer Unterscheidungszeichen eines Mitbewerbers oder der Ursprungsbezeichnungen von Konkurrenzerzeugnissen in unlauterer Weise ausnutzt. Die Abgrenzung wird vor allem davon abhängen, ob die Gegenüberstellung nützliche Informationen bietet oder nicht. So wird bei einer funktionslosen Erwähnung fremder Bestellnummern ähnlich wie bei der Übernahme eines fremden Kennzeichens nur am fremden Ruf schmarotzt und damit eine unzulässige Ausbeutung vorgenommen. Ob ein Werbevergleich mit fremden Kennzeichen nun der verbesserten Transparenz dient oder doch auch einen unzulässigen Imagetransfer bewirkt, wird letztendlich von einer Interessensabwägung abhängen.[49])

D. *Systemvergleich*

Ein Systemvergleich liegt vor, wenn unter Vermeidung der Nennung eines bestimmten Mitbewerbers die Vor- und Nachteile bestimmter Herstellungs-, Einkaufs- oder Vertriebssysteme dargelegt werden. Eine solche Werbung ist mangels Bezugnahme auf konkrete Mitbewerber nicht nach den für die vergleichende Werbung entwickelten Grundsätzen zu beurteilen. Auch Systemvergleiche müssen allerdings nicht nur wahr, sondern auch sachlich und informativ sein.

Der Werbende muss auch hier dem unkundigen Publikum die wesentlichen Umstände mitteilen, aus denen es sich ein zutreffendes Gesamtbild machen kann. Wettbewerbswidrig ist es laut OGH daher, von einer sachlich vergleichenden Gegenüberstellung der tatsächlichen Grundlagen abzusehen und stattdessen eine Gesamtwertung vorzunehmen, die nicht nachgeprüft werden kann. Eine solche mit Schlagworten operierende Pauschalabwertung ist unzulässig. Mag es auch einem Trend in der Werbung entsprechen, weniger objektive Eigenschaften zu vermitteln, als vielmehr das Produkt oder die Dienstleistung mit Hilfe lustiger Geschichten sympathisch erscheinen zu lassen, darf dies nicht dazu missbraucht werden, Konkurrenten in unsachlicher Weise zu verunglimpfen und herabzusetzen.

So darf bei dem Vergleich von Güterfrachtsystemen angesichts der vielfältigen und differenzierten Vergleichskriterien nicht nur der hier kritisierte Straßengüterverkehr allein unter den Gesichtspunkten der Umweltbelastung und der Behinderung des privaten Pkw-Verkehrs als nachteilig gegenüber den Eisenbahnfrachtleistungen dargestellt werden. Dieses vereinfachte Bild lässt die mindestens ebenso gewichtigen Faktoren Kosten, Zeit und Flexibilität völlig unberücksichtigt. So sind insbesondere Ausführungen wie

---

48) OGH 7. 3. 1995, 4 Ob 19/95, ÖBl 1995, 267 – Media Markt.
49) Näher dazu *Gamerith*, ÖBl 1998, 117 ff.

„ein LKW säuft wie ein Loch, raucht wie ein Schlot und bummst manchmal sogar" jedenfalls als unzulässig anzusehen.[50])

Schließlich richtet sich selbstverständlich auch die Beurteilung eines Systemvergleichs nach dem Gesamteindruck, der erweckt wird. So ist es zB bei einem Vergleich von Tampons und Binden als Artikel der Monatshygiene unzulässig, durch die Gestaltung der Werbung den Eindruck hervorzurufen, dass es sich bei dem Tampon um das bessere Produkt handelt, wenn dies nur auf die Verwendung in kritischen Situationen beschränkt ist. Diese durch die allgemeinen Ausführungen erweckte Überlegenheit ist aber nicht einmal vom insoweit gemäß § 2 Abs 5 UWG beweispflichtigen Beklagten behauptet worden.[51])

E. Weitere Kriterien

In der richtungweisenden Entscheidung des EuGH auf Grund eines Vorabentscheidungsantrages des OGH zu Brillen-Preisvergleichen sind neben anderen Fragen auch Aspekte behandelt worden, welche nicht die Gestaltung der Werbung selber betroffen haben. Hier ist es vielmehr darum gegangen, in welcher Form ein vorheriger Testkauf und die unterschiedlichen Vertriebswege bei der Beschaffung der Produkte im Rahmen eines Werbevergleichs zu beurteilen sind.[52])

1. Testkauf vor Durchführung des Werbevergleichs zulässig

Der EuGH hat zunächst einmal grundsätzlich ausgeführt, dass es nicht gegen Art 3a der Werbevergleichsrichtlinie verstößt, wenn der Werbende bereits vor Beginn seines eigenen Angebots einen Testkauf bei einem Mitbewerber durchführt, sofern die in dieser Vorschrift genannten Bedingungen für die Zulässigkeit der vergleichenden Werbung erfüllt sind.

Der OGH hat dazu weiters festgehalten, dass es zwar richtig ist, der Kunde könne den Eindruck gewinnen, zu teuer gekauft zu haben. Daraus folgt aber nicht, dass der Preisvergleich zur Irreführung geeignet wäre, weil der Kunde diesen Eindruck unabhängig davon gewinnt, ob Testkauf und Preisvergleich zeitgleich erfolgt sind. Auch wenn offen gelegt wird, dass der Werbende die Brille im Zeitpunkt des Testkaufs noch nicht angeboten hat, so wird der Kunde angesichts der Zeitdifferenz von wenigen Wochen meinen, zu früh gekauft zu haben. Bei zukünftigen Kaufentscheidungen wird er sich daher auch an den Werbenden wenden.[53])

2. Unterschiedliche Vertriebswege bei der Beschaffung machen einen Werbevergleich nicht unzulässig

Weiters machen unterschiedliche Vertriebswege bei dem Bezug der verglichenen Produkte den Preisvergleich nicht unzulässig. Das schließt es laut

---

50) OGH 28. 9. 1999, 4 Ob 168/99f, ÖBl 2000, 20 – LKW-Entferner
51) OGH 19. 8. 2003, 4 Ob 157/03x, ÖBl-LS 2003/147 – o. b.-Werbung.
52) Siehe FN 12.
53) Siehe FN 28.

OGH auch aus, den Werbenden zu verpflichten, auf Unterschiede hinzuweisen, die sich daraus ergeben, dass er wie hier Markenbrillen parallel importiert. Die unterschiedlichen Verhältnisse liegen darin, dass der werbende Optiker im Gegensatz zu den Fachoptikerbetrieben diese Produkte nur in einer geringen Anzahl von Variationen geliefert bekommt.

Parallelimporteure verfügen daher nicht über ein Normalsortiment, sondern oft nur über einzelne Modelle, deren Stückzahl davon abhängt, wie groß der Posten ist, den sie parallel importieren. Diese Unterschiede können laut OGH allerdings nicht bewirken, dass nicht die Preise für Waren des gleichen Bedarfs verglichen werden dürfen, weil die Kunden nur annehmen, hier die Brille erwerben zu können, mit deren günstigen Preis geworben wird.[54]) Davon zu unterscheiden ist aber eine nicht ausreichende Bevorratung als unzulässige Lockvogelwerbung, welche aber in dem gegenständlichen Fall nicht behauptet wurde.

F. Beweislast

Die Beweislast bei irreführender Werbung hängt davon ab, ob die als unrichtig beanstandete Angabe die eigenen oder die fremden geschäftlichen Verhältnisse betrifft. Herabsetzende Angaben über fremde geschäftliche Verhältnisse fallen unter § 7 UWG, wobei hier der Werbende zu beweisen hat, dass seine Angaben richtig sind. Die Beweislast für die Unrichtigkeit der Angaben über die eigenen geschäftlichen Verhältnisse trifft hingegen auch im Bereich der Irreführung grundsätzlich den Kläger.[55])

Allerdings ist mit der UWG-Novelle 1999 in Umsetzung der Werbevergleichsrichtlinie im § 2 Abs 5 UWG eine Neuregelung der Beweislastverteilung für den Werbevergleich erfolgt. Diese Bestimmung ist laut OGH dahin zu verstehen, dass den Werbenden bei vergleichender Werbung in jedem Fall die Beweislast für die Richtigkeit von in der Werbung enthaltenen Tatsachenbehauptungen trifft.

So enthält die Bezeichnung „länger frisch" für eine Milch die Behauptung, dass die so bezeichnete Milch länger frisch bleibe als andere Milch. Damit ist zwar keine Herabsetzung iSd § 7 UWG verbunden, es wird aber ein Bezug zu den Waren der Mitbewerber geschaffen, wodurch diese iSd § 2 Abs 3 UWG erkennbar gemacht werden. Damit liegt ein Werbevergleich vor, wobei wie ausgeführt bei diesem die Beweislast nun immer den Werbenden trifft.[56])

V. Zusammenfassung

Auch wenn vergleichende Werbung nun grundsätzlich zulässig ist, zeigt sich anhand der dargestellten Entscheidungen, dass in der Praxis doch relativ oft die Grenzen der Sachlichkeit und der Irreführung überschritten wer-

54) Siehe FN 28.
55) OGH 14. 9. 1999, 4 Ob 237/99b, ÖBl-LS 2000/8.
56) OGH 20. 8. 2002, 4 Ob 173/02y.

den. Während pauschale Herabsetzungen eigentlich noch leicht vermieden werden können, ist die Gestaltung eines Werbevergleichs unter dem Gesichtspunkt der Irreführung teilweise schwieriger.

Dies hängt vor allem auch damit zusammen, dass die Liberalisierung und ein verschärfter Wettbewerb das Angebotsspektrum in aller Regel erweitert haben, die Leistungen und Preise aber oft nicht transparent gestaltet werden. So werden zB von den einzelnen Unternehmen teilweise so unterschiedliche Tarifsysteme angeboten, dass diese gar nicht mehr einfach miteinander verglichen werden können. Das betrifft aber nicht nur den Kunden in seiner Auswahl, sondern auch den Werbenden, welcher dann vor der schwierigen Aufgabe steht, hier in möglichst griffiger Form einen zulässigen Werbevergleich durchzuführen.

Auf Grund der zahlreichen Entscheidungen und auch der Rechtsprechung des EuGH erscheinen allerdings die rechtlichen Rahmenbedingungen schon sehr gut ausjudiziert sein. Dazu ist abschließend betrachtet mit dem OGH zu sagen, dass vergleichende Werbung zwar im Sinne der Aufklärung des Konsumenten zu befürworten ist, allerdings die Einfachkeit des Werbevergleichs nicht um den Preis der Irreführung oder auch der Unsachlichkeit erkauft werden darf.

Wettbewerbsrecht und Konsumentenschutz – Anmerkungen zu aktuellen europäischen Vorhaben

Erika Ummenberger-Zierler

Inhaltsübersicht:

I. Wettbewerb und Konsumentenschutz – konkurrierende oder sich ergänzende Ziele?

Als Einleitung sei die an sich triviale und doch provokante Frage gestellt: Wozu ist Wettbewerb gut? In der Marktwirtschaftstheorie geht man im Falle unverfälschten Wettbewerbs von einer optimalen Faktorallokation und damit vollständigen Information aus. Der Wettbewerb führt zu Leistungssteigerung, größerer Produktvielfalt, besserer Qualität, mehr Innovationen, Kostensenkungen (Rationalisierungen) und damit niedrigeren Preisen. Dies führt insgesamt zu einer Wohlstandssteigerung. Der Konsument profitiert von diesen Folgen. Kein Wunder also, dass in letzter Zeit bei der Wettbewerbspolitik[1]) immer öfter der Konsumentenschutz angesprochen und diskutiert wird. So stand der 7. Europäische Wettbewerbstag in Athen unter dem Motto „Competition – A better deal for consumers?" und widmete sich auch der Wettbewerbstag am 29. April 2004 in Dublin diesem Thema. Wettbewerb ist zweifellos das wichtigste Instrument des Verbraucherschutzes,[2]) doch bestehen auch gewisse Wechselwirkungen: Wettbewerb hilft den Konsumenten, Konsumenten können aber auch dem Wettbe-

1) Hier sei zunächst der weite Begriff der Wettbewerbspolitik, dh neben Regelungen über unlauteren Wettbewerb auch die Fusionskontrolle und Regelungen über Marktmachtmissbrauch verstanden.
2) *Koppensteiner*, Österreichisches und europäisches Wettbewerbsrecht[3] § 1 Rz 15.

werb helfen.[3]) Es bedarf eines aktiven Konsumenten, der selber auf die unterschiedlichen Angebote eingeht.[4])

Zu bedauern ist allerdings, dass in den Erläuterungen zu aktuellen Rechtsvorhaben der Europäischen Kommission (EK) überwiegend nur auf den Preiswettbewerb abgestellt wird. Übersehen wird dabei, dass die Konzentration auf den Preiswettbewerb eine sehr kurzfristige Perspektive von Konsumentenschutz bedeutet. Denn im Preiswettbewerb allein haben viele kleine und mittlere Unternehmen kein so langes Durchhaltevermögen, was letztlich zu weniger Anbieter, dh weniger Wettbewerb und mittel- und langfristig wieder zu höheren Preisen führen kann.

In diesem Zusammenhang sei auch kurz darauf eingegangen, wie sich der Regulierungsbedarf auf diesem Gebiet entwickelt hat. Durch die Ordnungskraft des Wettbewerbs haben die Marktbeteiligten die Wahl zwischen Alternativen zur Deckung des jeweiligen Bedarfs. Die Marktgegenseite steht dadurch unter dem ständigen Druck, sich mit den alternativen Angeboten der Konkurrenten auseinander zu setzen. Diese Marktteilnehmer sind uU daran interessiert, dem Druck des Wettbewerbs auszuweichen, indem sie einerseits mit den Konkurrenten kooperieren (in der weitestgehendsten Form fusionieren, sonst Preisabsprachen etc) oder andererseits mit unlauteren Methoden die Konkurrenten zu benachteiligen versuchen. In der Literatur wird daraus die Notwendigkeit des Wettbewerbsrechts einerseits als Existenzschutz und damit Erhaltung einer ausreichenden Zahl von Wettbewerbern, was insbesondere auch für die KMU-Politik von Bedeutung ist, und andererseits als Qualitätsschutz abgeleitet. Schutzgegenstände des Wettbewerbsrechts sind damit die Interessen der Mitbewerber, die übrigen Marktbeteiligten, welche die Konsumenten inkludieren, und die Allgemeinheit.[5])

Die Anfänge regulierender Eingriffe zu Gunsten der Abnehmer lagen im Zunftwesen zB in Form von Qualitätsstandards oder Fest- bzw Höchstpreisbindungen. Der Beginn der Geschichte des modernen Wettbewerbsrechts wird dagegen im 19. Jahrhundert mit dem Übergang zur Gewerbe- und Vertragsfreiheit gesehen. Strafrechtlich und zivilrechtlich wurden Preisabsprachen erfasst, die ua in der Absicht, diese zum Nachteil des „Publikums“ (dh Schutz der Abnehmerinteressen, das sind Endverbraucher aber auch gewerbliche Abnehmer) zu erhöhen oder zu ihrem eigenen Vorteil zu senken, erfolgten. Im Zuge des ersten Weltkrieges wurde die Interpretation des Publikumsinteresses ausgeweitet auf die Erhaltung eines bedrohten Industriezweiges. Bei den weiteren Etappen zum heutigen Kartellgesetz wurde eine gesamtwirtschaftliche Rechtfertigung für Wettbe-

3) Vgl *Prof Eleonora Fox*, NY University School of Law beim Europäischen Wettbewerbstag in Athen hinsichtlich Marktmachtmissbrauchspolitik.

4) Manchmal hat man das Gefühl, dass es manchen Konsumenten am liebsten wäre, wenn die Preise für ein Produkt überall gleich wären, dh es staatlich fixierte Preise geben würde, damit die Gefahr, dass man sich nach einem eventuell ungünstigeren Kauf ärgern muss, nicht besteht. Oft ist den Konsumenten nicht klar, dass ohne Wettbewerb die Preise höher wären.

5) Vgl *Koppensteiner*, aaO 17 f.

werbsbeschränkungen eingeführt und schließlich Ende der 50er-Jahre unter der volkswirtschaftlichen Rechtfertigung explizit die Verbraucherinteressen angeführt.

Etwas anders erfolgte die Entwicklung beim Gesetz gegen den unlauteren Wettbewerb (UWG). Die Pariser Verbandsübereinkunft verpflichtete die Partnerstaaten, einen wirksamen Schutz gegen unlauteren Wettbewerb zu gewährleisten. Das UWG von 1923 war ausschließlich auf die Mitbewerber bezogen, schloss aber nicht aus, dass auch die Abnehmer (und damit auch Konsumenten) durch seine Bestimmungen geschützt sind. Eine Erweiterung der Schutzzwecke des UWG erfolgte mit der Novelle von 1971, wo das in § 14 UWG vorgesehene Verbandsklagerecht ausgedehnt wurde. Damit fanden auch die Interessen der Konsumenten ausdrücklich Berücksichtigung.

Die Entwicklung dieses Rechtsgebietes zeigt, dass es keinesfalls um konkurrierende Ziele geht, sondern, dass das Wettbewerbsrecht auch dem Konsumentenschutz dient. Eine bloße Einschränkung auf den Konsumentenschutz wäre aber eine zu enge und zu kurzfristige Betrachtung.

II. Bedeutung des Wettbewerbsrechts und des Konsumentenschutzes auf EU-Ebene

Das Wettbewerbsrecht im weiteren Sinne hat auf europäischer Ebene seit jeher große Bedeutung. Gemäß den grundlegenden Vorschriften des Vertrags über die Europäische Union führen die Mitgliedstaaten der Gemeinschaft eine Wirtschaftspolitik ein, die „dem Grundsatz einer offenen Marktwirtschaft mit freiem Wettbewerb verpflichtet ist". Die gesetzlichen Rahmenbestimmungen für die europäische Wettbewerbspolitik im Sinne von Kartellrecht sind im Wesentlichen in den Artikeln 81 bis 90 EG-Vertrag niedergelegt. Seitens der Europäischen Kommission besteht das Bemühen, die Bedeutung der Wettbewerbspolitik den EU-Bürgern näher zu bringen, wie auch die aktuelle Homepage[6]) zeigt. Dies mag auch ein Grund dafür sein, dass die Bedeutung für den Konsumentenschutz auch in diesem Bereich nun mehr hervorgehoben wird.

Keine so große Aufmerksamkeit hatte bislang das Lauterkeitsrecht. Die Bedeutung lässt sich allerdings schon aus dem EGV ableiten. Schon in der Präambel wird festgehalten, dass redlicher Wettbewerb zu gewährleisten ist. Art 3 lit g EGV verlangt ein System, das den Wettbewerb innerhalb des Binnenmarkts vor Verfälschungen schützt. Insbesondere ist aber auf die Entscheidungen des EuGH zu Art 28 und 30 EGV hinzuweisen, wonach er auch „zwingende Erfordernisse der Lauterkeit des Handelsverkehrs oder des Verbraucherschutzes" für die Rechtfertigung als nationale Vorschrift anerkennt.[7]) Die wichtigsten Regelungen des Sekundärrechts, die zum Lauterkeitsrecht gezählt werden können sind ua die Richtlinie über irreführ-

---

6) http://europa.eu.int

7) Insbesondere in der Cassis de Dijon-Entscheidung, EuGH 20. 2. 1979, Slg 1979, 649.

rende und vergleichende Werbung,[8]) die Fernsehrichtlinie,[9]) die E-Commerce-Richtlinie[10]) und verschiedene produktspezifische Werberichtlinien (zB Humanarzneimittel). In einem vollendeten Binnenmarkt kann das Lauterkeitsrecht nicht an den nationalen Grenzen halt machen, weshalb eine Harmonisierung in diesem Bereich grundsätzlich zu begrüßen ist. Dass aber die vorliegenden Vorschläge diesem Ziel nicht vollständig gerecht werden, geht aus den anschließenden Anmerkungen zu den aktuellen Rechtsvorhaben hervor.

Das Ziel, die Interessen, die Gesundheit und die Sicherheit der Verbraucher in der EU zu fördern, ist in den Artikeln 153 und 95 EGV festgeschrieben. Die Aufgabenbeschreibung der Europäischen Kommission[11]) zeigt deutlich die Vielfältigkeit einer Querschnittsmaterie. Innerhalb der Kommission hat der Konsumentenschutz mit der Einrichtung einer eigenen Generaldirektion an Bedeutung gewonnen.[12])

Wesentlich beim Verständnis für die aktuellen Rechtsvorhaben ist auch die Kompetenzverteilung innerhalb der Europäischen Kommission. Für die kartellrechtlichen Fragen ist die Generaldirektion Wettbewerb zuständig, die aber im Lauterkeitsrecht nur am Rande beteiligt ist. Die aktuellen Vorhaben zum Lauterkeitsrecht wurden von zwei weiteren Generaldirektionen vorgelegt: Der Vorschlag zur Verordnung Verkaufsförderung wurde von der Generaldirektion Markt ausgearbeitet, während der Vorschlag zur Richtlinie über unlautere Geschäftspraktiken von der Generaldirektion Gesundheit und Verbraucherschutz vorgelegt wurde. Interne Abgrenzungen über Kompetenzen scheinen eine der Hauptursachen dafür zu sein, dass die vorliegenden Vorschläge noch weit von einem „harmonischen" – wenn schon nicht vollharmonisierten – Lauterkeitsrecht entfernt sind. Diese Tatsache ist jedenfalls im Widerspruch zu den umfassenden Bemühungen der EK hinsichtlich Rechtsvereinfachung (SLIM – Simplier Legislation in Internal Market-Initiative). Gerade hier wäre die Möglichkeit, die Ursachen von komplizierten, nicht überschaubaren Regeln an der Wurzel zu packen. Die verschiedenen Ratsformationen, denen diese Materien zugeordnet werden (zurzeit Wettbewerbsfähigkeitsrat und Gesundheits- und Verbraucherschutzrat), sind demgegenüber nur ein geringes Problem.

Seitens Österreich und der BRD wurden sehr intensive Bemühungen unternommen, um auf der europäischen Ebene Interesse für ein umfassenderes europäisches Lauterkeitsrecht zu wecken. Während in der BRD als Folge der Liberalisierung des Rabattrechts eine Kommission eingesetzt wurde, die sich auch ausführlich mit den neuen Vorschlägen der EK auf diesem Gebiet

8) RL 1984/450/EWG idF der RL 1997/55/EG.

9) RL 89/552/EWG.

10) RL 2000/31/EG.

11) Insbesondere Einbringung der Verbraucheraspekte in die verschiedenen Politikbereiche, Stärkung der Position der Verbraucher durch aktive Unterstützung der Verbraucherorganisationen in der EU und ihre Einbindung in die Politikentwicklung.

12) *Dauses/Sturm*, Rechtliche Grundlagen des Verbraucherschutzes im EU-Binnenmarkt, ZfRV 1996, 133 ff.

befasst hat, wurde in Österreich im Bundesministerium für Wirtschaft und Arbeit die Arbeitsgruppe UWG[13]) eingerichtet, die sich mit dieser Thematik ausführlich auseinander setzte. Die Mitglieder dieser Kommission sahen in dieser Trennung der Bereiche der Geschäftsbeziehungen zwischen Unternehmern und Verbrauchern und der Geschäftsbeziehungen von Unternehmern untereinander eine unpraktikable Vorgangsweise und kritisierten ebenso das Herkunftslandprinzip, worauf unten noch näher eingegangen wird. Die auf Grund dieser Diskussion von *Prof. Gamerith* erstellte Studie[14]) wurde auch den Europäischen Gremien zur Verfügung gestellt.

III. Aktuelle Rechtsakte und Vorhaben[15])

A. Das Grünbuch zum Verbraucherschutz der EU und die Mitteilung der Kommission zu den Folgemaßnahmen zum Grünbuch

Im Oktober 2001 verabschiedete die EK das Grünbuch zum Verbraucherschutz in der Europäischen Union (KOM [2001] 531 endgültig), womit eine breit angelegte Diskussion über die zukünftige Ausrichtung des Verbraucherschutzes in der EU in Gang gesetzt werden sollte. Die darin genannten zwei konkreten Projekte sind einerseits Regelungen über faire Geschäftspraktiken und andererseits ein Rechtsrahmen für die Verbesserung der Zusammenarbeit zwischen den für die Durchsetzung von Verbraucherschutz zuständigen Behörden. Bei den Überlegungen im Bereich fairer Geschäftspraktiken wurden zwei Ansätze zur Diskussion gestellt: Die Fortführung des bisherigen spezifischen Ansatzes (Regelungen in speziellen Bereichen zB IrreführungsRL) oder ein kombinierter Ansatz mit einer Rahmenrichtlinie. Schon im Grünbuch geht die Kommission von einem Regulierungsbedarf lediglich im Bereich der Verhältnisse zwischen Unternehmer und Verbrauchern (B2C) aus, nicht jedoch zwischen Unternehmern (B2B).

Die Auswertung der Diskussionsbeiträge erfolgte in der Mitteilung der Kommission Folgemaßnahmen zum Grünbuch über Verbraucherschutz in der EU (KOM [2002] 289 endgültig). Als Ergebnis wurde der Reformbedarf im Bereich des Lauterkeitsrechts bejaht und der so genannte kombinierte Ansatz mit einer Rahmenrichtlinie bevorzugt. Der Geltungsbereich wurde seitens der Kommission weiterhin auf den Bereich B2C beschränkt.

---

13) *Hon. Prof. Helmut Gamerith; Hon. Prof. Dr. Irmgard Griss,* Hofrätin des OGH; *Dr. Elfriede Dworak,* HG Wien; *Univ.-Doz. Dr. Hanspeter Hanreich,* WKÖ; *Mag. Helmut Gahleitner,* BAK; *Dr. Maria Reiffenstein,* BMSG; *Dr. Lothar Wiltschek,* RA; *Mag. Hannes Seidelberger,* Schutzverband gegen unlauteren Wettbewerb.

14) *Gamerith,* Neue Herausforderungen für ein Europäisches Lauterkeitsrecht (2002), Studie im Auftrag des Bundesministeriums für Wirtschaft und Arbeit.

15) Hier werden nur die Rechtsvorhaben im Bereich des unlauteren Wettbewerbs und damit des Wettbewerbsrechts im engeren Sinne dargestellt. Zu verweisen ist allerdings auf die Rechtsakte im Bereich des Kartellrechts, insbesondere auf die Neufassungen der VO Nr 1 (Marktmachtmissbrauch) und die Fusionskontrollverordnung, welche mit 1. 5. 2004 in Kraft getreten sind.

B. Verordnungsvorschlag Verkaufsförderung[16])[17])

Den ersten Vorschlag zu einer Verordnung über Verkaufsförderung legte die Kommission wie das Grünbuch Verbraucherschutz im Oktober 2001 vor. Auf Grund der umfassenden Kritik seitens der Mitgliedstaaten und des Parlaments wurde der – allerdings nur in wenigen Punkten geänderte – Vorschlag von der Kommission im Oktober 2002 neuerlich vorgelegt. Ausgangspunkt dieses Verordnungsvorschlages der Kommission waren die Darstellungen des geltenden Rechts in den Mitgliedstaaten im Rahmen der Expertengruppe Kommerzielle Kommunikation und dem Grünbuch Kommerzielle Kommunikation.[18]) Als generelles Ziel der Verordnung wird ein reibungsloses Funktionieren des Binnenmarktes angeführt, wobei die fortschreitende Nutzung und kommerzielle Kommunikation verkaufsfördernder Aktionen zur Ankurbelung grenzübergreifender Wirtschaftstätigkeit unerlässlich sei. Voraussetzung der Maßnahmen sei ein hohes Maß an Verbraucherschutz und der Schutz der kleinen und mittleren Unternehmen. Derzeit sei die Nutzung und Kommunikation verkaufsfördernder Aktionen in der Gemeinschaft durch verschiedene rechtliche Hemmnisse eingeschränkt, was das reibungslose Funktionieren des Binnenmarktes behindere. Das Instrument der Verordnung – an Stelle einer Richtlinie, die von vielen Mitgliedstaaten bevorzugt worden ist –, würde nach Meinung der Kommission vor allem die Rechtssicherheit für Verbraucher und KMU stärken.

Unter Verkaufsförderaktion versteht der Entwurf (Art 2 lit b) das Anbieten von Rabatten, unentgeltlichen Zuwendungen, Zugaben oder die Möglichkeit zur Teilnahme an einem Preisausschreiben oder einem Gewinnspiel. Der Geltungsbereich der VO umfasst verkaufsfördernde Aktionen, die alle von „zeitlich befristeter Natur" sind, im Gegensatz zu langfristigen Preissenkungen. Konkret wurden auch Treueprogramme und Flugmeilensysteme, Preisausschreiben und Gewinnspiele (nicht aber Glücksspiele) als in den Geltungsbereich fallende Methoden genannt. Demgegenüber würden innerstaatliche Regelungen über Saisonschlussverkäufe, Räumungsverkäufe und Ausverkäufe wegen Geschäftsauflösung von der VO unberührt bleiben. Ebenso könnten spezifische wettbewerbsrechtliche Bestimmungen im Zusammenhang mit der Presse aufrecht erhalten bleiben. Als Kunde ei-

---

16) Vorschlag für eine VO des EP und des Rates über Verkaufsförderung im Binnenmarkt vom 2. 10. 2001 (KOM [2001] 546 endgültig), Geänderter Vorschlag vom 30. 10. 2002 (KOM [2002] 585).

17) Das Dossier wurde seitens der Ratsvorsitzenden zwischenzeitig zurückgestellt. Bei den jeweiligen Ministerräten wurde beschlossen, dass zunächst das Vorhaben der Rahmenrichtlinie über unfaire Geschäftspraktiken behandelt werden sollte. In diesem Aufsatz wird daher nur grundsätzlich bzw in den wesentlichen Punkten auf diesen VO-Vorschlag eingegangen. Die Kommentare beziehen sich auf den bereits geänderten Vorschlag vom Oktober 2002. Ein von der irischen Ratspräsidentschaft vorgelegter Kompromissvorschlag konnte nicht die notwendige Zustimmung finden. Seitens der Europäischen Kommission besteht die Absicht, die Verhandlungen im Herbst 2004 wieder aufzunehmen.

18) Grünbuch Kommerzielle Kommunikation im Binnenmarkt, KOM (1996) 192 endgültig vom 18. 5. 1996.

ner Verkaufsförderaktion versteht die VO sowohl Unternehmen als auch Private, dh im Gegensatz zur Richtlinie über faire Geschäftspraktiken liegt hier keine Einschränkung auf den B2C Bereich vor.

Als Kernstück des VO-Vorschlags kann Art 3 bezeichnet werden. Nach Z 1 werden die Mitgliedstaaten oder nicht öffentliche Regulierungsstellen verpflichtet, keine generellen Verbote der Nutzung und kommerziellen Kommunikation verkaufsfördernder Aktionen (ausgenommen das Gemeinschaftsrecht sieht solche Verbote vor) und Beschränkungen hinsichtlich des Wertes verkaufsfördernder Maßnahmen zu erlassen (bzw beizubehalten). Derartige Beschränkungen sind jedoch bei Rabatten auf Erzeugnisse mit Preisbindung und bei Verkäufen unter den Selbstkosten erlaubt. Gerade letzteres war eine wesentliche Forderung von vielen Mitgliedstaaten, die ein solches Verbot des Verkaufs unter dem Einstandspreis im geltenden Recht vorsehen. Mit diesem Zugeständnis der Möglichkeit der Verbote von Verkäufen unter dem Einstandspreis hoffte die EK offenbar, die Verordnung verwirklichen zu können. In Österreich ist das Verbot des Verkaufs unter dem Einstandspreis nach der Aufhebung durch den VfGH[19]) ähnlich wie in der BRD als Marktmachtmissbrauchsregel im KartellG geregelt. Indem die Verordnung das Wettbewerbsrecht unberührt lässt, hätte es daher für Österreich und BRD in diesem Zusammenhang ohnedies keinen Änderungsbedarf gegeben.

Das Verbot von Beschränkungen geht einher mit Informationspflichten, die in Art 4 und dem entsprechendem Anhang vorgesehen sind. Dies gab Anlass zu einer weitgehenden Diskussion bzw Fragestellung über die Praktikabilität solcher Informationspflichten. Im Anhang wurden obligatorische Angaben und Angaben, die auf Verlangen vom Konsumenten zur Verfügung zu stellen wären, angeführt. Die Liste führte vor Augen, dass dies nicht nur eine Belastung für den Unternehmer, der solche Informationen zur Verfügung zu stellen hätte und teilweise gar nicht könnte, darstellen würde, sondern auch für den Konsumenten eine Informationsflut bedeuten würde, die mehr in die Irre führen könnte als sie nützen würde. Diese Problematik schlug sich im überarbeiteten Kommissionsentwurf in einem ergänzenden Präambelpunkt nieder. Dort wurde nämlich festgehalten, dass weder für Verbraucher noch für Unternehmen übermäßige Informationsauflagen bei der Verkaufsförderung sinnvoll seien. Vom Regulierungsansatz her wird hier ein weniger weitgehender Eingriff gewählt – nämlich an Stelle von Verboten treten Informationspflichten. Im Sinne der Schonung des Grundrechtes der Erwerbsfreiheit ist diese Methode die günstigere. Wie oben aufgezeigt, kann aber ein Mehr an Informationspflichten ein Weniger an Konsumentenschutz bringen.

Ein weiterer sehr umstrittener Punkt war die Festlegung des Herkunftslandprinzips (es gilt das Recht des Landes, in dem das Unternehmen seinen Sitz hat) in Art 3 Z 2 des Verordnungsvorschlags, welcher vorsieht, dass andere grenzübergreifende Hemmnisse für die Nutzung und kommerzielle Kommunikation verkaufsfördernder Aktionen durch die Anwendung des Prinzips der gegenseitigen Anerkennung innerstaatlicher Rechtsvorschrif-

19) VfGH vom 15. 6. 1990, GZ 56/89, SlgNr 12.379.

ten beseitigt werden. Wie aus der Präambel hervorgeht, sind damit solche innerstaatlichen Vorschriften gemeint, die sich auf die Nutzung verkaufsfördernder Aktionen oder ihre Bekanntmachung mittels kommerzieller Kommunikation beziehen. Auch hier wurden viele Fragen des Geltungsbereiches aufgeworfen, die nicht immer zufrieden stellend beantwortet werden konnten. Bei der Diskussion wurde immer auf die bereits beschlossene E-Commerce Richtlinie verwiesen, die ebenso in einem Teilbereich das Herkunftslandprinzip vorsieht. Nun kann man aber gerade bei der E-Commerce-Richtlinie auf die Problematiken der Anwendung des Herkunftslandprinzips verweisen. Die Dringlichkeit einer raschen Verabschiedung der E-Commerce-Richtlinie war angesichts der raschen Entwicklung auf diesem Gebiet angebracht, spätere Verbesserungen der Richtlinie sind aber nicht ausgeschlossen.

Insgesamt betrachtet, konnte der VO-Vorschlag die Mitgliedstaaten bislang nicht überzeugen. Die wesentlichen Kritikpunkte betreffen, wie schon oben angeführt, das Herkunftslandprinzip und die nicht klare Abgrenzung des Geltungsbereichs. Weiters ist die inkonsistente Begründung für die Notwendigkeit der Verordnung auffallend. So werden als Begünstigte dieser VO kleine und mittlere Untenehmen (KMU) angeführt. Es gibt viele, auch sehr allgemeine Bekenntnisse der EU zur KMU-Politik. Gerade aber in diesem Bereich sind die Vorteile für die KMU durch die Aufhebung von Zugabenverboten nicht leicht nachvollziehbar.

Durch das WettbewerbsderegulierungsG 1992 hat Ö das RabattG aufgehoben und das reformierte Zugabenrecht im UWG integriert. Bis zur jüngsten Reform in der BRD war Österreich auf diesem Rechtsgebiet damit liberaler als die BRD. Inzwischen wurde in der BRD zwar das Zugabenverbot aufgehoben, Zugaben sind aber nunmehr anhand der allgemeinen Klausel in § 1 deutsches UWG zu beurteilen, was jedenfalls mehr Rechtsunsicherheit bedeuten kann. Was die Normierung auf EU-Ebene anbelangt, so zeigt gerade dies die Notwendigkeit der gemeinsamen Behandlung mit den Fragen der fairen Geschäftspraktiken auf. Eine Notwendigkeit, die von der EK ständig zurückgewiesen wurde, nicht zuletzt aber wegen der unterschiedlichen Zuständigkeiten innerhalb der Kommission. Auf Grund des Beschlusses des Wettbewerbsfähigkeitsrates soll zunächst die RL über unlautere Geschäftspraktiken behandelt werden.

C. *Vorschlag für eine RL über unlautere Geschäftspraktiken*[20])

1. Ziel der Richtlinie

Wie oben bereits angeführt, gründet die Idee dieser Richtlinie im Grünbuch Verbraucherschutz und in dem darauf basierenden Folgedokument, wo diese Richtlinie als „Rahmenrichtlinie" bezeichnet wurde. Die unter-

---

20) Vorschlag für eine RL über unlautere Geschäftspraktiken im binnenmarktinternen Geschäftsverkehr zwischen Unternehmen und Verbrauchern und zur Änderung der Richtlinien 84/450/EWG, 97/7/EG und 98/27/EG, KOM(2003) 356 endgültig.

schiedlichen Regelungen hinsichtlich Marketingmethoden in den Mitgliedsstaaten seien eine Barriere im Binnenmarkt, die es zu beseitigen gelte. Bemerkenswert ist jedenfalls, dass in der Begründung der Druck der Preise nach unten besonders im Vordergrund steht. (In der Begründung wird insbesondere der Cardiff-Bericht zitiert, wonach der durchschnittliche Einzelhandelspreis für ein Produkt in einem Mitgliedstaat bis zu 40% über oder unter dem EU-Durchschnitt liegen kann. Auf nationaler Ebene betrage diese Abweichung rund 5%.) Qualitative Aspekte werden in der Begründung zur RL nicht direkt angeführt, obwohl diese ebenso von Bedeutung für die Konsumenten sein müssten. Ziel der Richtlinie ist die „vollständige Harmonisierung der Rechtsvorschriften über unlautere Geschäftspraktiken im Verhältnis zwischen Unternehmen und Verbrauchern", um zu einem reibungslosen Funktionieren des gemeinsamen Marktes und dem Erreichen eines hohen Verbraucherschutzniveaus beizutragen (Art 1). Dieses Ziel an sich ist jedenfalls begrüßenswert, sind in einem Binnenmarkt ja gerade beim Lauterkeitsrecht möglichst gleiche Rahmenbedingungen erforderlich, um Wettbewerbsverzerrungen zu vermeiden. Dass aber auch der vorliegende RL-Entwurf dieser Zielsetzung nur zum Teil gerecht wird, sei unter den folgenden Inhaltspunkten aufgezeigt.

2. Geltungsbereich der Richtlinie

An Stelle der bisherigen unterschiedlichen Generalklauseln und Grundsätze der Mitgliedstaaten tritt ein generelles Verbot von unlauteren Geschäftspraktiken, die das wirtschaftliche Verhalten der Verbraucher wesentlich beeinflussen. Damit ist auch schon einiges zum Geltungsbereich ausgesagt. Die Richtlinie beschränkt sich nämlich auf Geschäftsbeziehungen zwischen Unternehmern und Endverbrauchern (Business to Consumer, B2C). Voraussetzung wäre auch die wesentliche Beeinflussung der wirtschaftlichen Interessen der Verbraucher (Verbraucherbenachteiligungsprüfung), womit Handlungen, die zwar als unlauter gewertet werden könnten, aber die wirtschaftlichen Interessen der Verbraucher nicht beeinträchtigen (zB sklavische Nachahmung, wo es egal ist, ob für den Verbraucher eine Verwechslungsgefahr besteht, oder Schlechtmachen eines Mitbewerbers) nicht unter den Geltungsbereich der Richtlinie. Diese Trennung des Bereichs der Geschäftsbeziehungen zwischen Unternehmern und Endverbrauchern von den Geschäftsbeziehungen von Unternehmern untereinander ist eines der wesentlichen Kritikpunkte seitens Österreich und BRD, wo den nationalen Gesetzen gegen den unlauteren Wettbewerb eine solche Trennung fremd ist.

In den Ratsarbeitsgruppensitzungen wurden seitens Österreich und der BRD die Argumente für eine gemeinsame Behandlung dieser zwei Bereiche ausführlich dargelegt. In der Praxis kann keine wirkliche Trennung zwischen Geschäftspraktiken, welche sich nur auf Verbraucher oder nur auf Unternehmer als Mitbewerber auswirken, vorgenommen werden. Jede Werbung an einen Verbraucher hat idR Auswirkungen auch auf die Mitbewerber, und umgekehrt, weshalb nach dem österreichischen UWG (wie auch deutschem UWG) einheitliche Bestimmungen angewandt werden. Für diese Sichtweise begegnete man zunächst wenig Aufmerksamkeit von anderen Mitgliedstaaten, die kein so entwickeltes Recht gegen den unlauteren Wettbewerb haben wie Österreich und BRD. Erst im Laufe der Zeit schlossen sich auch andere Mitgliedstaaten (S, SF, DK, PL, NL) dieser Meinung an. Die EK wies die Forderung mit dem Argument zurück, dass es im Bereich B2B keine Beschwerden gab, die Anlass für eine Einbeziehung geben würden. Ein weiterer Grund dürfte natürlich auch sein, dass der Vorschlag aus der Generaldirektion Gesundheit und Konsumentenschutz kommt, was eine Überschreitung der Kompetenzen bedeutet hätte.

Ausgeklammert vom Geltungsbereich bleiben Kartellfragen, das Vertragsrecht und Schadenersatzrecht, ebenso wie das internationale Privatrecht von der RL unberührt bleiben soll. Hinsichtlich der Schutzgüter beschränkt sich der Richtlinienvorschlag auf die wirtschaftlichen Interessen der Verbraucher, nicht umfasst sind daher andere Interessen (zB Gesundheit und Sicherheit). Der gegenständliche Entwurf, im Grünbuch bereits „Rahmenrichtlinie" bezeichnet,[21]) ist als subsidiäre Norm zu verstehen. Dort nämlich, wo sektorspezifisches Recht vorhanden ist, hat dieses Vorrang. Werden von einer sektoralen Richtlinie nur bestimmte Aspekte geregelt, so hat die Rahmenrichtlinie eine „ergänzende" Rolle.[22])

Gemäß Art 3 des RL-Entwurfs sind unlautere Geschäftspraktiken vom Anwendungsbereich umfasst, wenn sie vor und nach Abschluss eines auf ein Produkt bezogenes Rechtsgeschäft angewandt werden. Aus den sonstigen Bestimmungen in der RL (insb Art 5 bis 9) geht aber hervor, dass eine bloße Eignung ausreichend ist.

3. Materielle Inhalte der Richtlinie

Das generelle Verbot unlauterer Geschäftspraktiken ist in Art 5 vorgesehen. Als unlauter gelten Geschäftspraktiken dann, wenn sie dem Gebot der beruflichen Sorgfaltspflicht widersprechen und sie im konkreten Fall unter Würdigung aller tatsächlichen Umstände das wirtschaftliche Verhalten des Durchschnittsverbrauchers, den sie erreicht oder an den sie sich richtet, in Bezug auf das jeweilige Produkt wesentlich beeinflusst oder dazu geeignet ist. Als unlauter gelten die Geschäftspraktiken insbesondere dann, wenn sie irreführend oder aggressiv sind. In einem Anhang sind Beispiele angeführt, die jedenfalls als unlauter gelten. Darunter zählen zB falsche Behauptungen über die Zugehörigkeit zu einem Verhaltenskodex; Lockangebote; „bait-and switch"-Technik (Gewerbetreibender bewirbt ein Produkt, das er dann zB schlecht macht, um ein anderes abzusetzen); Gewerbetreibender behauptet fälschlicherweise, dass Produkt sei nur kurze Zeit verfügbar und verleitet damit Kunden zur sofortigen Entscheidung; als Information getarnte Wer-

21) Obwohl dem EGV ein solches Instrument unbekannt ist.
22) Begründung zur RL 12.

bung in Medien; Schneeballsysteme zur Verkaufsförderung; missbräuchliche Verwendung des Begriffes Räumungsverkauf; dem Verbraucher wird der Eindruck vermittelt, er könne die Geschäftsräumlichkeiten ohne Vertragsunterzeichnung oder Zahlung nicht verlassen; bei lange währenden oder wiederholten Hausbesuchen wird die Aufforderung die Wohnung zu verlassen, nicht beachtet; hartnäckiges und unerwünschtes Ansprechen über Telefon; unbestellte Waren oder Dienstleistungen. Ob der wie im österreichischen Recht vorgesehene Rechtsbruch unter das generelle Verbot fällt, geht noch nicht klar hervor.

Das generelle Verbot von unlauteren Geschäftspraktiken im Art 5 wird durch eine nähere Beschreibung von irreführenden Handlungen und Unterlassungen (Art 6 und 7) einerseits und aggressiven Geschäftspraktiken (Art 8 und 9) andererseits scheinbar ergänzt. Wie diese Beschreibungen in Relation zum generellen Verbot stehen sollen, wird in der Begründung wie folgt dargelegt: „Die entsprechenden Bestimmungen enthalten dieselben Tatbestandsmerkmale wie das generelle Verbot, sind aber unabhängig von diesem anwendbar. Das bedeutet, dass eine Geschäftspraxis, die entweder „irreführend" oder „aggressiv" im Sinne der entsprechenden Bestimmung ist, automatisch als unlauter gilt; eine Geschäftspraxis, die weder „irreführend" noch „aggressiv" ist, ist somit anhand des generellen Verbots zu beurteilen" (FN S 9f). Ebenso wurde von der Kommission festgehalten, dass die Auflistungen in Art 6 und 7 nicht demonstrativ, sondern taxativ zu sehen seien.

Maßstab für die Bewertung der Wirkung einer Praxis ist gem RL-Vorschlag der „durchschnittlich informierte, aufmerksame und verständige" Durchschnittsverbraucher, wobei auf die Judikatur des EuGH verwiesen wird. Auf Grund des Prinzips der Verhältnismäßigkeit ist dies der Fall, wenn sich eine Geschäftspraxis an die Allgemeinheit der Verbraucher richtet und diese erreicht. Richtet sich eine Geschäftspraxis an eine spezielle Gruppe (zB Kinder) so ist ein durchschnittliches Mitglied der jeweiligen Gruppe heranzuziehen.

Ein heftig umstrittener Punkt – wie auch beim oben dargestellten Vorschlag für eine Verordnung zur Verkaufsförderung – ist das Herkunftslandprinzip (Binnenmarktklausel) in Art 4, wonach sich Gewerbetreibende lediglich an die in ihrem Herkunftsland geltenden Vorschriften halten müssten. Andere Mitgliedstaaten dürften keine zusätzlichen Anforderungen an Gewerbetreibende stellen, die sich an die Vorschriften des Herkunftslands halten (Grundsatz der gegenseitigen Anerkennung).[23]) Die EK begründet diese Vorgangsweise mit mehr Rechtssicherheit. Doch dieses Argument würde nur bei einem vollständig harmonisierten Zustand gelten. Wie sich aber alleine schon aus der obigen Beschreibung des Geltungsbereiches mit der Aufsplitterung von B2C und B2B darstellt, ergeben sich viele Unklarheiten hinsichtlich des anwendbaren Rechts in örtlicher und materieller Hinsicht. Ein Unternehmer müsste sich dann je nach dem, ob es sich um eine

23) Begründung zur RL 8f.

Geschäftsbeziehung im B2B Bereich oder im B2C Bereich handelt, mit den unterschiedlichsten Rechtsmaterien befassen. Zweifellos führt dieses System auch zu einer Senkung der Standards, zumal ja eine Inländerdiskriminierung grundsätzlich nach österreichischem Recht verfassungswidrig ist[24]) und entsprechende Anpassungen erforderlich wären.

Diese Unklarheiten verschärfen sich durch eine Aufsplittung der geltenden Irreführungsrichtlinie,[25]) die bislang sowohl B2B als auch B2C umfasst, welche auch inhaltliche Ungereimtheiten mit sich bringt. Die EK sieht in der Aufnahme der verbraucherbezogenen Bestimmungen der Irreführungsrichtlinie in den gegenständlichen Entwurf eine Verbesserung der Klarheit und Vereinfachung.

Hinsichtlich einer tiefergehenderen Stellungnahme wird auf *Hannes Seidelberger,* Vorschläge für eine europäische Harmonisierung des Lauterkeitsrechts, ÖBl 2002/57 sowie auf *Helmut Gamerith,* Neue Herausforderungen für ein Europäisches Lauterkeitsrecht (2002) verwiesen.[26])

Am 18. Mai 2004 erwirkte die irische Präsidentschaft eine politische Einigung[27]) am Wettbewerbsfähigkeitsrat. Demnach wurde auf das Herkunftslandprinzip verzichtet, wenngleich auf das Verbot der Behinderung des Waren- und Dienstleistungsverkehrs im Binnenmarkt verwiesen wird. Aufgrund des großen Fortschrittes bei dieser RL werden somit die Umsetzungsarbeiten im BMWA zum Zeitpunkt der Veröffentlichung dieser Festschrift bereits im Gange sein.

D. Vorschlag für eine VO über die Zusammenarbeit im Verbraucherschutz[28])

Dieses ebenso im Grünbuch Verbraucherschutz vorgesehene Rechtsvorhaben verabschiedete die Kommission im Juli 2003 und beinhaltet den Vorschlag eines EU-weiten Netzwerkes, um den Informationsaustausch und die Zusammenarbeit nationaler Behörden zu verbessern. Demnach haben

---

24) Vgl VfGH, 1997/10/07, V 76/97 und 92/97, Slg Nr 14.963 im Zusammenhang mit dem Gewerberecht.

25) RL 1984/450 EWG, geändert durch RL 1997/55/EG.

26) Siehe allgemein folgende Literaturangaben: *Dauses/Sturm,* Rechtliche Grundlagen des Verbraucherschutzes im EU-Binnenmarkt, ZfRV 1996, 133 ff; *Gamerith,* Neue Herausforderungen für ein Europäisches Lauterkeitsrecht (2002), Studie im Auftrag des Bundesministeriums für Wirtschaft und Arbeit; *Handig,* Das Herkunftslandprinzip im Wettbewerbsrecht, ecolex 2002, 672; *Koppensteiner,* Österreichisches und europäisches Wettbewerbsrecht (1997); *Koppensteiner,* Zugaben de lege ferenda, ÖBl 2000, 195; *Korinek,* „Verbraucherschutz", Symposion der Studiengesellschaft für Recht und Wirtschaft am 8. und 9. 4. 1999 in Graz, ÖJZ 1999, 640; *Köhler/Lettl,* Das geltende europäische Lauterkeitsrecht, der Vorschlag für eine EG-Richtlinie über unlautere Geschäftspraktiken und die UWG-Reform, WRP 2003, 1019; *Schricker/Henning-Bodewig,* Elemente einer Harmonisierung des Rechts des unlauteren Wettbewerbs in der EU, WRP 2001, 1367; *Seidelberger,* Vorschläge für eine europäische Harmonisierung des Lauterkeitsrechts, ÖBl 2002/57; *Wiltschek,* Zugabenverbot in Bedrängnis, ÖBl 2002/1; *Wiltschek,* Gesetz gegen den unlauteren Wettbewerb[7] (2003).

27) Dok Nr 9475/04, CONSOM 49, 01/161, CODEC 717.

28) VO über die Zusammenarbeit zwischen den für die Durchsetzung der Verbraucherschutzgesetzte zuständigen nationalen Behörden (Kom [2003] 443 endgültig).

die Mitgliedstaaten die für die Durchsetzung der Gesetze zum Schutz der Verbraucherinteressen verantwortlichen zuständigen Behörden und eine zentrale Verbindungsstelle zu benennen. In Art 4 des VO-Vorschlags werden Ermittlungs- und Durchsetzungsbefugnisse aufgelistet, die den zuständigen Behörden zukommen sollen. Ausdrücklich wird festgehalten, dass die gegenseitige Amtshilfe für innergemeinschaftliche Verstöße gilt, dh jede gegen die Gesetze zum Schutz der Verbraucherinteressen verstoßende Handlung, die die Kollektivinteressen der in einem anderen Mitgliedstaat oder anderen Mitgliedstaaten als dem, in dem der Verstoß stattfand, ansässigen Verbraucher schädigt oder schädigen könnte. Ebenso vorgesehen ist ein Durchsetzungsersuchen, wonach die ersuchte Behörde alle erforderlichen Maßnahmen zu treffen hat, um unverzüglich eine Einstellung oder ein Verbot des innergemeinschaftlichen Verstoßes zu bewirken.

Weitere Bestimmungen betreffen insbesondere die Art und Weise der Zusammenarbeit, Verwertung von Informationen und Berichtspflichten. Das internationale Privatrecht, die Regeln über die strafrechtliche und zivilrechtliche justizielle Zusammenarbeit und die gemeinschaftsrechtlichen Bestimmungen zum Binnenmarkt sollen dadurch unberührt bleiben.

IV. Schlussbemerkungen

Der Binnenmarkt verlangt nach einem harmonisierten Lauterkeitsrecht. Fairer Wettbewerb kann nicht vor den nationalen Grenzen halt machen. Das Lauterkeitsrecht ist besonders im deutschsprachigen Europa sehr weit entwickelt und durch die Judikatur gefestigt. Unter dem hehren Ziel eines harmonisierten Lauterkeitsrechts verstehen wir freilich etwas anderes als die vorliegenden Vorschläge der Europäischen Kommission bzw Rechtsakte. Es stellt sich die Frage, ob es nicht besser gewesen wäre, sich für dieses Projekt auf EU-Ebene mehr Zeit zu nehmen, als einen bloß eklektischen Ansatz einer Harmonisierung zu wählen, der mehr Unklarheiten aufwirft als das geltende Recht.

Eine Zusammenführung der beiden Vorschläge der zwei Generaldirektionen wäre jedenfalls zu begrüßen gewesen, da jeder Vorschlag für sich die Grenzen der jeweiligen Kompetenzen offensichtlich macht. In einer Gemeinschaft sind aber Kompromisse zu schließen und zu akzeptieren. Für die nationale Ebene heißt das dann, das Beste bei der Umsetzung daraus zu machen.

Wettbewerbsrechtliche Aspekte des Gewerbeumfangs

Ferdinand Wallner

Inhaltsübersicht:

I. Einleitung

Das unternehmerische Auftreten im Geschäftsverkehr ohne Gewerbeberechtigung verstößt nach ständiger Lehre, Judikatur und Kommentarmeinung jedenfalls gegen die guten Sitten im Sinne des § 1 UWG. Derart Handelnde verschaffen sich durch das Nichterfüllen der von der österreichischen Gewerbeordnung[1]) festgelegten Zugangsregeln für die Erlangung einer Gewerbeberechtigung jedenfalls einen ungerechtfertigten Wettbewerbsvorteil.

Nach den Bestimmungen der Gewerbeordnung stellt aber nicht nur die Ausübung[2]) einer ihr unterliegenden Tätigkeit ohne Gewerbeanmeldung eine unbefugte, unter Strafandrohung stehende Tätigkeit[3]) dar. Auch die bloße Überschreitung des Gewerbeumfangs ist als unbefugte Gewerbeausübung zu qualifizieren. Derartigen Überschreitungen ist nämlich von vornherein zumindest die Absicht eines mittelbaren wirtschaftlichen Vorteils im Sinne einer Förderung der gewerbsmäßig ausgeführten Haupttätigkeit zu unterstellen.

Das Nichtvorhandensein einer Gewerbeberechtigung lässt sich objektiv vorweg durch Nachschau im zentralen Gewerberegister feststellen. Findet sich dort kein entsprechender Eintrag für denjenigen Rechtsträger, welchem die der Gewerbeordnung unterliegende Tätigkeit zuzurechnen ist, liegt ein wesentliches Indiz für eine unbefugte Gewerbeausübung vor.[4]) In weiterer

---

1) Gewerbeordnung 1994, BGBl 1994/111 in der Fassung BGBl I 2003/48, in der Folge kurz: GewO 1994.

2) Als Gewerbeausübung gilt bereits auch die Realisierung einer der in § 1 Abs 4 GewO 1994 angeführten Tatbestände.

3) Siehe § 366 Abs 1 Z 1 GewO 1994.

4) Zu beachten ist, dass der Eintrag im Gewerberegister meist nicht taggleich mit der Gewerbeanmeldung erfolgt.

Folge ergibt sich noch die Notwendigkeit einer Zuordnung der Tätigkeit entweder zu einem der reglementierten Gewerbe bzw gegebenenfalls zu der Gruppe der freien Gewerbe.

Wesentlich komplizierter gestaltet sich die Lösung der Frage, ob eine Überschreitung vorhandener Gewerbeberechtigungen und daraus resultierend eine unbefugte Gewerbeausübung vorliegt. Wie in den folgenden Kapiteln darzustellen sein wird, lässt sich diese Frage nicht einfach vom Wortlaut der Gewerbeberechtigung(en) oder anhand der sonstigen Rechtsvorschriften der Gewerbeordnung erschließen. Eine definitive Feststellung erfordert die Heranziehung der Umfangsregeln der Gewerbeordnung,[5]) allenfalls auch die Durchführung eines Verfahrens über den Umfang von Gewerbeberechtigungen und zur Einreihung von Gewerben. Letzteres fällt in den Zuständigkeitsbereich des Bundesministers für Wirtschaft und Arbeit.[6])

Festzustellen ist, dass die in Wettbewerbsverfahren zuständigen Gerichte nicht an Umfangsentscheidungen der Gewerbebehörden gebunden sind. Es ergibt sich dadurch leider auch immer wieder eine Diskrepanz bei den Rechtsanschauungen des Verwaltungsgerichtshofs und des OGH.

Kritisch wird oft angemerkt, dass in Wettbewerbsverfahren sowohl bei Vertretern der Kläger, aber auch der Beklagten eine relative Unorientiertheit über die gewerberechtlichen Auslegungsregeln zu orten sei. Dem ist entgegen zu halten, dass der Gesetzgeber der in immer kürzeren Abständen stattfindenden Gewerberechtsnovellen[7]) in den letzten zehn Jahren mit dem Bestreben einer vermeintlichen „Liberalisierung" durch Änderung bereits ausjudizierter Umfangsregeln eher Verwirrung gestiftet denn Klarheit geschaffen hat. Im Rahmen dieses Beitrags sollen daher die Grundregeln betreffend den Gewerbeumfang im Lichte des aktuellen Gesetzesstandes – so weit dies in der gebotenen Kürze möglich ist – erläutert werden.

II. Grundsätze zur Beurteilung des Gewerbeumfangs

Der Umfang einer Gewerbeberechtigung ist vorweg anhand des Gewerbewortlautes im Zusammenhalt mit den einschlägigen Rechtsvorschriften[8]) zu beurteilen. Reichen diese Parameter nicht aus, sind im Zweifelsfall behelfsweise die den einzelnen Gewerben eigentümlichen Arbeitsvorgänge, die verwendeten Roh- und Hilfsstoffe sowie Werkzeuge und Maschinen,

5) Siehe § 29 GewO 1994.

6) Siehe § 349 GewO 1994.

7) Seit der Wiederverlautbarung der Gewerbeordnung mit BGBl 1994/194 erfolgten neun wesentliche Gesetzesänderungen, wovon gerade die GewR-Nov 2002, BGBl I 2002/111, so tief greifende Änderungen – insbesondere auch hinsichtlich der Umfangsbestimmungen – vornahm, dass eine Wiederverlautbarung erforderlich wäre.

8) Zu den einschlägigen Rechtsvorschriften zählen ua die § 6, § 31 Abs 1, die §§ 29 bis 37, die Bestimmungen des II. Hauptstückes für einzelne Gewerbe sowie die Übergangsbestimmungen, insbesondere § 376 GewO 1994 – s VwGHSlg 9566 A/1978; Regelungen in Befähigungsverordnungen nur dann, wenn sie über bloße Benennung von Prüfungsgegenständen konkrete Aussagen über den Umfang des Gewerberechts enthalten – s VwGHSlg 11.459 A/1984, VwGH 22. 2. 1994, 93/04/0224.

die historische Entwicklung sowie allenfalls auch rechtskonforme Vereinbarungen und Anschauungen der beteiligten gewerblichen Kreise zur Beurteilung des Berechtigungsumfangs heranzuziehen.[9])

Als einschlägige Rechtsvorschriften sind vorweg alle Rechtsvorschriften in der Gewerbeordnung selbst oder in Ausführungsverordnungen zu dieser zu qualifizieren, die den Tätigkeitsbereich der Gewerbe allgemein[10]) oder des betreffenden Gewerbes expressis verbis regeln. Eine in der Gewerbeordnung selbst erfolgende Beschreibung des Tätigkeitsbereichs des betreffenden Gewerbes kann sog Vorbehaltsrechte aber auch sog Nebenrechte umfassen.

A. *Vorbehaltsrechte*

Die Vorbehaltsrechte stellen den sog „Kernbereich" des Gewerbes, dh diejenigen Tätigkeitsfelder des Gewerbes dar, zu deren befugten Ausübung idR eine Anmeldung dieses Gewerbes erforderlich ist. Die Vorbehaltsrechte reglementierter Gewerbe sind entweder im Gesetz selbst festgelegt[11]) oder ergeben sich aus den dem betreffenden Gewerbe unter Berücksichtigung der historischen Entwicklung, den jeweiligen Ausbildungsvorschriften usw nach Anschauung der beteiligten gewerblichen Kreise allgemein zugeschriebenen Tätigkeitsfeldern.[12])

Eine Sonderstellung nehmen die sog verbundenen Gewerbe[13]) insofern ein, als bei Vorhandensein der Gewerbeberechtigung für eines der verbundenen Gewerbe in vollem Umfang auch die Tätigkeiten des anderen verbundenen Gewerbes ohne zusätzliche Gewerbeanmeldung ausgeübt werden dürfen. Der Berechtigungsumfang erstreckt sich daher jeweils auf alle Tätigkeitsfelder der miteinander verbundenen Gewerbe.

An sich kann von der Grundregel ausgegangen werden, dass die Vorbehaltsrechte derjenigen Gewerbe, deren Ausübung an die Prüfung der Zuverlässigkeit des Gewerbeinhabers bzw der Personen mit maßgeblichen Einfluss auf den Betrieb gebunden ist (sog „Rechtskraftvorbehaltsgewerbe"), [14]) in der Gewerbeordnung selbst beschrieben sind. Die Beschreibung der Vorbehaltsrechte sonstiger reglementierter Gewerbe im Gesetz hat

---

9) Diese Beurteilungsgrundsätze ergeben der Umfangsregelung des § 29 GewO 1994 idgF.

10) Hier insbesondere §§ 30 und 32 GewO 1994 idgF.

11) So § 97 Abs 1 GewO 1994 idgF hinsichtlich der Arbeitsvermittlung sowie die in den §§ 98 ff überwiegend beschriebenen Vorbehaltsrechte.

12) Dies ist insbesondere bei den traditionellen Handwerksberufen der Fall, wie zB beim Tischlergewerbe, dem unbestritten die Herstellung von Möbeln aus Holz, aber auch sog Bautischlerarbeiten, dh Herstellung von Türen und Fenstern aus Holz, Holzfußböden etc, ohne ausdrückliche gesetzliche Regelung zugeordnet werden.

13) ZB Tischler, Drechsler usw oder die einzelnen Mechatronikerhandwerke – s hiezu § 6 GewO 1994; die verbundenen Gewerbe werden in § 94 als solche gekennzeichnet.

14) Siehe hiezu § 95 GewO 1994; die Ausübung darf nicht mit der Anmeldung, sondern gem § 340 Abs 2 leg cit erst mit Rechtskraft des die Zuverlässigkeit feststellenden Bescheids erfolgen.

hingegen meist nur historische Wurzeln und wurde aus Gründen der Klarheit beibehalten.[15])

Im Bereich der reglementierten Gewerbe kommen weiters den auf Grund EG-rechtlicher Verpflichtung im Zusammenhang mit den Anerkennungs- und Gleichhaltungsregeln beruflicher Befähigungsnachweise entsprechend den Richtlinien der EG[16]) im Jahr 1994 von der Wirtschaftskammer Österreich erstellten Tätigkeitsbeschreibungen der nach der damaligen Fassung der Gewerbeordnung reglementierten Gewerbe wesentliche Bedeutung zu. Diese sog „job-descriptions" wurden seitens des damaligen Bundesministerium für wirtschaftliche Angelegenheiten gegenüber der Kommission notifiziert. Sie enthalten im Regelfall die so genannten Kernbereiche dieser Gewerbe, zT aber auch diesen Gewerben ausdrücklich zustehende Nebenrechte.

Daneben gibt es von den fachlichen Gliederungen der Wirtschaftskammer Österreich (Fachverbände, Bundesinnungen) für eine Anzahl freier Gewerbe[17]) erarbeitete Tätigkeitsbeschreibungen. Diesen kommt primär informeller Charakter in Bezug auf die Anschauungen der von der jeweiligen Fachorganisation vertretenen gewerblichen Kreise zu. Sofern es sich bei Tätigkeiten freier Gewerben nicht bloß um einfache Tätigkeiten reglementierter Gewerbe handelt,[18]) sondern um genuine freie Gewerbe, bei denen der Gesetzgeber von vornherein oder im Laufe diverser Novellen auf die Festlegung eines Befähigungsnachweises verzichtete,[19]) ist auch diesen ein „Kernbereich" zuordenbar.

B. Nebenrechte – Begriff

Die so genannten Nebenrechte stehen hingegen dem einzelnen Gewerbe nicht exklusiv zu, sondern können entweder nur in Verbindung mit einer Kerntätigkeit oder zumindest zur Wahrung der Eigenart des betreffenden Gewerbes und seines wirtschaftlichen Schwerpunkts ausgeübt werden. Die Festlegung der Nebenrechte ergibt sich aus der Zielsetzung der Gewerbeordnung, nämlich einerseits – soweit notwendig, meist aus Gründen des Konsumentenschutzes – berufliche Qualifikationen für die Ausübung eines Gewerbes vorzusehen, andererseits aber dem einzelnen Gewerbetreibenden ein höchstmögliches Maß an Flexibilität bei der Gewerbeausübung einzuräumen. Dieses soll es ihm ermöglichen, sein Leistungsangebot entsprechend den Anforderungen des Marktes ohne vermeidbaren Aufwand, der sich ansonsten aus einer rigiden Beschränkung des Gewerbeumfangs auf

15) Siehe ua die Gewerbe Drucker und Druckformenherstellung sowie Fremdenführer, die Gastgewerbe usw (§§ 105, 108 und 111 GewO 1994), welche ursprünglich konzessionierte Gewerbe waren.

16) Damals insbesondere auf Grund der RL 77/92/EG, RL 89/48 EWG und RL 92/51/EWG.

17) Zum Begriff „freies Gewerbe" s § 5 Abs 2 GewO 1994 idgF.

18) Siehe § 31 Abs 1 GewO 1994 sowie Ausführungen unten.

19) So zB die ursprünglichen Handwerke der Weber, der Eisen- und Metallgießer, der Hutmacher und Modisten uam.

den Kernbereich seines Gewerbes und zusätzlich notwendiger Gewerbeanmeldung ergäbe, zu diversifizieren.

Die Qualifikation als Nebenrecht ergibt sich daraus, dass die Ausübung der dadurch erfassten Tätigkeiten idR die Wahrung des wirtschaftlichen Schwerpunkts und der Eigenart des Gewerbes voraussetzt[20]) und diese Tätigkeiten auch nur akzessorisch zu den durch die Gewerbeanmeldung ausgewiesenen Tätigkeiten ausgeübt werden dürfen. Zu unterscheiden sind hinsichtlich der Nebenrechte solche, die als „sonstige Rechte von Gewerbetreibenden" allen Gewerbetreibenden zustehen[21]) und solche, die ausdrücklich für einzelne Gewerbe in der Gewerbeordnung festgelegt sind.[22])

C. *„Sonstige Rechte von Gewerbetreibenden"*

Die „sonstigen Rechte von Gewerbetreibenden" können unterteilt werden in sog „Selbstbedienungsrechte", dh Tätigkeiten die der Gewerbetreibende hinsichtlich seiner Betriebsmittel erbringen darf, und Tätigkeiten, die gegenüber Dritten erbracht werden.

Seit der GewR-Nov 2002 unterscheidet die Gewerbeordnung nicht mehr zwischen Rechten der Erzeuger, Händler oder Dienstleistungsgewerbetreibenden.[23]) Vielmehr werden die Nebenrechte in § 32 komprimiert erfasst. Der Nachteil dieser Vorgangsweise liegt in der Notwendigkeit einer wesentlich differenzierteren Auseinandersetzung mit dem Umfang zulässiger Inanspruchnahme dieser Rechte je nach Art des Gewerbes als bisher.

Die Grenzen der neuen Nebenrechte müssen somit anhand konkreter Einzelfälle oft erst ausgelotet werden. Als gesichert kann angesehen werden, dass die „alten" Nebenrechte aufrecht geblieben sind, sofern die GewR-Nov 2002 nicht eine liberalere Regelung vorsieht.[24])

1. Verfassungsrechtliche Grenzen

Die Erläuterungen in der RV zur GewR-Nov 2002 zu § 32 GewO 1994[25]) weisen darauf hin, dass die sonstigen Rechte von Gewerbetreibenden auch freien Gewerben zustünden. Auf Grund dieses ganz allgemein gehaltenen Hinweises der Erläuterungen kann aber dem Gesetzgeber nicht die Absicht einer Verletzung verfassungsrechtlicher Grundsätze unterstellt werden. Mit Rücksicht auf das unter Gesetzesvorbehalt stehende Grundrecht der Er-

---

20) Siehe § 32 Abs 2 GewO 1994 idgF.

21) Siehe § 32 Abs 1 GewO 1994 idgF.

22) Siehe zB § 131 Abs 1 hinsichtlich der dort angeführten Nebenrechte der Spediteure; auf die Rechte einzelner Gewerbe sind die zu den sonstigen Rechten dargelegten Grundsätze anzuwenden; aus Gründen des Umfangs des Beitrags wird von einer gesonderten Darstellung Abstand genommen.

23) Siehe §§ 32–36 GewO 1994 idF vor der GewR-Nov 2002.

24) Dies ergibt sich aus der Umfangsregelung des § 29 GewO 1994 und die dort verankerte Berücksichtigung der historischen Entwicklung sowie dem Umstand, dass es Zielsetzung der GewR-Nov 2002 war, die Nebenrechte zu erweitern.

25) 1117 BlgNr 21. GP; als Beispiel werden die Werbeagenturen und EDV-Dienstleister herangezogen.

werbsfreiheit muss vielmehr davon ausgegangen werden, dass auch der Gesetzgeber der GewR-Nov 2002 einen reglementierten Zugang zu bestimmten gewerblichen Tätigkeiten[26]) als eine im öffentlichen Interesse liegende und die Einschränkung der Erwerbsfreiheit rechtfertigende Maßnahme ansieht.

Als adäquates öffentliches Interesse für die Vorschreibung eines Befähigungsnachweises ist primär der Schutz der Konsumenten vor fachlich unqualifizierter Erbringung gewerblicher Leistungen anzusehen. Gerade dieser Schutz wäre dann nicht mehr gewährleistet, würde man als im Wesentlichen einzige Grenze für die Ausübung von Nebenrechten die Auflagen aus Gründen der Sicherheit[27]) als gegeben annehmen. Auch das Gleichheitsgebot ließe nicht zu, dass der Zugang zu bestimmten gewerblichen Tätigkeiten von der Erfüllung eines Befähigungsnachweises abhängig gemacht wird und zugleich aber die Ausübung derselben Tätigkeiten lediglich mit der Beschränkung einer rein wirtschaftlichen Unterordnung zur Haupttätigkeit erlaubt wird.

Um einen systemwidrigen Wertungswiderspruch zu vermeiden ist daher eine differenzierte Anwendung der einzelnen Bestimmungen des § 32 Abs 1 geboten.

2. Die „Selbstbedienungsrechte"

Unter Berücksichtigung der Ausführungen oben 1. stehen sowohl Inhabern reglementierter als auch freier Gewerbe die im Folgenden angeführten Tätigkeiten als „Selbstbedienungsrechte"[28]) zu.

- Anfertigung (= Herstellung) der ausschließlich zur Erbringung von Leistungen des eigenen Unternehmens bestimmten Maschinen, Werkzeugen und sonstigen Werksvorrichtungen (Z 2).[29])
- Instandhaltung und Instandsetzung der Betriebsgebäude, Betriebseinrichtungen, Betriebsmittel, Betriebsbehelfe usw (Z 3).[30])
- Herstellung und Bedrucken von den dem Verkauf dienenden Verpackungen und Umhüllungen (Z 5). Es ist dies ein nur ein zur Herstellung der Verpackungen und Umhüllungen akzessorisches Recht.[31])
- Regelmäßige Wartung der vermieteten Gegenstände (Z 6).[32])

26) § 16 iVm § 94 GewO 1994.

27) § 32 Abs 2 zweiter Satz ordnet – soweit es aus Gründen der Sicherheit erforderlich ist – die Heranziehung von entsprechend ausgebildeten erfahrenen Fachkräften an.

28) Die Überschrift zu § 32 GewO 1994 idF vor der GewR-Nov 2002 enthielt diese zutreffende Bezeichnung.

29) Die in Klammer angeführten Ziffern entsprechen den Ziffern des § 32 Abs 1 GewO 1994.

30) Eine Neuherstellung zB von Baulichkeiten bzw die Neuinstallation von Versorgungsleitungen ist – wie bisher – weder durch § 32 Abs 1 Z 2 noch durch Z 3 GewO 1994 gedeckt.

31) Arg „. . . herzustellen und zu bedrucken"; vgl auch das den Herstellern von Verpackungen und Umhüllungen gem § 32 Abs 4 erster Satz zustehende Recht.

32) Da es sich um Betriebsmittel des Vermieters handelt, wäre die Wartung bereits durch das Selbstbedienungsrecht gem Z 3 gedeckt.

- Sammeln und Behandeln von im Betrieb angefallenen Abfällen (Z 7).
- Werksverkehr betreffend Personen (Arbeitnehmern) und Gütern (Rohstoffe, Fertigprodukte, bei eigenen Arbeiten angefallenen Abfällen) von und zu Betriebsstätten bzw Arbeitsstellen des Unternehmens (Z 13 und 14).[33])
- Bewirtung von Geschäftspartnern und Kunden mit Getränken unter Einhaltung des Werbeverbots, ohne eigenes Servicepersonal bzw ohne eigene Ausschankräume (Z 15).

Hinzuweisen ist darauf, dass nunmehr sämtliche Selbstbedienungsrechte auch den Händlern zustehen.[34])

Nicht der Befähigungsnachweis ist hier von Bedeutung, sondern es sind dies nur diejenigen Beschränkungen, die sich aus Sicherheitserwägungen oder aus anderen gesetzlichen Bestimmungen ergeben.[35]) Es ist nicht Aufgabe des Gesetzgebers, den Unternehmer vor selbstschädigenden Handlungen zu bewahren.

Die Erbringung von Leistungen dieser Art gegenüber Dritten ist nicht „Selbstbedienung" sondern Ausübung desjenigen Gewerbes, dem diese Tätigkeiten zuzuordnen wären,[36]) und bedürfte einer Gewerbeanmeldung.

3. Einsatz entsprechend ausgebildeter und erfahrener Fachkräfte

Im sicherheitsrelevanten Bereich[37]) müssen bei Ausübung der Nebenrechte entsprechend ausgebildete und erfahrene Fachkräfte herangezogen werden.[38]) Dem steht aber nach allgemeiner Ansicht nicht entgegen, dass der Gewerbetreibende selbst diese Arbeiten ausführt, wenn er die entsprechende Ausbildung und Erfahrung besitzt.

Die Beurteilung der Eignung hat – sofern bezüglich bestimmter Arbeiten keine gesetzlichen Regelungen bestehen[39]) – der Gewerbeinhaber vorzunehmen. In der Praxis stellt die abgeschlossene Lehre in einem entsprechenden Lehrberuf bzw eine dieser Ausbildung vergleichbare Berufserfahrung die Untergrenze für eine entsprechende Qualifikation dar.

---

33) Die Beförderung von Kunden erfordert eine entsprechende Berechtigung für das Personenbeförderungsgewerbe.

34) Bestimmte Rechte, wie etwa die Anfertigung der zur Erbringung ihrer Leistungen notwendigen Betriebsmittel (zB Förderbänder samt Steuerung für die Logistik des Warenlagers etc) waren zuvor den Erzeugern und Dienstleistern vorbehalten.

35) Siehe § 32 Abs 2 zweiter Satz GewO 1994 (Heranziehung von Fachkräften); § 71 GewO 1994 samt Ausführungsverordnungen wie die Maschinen-SicherheitsV (MSV) BGBl 1994/306 idgF und die PSA-SicherheitsV BGBl 1994/596 idgF, ferner die sich aus landesrechtlichen Bestimmungen (Bauordnungen, Feuerpolizeigesetze) ergebenden Beschränkungen.

36) Einer zB dadurch beabsichtigten besseren Auslastung der „hauseigenen" Werkstätte wäre bereits die Absicht eines wirtschaftlichen Vorteils iSd § 1 Abs 2 GewO 1994 zu unterstellen.

37) Dh bei Arbeiten, deren unsachgemäße Ausführung mit Gefahr für Leben- und Gesundheit verbunden ist, wie etwa Arbeiten an Starkstrom- oder Gasleitungen.

38) § 32 Abs 2 zweiter Satz GewO 1994; s aber auch die Anmerkungen in FN 33.

39) Siehe die Verordnungsermächtigung des § 70 Abs 1 GewO 1994.

Unbeschadet der sich aus der Verletzung dieser Schutznorm allenfalls ergebenden strafrechtlichen und zivilrechtlichen Folgen, ist die Unterlassung der Heranziehung entsprechend qualifizierter Fachkräfte als Verschaffung eines ungerechtfertigten Wettbewerbsvorteils schon wegen der dadurch gegeben Kosteneinsparungen evident.

Soweit es sich nicht um Selbstbedienungsrechte handelt, wird im konkreten Einzelfall zu beurteilen sein, ob die sicherheitsrelevante Tätigkeit für sich nicht schon als Ausübung einer vorbehaltenen Kernbereichstätigkeit eines reglementierten Gewerbes zu beurteilen ist und schon daher nicht mehr den Charakter eines Nebenrechts aufweist.[40])

4. Wirtschaftlicher Schwerpunkt und Eigenart des Betriebes

Bei Ausübung der Nebenrechte sind generell folgende Einschränkungen zu beachten:

- Erhaltung des wirtschaftlichen Schwerpunkts und
- Erhaltung der Eigenart des Betriebes.[41])

Wesentlich ist, dass stets beide Kriterien, nämlich Schwerpunkt und Eigenart zu beachten sind. Es genügt daher nicht die Erhaltung bloß eines dieser Kriterien.

a) Erhaltung des wirtschaftlichen Schwerpunkts

Für die Beurteilung der Erhaltung des wirtschaftlichen Schwerpunkts sind die den Gegenstand des angemeldeten Gewerbes bildenden Tätigkeiten heranzuziehen.[42]) Den wirtschaftlichen Schwerpunkt bilden dabei diejenigen Tätigkeiten, die aus dem Marktauftritt des Unternehmers – insbesondere auch aus seinen Werbemaßnahmen, Aufmachung der Geschäftsräumlichkeiten udgl erkennbar – einen wesentlichen Beitrag zur Erreichung seiner unternehmerischen Ziele (Umsatz, Ertrag als messbares Ergebnis der Umsetzung des Unternehmenskonzeptes) ergeben sollen. Nicht der Erhaltung des wirtschaftlichen Schwerpunkts gerecht würde somit, wenn etwa auf Grund der Anmeldung eines Handelsgewerbes überwiegend Montage- oder Wartungstätigkeiten angeboten oder ausgeführt würden.[43])

b) Erhaltung der Eigenart des Betriebes

Das Kriterium der Erhaltung der Eigenart des Betriebes ist entsprechend der Auffassung der beteiligten gewerblichen Kreise zu beurteilen. Beurtei-

40) Siehe hiezu Ausführungen unten.
41) Arg „. . . müssen der wirtschaftliche Schwerpunkt und die Eigenart des Betriebes erhalten bleiben." – siehe § 32 Abs 2 erster Satz GewO 1994.
42) Diese entsprechen im Wesentlichen den im „Berufsbild" erfassten Tätigkeiten; s Ausführungen oben II.A.
43) Es wäre dadurch aber auch nicht mehr die Eigenart des Betriebes gewahrt.

lungsparameter sind hier das sich aus der Art des ausgeübten Gewerbe ergebende Erscheinungsbild des Betriebes und der Grad der Beeinträchtigung durch eine nach außen erkennbare Ausübung von den Nebenrechten zuzuordnenden Tätigkeiten. So wird etwa ein Verkauf von Waren, die im fachlichen Zusammenhang mit der ausgeübten Haupttätigkeit stehen, nicht die Eigenart beeinträchtigen, hingegen der Verkauf von Waren, die in keinem fachlichen Zusammenhang stehen, aber sehr wohl.[44]) Als den Charakter eines Handelsbetriebs beeinträchtigend ist etwa die Durchführung von Arbeiten anzusehen, bei denen die Handelsware nur Arbeitsmittel darstellt und / oder der Wert der Arbeitsleistung den der gelieferten Ware gleich ist oder übersteigt.

5. Unmittelbar zuzuordnende Einschränkungen

Bei Beachtung einer wertungswiderspruchsfreien Interpretation[45]) der Nebenrechte ergeben sich hinsichtlich der einzelnen Nebenrechte unmittelbar zuzuordnende Beschränkungen. Schon aus Gründen des Umfangs dieses Beitrags kann hier nur auf besonders strittige Punkte hingewiesen werden.

a) Vor- und Vollendungsarbeiten

Vor- und Vollendungsarbeiten auf dem Gebiet anderer Gewerbe sind zur Erreichung der Absatzfähigkeit von selbst erzeugten oder vertriebenen Produkten oder selbst erbrachten Dienstleistungen zulässig.[46])

Der Begriff der „Vor- und Vollendungsarbeit" steht schon im Hinblick auf die vielfach erforderlichen handwerklichen Kenntnisse und Fertigkeiten und in unmittelbarem Zusammenhang mit Erzeugungs- oder Dienstleistungstätigkeiten[47]) und kann daher nicht uneingeschränkt auf den Handel, dessen Eigenart in der Anschaffung und Weiterveräußerung von Waren besteht, angewendet werden. Unter Heranziehung der historischen Entwicklung einschließlich der schon früher bestehenden Nebenrechte sind aber die schon bisher den Händlern legaliter zustehenden Anpassungsarbeiten an der Handelsware wohl außer Streit zu stellen.[48])

---

44) Daher beeinträchtigt die Eigenart eines Gas- und Sanitärtechnikbetriebes nicht zB der Verkauf von Badezimmertextilien, sehr wohl aber der Verkauf von Lebensmitteln oder Musikinstrumenten.

45) Siehe Ausführungen oben II.A.

46) Siehe § 32 Abs 1 Z 1; die GewR-Nov 2002 fasst hier die bisher den Erzeugern gem § 33 Z 2 GewO 1994, den Händlern gem § 34 Z 4 und 5 GewO 1994 und den Dienstleistern gem § 36 Abs 1 leg cit zustehenden Nebenrechte zusammen.

47) Siehe §§ 33 Z 1 und 36 Abs 1 GewO 1994 idF vor der GewR-Nov 2002.

48) Siehe §§ 34 und 35 GewO 1994 idF vor der GewR-Nov 2002; darunter fallen zB die Durchführung einfacher Gravuren an der Handelsware, die Anpassung der Waren an die Bedürfnisse des Marktes wie Zuschneiden von Platten, Ablängen von Leisten uam, das Nehmen von Maß bei Übernahme von Bestellungen auf Waren zur Herstellung durch befugte Erzeuger oder das Hinzufügen von PC-Komponenten wie Speichermodule, CD-Rom-Laufwerke bzw -brenner, Grafik-Karten usw.

b) Wirtschaftlich sinnvoll ergänzende Leistungen geringen Umfangs

Hinsichtlich der Erbringung von wirtschaftlich sinnvoll ergänzenden Leistungen in geringem Umfang[49]) übernimmt der Gesetzgeber der GewR-Nov 2002 nunmehr ohne Beschränkung auf bestimmte Gewerbegruppen das bisher auf „reglementierte" Gewerbe beschränkte Nebenrecht mit all den sich aus dessen Anwendung in der Praxis schon vorher ergebenden Interpretationsproblemen.[50]) Unbestritten ist vorweg, dass die „Ergänzungsleistung" allgemein nicht angeboten und durchgeführt werden darf, wenn nicht zugleich eine dem Ausgangsgewerbe eigentümliche Hauptleistung erbracht wird.[51])

Zur Interpretation der Wortfolge „in geringem Umfang" können Elemente der Judikatur zur „wirtschaftlichen Unterordnung" übernommen werden, obwohl davon auszugehen ist, dass eine Tätigkeit, die in geringem Umfang verrichtet wird, jedenfalls bedeutend weniger umfassen wird, als es die Judikatur zur „wirtschaftlichen Unterordnung" ermöglicht. Auch im vorliegenden Fall ist aber wohl eine vergleichende Gegenüberstellung zwischen der dem Ausgangsgewerbe adäquaten und der ergänzenden Leistung des anderen Gewerbes vorzunehmen. Bei einem solchen Vergleich ist in jedem Einzelfall auf alle wirtschaftlichen Merkmale der betreffenden Tätigkeiten Bedacht zu nehmen. Insbesondere zu berücksichtigen ist das jeweilige Ausmaß der Wertschöpfung, die Höhe des Ertrages und der Kosten sowie der Aufwand an Arbeitskräften und Arbeitszeit.[52])

Ein prozentueller Anteil der Wertschöpfung von Leistungen anderer Gewerbe an den Tätigkeiten des Ausgangsgewerbes (etwa 5% bis 10%) wird sich kaum festlegen lassen, wenngleich diese Größe als ein gewisser Richtwert dienen kann. Die Beurteilung wird aber stets im konkreten Einzelfall vorzunehmen sein.

Auch bei sehr weiter Auslegung darf aber auch hier nicht der Boden einer von Wertungswidersprüchen freien Interpretation verlassen werden. Es muss sich daher auch immer um solche Tätigkeiten handeln, deren unsachgemäße Ausführung graduell auch keine nachhaltige Beeinträchtigung der Interessen der Leistungsbezieher bewirkt.

c) Aufstell- und Montagearbeiten

Die komprimierte Festlegung der schon früher, aber entsprechend den Gruppen der Erzeuger, Händler und Dienstleister differenzierten diesbezüglichen Nebenrechte bringt in der Praxis neue Abgrenzungsfragen mit sich. Keine Auslegungsprobleme ergeben sich bezüglich der auch den Händlern schon vor der GewR-Nov 2002 zustehenden Rechte zur Nachfüllung von Behältern, Anbringen von Zubehör, regelmäßige Wartung ver-

49) Siehe § 32 Abs 1 Z 1 GewO 1994.

50) Siehe § 30 Abs 3 GewO 1994 idF vor der GewR-Nov 2002.

51) Siehe RV zu § 32 zur GewR-Nov 2002 aaO.

52) Vgl VwGH 90/04/0147 v 26. 02. 1991 und *Kinscher/Sedlak*, GewO[6], 65 FN 184 mit weiteren Nachweisen.

kaufter oder vermieteter Waren und der Austausch schadhaft gewordener Bestandteile.[53])

Die Definition der Begriffe „Aufstellung" und insbesondere „Montage" spielt in der Praxis hinsichtlich der den Händlern zustehende Nebenrechte eine besondere Rolle. In der GewR-Nov 2002 ist nämlich die frühere Beschränkung auf solche Tätigkeiten, die keine Kerntätigkeiten von reglementierten Gewerben sein dürfen, nicht mehr ausdrücklich angeführt.[54]) Weiters hat der Gesetzgeber der Gewerbeordnung stets auf eine Legaldefinition des Begriffs der Montage verzichtet, obwohl dieser Begriff auch schon in früheren Fassungen der Gewerbeordnung verwendet wurde. Eine Begriffsbestimmung erfolgte stets nur im konkreten Einzelfall.[55])

Die Heranziehung von technischen Lexika, aber auch Konversationslexika führt zu keinem brauchbaren Ergebnis. Demnach wäre die Montage allgemein „das Zusammenfügen von Einzelteilen zu einem Ganzen", in der Technik „das Zusammensetzen einzelner vorgefertigter Bauteile zu einer funktionsfähigen Anlage".[56]) Der gewerberechtliche Begriff ist nicht so weit gefasst, sondern beschränkt sich eher auf die Anbringung (Befestigung) bereits für sich selbst schon gebrauchsfähiger Gegenstände an ihrem Bestimmungsort wie zB von Küchenmöbeln samt Geräten. In allen anderen Fällen werden nämlich nie der Begriff Montage sondern Begriffe wie Verlegen, Versetzen, Erzeugung, Zusammenbau, Herstellung, Errichtung, Anfertigung usw verwendet.[57])

Hinsichtlich der Begriffe „Aufstellen" bzw „Montage" wird daher davon auszugehen sein, dass darunter offensichtlich solche Tätigkeiten nicht fallen, die von ihrer Eigenart her den überwiegenden oder gänzlichen Gegenstand freier oder reglementierter Erzeugungs- oder Dienstleistungsgewerbe bilden.

d) Übernahme von Gesamtaufträgen

Das Recht zur Übernahme von Gesamtaufträgen war vor der GewR-Nov 2002 nahezu ausschließlich auf Erzeuger und Dienstleister beschränkt.[58]) Dem gemäß beeinträchtigt die Übernahme von Gesamtaufträgen nach bisheriger Anschauung auch nicht das Erscheinungsbild derartiger Gewerbebetriebe. Den Händlern stand hingegen das Recht zur Übernahme von Gesamtaufträgen insbesondere für handwerkliche Tätigkeiten – mit Aus-

53) Siehe § 34 Abs 1 Z 6 bis 8 GewO 1994 idF vor der GewR-Nov 2002; die bisherige Verwaltungspraxis, Kommentarmeinung und Judikatur zu diesen Bestimmungen ist daher weiterhin anwendbar.

54) § 35 Abs 2 erster Satz GewO 1994 idF vor der GewR-Nov 2002.

55) Vgl *Kinscher/Sedlak*, GewO[6], S 197, Anm 26 u 27 zu § 33.

56) Siehe ua Meyers Enzyklopädisches Lexikon, Bd 16, Bibliographisches Institut, Mannheim.

57) ZB Versetzen von Grabsteinen, Herstellung einer Industrieanlage, von Sammel- und Abflussleitungen für Niederschlagswasser, Installation von Starkstromanlagen, Errichtung von Alarmanlagen etc.

58) Siehe § 33 Z 3 bzw § 36 Abs 1 GewO 1994 idF vor der GewR-Nov 2002.

nahme der Auftragsübernahme des Verlegens textiler Bodenbeläge durch einschlägige Handelsbetriebe – nicht zu.[59]) Eine derartige warenspezifische Beschränkung lässt sich dem Gesetz nicht mehr entnehmen.

Für alle Gewerbetreibenden ergeben sich die Bedingungen bereits aus dem Gesetzeswortlaut:[60]) Dem „Generalunternehmer" muss die Erfüllung eines wichtigen Teils des Auftrages entsprechend dem ihm zustehenden Gewerbe zukommen. Die nicht von seiner Gewerbeberechtigung gedeckten Arbeiten hat er durch hiezu befugte Gewerbetreibende ausführen zu lassen. Besteht der wesentliche Bereich des Gesamtauftrags in einer Bauführung, so ist der Generalunternehmervorbehalt der Baugewerbe zu beachten.[61])

Ein Handelsbetrieb wird unter Bedachtnahme auf die Wahrung des wirtschaftlichen Schwerpunkts und die Eigenart des Betriebes (An- und Verkauf von Waren) relativ rasch an die Grenzen des Generalunternehmerrechts stoßen. Unproblematisch ist die Übernahme von Aufträgen, die über die jeweils zulässigen Vermittlungs-, Montage-, Wartungs- und Austauschrechte hinausgehen.[62]) Diese lassen sich mit der Eigenart eines Handelsbetriebs noch in Einklang bringen. Nicht mehr der Eigenart eines Handelsbetriebs sondern der mit der Ausführung derartiger Arbeiten befassten Gewerke entspräche hingegen etwa die Übernahme eines Gesamtauftrags zur Neuadaptierung zB eines Badezimmers, einer Altbauwohnung, der Herstellung einer Kläranlage oder Produktionsanlage. Der Händler ist auch nicht zur Erstellung des Kostenvoranschlages für die Ausführungstätigkeiten oder deren Koordinierung befugt, da dies die entsprechenden Fachkenntnisse der ausführenden Gewerbe voraussetzt und daher in deren Kernbereich fällt. Die bloße Bereitstellung bzw Lieferung der Handelsware kann hier auch nicht mehr als „wichtiger Teil der Arbeiten" angesehen werden.

e) Ausführung einfacher Teiltätigkeiten reglementierter Gewerbe

Erlaubt sind einfache Tätigkeiten reglementierter Gewerbe, die den ansonsten vorgeschriebenen Befähigungsnachweis nicht erfordern.[63]) Die Erhaltung des wirtschaftlichen Schwerpunkts und Eigenart des Betriebs bewirkt auch hier, dass eine fachliche Affinität zur Haupttätigkeit gegeben sein muss. Herrschender Ansicht zu Folge dürfen auch einfache Tätigkeiten genuin freier Gewerbe als Nebenrecht ausgeübt werden.

Tätigkeiten, die den Kernbereich genuin freier Gewerbe[64]) bilden, fallen hingegen nicht unter das Nebenrecht sondern dürfen nur mit einer eigenen Gewerbeanmeldung ausgeübt werden.

---

59) Siehe § 35 GewO 1994 idF vor der GewR-Nov 2002.

60) § 32 Abs 1 Z 9 GewO 1994 idgF.

61) Siehe § 99 Abs 2 GewO 1994 idgF (Baumeister) und § 149 Abs 4 leg cit (Zimmermeister).

62) ZB Verlegung verkaufter Bodenbelege, Einbau von Türen, Verlegung von Fliesen durch befugte Gewerbetreibende.

63) Siehe § 32 Z 11 GewO 1994; eine nähere Regelung der einfachen Tätigkeiten enthält § 31 Abs 1 leg cit.

64) Handelsgewerbe, EDV-Dienstleistungen, Werbeagentur, Schneeräumung uam.

III. Vorgangsweise in Zweifelsfragen

Die Gewerbeordnung regelt nicht ausdrücklich, wann ein Zweifelsfall vorliegt. Ein solcher ist aber immer dann anzunehmen, wenn der Gewerbewortlaut in Zusammenhang mit den einschlägigen Vorschriften zwei oder mehrere Auslegungsvarianten zulässt. Hier sind dann die Auslegungskriterien des § 29 zweiter Satz heranzuziehen.[65])

Ist die Umfangsfrage eine Vorfrage in einem Verwaltungsverfahren wie etwa bei der Eintragung eines angemeldeten Gewerbes in das Gewerberegister oder einem Verwaltungsstrafverfahren wegen Überschreitung des Gewerbeumfangs und reichen Gewerbewortlaut samt einschlägigen Rechtsvorschriften zur Beurteilung nicht aus, muss die Gewerbebehörde einen Antrag auf Umfangsentscheidung an den Bundesminister für Wirtschaft und Arbeit stellen.[66]) Liegt kein Zurückweisungsgrund vor, sind außer von den Verfahrensparteien auch Stellungnahmen von den sachlich beteiligten Gliederungen der Landeskammer der gewerblichen Wirtschaft einzuholen.[67]) Grund der Befassung der sachlich beteiligten Kammergliederungen ist vorweg die ihnen im weiteren Verfahren zustehende Parteistellung,[68]) aber auch ihre „Sachverständigenposition" in Bezug auf die den jeweiligen Gewerben eigentümlichen Arbeitsweisen, historische Entwicklung oder die Auffassungen der beteiligten gewerblichen Kreise.

Eine Umfangsentscheidung kann nur Anlassfall bezogen abgehandelt werden, dh sie muss eine konkrete, existente Gewerbeberechtigung oder Gewerbeanmeldung betreffen.[69]) In der Praxis kommt ihr allerdings eine über den Anlassfall hinausgehende Bedeutung zu.[70])

Ist die Umfangsfrage eine Vorfrage eines Verwaltungsstrafverfahrens wegen Überschreitung des Gewerbeumfangs, wird die Ansicht vertreten, dass allein schon der Umstand, dass auch bei der Behörde Zweifel bestehen, ein Schuldausschließungsgrund gemäß § 5 VStG anzunehmen sei, der die Einstellung des Verfahrens rechtfertige.[71]) Allerdings wäre eine Einstellung des Strafverfahrens vor Erlassung des Bescheides über die Umfangsentscheidung nicht sinnvoll, weil dadurch der Rechtsgrund für die Antragstellung wegfiele und das Umfangsverfahren einzustellen wäre.

Wird eine Gewerberechtsüberschreitung wegen Sittenwidrigkeit iSd § 1 UWG gerichtsanhängig, ist vorweg festzustellen, dass auch für das Gericht die Umfangsfrage eine Vorfrage darstellt. Nicht möglich wäre eine Antragstellung an den BMWA auf Umfangsentscheidung, da der Kreis der Antragslegitimierten abschließend geregelt ist und sich nur auf Vorfragen in

65) Siehe VwGHSlg 9457 A / 1977; 9519 A / 1978 uam.
66) Siehe § 349 Abs 3 GewO 1994; vgl VwGHSlg 9022 A / 1976.
67) Siehe § 349 Abs 4 und 5 GewO 1994.
68) Siehe § 349 Abs 6 GewO 1994.
69) Siehe den Wortlaut des § 349 Abs 1 Z 1 bzw Z 2 GewO 1994.
70) Dies ergibt sich schon aus der Möglichkeit der Zurückweisung des Antrags, wenn nach Ansicht des BM kein Zweifelsfall deswegen vorliegt, weil zuvor über einen gleichartigen Sachverhalt entschieden wurde.
71) Siehe *Kinscher/Sedlak*, GewO[6], 792 Anm 14.

anhängigen Verwaltungsverfahren beziehen kann.[72]) Unstrittig ist aber, dass das Gericht die Beurteilung dieser Vorfrage anhand der von der Gewerbeordnung festgelegten Beurteilungsgrundsätze zu prüfen hat.[73])

Der Zweifelsregel des § 29 zweiter Satz GewO 1994[74]) ist dabei – soweit sie auf die historische Entwicklung und die in den beteiligten gewerblichen Kreisen bestehenden Anschauungen als Kriterien zur Beurteilung des Umfanges der Gewerbeberechtigung Bezug nimmt – der Charakter einer gewohnheitsrechtlichen Rechtsquelle beizumessen. Somit wird das Gericht etwa analog einem Verfahren zur Feststellung einer Verkehrsgeltung oder eines Handelsbrauchs die beteiligten gewerblichen Kreise mit dieser Frage zu befassen haben. Probleme ergeben sich in der Praxis daraus, dass naturgemäß etwa die Interessenvertretungen der Händler gerade hinsichtlich der „sonstigen Rechte" oft eine zu denen der Erzeuger diametrale Rechtsansicht vertreten. Hier bleibt nur die Feststellung zu treffen, dass Übungen contra legem keine Rechtsverbindlichkeit zukommt, mögen sie auch straflos geblieben sein.

72) Siehe § 349 Abs 2 und 3.
73) Siehe ua OGH 16. 12. 1975, 4 Ob 351/75.
74) Die bezugnehmenden Urteile des OGH basieren auf der wortgleichen Stammfassung der GewO 1973, BGBl 1974/50.

Die Spürbarkeitsgrenze im österreichischen Lauterkeitsrecht

Lothar Wiltschek

Inhaltsübersicht:

I. Missbrauch von UWG-Klagen

Der Einfallsreichtum gerade von Interessenverbänden iS des § 14 UWG und ihrer Anwälte ist beachtlich, wenn es – aus welchen Gründen auch immer – darum geht, Klagen wegen angeblich unlauteren Wettbewerbs einbringen zu können:

Einmal schickt der klagende „Österreichische Wettbewerbsverband" einen jungen Rechtsanwaltsanwärter aus, damit dieser den Verkäufer eines Skigeschäfts – einen Lehrling – dazu bewegt, einen kartellwidrigen Preisnachlass auf ein Paar Skier zu erwirken, und bringt dann stolz eine Klage ein, weil es dem Rechtsanwaltsanwärter letztlich – freilich mit einer unwahren Behauptung – gelungen ist, wenigstens auf die Skibindung einen Preisnachlass zu ergattern, was immerhin einen Rabatt von 3,56% auf den Gesamtbetrag der Einkäufe ergibt.[1])

Ein anderes Mal gelingt es dem Testkäufer des „Vereins zur Beobachtung des Handels und Wettbewerbs", einen Juwelier beim Kauf eines Weckers zu einem Preisnachlass von S 60 zu bewegen, was dem – zu Serienklagen neigenden – Verein eine weitere Klage ermöglicht.[2])

Jeder einschlägig tätige Anwalt kennt zahlreiche weitere Fälle solcher Klagen aus mehr oder weniger nichtigen Anlässen, bei denen häufig Testkäufer eingesetzt werden, die mit List, Tücke oder Lügen scheinbar einen Wettbewerbsverstoß nachweisen können.[3])

---

1) ÖBl 1983, 129 – Skibindungs-Testkäufe.
2) ÖBl 1986, 9 – Wecker-Rabatt.
3) Vgl die Einzelfälle in *Wiltschek,* UWG[7] E 868 ff zu § 1.

Der Schutzverband gegen unlauteren Wettbewerb hat sich solcher Mittel, soweit mir bekannt ist, in seiner 50-jährigen Geschichte nie bedient: Ihm geht es nicht darum, Klagen wegen irgendeiner Nichtigkeit einzubringen, um auf diese Weise sich selbst oder Anwälten ein Zusatzeinkommen zu verschaffen. Daher hat er die Judikatur zu der Frage, ob wirklich jeder formale Verstoß gegen eine lauterkeitsrechtliche Vorschrift eine Klage rechtfertigt, nicht bereichert. Das blieb Gebühreneinspielvereinen vorbehalten, denen das Höchstgericht mit seiner Rechtsprechung zur Mitgliederstruktur und zum Förderungsinteresse wenigstens teilweise das Handwerk legte.[4])

Auf die Frage, ob wirklich jeder Wettbewerbsverstoß eine Klage rechtfertigt, ging die Rechtsprechung damals nicht näher ein. Erkennbar „unseriöse" Klagen blieben (wenn überhaupt) aus anderen Gründen erfolglos.

II. Wettbewerbliche Relevanz bei Irreführungen

Im Bereich des § 2 UWG gibt es seit langem eine Art „Spürbarkeitsgrenze", nämlich die wettbewerbsrechtliche Relevanz[5]) und das Erfordernis der Irreführung eines nicht ganz unbeträchtlichen Teils der angesprochenen Verkehrskreise.

Einerseits verstößt nicht jede irreführende Angabe gegen § 2 UWG; ein Verstoß gegen diese Bestimmung setzt vielmehr voraus, dass die irreführende Angabe geeignet ist, den Kaufentschluss zu beeinflussen. Der unrichtige Eindruck muss also geeignet sein, den Entschluss des angesprochenen Publikums, sich mit dem Angebot näher zu befassen, zu Gunsten dieses Angebots zu beeinflussen.[6]) Dieses Kriterium findet sich auch in Art 2 der IrreführungsRL.[7]) Danach ist unter „irreführender Werbung" eine täuschende oder zur Täuschung geeignete Werbung dann zu verstehen, wenn sie infolge der ihr innewohnenden Täuschung das wirtschaftliche Verhalten der Personen, an die sie sich richtet oder die von ihr erreicht werden, beeinflussen kann.

In zahlreichen Fällen wurde die wettbewerbliche Relevanz einer unrichtigen Angabe verneint.[8]) Zur Notwendigkeit der wettbewerblichen Relevanz kommt – als zusätzliches Kriterium iS einer „Spürbarkeit" – die Rechtsprechung, wonach die Irreführung eines völlig unbeachtlichen, ganz unbeträchtlichen Teils der angesprochenen Verkehrskreise rechtlich belanglos ist.[9])

Heute stellt das Höchstgericht – der im Folgenden wiedergegebenen jüngeren Rechtsprechung folgend – auch bei Irreführungstatbeständen da-

4) Vgl *Wiltschek,* UWG[7] E 923 ff zu § 14.

5) *Koppensteiner,* Österreichisches und europäisches Wettbewerbsrecht[3] 530 Rz 31 zu § 24.

6) *Wiltschek,* UWG[7] E 325 ff zu § 2.

7) Richtlinie 84/450/EWG des Rates vom 10. 9. 1984 über irreführende und vergleichende Werbung ABl 1984 L 250 S 17 idF ABl 1997 L 290 S 18.

8) Vgl die Einzelfälle in *Wiltschek,* UWG[7] E 386 ff zu § 2.

9) *Wiltschek,* UWG[7] E 198 ff zu § 2; vgl auch EuGH Slg 1992 I-131 – Nissan, wonach die irreführende Angabe geeignet sein muss, eine erhebliche Zahl von Verbrauchern irrezuführen.

rauf ab, ob das beanstandete Verhalten geeignet ist, das Marktverhalten der betroffenen Verkehrskreise „spürbar" zu Gunsten des Werbenden zu beeinflussen.[10])

III. Spürbarkeitsgrenze bei Wertreklame

Ausgehend vom erwähnten Grundsatz des Irreführungsrechts, wonach eine Angabe nur dann irreführend iS des § 2 UWG ist, wenn ihr ein nicht ganz unerheblicher Teil der angesprochenen Verkehrskreise etwas Unrichtiges entnimmt, hat das Höchstgericht (soweit ersichtlich) erstmals in der E Tipp des Tages III[11]) das Erfordernis einer Spürbarkeitsgrenze im lauterkeitsrechtlichen Sinn formuliert.[12]) Im Blattinneren des „Kurier" war nahezu täglich ein „Tipp des Tages" veröffentlicht worden, in welchem eine Kleinkunst-Veranstaltung angekündigt wurde. Mit jeder dieser Ankündigungen war ein Gewinnspiel verbunden, bei welchem täglich zwischen zwei und sechs Eintrittskarten zu gewinnen waren. Im Provisorialverfahren waren dem „Kurier" diese regelmäßig veranstalteten Gewinnspiele noch untersagt worden, weil damit ein zugabenrechtlich verpönter Lockeffekt ausgeübt werde.

Im Hauptverfahren wurde ein Sachverständigengutachten eingeholt, wonach der „Kurier" durch diese Aktion nicht mehr als 0,1 % an Reichweite dazugewonnen habe. Ausgehend von dieser Feststellung hielt das Höchstgericht fest, „dass die Wettbewerbswidrigkeit einer Werbung nicht völlig losgelöst davon beurteilt werden kann, in welchem Ausmaß sie den Wettbewerb beeinflusst", und verwies in diesem Zusammenhang auf die oben erwähnte Rechtsprechung, wonach eine Angabe nur dann irreführend ist, wenn ihr ein nicht ganz unerheblicher Teil der angesprochenen Verkehrskreise etwas Unrichtiges entnimmt. Darauf folgt die Aussage, die seither Grundlage der österreichischen „Spürbarkeits-Judikatur" ist:

„Auch im Bereich der Wertreklame kann es nicht Aufgabe des Wettbewerbsrechts sein, gegen jede auch noch so geringe Nachfrageverlagerung durch unsachliche Beeinflussung vorzugehen. Auch hier wird eine nicht unerhebliche Nachfrageverlagerung vorliegen müssen, damit ein Werbe- und Lockmittel angenommen werden kann, wie es durch § 9 a Abs 1 UWG ver-

---

10) Vgl etwa MR 2004, 50 – Mag. (FH).

11) MR 2000, 175 (*Swoboda, Korn*) = ÖBl 2000, 126 *(Wiltschek)*; vgl dazu auch *Gamerith*, Gewinnspiele – Zur Wettbewerbswidrigkeit regelmäßig veranstalteter Zeitungsgewinnspiele 45.

12) Im Ergebnis ähnliche Entscheidungen gab es schon früher; vgl etwa ÖBl 1991, 263 – Luftbilderrätsel, wonach die Verlosung von Büchern durch eine Tageszeitung nicht gegen das Zugabenverbot verstieß: „Das in jeder Wochenendausgabe enthaltene Rätsel ist für sie [die Leser] zu einem Bestandteil der Zeitung geworden. Dass dabei jedes Mal ein Buch verlost wird, ist zwar ein zusätzlicher Anreiz, sich an dem Spiel zu beteiligen, keineswegs aber ein Werbe- oder Lockmittel in dem Sinn, dass dadurch eine auch nur irgendwie ins Gewicht fallende Anzahl von Personen, welche die ‚Tiroler Tageszeitung' bisher nicht gelesen haben, dadurch zum Kauf dieses Blattes veranlasst werden könnte."

boten ist. Die Eignung zu einer nur sehr geringen Nachfrageverlagerung ... reicht daher für einen Verstoß gegen § 9 a Abs 1 Z 1 UWG nicht aus."

Bei diesem Erfordernis einer Spürbarkeitsgrenze im Recht der Wertreklame ist das Höchstgericht seither geblieben.[13]) Als nicht ausreichend „spürbar" beurteilte es beispielsweise die Veröffentlichung eines Gutscheins, mit welchem eine Tageskarte in einem Kärntner Skigebiet um S 30 billiger erworben werden konnte, in einer Zeitschrift, die S 25 kostet: Die Chance, sich durch Erwerb eines weiteren Exemplars dieser Zeitschrift beim Kauf einer zweiten Tageskarte S 5 zu ersparen, entfalte kaum eine ins Gewicht fallende Lockwirkung.[14])

IV. Spürbarkeitsgrenze bei Rechtsbruch

Der nächste Schritt war die logische Konsequenz der neuen Rechtsprechung zur Wertreklame: In der Fallgruppe des sittenwidrigen Rechtsbruchs gab es eine Art Spürbarkeitsgrenze schon länger. Schon im Jahr 1992 war eine UWG-Klage wegen Verstoßes gegen die Offenlegungspflicht des § 25 MedG abgewiesen worden: Die Offenlegung sei eine bloße „Produktdeklaration"; das verspätete Veröffentlichen der Offenlegung (nicht schon im Jänner, sondern erst im Februar 1991) sei nicht geeignet, der Beklagten irgendeinen Wettbewerbsvorteil vor gesetzestreuen Mitbewerbern zu verschaffen.[15])

Auch ein Verstoß gegen § 24 MedG wegen Fehlens eines eigenen Impressums in der „Fernseh- und Radiowoche" (einer Beilage zu Tageszeitungen, die im Handel nicht gesondert erhältlich ist) wurde nicht als sittenwidriger Rechtsbruch beurteilt: Dieser Verstoß sei nicht geeignet, den Absatz oder Vertrieb jener Tageszeitungen, denen die beanstandete Programmbeilage beigegeben wird, zu fördern.[16])

In seiner E vom 20. 5. 2003[17]) führt der OGH die Spürbarkeitsgrenze im neuen Sinn auch in die Fallgruppe des sittenwidrigen Rechtsbruchs ein: Dem ORF war vorgeworfen worden, gegen § 3 Abs 1 und / oder gegen § 13 Abs 6 zweiter Satz ORF-G dadurch verstoßen zu haben, dass er im (österreichweit ausgestrahlten) Hörfunkprogramm Ö3 täglich 90 Sekunden lang regional unterschiedliche (kostenlose) Veranstaltungshinweise bringt. Das Höchstgericht verneinte bereits die subjektive Vorwerfbarkeit eines allfälligen Verstoßes gegen diese Bestimmungen, weil die Rechtsansicht des ORF, dass solche regional unterschiedlichen Hinweise zulässig sind, zumindest mit guten Gründen vertretbar sei.

---

13) Vgl insb ÖBl-LS 2000/72; MR 2001, 44 – Tagesskikarte; MR 2001, 395 *(Korn)* = ÖBl 2001, 265 – Gusto; ÖBl-LS 2002/190 – Filminteressierte; ÖBl 2004, 29 – Lebensmittelzugaben.

14) MR 2001, 44 – Tagesskikarte.

15) ÖBl 1992, 203 – Offenlegung.

16) ÖBl 1993, 66 – Impressum; zur Relativierung dieser E vgl ÖBl 1993, 226 – Tageszeitungsimpressum.

17) ÖBl 2004, 67 – Veranstaltungshinweise *(Gamerith).*

Sittenwidriger Rechtsbruch sei aber auch deshalb zu verneinen, weil „auch ein subjektiv vorwerfbarer Gesetzesverstoß ... nur dann sittenwidriges Handeln iSd § 1 UWG [begründet], wenn er geeignet ist, dem Verletzer einen sachlich nicht gerechtfertigten Vorsprung vor gesetzestreuen Mitbewerbern zu verschaffen. Von einem Vorsprung in diesem Sinn kann nur gesprochen werden, wenn das gesetzwidrige Handeln geeignet ist, eine nicht unerhebliche Nachfrageverlagerung zu bewirken.

Die Wettbewerbswidrigkeit einer Werbung kann nämlich nicht völlig losgelöst davon beurteilt werden, in welchem Ausmaß sie den Wettbewerb beeinflusst, weil es nicht Aufgabe des Wettbewerbsrechts sein kann, gegen jede noch so geringe Nachfrageverlagerung vorzugehen. ... Das gilt nicht nur für den Bereich der Wertreklame, sondern muss umso mehr für einen Bereich gelten, in dem ein Wettbewerbsverstoß nur vorliegt, wenn das beanstandete Verhalten geeignet ist, dem Gesetzesverletzer einen sachlich nicht gerechtfertigten Vorsprung vor gesetzestreuen Mitbewerbern zu verschaffen".[18])

In der Fallgruppe des sittenwidrigen Rechtsbruchs betrifft die Spürbarkeitsgrenze somit – wie schon in den früheren Entscheidungen über Offenlegung und Impressum – insb die Frage, ob der Gesetzesverstoß geeignet ist, dem Beklagten einen ungerechtfertigten Vorsprung vor gesetzestreuen Mitbewerbern zu verschaffen. Dies widerlegt mE die Meinung *Koppensteiners*,[19]) dass es sich bei der vom OGH für den Sittenwidrigkeitsvorwurf geforderten Absicht, im Wettbewerb einen ungerechtfertigten Vorsprung zu erlangen, „um ein Begründungselement ohne praktische Relevanz" handle.

Die hier erwähnten Fälle zeigen, dass der OGH iS der Anregung *Koppensteiners*[20]) durchaus darauf abstellt, ob das in Frage stehende Verhalten geeignet ist, dem Handelnden einen rechtswidrigen Vorsprung im Wettbewerb zu verschaffen, ohne dabei Toleranz zu üben, die „mit dem zu Grunde liegenden Ordnungskonzept, das Gleichheit der rechtlichen Ausgangslage der Wettbewerber untereinander postulieren muss (‚par condicio concurrentium'), nicht zu vereinbaren" wäre. Die Berücksichtigung einer Spürbarkeitsgrenze, die einen allfälligen Rechtsbruch ohne nennenswerte Auswirkungen mangels Eignung zur Erlangung eines Vorsprungs nicht als sittenwidrig beurteilt, verändert die rechtliche Ausgangslage der Wettbewerber – die par condicio concurrentium – zumindest dann nicht, wenn die Spürbarkeitsgrenze niedrig angesetzt wird.

V. Allgemeine Spürbarkeitsgrenze im österreichischen Lauterkeitsrecht

Am selben Tag wie die in FN 17 erwähnte E zum Rechtsbruch hat das Höchstgericht die Erheblichkeitsschwelle praktisch für das gesamte Lauterkeitsrecht eingeführt:

---

18) ÖBl 2004, 68 – cross promotion.
19) Österreichisches und europäisches Wettbewerbsrecht^3, 721 Rz 96 iVm 719 Rz 93 zu § 33.
20) Österreichisches und europäisches Wettbewerbsrecht^3, 725 Rz 101 zu § 33.

Nach den Feststellungen der Tatsacheninstanzen, an welche das Höchstgericht – trotz ihrer erstaunlichen Lebensferne – gebunden war, hatte im Anlassfall ein Versandhändler möglicherweise irreführende „dringende Eilbriefe" mit der Verständigung über sagenhafte Gewinne, für deren Erhalt lediglich ein kleiner, nicht obligatorischer „Organisationsbeitrag" von S 800 zu zahlen sei, nur an insgesamt (höchstens) vier Personen gesandt. Durch die täuschende Gestaltung konnten daher höchstens vier Personen bewogen worden sein, den „Organisationsbeitrag" zu zahlen. Eine auch nur irgendwie ins Gewicht fallende Nachfrageverlagerung könne nach Ansicht des Höchstgerichts damit nicht verbunden sein.[21])

In diesem Zusammenhang erweiterte der OGH seine Spürbarkeitsregel, wonach es „nicht Aufgabe des Wettbewerbsrechts sein kann, gegen jede noch so geringe Nachfrageverlagerung vorzugehen", wie folgt:

„Das gilt nicht nur für den Bereich der Wertreklame, sondern muss ganz allgemein gelten, soweit ein Handeln ‚zu Zwecken des Wettbewerbs' Tatbestandserfordernis ist. Von dem insoweit vorausgesetzten Einfluss auf die Marktposition der Mitbewerber kann nämlich nur gesprochen werden, wenn ein Verhalten geeignet ist, zu einer nicht bloß unerheblichen Nachfrageverlagerung zu führen. Ist daher ein Verhalten nicht geeignet, eine diese Grenze übersteigende Nachfrageverlagerung zu bewirken, so liegt keine Wettbewerbshandlung vor."

VI. Grenzen der Spürbarkeitsgrenze

Das Höchstgericht fordert somit nunmehr bei jeder Wettbewerbshandlung das Überschreiten einer Spürbarkeitsgrenze. Davon ausgenommen mag bloß – zumindest derzeit noch – der Bereich der vergleichenden Werbung sein. Folgt man nämlich der hM, wonach die in Art 3a Abs 1 der IrreführungsRL genannten Bedingungen einen Verbotskatalog bilden, der regelt, unter welchen Bedingungen die Mitgliedstaaten vergleichende Werbung verbieten müssen, so wäre die Einführung einer Spürbarkeitsgrenze im Bereich der vergleichenden Werbung richtlinienwidrig; es müsste – unabhängig davon, ob sie überhaupt zu einer Nachfrageverlagerung führen kann – jede vergleichende Werbung untersagt werden, welche den Anforderungen des Art 3 Abs 1 der IrreführungsRL nicht entspricht.[22])

Die Einführung der Spürbarkeitsgrenze in die österreichische Judikatur ist in der Lehre überwiegend auf Zustimmung gestoßen.[23]) Ich teile diese

21) ecolex 2003, 772 *(Reitböck)* = ÖBl 2004, 23 *(Gamerith)* – Organisationsbeitrag II; vgl dazu die Besprechung von *M. Auer* in wbl 2004, 163.

22) Näheres bei *Sack,* Vergleichende Werbung und die Erheblichkeitsschwelle in § 3 des Regierungsentwurfs einer UWG-Novelle, WRP 2004, 30.

23) *Reitböck* in ecolex 2003, 772; *Gamerith* in ÖBl 2004, 26; dagegen jedoch *M. Auer,* Was ist eine Wettbewerbshandlung? wbl 2004, 163/167, wonach für die Beurteilung als Wettbewerbshandlung quantitative Elemente keine Rolle spielen sollen: Folgeerwägungen könnten zwar im Rahmen der Lauterkeitskontrolle eine Rolle spielen, im Tatbestand der Wettbewerbshandlung hätten sie jedoch nichts verloren.

Meinung, unterstütze aber auch den Ratschlag *Gameriths*, diese Rechtsprechung nur behutsam zu verallgemeinern.

Die Spürbarkeitsgrenze liegt im Trend. In Deutschland gibt es sie bereits seit 1994 iZm der Klagslegitimation von (vom Wettbewerbsverstoß nicht unmittelbar betroffenen) Mitbewerbern und von Interessenverbänden, die zur Unterlassungsklage nur berechtigt sind, „soweit der Anspruch eine Handlung betrifft, die geeignet ist, den Wettbewerb auf diesem Markt wesentlich zu beeinträchtigen."[24])

Durch dieses „materiell-rechtliche Erfordernis ... wird das Recht abstrakt betroffener Gewerbetreibender und Verbände, Wettbewerbsverstöße zu verfolgen, erheblich eingeschränkt, um die Verfolgung aus der Sicht des Allgemeininteresses nicht wettbewerblich relevanter Verstöße zu verhindern und sie auf wettbewerblich spürbare Verletzungen zu beschränken."[25])

Das (bei Erscheinen dieses Beitrags wohl schon in Kraft getretene) neue deutsche UWG sieht in § 3 (Verbot unlauteren Wettbewerbs) eine Spürbarkeitsgrenze für alle unlauteren Wettbewerbshandlungen vor: „Unlautere Wettbewerbshandlungen, die geeignet sind, den Wettbewerb zum Nachteil der Mitbewerber, der Verbraucher oder der sonstigen Marktteilnehmer nicht unerheblich zu verfälschen, sind unzulässig."

Die Begründung sagt dazu Folgendes: „Damit soll zum Ausdruck kommen, dass die Wettbewerbsmaßnahme von einem gewissen Gewicht für das Wettbewerbsgeschehen und die Interessen der geschützten Personenkreise sein muss. Dies bedeutet indes nicht, dass dadurch unlautere Wettbewerbshandlungen zu einem beachtlichen Teil legalisiert werden. Vielmehr soll die Verfolgung von lediglich Bagatellfällen ausgeschlossen werden. Dementsprechend ist die Schwelle auch nicht zu hoch anzusetzen."[26])

Nach der Begründung wird durch diese allgemeine Bagatellgrenze die Einschränkung der Klagebefugnis abstrakter Mitbewerber und der Wirtschaftsverbände (§ 13 Abs 2 dUWG aF) entbehrlich.

Programmatisch und eine taugliche Richtschnur auch für die künftige österreichische Rechtsprechung sind die weiteren Ausführungen in der Begründung: „Unter der Verfälschung des Wettbewerbs ist von vornherein nicht eine Verfälschung des Wettbewerbs als Institution der Marktwirtschaft zu verstehen. Maßstab sind vielmehr die Wirkungen wettbewerbswidrigen Verhaltens auf das Marktgeschehen. Die Feststellung, ob ein Wettbewerbsverstoß geeignet ist, den Wettbewerb nicht unerheblich zu verfälschen, setzt eine nach objektiven und subjektiven Momenten unter Berücksichtigung aller Umstände des Einzelfalls zu treffende Wertung voraus. In diese Wertung sind neben der Art und Schwere des Verstoßes die zu erwartenden Auswirkungen auf den Wettbewerb sowie der Schutzzweck des Wettbewerbsrechts einzubeziehen. Eine nicht unerhebliche Verfälschung kann demnach auch bei Verstößen mit nur geringen Auswirkungen für den

24) § 13 Abs 2 Nr 1 und 2 dUWG.
25) *Baumbach/Hefermehl*, Wettbewerbsrecht[22], 1383 Rz 18a zu § 13 dUWG.
26) Drucksache 15/1487, 17 des Deutschen Bundestags – 15. Wahlperiode.

Marktteilnehmer im Einzelfall vorliegen, wenn durch das Verhalten eine Vielzahl von Marktteilnehmern betroffen ist oder eine nicht unerhebliche Nachahmungsgefahr besteht."

Engels/Salomon[27]) verweisen darauf, dass die neue Bagatellgrenze „nicht mehr – wie bisher – bei ‚wesentlichen Beeinträchtigungen' des Wettbewerbs, sondern tendenziell niedriger bei ‚nicht unerheblichen' Wettbewerbsbeeinträchtigungen liegt." Die Autoren verbinden damit die Befürchtung, dass sich dadurch die Aktivitäten der Wettbewerbsverbände und -vereine wieder deutlich beleben dürften, und die Hoffnung, dass die Gerichte die Schwelle nicht zu niedrig ansetzen.[28])

Auch der Vorschlag für eine RL über unlautere Geschäftspraktiken[29]) enthält eine Spürbarkeitsgrenze. So definiert Art 2 lit f den Begriff „wesentliche Beeinflussung des wirtschaftlichen Verhaltens des Verbrauchers" als „die Anwendung einer Geschäftspraxis mit dem Ziel, die Fähigkeit des Verbrauchers, eine informierte Entscheidung zu treffen, spürbar zu beeinträchtigen und damit den Verbraucher zu einer geschäftlichen Entscheidung zu veranlassen, die er andernfalls nicht getroffen hätte."

Gem Art 5 Z 2 des RL-Vorschlags gilt eine Geschäftspraxis (ua) dann als unlauter, wenn „sie das wirtschaftliche Verhalten des Durchschnittsverbrauchers, den sie erreicht oder an den sie sich richtet, bzw des durchschnittlichen Mitglieds einer Gruppe von Verbrauchern, wenn sich eine Geschäftspraxis an eine bestimmte Gruppe von Verbrauchern wendet, in Bezug auf das jeweilige Produkt wesentlich beeinflusst oder dazu geeignet ist."

Die Begründung (Nr 37) sagt zu Art 2 lit f: „Es wird auch eine Definition des Begriffs der ‚wesentlichen Beeinflussung' des wirtschaftlichen Verhaltens der Verbraucher festgelegt, einer der drei Bedingungen des generellen Verbots. Die Definition umfasst zwei Tatbestandsmerkmale: zum einen muss die Geschäftspraxis dazu eingesetzt werden, die Fähigkeit des Verbrauchers, eine informierte Entscheidung zu treffen, zu beeinträchtigen; zum zweiten muss ihre Wirkung so erheblich sein, dass sie eine Änderung der Verbraucherentscheidung bewirkt."

Zu Art 5 Z 2 führt die Begründung (Nr 54) aus, „dass die Geschäftspraxis im konkreten Fall

- eine so erhebliche Wirkung hat, dass sie das Verhalten des Verbrauchers ändert oder zu ändern geeignet ist, und ihn dadurch veranlasst, eine ge-

27) Vom Lauterkeitsrecht zum Verbraucherschutz: UWG-Reform 2003, WRP 2004, 32/34 rSp.

28) Vgl auch *Berlit,* Das neue Gesetz gegen den unlauteren Wettbewerb: Von den guten Sitten zum unlauteren Verfälschen, WRP 2003, 563; *Heermann,* Die Erheblichkeitsschwelle iS des § 3 UWG-E, GRUR 2004, 94.

29) Vorschlag für eine Richtlinie des Europäischen Parlaments und des Rates über unlautere Geschäftspraktiken im binnenmarktinternen Geschäftsverkehr zwischen Unternehmen und Verbrauchern und zur Änderung der Richtlinien 84/450/EWG, 97/7/EG und 98/27/EG (Richtlinie über unlautere Geschäftspraktiken) vom 18. 6. 2003, Kom (2003) 356 endgültig idF des Berichts des Ausschusses der Ständigen Vertreter vom 13. 5. 2004, 9475/04.

schäftliche Entscheidung zu treffen, die er sonst nicht getroffen hätte, und

- dass sie diese Wirkung dadurch entfalten muss, dass sie die Fähigkeit des Verbrauchers, eine informierte Entscheidung zu treffen, beeinträchtigt. So würden zB Anreize wie das unentgeltliche Anbieten von Tee oder Kaffee oder die kostenlose Beförderung zum Geschäftsbetrieb nicht unter diese Bestimmung fallen, da es dem Verbraucher freigestellt bleibt, ob er diesen Anreiz in Anspruch nehmen will."

Viel Erhellendes ist weder den erwähnten Bestimmungen des RL-Vorschlags noch der Begründung zu entnehmen. Völlig zu Recht weisen daher *Köhler/Lettl*[30]) darauf hin, dass die Formulierung „einige Fragen" aufwirft. Nach ihrer Ansicht mache die Formulierung („um") deutlich, dass es das Ziel oder der Zweck der Geschäftspraxis sein muss, auf die Verbraucherentscheidung Einfluss zu nehmen. Dies setze eine entsprechende Absicht des Gewerbetreibenden voraus. Demgegenüber genüge es nicht, dass die Geschäftspraxis den bloßen (Neben-)Effekt einer Beeinflussung haben kann. Durch das Tatbestandsmerkmal der Erheblichkeit einer Beeinträchtigung der informierten Verbraucherentscheidung werde die grundsätzliche Eigenverantwortlichkeit der Verbraucher zusätzlich betont. Dies gelte insb vor dem Hintergrund der Marktfreiheiten der Art 28, 49 EGV und des hiezu vom EuGH entwickelten gemeinschaftsrechtlichen Verhältnismäßigkeitsgrundsatzes.

Das Gemeinschaftsrecht gibt somit – jedenfalls bisher – zur Beurteilung der Frage, wo die Spürbarkeitsgrenze anzusetzen ist, nicht viel her. Klar ist, dass eine Erheblichkeitsschwelle zulässig ist.[31]) (Das wird zumindest in Zukunft wohl auch für vergleichende Werbung – jedenfalls gegenüber Verbrauchern – gelten.) Im Grundsatz unbestreitbar ist auch, dass eine Spürbarkeitsgrenze sinnvoll ist. Die Frage, wo diese anzusetzen ist, wird die Rechtsprechung noch häufig beschäftigen. Eine geeignete Richtschnur dafür sind die vom BGH[32]) formulierten und von *Baumbach/Hefermehl*[33]) sowie in der Begründung des deutschen UWG-Entwurfs[34]) übernommenen Grundsätze. Danach setzt die Feststellung, ob ein Wettbewerbsverstoß geeignet ist, den Wettbewerb nach Art und Schwere wesentlich zu beeinträchtigen, eine nach objektiven und subjektiven Momenten unter Berücksichtigung aller Umstände des Einzelfalls zu treffende Wertung voraus, die zum einen von der Art und Schwere des Verstoßes und den zu erwartenden Auswirkungen auf

30) Das geltende europäische Lauterkeitsrecht, der Vorschlag für eine EG-Richtlinie über unlautere Geschäftspraktiken und die UWG-Reform, WRP 2003, 1019/1037.

31) Auch *M. Auer*, der die höchstgerichtliche Rechtsprechung in wbl 2004, 163/166f kritisiert, richtet sich nicht gegen eine Spürbarkeitsgrenze als solche, sondern nur dagegen, dass sie Voraussetzung dafür sein soll, ob überhaupt eine Wettbewerbshandlung vorliegt; er meint, dass eine Spürbarkeitsgrenze nur im Rahmen der Lauterkeitsprüfung eine Rolle spielen soll.

32) GRUR 1995, 122 – Laienwerbung für Augenoptiker ua.

33) Wettbewerbsrecht[22], 1384 Rz 18b zu § 13 dUWG.

34) Drucksache 15/1487, 17 des Deutschen Bundestages – 15. Wahlperiode.

den Wettbewerb, zum anderen vom Schutzzweck des Wettbewerbsrechts abhängt, das die Interessen der Mitbewerber, der Allgemeinheit und der betroffenen Verbraucherkreise an der Unterbindung des Wettbewerbsverstoßes schützt, ferner von der Anreizwirkung der Werbung für den Umworbenen sowie der Größe des erzielten Wettbewerbsvorsprungs.

Relevant können nach *Hefermehl*[33]) sein:

- Die Anlockwirkung und der besondere Anreiz, den eine Werbung auf die Kaufentscheidung des Umworbenen hat;
- die Bedeutung des Preises für die Kaufentscheidung und das Gewicht eines Wettbewerbsverstoßes wegen irreführender Angaben über die Preisgestaltung;
- die Größe eines erzielten Wettbewerbsvorsprungs;
- ein besonderes Interesse der Allgemeinheit einschließlich der Verbraucher;
- bei verletzten Nebengesetzen das geschützte Rechtsgut, zB nach dem AMG die Gesundheit;
- der von der Art und Schwere des Wettbewerbsverstoßes jeweils abhängige Grad einer Nachahmungsgefahr.[35])

Diese Kriterien sind nicht nur für die Frage, ob eine Beeinträchtigung „wesentlich" (§ 13 Abs 2 dUWG aF) ist, sondern auch zur Beurteilung der „Erheblichkeit" iS der nunmehrigen österreichischen Rechtsprechung zur Spürbarkeitsgrenze von Bedeutung; nur wird für eine „erhebliche" Beeinträchtigung wohl eine niedrigere Schwelle gelten als für eine „wesentliche".

Wie *Lettl*[36]) zu § 3 des neuen dUWG nachweist, setzt die Spürbarkeitsgrenze nicht voraus, dass eine Mehrzahl oder gar eine größere Anzahl Verbraucher von der Wettbewerbshandlung betroffen ist. Vielmehr genügt es, wenn die Interessen der Verbraucher als solcher berührt werden, mag auch die Wettbewerbshandlung im Einzelfall nur einen einzelnen Verbraucher betroffen haben.

Maßgebend sind auch hier die Umstände des Einzelfalls. Von Bedeutung bei ihrer Wertung kann die Unterscheidung zwischen Leistungs- und Nichtleistungswettbewerb sein, die – auch wenn sie keine abschließende Beurteilung zulässt – zumindest einen Ansatz für die rechtliche Wertung einer Wettbewerbshandlung bietet.[37]) Im Bereich des Leistungswettbewerbs wird die Bagatellgrenze höher liegen können als beim Nichtleistungswettbewerb.

Es wird auch darauf Bedacht zu nehmen sein, ob ein Wettbewerbsverstoß einfach „passiert" ist oder ob er gezielt begangen wurde; denn ein Unternehmer neigt dazu, die Auswirkungen der von ihm geplanten Handlung zu bedenken: Hat er sich bewusst für eine bestimmte Maßnahme entschieden, so darf wohl davon ausgegangen werden, dass er sich von dieser Maß-

35) Vgl dazu auch *Heermann*, Die Erheblichkeitsschwelle iS des § 3 UWG-E, GRUR 2004, 94.

36) Der Schutz der Verbraucher nach der UWG-Reform, GRUR 2004, 449/450.

37) Vgl zu dieser Unterscheidung beim Sittenwidrigkeitsbegriff *Wiltschek*, UWG[7] E 429 zu § 1.

nahme auch eine nicht bloß ganz unbedeutende Beeinflussung der Nachfrage erwartet.

Im Hinblick darauf sollte die Spürbarkeitsgrenze behutsam angewendet werden: Solange uns das Gemeinschaftsrecht nicht dazu zwingt, besteht kein Anlass, das (relativ) hohe Niveau unseres Lauterkeitsrechts massiv zu senken.